민주주의를 향한 **역사**

민주주의를 향한 역사

김정인 지음

시대의 건널목,

19세기 한국사의 재발견

cum libro
책과함께

민주주의의 눈으로
한국 민주주의의 기원을 살피다

대한제국은 전제군주의 나라였다. 당시 동아시아의 정치적 쟁점은 입헌군주제로의 개혁이었다. 일본은 1889년에 〈대일본제국헌법〉을 마련하고, 1890년에 의회를 열었다. 대한제국과 청에서는 1898년 입헌군주제를 요구하는 운동이 일어났다. 청에서는 권력의 일원이던 입헌파가 주도했다. 대한제국에서는 독립협회와 만민공동회를 주축으로 개화파와 인민이 합심하여 권력을 압박했다. 둘 다 실패했다. 1900년대에 들어서면서 청 권력은 입헌군주제로 전환할 것을 약속하고, 1908년에 〈흠정헌법대강(欽定憲法大綱)〉을 공포했다. 하지만 1911년 신해혁명으로 전제군주제가 무너지면서 입헌군주제가 아닌 공화정이 수립되었다. 1899년 대한제국은 전제군주의 나라임을 명기한 〈대한국국제(大韓國國制)〉를 선포했다. 이에 맞서 국망을 막고 부강을 이루기 위한 길로 입헌군주제 개혁을 요구하는 운동도 계속되었다. 하지만 전제군주제를 고집한 대한제국은 결국 일본의 식민지가 되었다. 그리고 1919년에 상하이에서 탄생한 대한민국 임시정부는 민주공화정을 선포했다.

입헌군주제 국가에서 조약이 성립되려면 의회의 비준을 거쳐야 한다. 그렇다면 이런 질문을 던져볼 수 있다. 만일 대한제국이 입헌군주제 국가였다면, 대한제국에 절대적으로 불리한 조약을 맺는 과정이 달라졌을까? 한일병합조약이 순종의 비준을 받지 않았으므로 무효라는 주장이 종종 제기된다. 그때마다 대한제국이 전쟁이 아닌 조약이라는 외교'전(戰)'에 져서 망했다는 사실을 새삼 깨닫게 된다. 입헌군주제로 갈 기회가 없진 않았다. 하지만 동아시아에서 대한제국 권력만이 이를 끝까지 거부했다. 일본은 한국을 침략하는 데 전제군주제를 십분 활용했다. 을사조약이 체결될 무렵 이토 히로부미(伊藤博文)는 고종에게 군주권을 공고히 할 것을 독려했다. 고종은 이토 히로부미마저 군주권을 강조하는데 오히려 나라 안에서 군주권을 흔드는 입헌군주제 운동이 일어나고 있다고 개탄했다. 이토 히로부미의 본심을 읽지 못한 것이다. 이토 히로부미는 오로지 군주에 의해 조약이 성립되는 전제군주제 덕에 한국 침략이 더 수월했다고 회고했다.

'입헌군주제의 시대'라는 안목으로 대한제국의 운명을 살핀다는 것은 곧 민주주의라는 잣대로 역사를 바라본다는 의미다. '나라가 망했다. 적은 일본이다'라는 시각, 즉 민족주의적 시각으로 19세기부터 20세기 초반의 역사를 바라본 지 상당한 시간이 흘렀다. '역사의 주체는 민중이다'라는 민중주의적 역사 인식으로 이때를 해석하기도 했다. 하지만 민주주의적 역사 인식은 오래도록 외면받았다. 민주주의는 미군정기 미국에 의해 이식된 '제도'라는 선입견에 갇힌 채 감히 근대의 역사 속에서 득세하질 못했다. 흥미롭게도 조선총독부 당국도 한국 민주주의의 자생적 토대를 부정하며 미국 선교사들의 계몽 덕에 한국인이 민주주의를 열망하게 되었다고 신년했다.

오늘의 한국인을 아우르는 통합적 가치는 민족주의도, 민중주의도 아니다. 오히려 이 둘은 '지금 여기' 대한민국에서 '보수/우'와 '진보/좌'로 전선을 가르는 분열적 가치로 작동하고 있다. 하지만 민주주의는 누구도 거부할 수 없는 절대 가치로서 영향을 미치고 있다. 조선시대에 성리학이 차지하던 이데올로기적 위상을 보는 듯하다. 정치에서 일상에 이르기까지 민주주의가 정의와 불의, 선과 악을 판별하는 기준이 되고 있다. 이제 민주주의는 보편적 가치가 되었다. 역사학자로서 묻지 않을 수 없다. 4·19혁명부터 5·18민주화운동을 거쳐 1987년 6월 항쟁에 이르기까지 희생을 마다않고 민주화를 이룬 역사적 동력은 과연 어떤 경로를 거쳐 축적된 것일까?

그럼에도 민주주의의 틀로 역사를 들여다보는 풍토가 역사학계에는 제대로 자리 잡지 못했다. 민족주의적·민중주의적 시각이 더 앞섰기 때문이기도 하지만, '민주주의는 외부에서 수입된 제도'라는 오리엔탈리즘적 편견과 선입견에서 벗어나지 못했기 때문이다. "한국에서 민주주의는 어떻게 탄생하고 변화했는가"라는 민주주의의 역사성을 역사학계는 따져본 적이 없다. 자본주의의 궤적은 궁구했으나, 민주주의의 역사는 홀대했다. 자본주의의 맹아에 대해서는 논쟁했으나, 민주주의의 기원은 돌아보지 않았다.

1980년대 민주화운동을 경험한 '386세대'이자 역사학자로서 학문에 입문할 때부터 민주주의적 시각에서 한국 근현대사를 해석하는 문제를 고민했다. 하지만 민족주의와 민중주의가 압도하는 현실에서 민주주의적 시각을 앞세우는 것은 녹록하지 않은 일이었다. 세 가지 경험이 새 길을 열어주었다.

첫째, 20여 년간의 시민운동의 경험이 민주주의를 자각하고 체득할 수 있는 기회를 제공했다. 세상을 일관되게 민주주의 코드로 분석하고 실천하는 시민운동 속에서 서서히 민주주의를 화두로 역사를 되짚어보는 힘을 키울 수 있었다. 둘째, 학문적으로는 사회과학계의 민주주의 이론과 현실에 대한 연구 성과로부터 도움을 받았다. 역사학은 인간학이자 과학이다. 그런데 최근 역사학에서는 인문학이라는 영역에 스스로를 가두는 경향이 커지고 있다. 그래서인지 역사의 과학화를 뒷받침하는 사회과학에서 멀어졌다. 다시 사회과학에 눈을 돌려 문화사회학적 관점에서 민주주의를 살펴보았다. 민주주의적 시각에서 한국 근현대사를 해석하고자 하는 의지와 민주주의에 대한 경험 및 학습을 버무려 하나의 성과물을 빚어내는 데는 적지 않은 시간과 품이 들었다. 셋째, 10여 년 동안 《미래를 여는 역사》(2005)와 《한중일이 함께 쓴 동아시아 근현대사》 1·2(2012)를 펴낸 한·중·일 역사 대화의 경험도 새 길을 모색하는 데 영향을 미쳤다. 한국사적 시각에서 벗어나 동아시아적 시각으로 과거를 되돌아보는 역사 인식의 확장 경험은 당연시되던 역사에 의문을 품으며 문제의식을 예각화하는 힘을 길러주었다.

이 책은 19세기부터 1919년 3·1운동과 대한민국 임시정부 출범까지의 역사에서 민주주의의 기원을 살펴본다. 이 시기를 다룬 역사학계와 사회과학계의 연구 성과는 풍성한 편이다. 이 책은 그 연구 성과들을 밑천 삼아 19세기 한국사를 민주주의 시각에서 재해석하려는 시도다.

이 시기 역사에 관한 역사학계와 사회과학계의 연구 성과는 마치 평행 선을 달리는 듯하다. 역사학계가 주로 농민항쟁을 비롯한 아래로부터의 변화에 주목한 반면, 사회과학계는 개화 운동으로 상징되는 위로부터의 변화에 초점을 맞추었다. 역사학계가 반봉건, 즉 전근대에서 탈피하여 근대로 전환하는 것에 주목했다면, 사회과학계는 민주주의를 화두로 삼 아 현대의 기원으로서의 근대를 탐색하는 데 집중했다.

역사학계 내에는 또 다른 분화도 존재한다. 19세기는 전근대사와 근 대사의 접점 지대다. 그래서인지 조선 후기사로서의 19세기사 연구와 근대사로서의 19세기사 연구는, 시각은 물론 글쓰기 방식이 상이하다. 이 책에서는 '민주주의의 기원'이라는 화두로 19세기를 둘러싼 역사학 과 사회과학의 분절과 역사학 내 시대 구분에 따른 분절을 극복하고, 서 로를 잇대어 하나의 역사로 꿰고자 한다. 이를 통해 안으로부터 빚어낸 민주주의와 밖에서 들여온 민주주의를 버무려 하나의 민주주의 역사를 완성해간 근대인의 궤적을 복원하고자 한다. 쉽게 말해 지금까지 역사학 이 의식적이든 무의식적이든 민족-반민족 혹은 민중-반민중의 역사관 으로 한자리에 초대한 적이 없는 전봉준으로 상징되는 인민과 김옥균으 로 상징되는 개화파의 만남을 주선하고자 한다. 민주주의는 인민과 개화 파가 함께 빚은 역사임을 《독립신문》을 완독하며 깨달았다.

이 책은 민주주의의 기원을 문화적 관점에서 일곱 가지 주제로 나누 어 살펴본다. 민주주의는 제도를 포함한 하나의 거대한 문명이자 문화 다. 민주주의 제도가 없다고 해서, 또는 민주주의를 말하지 않는다고 해서 민주주의를 몰랐다고 할 수 없다. 민주주의적 가치를 내면화하고 그에 따라 개인의 삶을 엮어가는 동시에 세상을 바라보기 시작했다면, 이미 민주주의 시대로 들어선 것이라고 보아야 한다. 다음에 제시하는 일곱 가지 주제는 민주주의의 토양을 만드는 데 필요하다고 여겨지는 문화적 개념들로 구성되어 있다.

1장의 주제는 인민이다. 여기에서는 민주주의를 이끌어갈 주체인 만민평등의 인민이 탄생하는 과정에 주목한다. 소외와 배제의 대상이던 노비와 여성 그리고 백정이 추구한 해방의 과정을 살핀다.

2장의 주제는 자치다. 자치의 원리가 천주교와 동학이라는 평등 지향적 종교 공동체 속에서 싹트는 과정과 종교적 자치 경험의 변화 추이를 살펴본다.

3장의 주제는 정의다. 인민이 국가를 향해 공정하고 공평한 세상을 요구하며 봉기한 농민항쟁과 농민전쟁을 살핀다. 농민항쟁의 체제 전복성과 혁명성보다는 인민이 권력에 요구한 정의, 즉 개혁의 내용에 초점을 맞추어 살펴본다. '인민-자치-정의', 세 가지 주제를 다룬 1장부터 3장까지는 일방향적 통치 대상을 지칭하는 '신민(臣民)'의 한계에서 벗어나 민주주의의 주체인 인민이 탄생하고 그들이 공동체를 만들고 자치의 원리를 기반으로 정의로운 사회를 구현하기 위해 봉기한 역사, 즉 안으로부터의 민주주의적 맹아를 다룬다.

4장의 주제는 문명이다. 이 장에서는 유교 문명을 대신한 서양 문명이 문명 담론의 주도권을 장악하면서, 이 문명화를 이끌어갈 개화파가 권력 안에서 배태되고 인민이 신문과 학교라는 서양의 문물을 통해 민주주의 문화를 익히는 과정에 주목한다.

5장의 주제는 도시다. 서울의 도시화 현상을 배경으로 자발적인 결사체가 만들어지고 시위와 집회가 전개되는 양상을 분석하여 서울을 중심으로 시민사회가 뿌리내리는 과정을 살펴본다. '문명-도시', 두 주제를 다룬 4장과 5장에서는 민주주의 문화 형성에 영향을 끼친 사회문화적 배경으로서의 문명과, 민주주의의 사회공간적 배경으로서의 도시를 화두로 삼아 밖으로부터 민주주의를 들여온 개화파와 안으로부터 민주주의 문화를 빚어낸 인민, 즉 민주주의'화(化)'의 두 주체가 결합되는 과정을 다룬다.

6장의 주제는 권리다. 신분에서 벗어나 스스로를 다스릴 줄 아는 자율적 개인의 탄생과, 인간의 권리로서의 인권과 인민의 권리로서의 민권이 어떤 의식화 과정을 거쳐 자리 잡게 되었는지를 살펴본다.

7장의 주제는 독립이다. 여기에서는 독립을 위한 방안으로 제기된 입헌군주제 담론과 그 실천 운동의 좌절, 그리고 3·1운동을 거치며 민주공화정인 대한민국 임시정부가 탄생하는 과정을 살펴본다. '권리-독립', 두 주제를 다룬 6장과 7장은 국망의 위기 속에서 꽃피운 민주주의가 민주공화정의 수립으로 귀결되고 또한 독립운동을 통해 구현되었던, 즉 민주주의 기원의 한국적 특질을 다룬다.

이 책은 시기적으로 1장 첫머리에 등장하는 1801년의 공노비 해방에서 7장의 마무리인 1919년 대한민국 임시정부의 탄생까지를 다룬다. 7개의 주제 역시 역사적 흐름을 고려하여 배치했다. 하지만 주제에 따라 동일한 역사적 소재가 중첩되기도 한다. 1920년대까지의 흐름을 서술한 경우도 있다. 왜 주제 중심의 서술 방식을 채택했느냐고 묻는 독자도 있을 것이다. 그 이유는 대략 두 가지다.

첫째, 민주주의적 시각에서 19세기사를 해석하는 작업 자체가 낯설기에 민주주의 문화를 파악할 수 있는 낯익은 개념을 제시하고, 이를 매개로 민주주의의 기원을 이야기하고자 했기 때문이다. 둘째, 종적(縱的) 시간과 횡적(橫的) 사건들을 주제별로 엮어 재구성하는 방식의 역사 연구와 글쓰기를 시도하려는 의지도 담겨 있다.

이 책에는 역사학의 전문성과 대중성의 '경계'를 고민할 수밖에 없는 역사학자의 글쓰기에 대한 실험 의지도 담겨 있다. 학술서가 갖추어야 하는 전문성을 짧고 쉽고 간결한 대중적 문체에 담아 전달하고자 했다. 19세기사를 다루는 학술서나 논문에는 전문가가 아니면 문맥을 파악하기 어려운 역사적 개념과 용어가 많이 등장한다. 예를 들어 《독립신문》은 한글 신문이지만 오늘날의 우리가 문맥을 파악하기 어려운 경우가 적지 않다. 이런 점에 유념하여 직접 사료를 인용하는 경우에도 그대로 싣지 않고 뜻을 왜곡하지 않는 범위에서 가급적 풀어쓰고자 노력했다.

역사학의 연구 성과를 역사가들만이 향유하던 시대는 지나갔다. 역사가들이 학술적 전문성을 대중적 언어로 전달하는 글쓰기를 고민해야 하는 이 시점에, 간명하고 이해하기 쉬운 문장을 구사하기 위한 자기 훈련의 과정을 이 책에 담았다. 19세기를 말하되, 현대어로 쓰고자 한 것이다.

이 책은 한국 근현대사에서 민주주의의 역사성을 복원하기 위한 3부작 연구의 첫 번째에 해당한다. 두 번째 주제는 '독립운동 속의 민주주의 문화사'다. 민주주의가 일본의 군사독재형 식민 통치에 대항했던 독립운동의 실천 원리였음을 밝히고, 나아가 그러한 민주주의가 어떻게 한국인의 삶과 사유를 지배하는 문화로 뿌리내렸는지를 다룰 계획이다. 세 번째 주제는 '민주주의 문화와 시민사회'다. 해방 이후 독재에 맞서거나 혹은 6월 항쟁을 거친 민주화 이후 시기에 민주주의 문화는 어떤 길을 걸어왔고, 그 과정에서 형성된 시민사회가 실천하고 지향해온 민주주의 문화의 특질은 무엇인지를 규명하고자 한다.

민주주의 역사의 복원 작업은 자칫하면 민주주의라면 무조건 긍정하고 찬양하는 편향적인 인식에서 비롯된 것이라는 오해를 받기 쉽다. 물론 민주주의적 관점에서 한국 근현대사를 바라본다면 민족주의적 관점보다 좀 더 밝은 역사관을 심어줄 가능성이 높다. 특히 이 책의 독자는 더욱 그런 인상을 강하게 받을 것이다. 그런데 오늘날 '민주화 이후 민주주의'는 일방적인 미화 또는 찬양이 아닌 근본적인 성찰이 요구된다. 세계적으로 민주주의가 후퇴하고 있다고 우려하는 목소리도 높아지고 있다. 오늘을 딛고 일어설 대안의 민주주의가 절박한 시점이다. 그런 점에서 이 책이 대안의 민주주의를 찾아 이를 '과거의 거울에 비추어' 해석하는 미래 지향적인 연구에까지 도달하지 못한 점은 못내 아쉽지만 후일을 기약하고자 한다.

이 책에서는 오늘의 민주주의가 걸어온 과거를 살펴볼 것이다. 민주주의를 '역사'로서 바라보고자 한다. 출발점에 선 책인 만큼 많은 질정을 바란다. 여전히 부족함을 느끼며 여럿이 함께 민주주의 역사를 빚어가는 날을 고대해본다.

차례

1장

인민 : 만민평등을 향한 해방의 길

2장

자치 : 종교가 꾸린 대안 공동체

3장

정의 : 공정하고 공평한 세상을 향한 100년의 항쟁

1688년 경기와 황해도, 미륵신앙사건 발생

1728년 변산 노비도적이 쳐들어온다는 소문에 서울 사람들이 피난하는 소동이 일어남

1746년 '노비를 함부로 죽일 경우 처벌한다'는 규정이 들어간 《속대전》 발간

───

1688년 영국, 명예혁명

1886년 노비 세습제 폐지

1886년 미국 감리교 여선교회 스크랜트, 이화학당 개교

1888년 박영효의 〈건백서〉, 과부의 재혼 허가 주장

1894년 동학농민전쟁에서 천민부대 활약

1863년 미국, 링컨의 노예 해방 선언
1884년 갑신정변

1642년 영국,
청교도 혁명(~1649년)

1655년 노비 추쇄 사업을 위해 추쇄도감 설치

1667년 노비 신공 반 필씩 감액

1669년 송시열의 건의로 종모 종양제 시행

1776년 미국, 독립선언

1778년 노비추쇄관 폐지

1801년 공노비 해방

1811년 독일, 농민해방 칙령 발표

1861년 러시아, 농노 해방

1장

인민 :
만민평등을 향한
해방의 길

1899년 2월 순성여학교 개교, 1901년 운영난으로
　　　폐교
1905년 장지연, 《여자독본》 집필
1908년 최초의 공립 여학교 한성고등여학교 설립
1913년 송죽회 결성

1898년 10월 28일 관민공동회 개최

1936년 형평사가 대동사로 개칭

1925년 8월 예천에서 반형평운동 발생

1894년 갑오개혁 정부, 노비제 폐지

1895년 백정 출신 박성춘, 백정 차별 대우 개선을
　　　요구하는 탄원서 제출
1896년 〈호구조사규칙〉, 〈호구조사세칙〉 시행
1897년 11월 1일 독립협회 주관 '동포 형제간에
　　　남녀를 팔고 사는 것은 불가하다' 정기 토론회
　　　개최
1898년 여성 계몽을 위한 《제국신문》 창간
1898년 5월 15일 독립협회 주관 토론회 개최, 주
　　　제 '인간이 종으로 사는 것은 하늘에 죄가 된다'
　　　발표
1898년 9월 서울 북촌 부인들, 〈여학교설시통문〉
　　　발표
1898년 10월 찬양회, 관립 여학교 건립 상소

1919년 대한민국 임시정부
　　　〈임시헌장〉, 여성에게 참정권 부여

1923년 형평사 창립
1924년 장지필 등이 형평사혁신동맹
　　　총본부 발족, 형평사 분열
1925년 4월 형평운동단체들이 조선형
　　　평사중앙총본부로 합동

상하귀천을 달리 대접하지 않고 모두 조선 사람으로만 알고 조선만을 위하
며 공평히 인민에게 말할 것이고, 서울 백성만이 아니라 조선 전국 인민을
위하여 무슨 일이든지 대신 말해주려 한다.

1896년 4월 7일자 《독립신문》 창간사의 한 구절이다. 상하귀천이 없는 만민평등의 주체, 인민을 위한 신문을 창간한다는 선언은 조선 사회가 신분 차별의 장벽을 넘어서고 있다는 것을 상징한다.

《독립신문》이 말하는 인민은 정치적 주체이자 문명개화를 선도하는 주체를 뜻한다. 본래 인민은 한국은 물론 중국과 일본에서 피지배층 일반을 가리키던 말이었다. 19세기에 들어와서 정치적 주체를 가리키는 개념으로 쓰이는 변화가 일어났다.

민주주의 사회는 중세 봉건 시대를 지탱하던 신분제가 해체되면서 시작한다. 신분 차별을 넘어서 탄생한 만민평등의 인민이 민주주의의 터전을 닦는 주체가 된다. 조선 후기 이래 일어난 신분 해방의 물결과 만민평등 사회로 진입하는 과정은 서양이나 중국, 일본 등과 크게 다르지 않았다. 18세기와 19세기는 전 세계적으로 신분 해방을 요구하는 격변이 때로는 혁명으로, 때로는 민란이나 변란으로 분출되던 시대였다. 차별과 억압, 그리고 배제의 고통으로부터 벗어나서 인민이 되어가는 '인민화' 과정을 통해 자유롭고 평등한 인민이 탄생했다.

조선 말기와 대한제국기를 거치는 동안 차별과 배제의 대상에서 만민평등의 주체로 거듭난 대표적인 신분은 노비와 백정이었다. 신분제가 철폐되는 과정과 함께 여성도 해방되기 시작했다. 1801년 공노비의 해방을 시작으로 조선의 노비제는 돌이킬 수 없는 해체의 길로 들어섰다. 여성 해방은 천주교와 동학이라는 종교운동에서 출발하여 최초의 여성단체인 찬양

회가 독립협회 활동에 적극적이었듯이 근대화와 자주화를 위한 정치 운동에 여성이 참여하는 양상으로 진행되었다. 그리고 1919년 대한민국 임시정부는 〈임시헌장〉에서 여성의 참정권을 보장했다. 백정이 제도적으로 해방된 것은 갑오개혁 때였으나, 사회문화적 해방을 이룬 것은 백정 출신의 자발적 결사체인 형평사 활동을 통해서였다.

민주주의의 역사를 이끌어갈 주체인 인민의 탄생은 신분제 사회에서 배제되거나 소외되었던 사람들을 인민화하는 과정을 수반했다. 1801년 공노비의 해방으로 시작된 제도적 신분 해방은 1894년 갑오개혁으로 완결되었다. 하지만 자유와 평등에 대한 자각을 바탕으로 근대적 인민이 탄생하는 과정에서 노비와 백정 출신, 그리고 여성이 인민화되는 문화적 해방에는 더 많은 시간이 걸렸다. 19세기에 농민항쟁과 농민전쟁이 노비, 백정, 여성 등의 인민화의 길을 열었다면, 20세기에는 자발적 결사체를 만들고 사회운동과 연대하면서 스스로 해방 문화를 만들어갔다. 제도적 해방뿐만 아니라 문화적 해방을 이룸으로써 진정한 인민화가 달성된다고 볼 때, 이는 100년이 넘게 걸린 '기나긴 혁명'이었다.

1
노비 신분의 소멸

노비 삶의 변화

신분제 사회에서 노비는 맨 밑바닥에 위치했다. 주인을 위해 몸을 부려 일하고, 또 주인이 마음대로 사고팔 수 있는 물건이나 다름없는 존재였다. 주인이 국가기관이면 공노비, 개인이면 사노비라 불렀다. 부모 중 한쪽이 노비이면 자녀는 무조건 노비가 되는 세습제도로 인해 노비 수가 점점 늘어나면서, 15세기부터 17세기 전반까지 노비는 전체 인구의 30~40퍼센트를 차지했다.

조선 시대 노비는 세 가지 형태로 나뉘었다. 첫째, 몸을 부려 일하는 노비가 있었다. 사노비 중에서 상전 집에 사는 솔거노비(率居奴婢), 공노비 중에 국가기관에서 일하는 입역노비(立役奴婢)가 그들이다. 둘째, 주인과 같이 살지 않으면서 상전이나 국가기관의 토지를 일구는 외거노비(外居奴婢)가 있었다. 셋째, 주인과 같이 살지 않고 상전이나 국가기관에 몸값인 신공(身貢)만을 내는 외거노비가 있었다. 노비는 사회적으로는 사고팔 수 있는 존재였지만, 경제적 처지는 양반이나 평민과 별반 다르지 않았다. 토지는 물론 노비를 소유할 수 있었고, 자녀에게 재산을 물려줄 수도 있었다. 다만 자녀가 없을 경우에 노비의 재산은 주인 차지였다.

조선 후기에 신분제가 흔들리면서 노비의 삶도 달라졌다. 주인 집에 살면서 주인 땅을 직접 갈던 솔거노비보다 바깥에 살면서 주인 땅의 농사를 짓고 수확물을 나누는 외거노비의 수가 많아졌다. 주인 땅과 함께 자신의 땅이나 다른 사람의 땅을 빌려 농사지으며 사는 노비도 늘어났다. 무엇보다 주인에게 몸값만 내는 외거노비의 수가 가장 크게 늘었다. 외거노비는 주로 가족끼리 농사짓고 살았다. 부를 쌓은 노비는 나라에 돈이나 쌀을 바치고 양인 신분이 되는 납속(納贖)으로 신분 상승을 꾀하기도 했다. 다른 노비를 사서 자신의 역을 대신하게 하고, 본인은 양인이 되는 경우도 있었다. 나라에 공을 세운 노비는 양인의 신분이 되기도 했다.

신분제의 동요와 해체의 분위기 속에 노비의 저항이 본격화되었다. 개별적으로 신공을 거부하거나 상전을 죽이는 경우도 있었지만, 가장 흔한 저항은 도망이었다. 도망 노비는 광산, 목장, 어장 또는 상업이 발달한 도시로 숨어 들어가 살았다. 물론 도망을 간다고 저절로 신분 세탁이 되진 않았다. 이름에 성을 붙여 양인 행세를 하거나 남의 족보에 이름을 올리는 방법으로 신분을 속였다. 도적 무리에 가담하기도 했다. 17세기 말 경기도와 황해도에는 장길산이 이끄는 도적 떼가 활개를 쳤다. 광대 출신인 장길산과 함께 도망 노비들이 도적 무리를 이루었다고 한다. 1728년에는 변산반도를 휘젓고 다니던 노비 출신 도적들이 서울로 쳐들어온다는 소문에 사람들이 시골로 피난하는 소동이 일었다.

노비들은 개인 차원을 넘어 작당하여 저항하기도 했다. 17세기 후반에 등장한 살주계(殺主契)와 검계(劍契)가 그것이다. 살주계와 검계는 서울 사대부와 궁궐가의 노비들이 상전을 살해하고 노비 신분에서 벗어나기 위해 만든 비밀결사였다. 역적모의에도 노비들이 참여했다. 1688년에 경기도와 황해도에서는 미륵신앙을 신봉하는 승려와 무당이 중심이 되어 역적모의를 꾀하다가 발각되었다. 이 미륵신앙 사건의 주동자로 잡힌 11명 중에 3명이 노비였다.

신분 해방을 촉진한 노비 정책

공노비는 국가기관에 불려가서 고된 일을 하기보다는 신공을 내는 쪽을 선호했다. 가족을 부양하고 농사도 지어야 하는데, 수개월씩 나랏일에 동원될 경우 생계에 지장이 있기 때문이었다. 조선 정부도 신공을 선호했다. 노비에게 받은 신공으로 땅이 없어 농사를 짓지 못하는 사람들을 고용하여 사회 안정을 꾀할 수 있기 때문이었다. 이렇게 신공만 내는 외거노비를 납공노비라 불렀는데, 이들이 공노비의 다수를 이루게 되었다.

본래 신공은 남자 노비[奴]는 1년에 면포 2필, 여자 노비[婢]는 면포 1필 반이었다. 그러다 1667년에 남자 노비는 1필 반, 여자 노비는 1필로 줄었다. 1755년에는 남자 노비는 1필, 여자 노비는 반 필로 더 줄었다. 1774년에는 '여자가 공물을 내는 경우는 천하에 없다'는 이유로 여자 노비의 신공을 없앴다. 신공 감액 정책은 사노비에게도 똑같이 적용되었다. 노비 신공 감액으로 줄어든 관청의 수입은 국가 재정으로 채웠다. 조선 정부가 재정 부담을 떠안으면서까지 노비의 신공을 감액한 것은 노비가 도망가는 것을 막기 위해서였다.

또한 조선 정부는 도망간 노비를 찾아내어 잡아오는 추쇄(推刷) 정책을 펼쳤다. 전국적인 노비 추쇄 사업은 1655년에 시작되었다. 당시 노비의 호적인 〈노비안(奴婢案)〉에 적힌 중앙 정부의 노비 수는 19만 명이었으나, 실제 신공을 내는 노비는 2만 7000여 명에 불과했다. 조선 정부는 추쇄도감을 설치하고, 추쇄관을 지방으로 파견하여 수령의 추쇄 사업을 독려했다. 하지만 노비 추쇄 사업은 5844명을 추쇄하는 데 그치면서 2년 만에 종료되었다. 1778년에는 추쇄관을 없애고, 모든 공노비의 추쇄를 지방관에게 맡겼다. 중앙 정부 차원에서 추진하던 노비 추쇄 정책을 포기한 것이다.

한편 사회적으로 노비와 양인이 결혼하는 일이 늘어갔다. 노비와 양인 사이에 태어난 자녀는 무조건 노비가 되어야 했다. 따라서 노비와 양인의 결혼이 는다는 것은 노비 수가 늘고 양인 수가 줄어든다는 것을 의미했다. 국가 재정을 떠받치는 양인이 줄어드는 것을 정부가 가만히 지켜볼 리 없었다. 더욱이 양인이 양반이 되는 경우가 많아지면서 양인의 수는 더욱 줄어갔다. 그래서 내놓은 정책이 종모종양제(從母從良制)였다. 어머니가 양인이면 자녀도 양인이 되도록 하는 것이다. 이 정책은 1669년에 서인의 지도자 송시열이 양인의 수를 늘려 국가 재정에 도움을 주기 위해 종모종양제를 실시할 것을 건의하여 처음 시행되었다. 이 때 남인은 노비가 양인으로 신분이 상승하는 것은 명분을 어지럽히는 일이라며 반대했다. 이후 서인과 남인의 집권 여부에 따라 종모종양제는 실시와 폐지를 반복하다가, 1731년부터 제도로 정착하게 되었다. 이후 남자 노비와 여자 양인 간의 결혼은 더욱 성행했다. 정부의 양인 확보책이 노비제, 나아가 신분제를 해체하는 촉매제가 된 셈이었다.

신공의 감액과 폐지, 종모종양제의 정착 등 노비제 해체를 촉진하는 정책들은 대개 18세기 중엽 전후에 단행되었다. 이 밖에도 노비제 해체를 촉진한 정책은 여럿 있었다. 1746년에 발간된 《속대전(續大典)》에는 노비를 함부로 죽일 경우 처벌한다는 규정이 들어갔다. 빚을 진 사람의 자녀를 노비로 삼는 채무노비도 금지되었다. 1757년에는 왕족을 대상으로 죄인의 가족을 노비로 삼거나 그 자녀에게 노비 신분을 세습시키는 일을 금지했는데, 곧 일반에게도 적용되었다.

이렇듯 18세기 중엽은 노비 해방과 신분제 변혁의 분수령이었다.[1] 하지만 노비 세습제가 완전히 청산된 것은 아니었다. 일찍이 17세기의 실학자 유형원은, 노예제는 본래 중국에서 죄인을 노비로 삼는 형벌노비제에서 비롯한 것인데, 조선에서는 죄 없는 후손에게도 노비 신분을 세습하므로 "국가는 모든 백성을 하나같이 여기고 고르게 아껴야 한다"는 이치에 어긋난다고 비판했다. 역시 실학자인 안정복도 조선에서만 노비를 세습한다는 점을 문제 삼았다.[2]

1801년, 공노비 해방

1801년에 조선 정부는 공노비의 해방을 단행했다. 하지만 모든 공노비가 해방된 것은 아니었다. 조선시대 공노비에는 궁궐과 왕실 재정을 담당하는 내수사에 속한 내노비(內奴婢)와 중앙 관청에 속한 시노비(寺奴婢), 역에 소속된 역노비(驛奴婢), 향교에 속한 교노비(校奴婢), 지방 관청에 속한 관노비(官奴婢) 등이 있었다. 이 가운데 중앙의 내노비와 시노비, 즉 내시노비만 1801년에 해방되었다. 해방 당시 내시노비 대부분은 관청에서 일을 하지 않고 신공만 내고 있었다.

18세기 말에 이르러 도망 노비는 더욱 늘었고, 노비 수가 격감했다. 갈수록 신공 부담보다 신분 차별에 고통을 느끼며 도망가는 경우가 늘었다. 노비 수가 적어지자 남아 있는 노비가 부담해야 하는 몫은 더 커질 수밖에 없었다. 하지만 대부분 의지할 곳이 없던 가난한 노비들은 신공을 내기도 여의치 않았다.

조선 정부는 노비제 유지의 필요성 여부를 검토했다. 양인이나 남자 노비 모두 1필의 역을 부담하고 있으니, 노비를 양인화하면 신분 차별에 저항하여 도망가는 일을 막을 수 있고 숨어 살던 노비들도 다시 돌아와서 재정에 보탬이 될 것이라는 현실론이 대두했다. 정부 관리들은 내시노비의 존폐를 둘러싸고 논쟁을 벌였다. 내시노비 폐지를 주장하는 쪽의 논리는 다음과 같았다.

◆ 내시노비 혁파 이외의 개혁은 결국 말폐만을 제거하는 것이 되어 또 다른 폐단을 낳는다.

- 기자가 처음 노비제를 실시한 목적은 도둑질을 막기 위함이었지 자손 대대로 노비를 삼는 것이 아니었으므로, 노비제 폐지가 옛 법에 어긋나는 것은 아니다.[3]

한편 내시노비 폐지를 반대하는 사람들은 다음과 같은 논리를 내세웠다.

- 내시노비를 없애면 사노비들이 이를 본받게 되어 상전을 배반하는 폐단이 일어난다.
- 고조선 이래의 좋은 법을 문란하게 만들어 명분을 흐리게 한다.[4]

이처럼 현실론과 명분론이 충돌하는 가운데 내시노비 폐지를 주장한 것은 주로 노론이었다. 노론은 일찍이 송시열이 내시노비 폐지를 주장한 바가 있음을 근거로 폐지해야 한다는 목소리를 높였다. 남인은 노비제 폐지에 반대했다. 정조는 폐지가 최선책이라고 인정하면서도, 그것이 사노비에 영향을 미쳐 명분이 무너질까 우려했다.[5] 1800년에 정조가 죽자, 정순왕후가 어린 순조를 대신하여 실권을 잡았다. 정순왕후의 정치 세력은 노론이었다. 1801년에 노론의 주도로 내시노비 폐지, 즉 공노비 해방이 단행되었다. 이때 양인이 된 노비는 내노비 3만 6974명, 시노비 2만 9093명으로 총 6만 6067명이었다.

1801년의 공노비 해방은 조선 정부가 신분제 해체라는 시대적 변화를 공인했다는 것을 의미한다. 조선 후기 이래 사회경제적 변화가 노비제의 해체를 압박하자, 조선 정부가 제도적으로 조응한 결과였다.

1894년, 노비 해방

1801년에 공노비가 해방되었다. 하지만 사노비가 해방되기까지는 100년 가까운 시간을 더 기다려야 했다. 우선 1886년에 노비 세습을 폐지하는 법령이 반포되었다. 조선 정부는 먹고살 방편이 없어 노비가 된 사람과 돈을 받고 노비가 된 사람에 한해 자녀에게 노비 신분이 세습되는 것을 금지했다. 또한 양인을 강제로 노비로 만드는 것을 금지했다. 이 조치들은 노비제의 점진적인 폐지를 공식화했다는 점에서 큰 의미가 있다.[6] 그리고 1894년 동학농민전쟁을 통한 아래로부터의 저항과 갑오개혁을 통한 위로부터의 제도화로 마침내 노비제가 폐지되었다.

전봉준이 이끄는 동학농민군은 1894년 봄에 전라도 일대에서 나라를 바꾸겠다며 봉기했다. 오지영이 《동학사》에서 밝힌 동학농민군의 폐정 개혁안에는 다음과 같은 조항이 있다.

노비문서를 불살라 없앨 것[7]

노비라는 흔적을 아예 없애라! 인민의 자유와 평등을 위해 과거 신분 차별의 흔적을 모두 지우자는 간명하고도 강렬한 요구였다. 양반과 평민이 이끌던 동학농민군의 개혁 요구 중 하나라는 점에서 당시 노비 해방, 나아가 신분 해방에 대해 인민적 공감대가 확고했음을 알 수 있다.

양반부터 백정까지 상하귀천에 관계없이 다양한 신분층이 동학농민군에 가담했다. 그중에는 노비들도 있었다. 노비 출신 지도자로는 대접주(大接主)로 활약한 남계천이 있었다. 노비들은 여러 전투에서 활약했다.

동학농민군은 관노비 이춘경의 도움을 받아 전라도 고창을 점령했다. 전주에 들어갈 때도 많은 관노들이 호응하고 참여했다. 강진을 점령할 때도 관노의 도움을 받았다. 집강소가 설치되면서 노비는 동학농민군 지도부가 되어 더욱 활발하게 활동했다. 담양에서 접주로 활동한 김석원과 남응삼도 노비였다. 만경에서 접주로 활약한 석구와 순익도 원래 성이 없는 노비였다. 이들 노비 접주들은 주로 천민으로 구성된 농민군 부대를 지휘했다. 전주화약 이후 농번기가 되어 농민들이 집으로 돌아가서 농사에 힘쓸 때, 집강소에서 노비를 비롯한 천민들이 활약하면서 양반에 대한 공격이 거세졌다. 동학농민군이 일본군과 맞서고자 1894년 9월에 다시 일어났을 때 노비 지도자가 이끄는 천민 부대도 나섰다. 김석원과 남응삼이 지휘하는 천민 부대는 전라도 운봉에서 정부군과 맞섰다.

아래로부터의 신분 해방 운동, 즉 동학농민군의 신분제 폐지 요구에 조선 정부는 6월 25일 김홍집을 영의정으로 하는 갑오개혁 정권을 수립하고 개혁 추진 기구인 군국기무처를 설립한 뒤 사흘 만에 신분제 폐지를 공식화하는 것으로 화답했다. 여기에 노비제의 완전 폐지를 천명하는 법령이 들어 있다.

공사노비 제도를 모두 없애고 인신매매를 금지한다.[8]

공노비가 해방된 후에도 일부 남아 있던 관노비와 함께 사노비의 완전한 해방을 선언한 것이다. 이로써 전근대 사회 신분제의 근간이던 노비제가 종적을 감추게 되었다. 노비 주인과 양반은 크게 반발했다. 반면 동학농민군으로 활동하던 노비들은 직접 신분 해방 운동에 나섰다. 전라도 유생 황현은 강한 경계심을 보이며, 당시 노비가 앞장선 신분 해방 운동에 대해 다음과 같이 기록했다.

동학농민군은 모두 천인 노예이므로 양반 사족을 가장 증오했다. 그래서 양반을 나타내는 뾰족관을 쓴 자를 만나면, 곧바로 꾸짖어 말하기를 너도 역시 양반인가 하고 관을 벗기어 빼앗아 찢어버리거나 또는 그 관을 자기가 쓰고 거리를 돌아다니면서 양반을 욕보였다. 집안의 노비로서 농민군을 따르는 자는 물론이요 따르지 않는 자도 주인을 위협·강제하여 노비문서를 불사르고 강제로 양인이 됨을 승인하게 하거나, 또는 그 주인을 묶고 주리를 틀고 곤장과 매를 치기도 했다. 이에 노비를 가진 자들은 노비문건을 불살라서 그 화를 덜었다.[2]

이처럼 동학농민전쟁과 갑오개혁을 거치면서, 노비는 법적으로 더 이상 노비가 아니라 독립적인 인민, 평등한 인민으로 대우받을 수 있게 되었다.

노비제 잔재 청산 운동

《독립신문》이 창간되고 독립협회가 창립한 1896년은 갑오개혁 정권에 의해 신분 해방이 공식화된 지 2년이 채 되지 않은 때였다. 독립협회는 노비제도가 폐지된 후에도 여전히 뿌리 깊은 신분 차별의식을 없애야 한다고 주장했다. 이를 위한 노력으로 먼저 일부 양반들이 여전히 노비를 소유하고 있거나 매매하는 실태를 고발했다. 노비 해방의 논리는 명확했다. 평등권은 하늘이 준 권리이므로 누구에게도 사람을 사고팔 권리가 없다는 것이다.[10] 그리고 여전히 노비를 소유한 사람들에게 노비를 풀어주어야 상전도 노비제라는 신분적 질곡에서 해방될 수 있다고 설득했다.[11] 노비를 천부인권을 가진 인민으로 품어야 진정한 신분 해방이 이루어진다는 것이었다. 다른 나라의 사례도 제시되었다. 미국 남북전쟁에서 북부가 승리한 것은 노예 해방, 신분 해방 때문이라고 했다. 반면 인도는 신분제가 잔존하여 다른 나라의 식민지가 되었다고 비판했다.[12]

독립협회는 노비제 잔재 청산 운동을 통해, 어떤 개인이든 똑같이 인민으로 대접받을 때 진정한 신분 해방이 이루어진다는 논리를 신문이나 토론회 등을 통해 널리 확산시켜나갔다. 독립협회가 주관하던 정기 토론회도 노비제 문제를 긴급한 주제로 두 번 다루었다. 1897년 11월 1일에 열린 토론회는 '동포 형제간에 남녀를 팔고 사고 하는 것이 의리상에 대단히 불가하다는 문제'를 다루었다. 이 토론회에서는 찬반 토론에 이어 윤치호와 서재필이 연설했다. 윤치호는 노비제의 폐해와 비인간성을 비판했으며, 서재필은 미국에 끌려온 아프리카 흑인 노예들의 비참한 삶을 소개했다. 두 사람의 연설이 끝나고 실시한 투표에서는 '노비제가 의리상 불가하다'는 의견에 만장일치로 찬성했다. 그 자리에서 노비를 소유한 사람들은 스스로 노비를 해방시킬 것을 결의하기도 했다.[13] 1898년 5월 15일에는 '인간이 종으로 사는 것은 하느님이 준 천생권리를 부정함이니, 이는 하늘에 죄가 된다'라는 주제로 토론회가 열렸다.[14]

독립협회의 노비제 잔재 청산 운동은 노비의 인민화 시도였다. 당시 독립협회는 신분제라는 집단적 차별 구조를 벗어나서 자유롭고 평등한 개별적 존재로서의 인민화가 이루어져야 문명자강을 달성할 수 있다는 인식을 가지고 있었다.

2
여성 해방의 서막

동학이 몰고 온 바람

서양에서는 자본주의 발달과 함께 19세기를 전후하여 일터와 가정이 분리되는 현상이 나타났다. 이렇게 공적 영역과 사적 영역이 나뉘면서 여성은 일터가 아닌 가정에 갇혔다. 여성에게는 아내와 어머니의 역할이 강조되었다.[15]

그 무렵 조선에서도 소농경제와 상공업이 발달하고 소가족제가 확산되는 가운데, 여성은 가정부인으로서의 역할을 다할 것을 강조했다. 부부와 자녀로 구성되는 소가족제에서 가정 운영의 중심은 부부였다. 그리하여 부부화목이라는 덕목이 강조되었다. 부부유별에서 '별(別)'의 의미도 달라졌다. 아내가 남편에게 순종하고 복종해야 한다는 차별적이고 수직적인 의미의 '별'이 사라지고, 부부는 동등하되 직분과 권리가 다르다는 의미의 수평적 '별'이 새롭게 자리를 잡아갔다.[16]

19세기 여성관의 변화를 이끈 것은 정치가 아니라 종교, 즉 천주교와 동학이었다. 특히 동학은 시대 흐름에 따른 여성의 역할과 지위의 변화를 적극적으로 수용했다. 동학 제2대 교주인 최시형은 '부인으로서의 여성'에 주목하여 다음과 같이 말했다.

부인은 한 집안의 주인이니라. 하늘을 공경하는 것과 제사를 받드는 것과 손님을 접대하는 것과 옷을 만드는 것과 음식을 만드는 것과 아이를 기르는 것과 베를 짜는 것이 다 부인의 손에 달리지 않은 것이 없느니라.[17]

동학 제1대 교주인 최제우는 화목한 가정을 강조했다. 화목한 가정을 만드는 데는 부인의 역할이 절대적이므로 남편은 부인을 높이 받들어야 한다고 가르쳤다. 최시형은 가정에서의 부인의 역할을 강조하는 데서 그치지 않고 부인 교육, 즉 여성 교육에도 힘썼다. 《내수도문(內修道文)》, 《내칙(內則)》 등의 부인 교육용 지침서를 만들어 반포했다. 《내수도문》은 생활의 지혜를 담은 책으로, 특히 음식 관리법과 식사법에 곁들여 위생을 강조했다. 《내칙》에는 태교 시 유의 사항을 소개했다.[18]

동학은 가정부인의 역할을 강조하는 데 그치지 않고, 여성을 남성과 동등한 종교인으로 대우하는 데도 힘썼다. 최제우의 첫 선교 대상은 다름 아닌 부인 박씨였다. 그의 평등관은 여자 종 둘을 해방하여 한 사람은 며느리로, 한 사람은 양딸로 삼을 만큼 철저했다. 최제우는 더 많은 여성들을 계몽하기 위해 한글 가사로 〈안심가〉를 지었다. 그리고 여성에게도 동학에 들어오면 군자가 될 수 있다고 선교했다.

최시형도 여성 선교에 남다른 관심을 가졌다. 그는 독일의 종교개혁가 루터처럼 여성도 남성과 다름없이 득도의 경지에 도달할 수 있는 종교적 능력을 갖고 있다고 주장했다. 또한 여성 중에도 도통하여 사람을 살릴 수 있는 지도자가 많이 나올 것이라고 기대했다.

동학이 여성 선교에 적극적으로 나선 데는 천주교의 영향이 컸다. 천주교 신자들은 남녀가 어울려 신앙생활을 했고, 동정녀 서약을 한 여성은 결혼을 거부할 수 있었다. 동학은 여성에게도 종교인으로서 지위와 역할을 부여한 천주교의 종교운동을 수용했다.

조선 후기 이래 글을 배우고 책을 읽는 여성이 많아지면서 경제활동에 참여하거나 학문과 문학 분야에서 활약하는 여성도 늘어났다. 여성 실학자라 불리는 빙허각 이씨는 생활경제를 다룬 《규합총서(閨閤叢書)》를 지었다. 19세기에 여성 성리학자로 활약한 임윤지당(任允摯堂)은 "하늘로부터 받은 성품에는 남녀 차별이 없다"라고 하여 여성도 성인의 경지에 오를 수 있음을 주장했다. 동학이 여성에게 능동적인 종교인의 역할을 기대했던 것은, 여성도 성인이나 군자가 될 수 있는 평등한 사회적 존재라는 인식을 갖고 있었기 때문이다.

과부의 재혼을 허하라

신분제 사회가 무너지면서 신분의 빗장만 풀린 것이 아니었다. 동학농민군이 내놓은 개혁안에는 과부의 재혼을 허용하자는 주장이 들어 있었다.

청춘과부의 재혼을 허락할 것.[19]

동학농민군이 신분 해방과 함께 여성의 삶을 옥죄던 빗장을 풀자는 주장을 한 것이다. 조선시대에 법으로 여성의 재혼을 금지한 적은 없었다. 다만 《경국대전》에 재혼한 여성의 자손은 과거에 응시할 수 없다는 조항이 들어 있는 정도였다. 여성의 재혼을 관습적으로 터부시하게 된 데는 조선 후기 소가족제가 확산된 영향이 컸다. 소가족제에서 남편이 죽으면 여성은 가족의 생계를 책임져야 했기 때문에 현실적으로 재혼하기가 어려웠다.[20]

과부 중에 가장 곤경에 처한 여성은 청춘과부였다. 동학농민군이 재혼의 허용을 주장한 구체적 대상도 청춘과부였다. 10대에 결혼했다가 졸지에 남편을 잃은 어린 미망인은 부모마저 죽으면 생계가 막막할 수밖에 없었다. 그래서 자녀가 없는 청춘과부나, 어린 자녀가 있어도 의지할 곳 없는 청춘과부의 재혼은 사회적으로 묵인되었다. 최제우의 어머니 한씨도 재혼한 여성이었다. 1894년에 조선을 방문했던 오스트리아 여행가 에른스트 폰 헤세-바르텍은 기행문에서 과부의 재혼을 둘러싼 조선 사회의 분위기를 이렇게 전하고 있다.

미풍양속에 따르면 과부와 결혼하는 것이 금지되어 있다. 상류사회 사람들은 남편이 아무리 부정하여 애정이 없더라도 과부가 된 여인이 남편을 평생 애도하며 살기를 기대하기 때문이다. 과부가 다시 결혼하여 낳은 아이들은 사

생아 취급을 받는다. 하층계급에서는 이미 오래전부터 재혼이 이루어지고 있었다.[21]

헤세-바르텍이 본 것은 관습적으로 과부의 재혼을 허용하지 않았으나 먹고살기 위한 재혼은 막지 않던 사회 현실이었다. 일찍이 과부의 재혼을 금지하는 풍속을 잘못된 것이라 질타하던 사람들은 천주교 신부들이었다. 1855년에 조선에 들어와서 1856년에 천주교 제4대 교구장이 된 시메옹 베르뇌 주교는 과부라도 스스로 원한다면 관습에 구애받지 않고 다시 결혼할 것을 권했다.

과부가 된 사람은 풍속을 좇지 말고 오직 영혼과 육체에 보탬이 될 수 있도록 스스로의 뜻에 따라 재혼하기를 권하고 또 권한다.[22]

갑신정변을 이끈 개화파의 박영효도 일본으로 망명한 후 1888년 고종에게 올린 〈건백서(建白書)〉에서 "여자가 남편을 잃으면 혼례를 치르지 않았더라도 다시 시집을 갈 수 없습니다. 가족과 친지가 금지하고 있기 때문입니다"[23]라고 하면서, 조선 정부가 나서서 과부의 재혼을 금지하는 관습을 법으로 없애줄 것을 요구했다. 그러니까 1894년 동학농민군이 과부의 재혼을 허용하라는 주장은 새삼스러운 일이 아니었다. 서양에서 들어온 천주교와 조선의 동학이 주장한 남녀 평등관, 그리고 생계가 막막한 과부가 재혼하는 것을 묵인하던 현실과 개화파의 여권 신장론 등이 무르익어가던 사회 분위기에서 나온 것이었다.

개화파와 동학농민군의 요구에 조선 정부가 화답했다. 갑오개혁 정권은 1894년 6월 28일에 "남녀의 조혼은 엄히 금지하며 남자는 20세, 여자는 16세가 되어야 결혼할 수 있다"라는 법령과 함께 과부의 재혼을 허용하는 법령을 내놓았다.

> 과부의 재혼은 귀천을 가리지 않고 지┃에 맡긴다.[24]

이어 8월 10일에는 이 법령을 반포한 뜻을 다음과 같이 설명했다.

> 과부의 재혼은 귀천을 가리지 않고 자유에 맡길 것이라는 조항은 조정에서 화기(和氣)를 불러 맞는다는 뜻으로 내린 것이다. 과부가 죽음에 이르지 않고 종신토록 수절하려고 하면 누구도 강제로 시집보낼 수는 없을 것이다. 하지만 마땅히 시집을 가야 하는데 못 가게 한다면 그것이 화기를 상하게 하는 것이니, 비록 부모라 하더라도 강제로 시집가지 못하게 할 수는 없다. 시집을 가고 안 가고는 다른 사람이 강요할 수 없는 것이므로 '자유'라는 두 자를 말한 것이다.[25]

이처럼 19세기 말에 이르면 개혁 조치의 하나로 과부의 재혼을 허용하는 것에 대해 사회적 공감대가 형성되어 있었다.

여성을 계몽하고 교육하라

신의 어리석은 생각으로는 아직 인민이 얻어야 할 통의(通義)가 남아 있습니

다. 첫째는 남자와 여자, 남편과 아내의 권리가 균등하다는 것입니다.[26]

여기에서 통의란 권리, 즉 인간이 태어날 때부터 부여받은 천부인권을 말한다.[27] 이처럼 박영효는 〈건백서〉에서 평등의 권리를 언급하며 제일 먼저 남녀 평등권을 제기했다. 그가 적지 않은 영향을 받은 후쿠자와 유키치(福澤諭吉)의 "남자도 인간이며, 여자도 인간이다. 남자가 없어서도 안 되며 여자가 없어서도 안 된다. 능력에 있어서도 남자나 여자나 동등하다"[28]라는 논리와 맥이 통하는 주장이다.

여성이 차별받는 현실에서 남녀 평등의 이상을 실현하는 첫 단계는 여권 신장을 위한 정책의 마련이었다. 박영효는 앞에서 말한 과부의 재혼 허용과 함께 가정 내 부인의 지위 향상을 위해 조혼과 축첩 금지, 남편의 부인 폭행 금지 등의 개혁 방안을 제시했다. 나아가 "소학교와 중학교를 세워 여섯 살 이상의 남녀 인민이 모두 학교 수업을 받게 할 것"[29]이라고 하여 여성도 인민의 일원으로서 학교에 다녀야 함을 주장했다. 개화파인 유길준은 박영효가 〈건백서〉를 올릴 무렵에 집필한 《서유견문(西遊見聞)》에서 여성 교육이 필요한 이유를 다음과 같이 간명하게 밝혔다.

여자를 가르치는 것이 요긴하다. 평상시에도 여자가 학식이 많으면 힘들여 애쓰지 않아도 할 수 있는 일이 많고, 남자가 하던 일을 여자도 할 수 있으므로 그 공이 남자에게 못지않은 셈이다.[30]

오늘날로 보면 양성 평등을 주장한 셈이다. 여성이 남녀 평등권을 보장받고 제대로 행사하려면 교육을 받아야 한다는 것이다. "여성 계몽을 위해 여성을 교육시키는 것이 필요하다." 이러한 주장에 대해 고종과 조선 정부는 19세기가 다 가도록 반응하지 않았다. 최초의 공립 여학교인 한성고등여학교가 세워진 것은 1908년이었다.

여성 교육의 첫 삽을 뜬 주역은 미국에서 건너온 여성 선교사들이었다. 서양에서도 여성 교육은 수녀, 선교사 등이 학교를 세우면서 시작되었다. 1885년에 미국 감리교 여선교회에서 교육 선교를 위해 파견한 메리 스크랜튼(Mary Scranton)이 조선 땅을 밟았다. 그녀는 가옥과 토지를 사들이고 건물을 지어 1886년에 이화학당을 열었다. 첫해에 입학한 여학생은 모두 4명이었고, 이듬해에는 7명으로 늘었다. 당시 이화학당에 다니던 여학생들은 모두 비천한 신분이거나 불우한 처지였다. 3년째 되던 해인 1888년에는 학생이 18명으로 늘었다. 하지만 외국인이 어린아이를 잡아먹고 눈을 빼내어 사진 현상에 쓴다는 유언비어가 퍼지면서 6주 동안 학교 문을 닫아야 했다. 스크랜튼은 이화학당이 자리를 잡아가자 1892년부터 서울과 지방에 새로운 여학교를 설립하는 일에 나섰다.[31]

여성을 가르치는 교육 선교는 유용하고 실천적인 기독교 여성을 양성하는 것이 목적이었다.[32] 이렇게 선교사에 의해 시작된 여성 교육은 여성의 지위 향상에 기여했다. 사학자이자 언론인이던 문일평(1888~1939)은 다음과 같이 평가했다.

기독교가 조선 신문화에 영향을 미친 중에도 특히 여성 생활에 일대 변동을 일으켰음은 조선 여성의 사회적 지위를 논할 때 결코 간과할 수 없는 현상이라 하겠다. (……) 기독교로 말미암아 첫째는 여성도 남성과 마찬가지로 영혼의 소유자임을 발견하여 신 앞에서는 남녀가 평등하다는 것을 알게 되었다. 둘째는 여성이 갇혀 있던 집안 생활로부터 해방되어 일요일에는 반드시 교당에 가서 남성과 같이 청강할 권리를 얻게 되었다. 셋째는 일반 여성이 성경을 읽기 위하여 조선 글을 숭상한 때문에 여성 사이에 문자가 크게 보급되었다.[22]

이처럼 1880년대를 거치면서 조선 사회에는 남녀 평등과 여권 신장을 요구하는 목소리가 등장했고 여성 교육이 시작되었다. 여성의 인민화는 거스를 수 없는 대세가 되어갔다. 여성 차별이라는 뿌리 깊은 습속의 저항이 만만치 않았으나, 아래로부터 그리고 위로부터 서서히 변화가 일고 있었다.

여성의 인민화 과정에서 독립협회는 분수령 역할을 했다. 독립협회는 《독립신문》에 여성 계몽과 교육을 강조하는 논설을 싣고, 이를 실천하기 위한 여성운동을 후원했다. 독립협회는 남녀 평등의 근거를 '총명'에서 찾았다. 남녀 간에는 총명함의 차이가 없으니 권리 역시 동등하다고 주장했다.[23] 이러한 남녀 평등관을 바탕으로 독립협회는 가부장제, 조혼, 축첩, 과부 재혼 금지 등의 여성 차별적인 제도와 문화의 변혁을 주장했다. 예를 들어 과부의 재혼은 갑오개혁 때 허용되었지만, 오랜 관습 때문에 여전히 쉽지 않다며 실질적인 폐지를 주장했다.[24]

독립협회의 주장을 세세히 살펴보면 대부분 가족제도의 개혁과 관계가 있다. 여권의 신장을 주장하면서도 가족과 모성의 틀을 벗어나진 않았다. 독립협회는 여성 교육의 궁극적인 목적은 미래의 훌륭한 부인과 어머니를 위한 것이므로 남성 교육과 똑같이 중요하다고 여겼다. 따라서 남자아이를 위한 학교를 하나 지을 때마다 여자아이를 위한 학교를 하나 더 지어야 한다고 주장했다. 여성을 교육하지 않는 것은 동포의 절반을 버리는 일과 다름없기 때문이었다.[36]

미래의 동량을 키울 어머니이자 남편을 뒷바라지하는 아내를 현모양처(賢母良妻)라고 불렀다. 동아시아 모두에서 현모양처상이 주목받았는데, 일본에서는 양처현모, 중국에서는 현처양모라고 불렀다. 3국의 개념 차이에서 드러나듯이 한국에서는 부인의 역할보다 어머니의 역할을 더 강조했다. 1898년에 여성 계몽을 목적으로 창간된 《제국신문》은, 여성을 교육하여 현명한 어머니와 좋은 아내를 키워야 하며, 현명한 어머니에게 교육받은 아이는 삼강오륜을 따르고 충군애국하는 사람으로 자란다고 역설했다.[37] '시일야방성대곡(是日也放聲大哭)'으로 잘 알려진 장지연은 1905년에 여성 교육을 위해 《여자독본(女子讀本)》이라는 윤리 지침서를 썼다. 여기에서 그는 가정 교육을 담당할 어머니로서의 여성에 대한 교육의 중요성을 강조했다.

여자는 나라 백성 된 자의 어머니 될 사람이라. 여자의 교육이 발달된 후에 그 자녀로 하여금 착한 사람을 이룰지라. 그런고로 여자를 가르침이 곧 가정 교육을 발달하여 국민의 지식을 인도하는 모범이 되느니라.[38]

여성 교육을 자녀 교육의 기초로 보는 동시에 여성을 인민의 일원으로 파악하면서 애국하는 부인상을 요구하는 것이, 당시 여성 교육가의 일반적인 생각이었다.

인민의 일원으로 여권을 획득하다

여성의 정치적 활약이 주목받기 시작한 것은 동학농민전쟁 때였다. 일본의 《국민신문》 1895년 3월 5일자에 다음과 같은 기사가 실려 있다.

1894년 12월 동학군이 장흥을 공격할 당시 22세의 미모의 여인 이소사가 두령이 되어 말을 타고 선두에서 총지휘하다 체포되었다. 그녀는 동학교인들 사이에서 꿈에 천신으로부터 오래된 제기를 받은 신녀로 숭배되었다고 한다.

일본군의 기록에 따르면, 이소사(李召史)가 장흥 현감을 죽였다는 소문이 있는데 실은 동학농민군이 미친 여자를 천사로 옹립하여 이용한 것이며, 그녀는 결국 정부군에 잡혀 모진 고문을 받았다고 한다.[30] 이는 백년전쟁에서 활약한 잔 다르크와 마녀사냥을 연상시킨다. 어쨌든 장흥 전투에서 활약한 이소사의 존재는 확인할 수 있다. 이러한 사실은 동학농민군의 일원으로 전투에 참가한 여성이 더 있었을 가능성을 방증한다. 장성 전투 때는 여성들이 직접 전투에 참가하지는 않았지만 농민군의 편이 되어 정부군의 포에 물을 부었다는 얘기도 전해진다.

독립협회가 활발하게 활동하던 19세기 말, 마침내 여성운동이 태동했다. 1898년 9월 서울 북촌에 사는 부인들이 여학교의 설립을 호소하는 성명서 〈여학교설시통문(女學校設施通文)〉을 발표했다.

우리나라 여성은 병신처럼 규방에 갇혀 남자가 벌어다 주는 것만 갖고 갖다 주는 것만 먹는 신세인 데 비해, 문명개화한 나라에서는 남녀가 똑같은 사람이다. 여성이 어려서부터 학교에 다녀 재주를 배우고 이목을 넓혀 장성한 후에 남편을 만나 평생 공경을 받으며 사는 것은, 남자와 재주와 권리와 신의가 같기 때문이다. 우리도 여학교를 설립하려 하니 뜻 있는 사람들이 마음을 내어 회원이 되어주길 바란다.[40]

여성 스스로 여학교를 설립하겠다고 나선 것은 대한제국 정부가 재정이 어렵다며 관립 여학교를 세우지 않고 있었기 때문이다.

〈여학교설시통문〉을 발표한 북촌 부인들을 중심으로 여학교설시찬양회(이하 찬양회)가 조직되었다. 여성이 주도하는 자발적 결사체가 탄생한 것이다. 찬양회는 서울의 양반 부인들이 주도했고, 서민층 부녀와 기생도 참여했다. 회장은 양성당 이씨, 부회장은 양현당 김씨가 맡았다. 신분이나 직업에 관계없이 회비만 내면 누구나 회원이 될 수 있었다. 창립 당시 회원 수는 400여 명이었다. 회원은 주로 여성이었으나 남성과 외국 여성도 있었다. 찬양회는 여학교 설립 운동과 함께 독립협회와 마찬가지로 일요일마다 정기모임을 열고 연설회와 토론회를 마련했다. 독립협회 간부들이 연설회 강사로 활약했으며, 여성의 각성과 여성 교육에 관한 주제를 다루었다. 회원이 아닌 여성들도 청중으로 참가했다.[41]

초기 찬양회 활동은 관립 여학교 설립 운동에 집중되었다. 1898년 10월에 찬양회 회원 100여 명이 궁궐 앞에 모여 관립 여학교를 세워달라는 상소를 올렸다. 여성 최초의 정치적 집단 행동이었다. 고종은 적절한 조치를 취하겠다고 답했으나, 교육 담당 부처인 학부는 재정과 시기상조를 이유로 반대했다. 결국 찬양회는 스스로 1899년 2월에 여학생 50명을 모아 순성여학교를 열고 초등교육을 실시했다. 하지만 운영난을 견디지 못하고

1901년에 문을 닫고 말았다.

찬양회는 독립협회 활동을 지지하고 만민공동회에 참여하는 등의 정치 활동도 펼쳤다. 독립협회 간부들이 검거되었을 때는 이에 항의하는 시위와 집회에 가담하기도 했다. 황국협회가 만민공동회를 습격하는 과정에서 숨진 독립협회 회원 김덕구의 사회장에도 참석했다. 독자적인 여성운동을 추진하는 동시에 인민의 일원으로서 정치 개혁 운동에 동참한 것이었다. 서양에서도 여성들이 초기에 독자적인 페미니즘 운동보다는 노예제 폐지 운동이나 도덕 개혁 운동에 동참하여 집단적인 목소리를 냈다. 체통과 절제가 엄격한 시민사회에서 여성의 지위 향상을 위한 집단적 저항에 먼저 나서기가 쉽지 않았기 때문이다.[42]

나라가 망할 위기에 처하자 여성운동은 구국운동과 독립운동에 동참하는 양상으로 이어졌다. 1907년 2월 대구에서 서상돈이 일본에게 빚진 국채 1300만 원을 인민의 힘으로 갚아 완전한 자주독립을 이루자며 국채보상운동을 제안했을 때, 여성들도 적극적으로 동참한 것이 일례였다. 대구에서는 여성 7명이 여성도 국민의 일원이라며 적극적인 참여를 촉구하는 성명서를 발표하고 패물폐지부인회를 조직했다.[43] 국채보상부인회는 전국에 30여 개 이상 조직되었다. 여기에는 양반층과 지역 유지의 부인들이 다수를 차지했지만 기독교 여성, 여성 상인, 기생 등의 다양한 계층이 동참했다. 주로 도시와 항구도시에서 조직되었으며, 참여 열기에 비해 모금액은 그리 많지 않았다.[44] 이들 여성단체의 지향은 분명했다.

1907년 4월에 조직된 국채보상탈환회의 취지문은, "이렇듯이 국채를 갚고 보면 국권을 회복할 뿐만 아니라 우리 여자의 힘을 세상에 전파하여 남녀동권을 찾을 것이니"[45]라고 하여 남녀 평등관을 명확히 드러내고 있다. 남녀 평등의 민주주의 사회를 만들기 위해서는 먼저 국권을 회복해야 한다는 주장이었다. 이는 나라가 망하자 여성들이 독립운동에 참여하는 근거가 되었다.[46]

1910년대 여성들이 주도한 대표적인 독립운동단체로 1913년경 평양에서 결성된 송죽회가 있다. 비밀결사인 송죽회는 3·1운동을 준비하기 위한 연락망으로 활용되었으며, 3·1운동이 일어나자 대한애국부인회를 결성하여 독립운동 자금 확보와 연락 등을 맡았다.[47]

나라를 잃었지만 1910년대에도 여성 계몽 운동은 계속되었다. 동학의 선구적인 여성 계몽 운동은 1905년에 동학 제3대 교주인 손병희가 새롭게 만든 천도교를 통해 계승되었다. 천도교는 동학과 마찬가지로 여성 교인들을 지도자로 임명하고 여성 교인들에게 한글을 가르쳐 문명을 익힐 기회를 제공했다. 여성 교인들은 "여자들아, 정성으로 전진하기를 남자에게 조금도 양보 맙시다. 여자는 뒤에 서고 남자는 앞섬은 천도의 정한 바가 아니로구나"라는 후렴구가 있는 〈여자교우전진가〉를 함께 불렀다. 천도교는 무엇보다 여성 계몽의 궁극적인 지향이 남녀 동등, 즉 평등을 실현하는 것임을 강조했다.

문명한 나라 사람은 남녀가 동등권이 있답니다. 여자의 지각이 남자와 같고 학문이 남자와 같고 사람 자격이 같은고로, 우리 조선 여자는 학문이 없고 마땅히 행할 의무를 알지 못하고 책임도 알지 못하여 사람 자격이 없는고로, 권리도 동등이 되지 못하였습니다. 여자의 의무는 의무대로 복종하고 여자의 책임은 책임대로 부담하여 자격 있는 사람, 권리 있는 사람이 되어 남녀 동등의 대접을 받아봅시다.[48]

이러한 남녀 평등을 천도교 차원에서 실천하려는 노력은 여학교를 운영하는 것으로 이어졌다. 천도교는 서울의 동덕여학교, 대구의 명신여학교 등을 인수하여 운영했다. 또한 여성 계몽을 위한 강연회를 개최했다. 1913년 4월에 평안북도 철산군 교구에서 개최한 강연회에는 200~300명의 여성이 참석하여 성황을 이루었고, 여자 강습소 설치를 위한 의연금 모집에도 적극 동참했다.[49] 철산에서는 1915년에도 "선천적 옛 습관을 타파하여 후천적 새 정신을 가다듬고 여자를 교육하여 문명의 신지식을 양성한다"라는 취지로 부인강도회(婦人講道會)가 개최되었다.[50] 19세기에 시작된 여성 계몽 운동의 물결은 나라를 잃은 후에도 민족이라는 자장 안에서 지속되었음을 확인할 수 있다.

남녀노소를 가리지 않고 민족의 독립을 요구한 3·1운동이 한창이던 1919년 4월 11일, 상하이의 대한민국 임시정부가 발표한 〈임시헌장〉은 여성에게 참정권을 부여했다. 비록 부녀나 여성이라는 말은 없지만 모든 인민의 보통선거권을 인정한다는 말은 여성에게도 참정권을 준다는 것을 의미했다.

제3조 대한민국 인민은 남녀 귀천 및 빈부의 계급이 없고 일체 평등하다.
제5조 대한민국 인민으로 공민 자격이 있는 자는 선거권 및 피선거권을 가진다.[51]

〈임시헌장〉에 이어 발표된 〈임시의정원법〉에서는 중등교육을 받은 만 23세 이상의 남녀는 의원 후보가 될 수 있는 피선거권을 가진다고 명시했다. 당시 중국이 남성에게만 피선거권을 준 점에 비추어보면 〈임시헌장〉 제5조는 대단히 선구적인 것이었다. 일본에서 남성이 보통선거권을 갖게 된 것은 1925년이었다. 중국 헌법에 우리의 〈임시헌장〉 제3조와 같은 남녀 평등 조항이 들어가고 여성에게 참정권을 부여한 것은 1921년이었다.[52]

백정 해방을 위한 고투

제도적 해방, 인습적 차별

백정은 조선시대 내내 가장 천대받던 신분이다. 백정은 가축을 잡거나 놋그릇을 만들어 팔았다. 그들은 한곳에 모여 살아야 했고, 일상생활에서도 많은 차별을 받았다. 기와집에 살 수 없었고, 비단옷을 입지도, 갓을 쓰지도, 가죽신을 신지도 못했다. 집 밖에 나갈 때는 머리를 풀어헤친 봉두난발에 천민만 쓰는 평량갓(패랭이)을 써야 했다. 양인 앞에서 담배를 피우거나 술을 마실 수도 없었다. 장례를 치를 때 백정은 상여도 못 썼다. 결혼할 때는 가마나 말을 탈 수 없었고, 결혼한 여성은 비녀를 꽂지 못했다. 어른이든 어린이든 양인 앞에서는 자신을 소인이라 낮추어야 했다. 이름에 성을 붙일 수 없었고, 인·의·효·충 같은 글자가 들어가면 안 되었다. 이처럼 신분제 사회에서 백정은 극단적인 배척을 받으며 큰 고통을 겪어야 했다. 이 때문에 러시아 외교관 포지오(M. A. Podzhio)는 조선에서 백정의 처지가 남인도의 불가촉천민인 파리아와 같다고 말했다.[52]

신분제가 해체되는 분위기 속에서도 백정에 대한 차별은 쉽사리 사라지지 않았다. 1809년에는 개성에서 어떤 백정이 결혼식 때 예복으로 관복을 입었다가 사람들에게 얻어맞고 집이 부서지는 소동이 일어났다. 백정들은 1894년 갑오개혁 이전부터 백정조합을 조직하여 신분 차별에 집단적으로 대응하려 했다. 백정조합은 지금의 서울 인사동에 승동도가(承洞都家)라는 본부를 두고 전국에서 인재를 선발하여 영위(領位)라 부르는 두목을 중심으로 간부를 조직하여 가축 도살, 고기 판매, 요리점 경영 등의 활동을 전개했다.[54]

1894년 동학농민전쟁이 일어나자 백정들은 동학농민군에 가담했다. 김개남이 이끄는 농민군에는 백정들로 구성된 주력부대가 있었다. 동학농민군이 주장한 개혁안에는 백정 해방이 들어 있었다.

칠반천인(七班賤人)의 대우를 개선하고 백정이 머리에 쓰는 평량갓을 벗길 것.[55]

칠반천인(七般賤人)이란 승려, 창우(倡優, 광대), 기생, 무당, 점쟁이, 피공((皮工, 갖바치), 백정 등을 가리킨다.[56] 갑오개혁 정권 역시 그해 7월 2일에 백정을 포함한 천민의 해방 법령을 발표했다.

역인(驛人), 창우, 피공 등은 모두 천인에서 면함을 허용한다.[57]

당시 미국 북장로교 선교사였던 사무엘 무어(S. F. Moore) 목사는 "그동안 백정은 머리에 갓을 쓰는 것이 허락되지 않아 외출할 때 패랭이를 쓰고 다녀야 했기 때문에 한눈에 백정 신분이 드러나게 되어 있었다. 그러나 갓을 쓸 수 있게 되자 그들의 기쁨은 이루 다 말할 수 없었다. 그 기쁨은 미국 링컨 대통령의 노예 해방령으로 기뻐하던 흑인들의 것보다 더 컸다고 한다. 그래서 백정 중에는 너무 좋아 밤낮을 가리지 않고 갓을 쓴 이도 있었다"[58]라고 당시 분위기를 전했다.

제도적 해방이 곧 문화적 해방을 가져오진 않았다. 1895년에 백정 출신 박성춘은 고종의 주치의이던 에비슨(Oliver R. Avison) 박사, 무어 목사 등의 도움을 받아 백정에 대한 차별 대우를 개선해달라는 탄원서를 정부에 제출했다.

이제 나라에서 사람을 억압하던 악습을 폐지하고 새 법을 만들어 백성을 보호한다고 하니, 저희가 갈망하던 바입니다. 그리하여 마음을 굳세게 먹고 감히 폐하에게 엎드려 간절히 호소하오니, 이 법으로 저희 백정이 해방되었음을 지방 관리에게 널리 알리시어 저희들이 갓과 망건을 쓰고 다닐 수 있도록 해주시고 관리들이 저희를 감히 다시는 부려먹지 못하도록 해주시기를 간절히 바랍니다.[59]

박성춘의 탄원서에 따르면, 갑오개혁 이후에도 백정 출신은 마음대로 도포를 입거나 갓을 쓰고 다닐 수 없었다. 이에 대해 정부는 백정이 갓과 망건을 쓰고 도포를 입을 수 있는 평민임을 확인해주었다. 그런데도 인습적 차별은 쉽사리 사라지지 않았다. 기독교 선교사들은 하느님 앞의 평등을 강조하며 백정도 하느님의 피조물로 천부인권을 누릴 자격이 있다며 일반인과 함께 예배에 참석하도록 했다. 하지만 인습적 반발로 평등한 예배 문화가 성숙하는 데는 적지 않은 시간이 걸렸다. 박성춘은 무어 목사가 1893년에 세운 곤당골 교회를 다녔는데, 처음에는 신분을 속이다가 세례 받을 때 백정 출신임을 밝혔다. 그러자 양반 출신 교인들은 상놈이나 종하고는 다녀도 백정하고는 같은 교회를 다닐 수 없다며 박차고 나가서 새 교회를 세웠다.

1894년의 법령으로 백정에 대한 제도적 차별이 완전히 사라진 것은 아니었다. 1896년 〈호구조사규칙〉과 〈호구조사세칙〉이 시행되어 백정도 호적을 가지게 되었다. 하지만 여전히 직업란에 백정을 뜻하는 도한(屠漢)이라고 적게 하여 백정 출신임을 알 수 있도록 만든 호적이었다.[60] 곧 법이 바뀌어 일반인과 같은 호적을 쓰게 되었지만, 여기에도 도한 표기를 하도록 했다.

독립협회는 앞서 노비제 잔재 청산에 나섰듯이 백정에 대한 차별을 없애는 일에도 앞장섰다. 독립협회의 노력은 혁명적이었다. 1898년 10월 28일부터 독립협회가 주최한 관민공동회가 열렸다. 이튿날에 처음으로 정부 관리들이 참석했다. 이날, 먼저 대회장인 윤치호가 관민공동회의 취지를 설명한 뒤 지금의 국무총리격인 의정대신 박정양이 보고하는 순서로 진행되었다. 그리고 종로 거리를 가득 메운 수만 명의 인민들이 만세 합창을 한 후 놀라운 광경이 벌어졌다. 백정 출신인 박성춘이 회원 대표로 개막 연설을 하기 위해 단상에 올라갔다.

나는 대한의 가장 천한 사람이고 무지몰각합니다. 그러나 충군애국의 뜻은 대강 알고 있습니다. 앞으로 이국편민(利國便民)의 길은, 관리와 인민이 합심한 후에야 가능하다고 생각합니다. 저 햇빛가리개에 비유한다면 한 개의 장대로 받치면 역부족이나 여러 장대를 합하면 그 힘은 매우 견고해집니다. 원컨대 관리와 인민이 마음을 모아 우리 대황제의 성덕에 보답하고 나라의 운세가 만 만세를 누리게 합시다.[61]

의정대신에 이어 백정 출신이 연설을 하는 장면은 이제 만민평등의 시대가 활짝 열렸음을 선언하는 것이었다.

백정과 관리, 백정과 인민 간의 충돌은 이후에도 이어졌다. 1898년 경기도 시흥에서 백정 출신들이 평량갓을 쓰는 것을 거부하자, 수령이 백정의 머리에 쇠가죽을 씌워 모욕하는 사건이 발생했다. 1900년에는 진주를 비롯하여 16개 군에서 백정 출신들이 여전히 천대가 심하여 갓을 쓰지 못한다며 관찰사에게 갓을 쓸 수 있게 해달라고 요구했다. 이에 관찰사는 갓을 쓰되, 끈은 쇠가죽으로 하라고 명령했다. 그해 진주에서는 백정이 갓을 쓰고 도포를 입을 수 있게 되었다는 이야기가 전해지자, 수백 명이 백정 마을을 습격하여 가옥을 부수었다.[62]

1901년에는 예천에서 군수가 백정 신분을 면해준다며 돈을 요구했다가 이를 거부한 백정 출신 3명을 체포하는 사건이 일어났다. 백정 출신 지도자들은 부당한 대우를 받는 그들을 보호하며 정부와 여론에 차별 시정을 호소하는 운동을 펼쳤다. 사건이 발생한 예천과 문경의 백정 출신들이 서울에 올라와서 법대로 평등을 누리게 해달라는 시위를 벌이며 정부의 미온적인 태도에 항의했다. 한편 백정 출신들은 사회운동에 동참하는 방식으로 부당한 차별 대우와 인식을 타파하려 노력했다. 음죽(지금의 경기도 이천 지역)에서는 백정 출신들은 국채보상운동에 참여하여 성금을 냈다.

형평사의 탄생

시간이 흐를수록 백정 출신에 대한 인습적 차별은 완화되었다. 하지만 심각한 문제가 해결되지 않고 남아 있었다. 백정 출신의 자녀들은 학교는 물론 서당에도 다니기 어려웠다. 그나마 그들의 자녀를 받아준 곳이 기독교계 학교였다. 이 때문에 백정 출신 중에 기독교를 믿는 사람들이 나타났다. 박성춘 역시 아들이 일반 학교를 다닐 수 없게 되자 무어 목사가 백정 출신 자녀를 위해 문을 연 주일학교에 보냈다. 박성춘의 아들 박서양은 나중에 세브란스 병원의 의사가 되었다. 결국 백정 출신들은 교육 차별 문제를 해결하기 위해 형평사(衡平社)라는 자발적 결사체를 만들게 되었다. 형평사는 백정의 신분 해방과 평등 사회 건설을 목표로 1923년 4월에 만들어져 1930년대 중반까지 활동했다.

　형평사는 300~400명에 이르는 백정 출신이 살고 있던 경상남도 진주에서 결성되었다. 진주에는 백정 출신 자산가인 이학찬이 살고 있었다. 그 역시 자녀를 공립학교나 사립학교에 보내려 했으나, 백정 출신이라는 이유로 매번 거절당했다. 입학 허가를 받은 경우에도 백정 출신의 자녀라는 사실이 알려지면 주위에서 배척하거나 학교에 압력을 넣어 중도에 그만두게 했다. 교육 차별에 절치부심하던 이학찬은 백정 해방 운동을 결심하고 동아일보 진주지국장인 강상호, 진주자작농회 간부인 신현수, 일본 메이지대학을 다닌 백정 출신 장지필 등과 의논하여 형평사를 조직했다.[62] 여기에는 때마침 일본 간사이 지방에서 일어난 수평운동이 영향을 미쳤다. 수평운동은 일본의 천민인 부라쿠민(部落民)이 일으킨 해방 운동을 말한다. 에타(穢多)라고 불리는 부라쿠민은 1871년에 제도적으로 해방되었으나, 이후에도 지속적으로 인습적 차별을 받고 있었다. 1922년 3월 교토에서 전국의 부라쿠민 3000여 명이 모여 차별 대우 철폐와 인간 해방을 위한 전국수평사(全國水平社)를 창립했다.[63]

형평운동의 목적은 백정 출신이 겪는 사회적 편견과 차별을 없애고 인권을 신장시키는 것이었다. 다음 격문에 그런 의지가 잘 나타나 있다.

백정 계급인 우리들도 천부의 인권을 회복하여 사회 정의에 호소하기 위하여 '형평(衡平)' 두 자를 이 세상에 절규하고 나서는 바이다.[64]

형평사는 무엇보다 인습적 차별, 특히 모욕적인 호칭의 폐지와 교육 차별의 철폐 운동에 주력했다.

공평은 사회의 근본이고, 애정은 인류의 본량(本良)이다. 그런 까닭에 계급을 타파하고 모욕적 칭호를 폐지하며 교육을 권장하여 우리도 참다운 인간이 되기를 도모함이 형평사의 주된 뜻이다.[65]

실천 활동으로 야학과 강습소 설치, 신문과 잡지 구독·강연 등을 통한 자기계발, 주색잡기와 풍기문란의 금지, 근검절약을 통한 자기 정화, 형평사 회원 간의 상호 부조 등을 내세웠다. 백정 출신만이 아니라 누구나 형평사에 가입할 수 있었다. 백정 해방이 '백정만의 문제가 아니라 평등 사회를 갈구하는 조선 사회 전체가 각성해야 할 문제'라는 인식에서 나온 선택이었다.

실제로 형평사에는 백정 출신이 아닌 사람들도 회원으로 참여했다. 《동아일보》, 《조선일보》 등은 형평사의 창립이 시대에 부응하는 일이라며 적극 지지하고 보도했다. 조선청년총동맹을 비롯한 사회단체들도 지지와 협조의 뜻을 밝혔다. 잡지 《개벽》은 신분 해방에서 더 나아가 계급 해방까지 이룰 것을 당부했다.[67] 이 같은 사회적 성원에 힘입어 형평사는 창립 1년 만에 68개 지사와 분사를 거느린 전국적인 조직으로 발전했다. 지사와 분사를 설립하는 과정에서도 지역의 노동단체나 청년단체의 후원을 받는 경우가 많았다.

형평사는 진주에 중앙본부(본사)를 마련하고 각 지방에 지사와 분사를 두었다. 중앙본부는 중앙집행위원회를 두고 집단 지도체제 방식으로 운영했다. 중앙집행위원은 총회에서 선임되므로 해마다 인적 구성이 달라졌다. 도에 설치되는 지사, 군과 읍에 설치되는 분사는 자율적으로 결성되었고, 중앙본부의 간섭을 받지 않았다. 지사와 분사 역시 중앙본부와 마찬가지로 집행위원회 체제로 운영되었다. 자발적 결사체로서 자율적이고 민주주의적인 운영을 추구했던 것이다.

사회운동 속의 형평운동

형평사는 창립 1년 만에 진주에 있던 본사를 서울로 이전하는 문제를 둘러싸고 갈등을 빚었다. 결국 1924년 4월 장지필 등이 형평사혁신동맹총본부를 발족하면서 분열되었다. 장지필 등은 본부를 서울로 이전할 것을 주장했으며, 형평운동의 사회주의화를 지향했다. 3·1운동 이후 몰아친 사회주의 이념의 소용돌이 속에서 그들은 계급 해방이 완전한 신분 해방을 이루는 길이라고 생각했다.

마침내 형평운동은 경기도, 강원도, 전라도 지역에 세력 기반을 둔 무산(無産) 백정 출신의 급진파와 경상도를 기반으로 하는 유산(有産) 백정 출신의 온건파로 갈라섰다. 급진파는 백정에 대한 인권 유린이나 사회적 차별은 자본주의 체제 때문이므로 노동자-농민의 계급투쟁과 제휴하여 자본주의를 타도하는 데 앞장서야 한다고 주장했다. 반면 온건파는 형평운동은 백정의 인권 옹호와 차별 철폐라는 본래 목적에 충실해야 하며 다른 정치·사상단체와 손잡아서는 안 된다는 입장을 취했다.

갈등은 오래 가지 않았다. 백정 출신에 대한 사회적 차별 사건이 반복되고 반(反)형평운동까지 확산되자, 양측은 사회단체들의 중재로 1925년 4월에 조선형평사중앙총본부로 합동했다. 합동 이후에는 사회운동과 연대하는 문제를 놓고 갈등했다. 그럼에도 연대 활동은 형평운동이 사회운동으로 뿌리내린 이상 불가피한 생존 조건이 되어가고 있었다. 어느덧 김제와 진주의 형평청년회가 조선청년총동맹에 가입한 사실이 아무런 문제가 되지 않았다. 형평운동도 사회운동의 일반적인 추세와 마찬가지로 산하에 청년단체, 여성단체를 조직했다. 중앙에는 형평사청년총동맹이, 지방에는 형평청년회가 만들어졌으며, 강경, 군산, 김제 등에 형평여성회가 설립되었다.

형평운동은 창립 직후부터 백정 출신 여성 100여 명을 "여자로서의 직분을 굳게 지키고 가정을 개혁하며 자녀의 발전을 위한 가정교육에 힘쓰면서 형평운동을 위하여 각자 한 가지 일을 하자"[68]라고 설득하여 형평운동에 끌어들였다. 1926년의 전국대회와 1928년의 정기총회에서는 형평 여성 문제가 정식 의제로 채택되었다. 당시 현안의 하나가 마을마다 돌아다니며 고기를 팔면서 사람들의 모욕적인 언행에 시달리는 백정 출신 여성을 보호하는 문제였다. 이참에 백정 출신 여성의 행상을 폐지하자는 주장이 힘을 얻기도 했다. 1928년에 열린 정기총회에는 여성 대의원으로 박세죽이 처음으로 참석했다. 이듬해 전국대회에는 20여 명의 여성 대표가 참석했다.

반형평운동과의 투쟁

형평사가 창립된 후 형평사 회원들이 일상적인 차별이나 관습에 저항하자, 이에 반발하는 세력도 곳곳에서 등장했다. 1923년부터 1935년까지 양자 간의 충돌 사건은 457건에 달했다. 1927년부터 1931년까지는 매년 평균 58건의 충돌이 일어났다. 형평사가 사회운동 안에 둥지를 틀긴 했지만, 형평사가 창립된 진주에서 일부 농민이 반형평운동을 벌일 만큼 적지 않은 저항에 직면했다. 1923년 5월 형평사 창립 축하식을 연 다음 날, 진주에서 2500여 명의 인민이 형평사 습격을 모의했으며, 이어 반형평운동을 전개했다. 그들은 형평사에 관계하는 사람을 신백정이라 부르며, 백정과 똑같이 대우하겠다고 엄포를 놓았다. 진주청년회나 진주노농공제회 등의 사회단체가 형평사와 연대하는 것도 막고자 했다.

1925년 예천에서 일어난 반형평운동은 사회적인 파문을 일으켰다. 사건은 예천 형평분사 창립 2주년 기념식장에서 시작되었다. 예천청년회장 김석희가 축사를 위해 단상에 올라가서는 돌연 형평운동에 반대한다는 취지의 발언을 했다.

백정을 압박하는 것이 하등의 죄악이 될 것이 없다. 어느 시대 국가를 막론하고 국법이 있는데, 그 국법을 어기다가 백정이 된 것이다. 그러니까 백정을 압박하는 것이 결코 개인의 죄악이나 사회의 죄악이 아니다. 또 조선 왕조 500년은 그와 같은 압박을 받았지만은, 지금은 좋은 시대를 만나 형평운동이 일어나기 전부터 칙령으로 차별을 철폐하였으니 형평사는 조직할 필요가 없다. 아무쪼록 돈을 많이 모아 공부만 잘하면 군수도 될 수 있다.[69]

곧바로 형평사 회원의 반박이 이어졌다. 그러자 축하식에 참여했던 청중들이 형평분사에 몰려가서 형평사 회원들을 때리며 난장판을 만들었다. 수천 명으로 늘어난 군중이 며칠 동안 형평분사를 습격하고 형평사 회원의 집을 찾아가서 남녀를 가리지 않고 구타했다. 형평사 가입을 결의한 신흥청년회에도 몰려가서 신백정을 잡아 죽이겠다며 난동을 부렸다. 이 사건은 언론에 보도되면서 커다란 파장을 불러일으켰다. 여론은 대체로 이 사건을 부끄럽고 수치스러운 일로 여겼다.

인류 평등의 대의로 보거나 피압박 계급의 일치단결의 필요로 보거나 또는 민족으로서의 공동한 피예속 상태에 있는 견지로서 보거나 노농회원이라는 신분을 가진 동포들이 그릇된 차별적 생각을 가져 형평사원 대습격을 자행하였다는 것은 매우 탄식할 일대 실책이다.[70]

예천 사건을 비롯한 반형평운동에 대해 형평사는 진상조사위원 혹은 특파원을 보내거나 응원대나 결사대를 파견하여 도왔다. 경고장을 발송하거나 상해폭력죄로 고소하는 등의 법적 대응도 했다.

형평사가 줄기차게 일상적인 차별이나 편견에 대해 항의하는 형평운동을 전개하면서 백정 출신에 대한 차별은 사건화되었고 주목을 받았다. 1926년 11월에 형평사 대표들이, 전라북도 형평사 대회에서 보인 경찰관의 차별적 대우와 관청의 불법적 세금 징수에 항의하기 위해 전북도청을 방문했다. 이들을 만난 전라북도 경찰부장은 "지금껏 차별 대우가 있었다면 유감천만이다. 차별 철폐가 이루어지도록 노력하겠다"[1]라고 답변했다. 백정에 대한 차별이 반사회적 행위라는 인식이 자리 잡아가고 있음을 알 수 있다. 형평사가 반형평운동과 투쟁하며 전개한 형평운동이, 신분제가 철폐된 후에도 남아 있던 백정 출신에 대한 인습적 차별을 없애는 데 크게 기여한 것은 틀림없는 사실이다.

지금도 일본에는 여전히 부라쿠민이 존재하고 있으며, 부라쿠 해방운동이 계속되고 있다. 반면 한국에는 천민이 존재하지 않는다. 일본의 수평운동은 실패했고, 한국의 형평운동은 성공한 것일까? 식민지에 사는 인민은 제국 권력으로부터 배제되고 차별받는 소수자다. 백정 출신은 사회로부터 배제되고 차별받는 소수자다. 결국 백정 출신은 민족적 차별과 사회적 차별이라는 이중고를 겪어야 했다. 일본에 억압받는 모든 한국인을 품어야 하는 민족주의는 그들을 비(非)민족이 아닌 다 같이 독립을 쟁취해야 할 민족의 일원으로 인정했다. 민주주의는 그들을 만민평등의 인민으로 품었다. 그렇게 백정의 '해방'은 관철되었다.

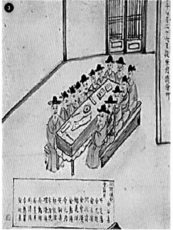

김홍도, 《단원풍속도첩》 중 〈타작〉 ❶	조선에서 노비와 백정은 차별과 배제의 대상이었다.
《조선왕조실록》 1801년 1월 28일 ❷	노비제는 1801년 공노비 해방으로 해체의 길로 들어섰고,
❸	갑오개혁 정권은 1894년 6월 25일 군국기무처 회의에서 신분제 폐지를 공식화했다.
《독립신문》 1897년 10월 16일 ❹	독립협회는 노비제 잔재 청산 운동을 전개했다.
❺	동학은 여성을 남성과 동등한 종교인으로 대했으며, 여성 계몽을 위한 〈안심가〉를 지었다.
관보(1895년 1월 5일) 〈홍범14조〉 ❻	갑오개혁 정권은 신분제 폐지와 함께 과부의 재혼을 허용하라는 사회적 요구에 화답하는 등 만민평등 국가로의 기틀을 잡아갔다.
수업 중인 이화학당 여학생들 ❼	1880년대를 거치면서 여성은 학교를 다니기 시작했으며,
《대한매일신보》 1907년 4월 23일 ❽	독립협회 활동은 물론 국채보상운동 등에 적극 참여하며 남녀동권을 주장했다.
❾	1898년 10월 29일, 관민공동회에서 백정 출신 박성춘이 개막 연설을 했다.
형평사 포스터 ❿	백정 출신들은 1923년 4월 형평사라는 자발적 결사체를 만들었고,
《동아일보》 1923년 5월 29일 ⓫	언론은 형평운동을 적극 지지하는 사설을 실어 그들을 독려했다.
《동아일보》 1925년 8월 15일 ⓬	1925년 예천 등에서 반형평운동이 일어나기도 했으나, 형평운동은 백정 출신에 대한 인습적 차별을 없애는 데 크게 기여했다.

1795년 청, 백련교도의 봉기. 1804년에
막 내림

1791년 신해박해, 윤지충, 권상연 등 처형

1795년 베이징 구베아 주교가 주문모 신
부를 조선에 파견

1801년 2월 신유박해, 이승훈, 주문모, 정
약종 등 처형

1801년 9월 황사영 백서 사건

1795년 을묘박해

1860년 경신박해

1860년 최제우, 동학 창도

1851년 청, 태평천국의 난 발발,
1864년에 막 내림

1603년 마테오 리치, 《천주실의》 간행

1777년(1779년) 주어사에서 천주교리
강학회 개최

1784년 이승훈, 베이징에서 그라몽 신부
로부터 세례 받음

1811년 청, 기독교 포교 금지

1815년 을해박해

1827년 정해박해

1831년 교황청, 조선교구 설치

1836년 모방 신부를 시작으로 프랑스
성직자 조선 입국

1839년 기해박해

1846년 김대건 처형

2장

자치 :
종교가 꾸린
대안 공동체

1894년 3월 동학농민전쟁 발발
1894년 5월 전봉준, 전라부사 김학진과 전주
　화약 체결, 전라도 일대 집강소 설치
1898년 최시형 처형
1901년 손병희 일본 망명, 1906년 1월 귀국
1892년·1893년 동학, 교조신원운동

1921년 5월 천도교 소년회 발족
1921년 7월 천도교 의정원 선거 실시
1922년 1월 〈천도교종헌〉 반포
1922년 5월 천도교 소년회, 어린이날 제정
1919년 천도교, 3·1운동에 조직적 참여

1862년 동학, 접주제 실시
1864년 3월 최제우 처형
1866년 병인박해
1875년 최시형, 동학 의례 제정
1885년 미국인 선교사 아펜젤러,
　정동교회 설립

1905년 12월 천도교 창건
1906년 〈천도교대헌〉 반포
1906년 시천교 창건
1907년 천도교 교리서 《대종정의》 발간
1908년 천도교 교리강습소 전국 설치
1910년 8월 25일 《천도교회월보》 창간

종교는 종교일 뿐이다? 그렇지 않다. 종교 역시 역사의 도도한 흐름에서 벗어나서 오로지 자기 길만을 갈 수는 없다. 신분 해방이 거스를 수 없는 시대의 흐름이었음에도 불구하고 조선 정부가 공노비 해방 이외에 별다른 개혁을 시도하지 않는 사이에, 외래 종교인 천주교와 토착 종교인 동학이 인민에게 자유와 평등의 욕망을 펼칠 기회를 제공했다. 모든 사람이 하느님의 백성으로 평등하다는 천주교와, 모든 사람이 하느님이므로 존엄하고 평등하다는 동학에서 희망을 발견한 소외받은 자들이 몰려들었다. 남녀가 함께 섞여 하느님을 경배하는 종교생활은 그 자체가 문화혁명이기도 했다.

조선 정부는 왕조 질서에 반하는 천주교와 동학을 이단으로 규정하고 무자비하게 탄압했다. 천주교인과 동학교인은 신념을 지키기 위해 숨어 살아야 했다. 그들은 신앙과 목숨을 지키고자 함께 숨고 함께 모여 자치공동체를 꾸렸다. 그곳에는 남자와 여자, 신분이 높은 사람과 낮은 사람의 구별이 없었다. 그곳에서 그들은 배신은 죽음이요, 연대가 생명인 삶을 살았다.

종교가 꾸린 대안의 자치공동체가 인민에게 위안과 희망의 공간을 제공했다. 일본에 나라를 빼앗기자 종교 공동체는 민족이라는 울타리 안에서 성장했다. 조선총독부가 모든 정치사회단체를 해산시켰을 때 종교단체만이 살아남았다. 나라 잃은 인민은 종교로 몰려들었다. 외래 종교인 기독교보다 동학에 뿌리를 둔 토착 종교들이 대세였다. 동학 제3대 교주 손병희가 창건한 천도교는 1910년대에 급성장하여 100만 명의 신도를 거느린 최대 종교로 떠올랐다. 천도교는 서울에 중앙교당을 두고 독립운동과 천도교의 민주화를 실현하고자 한 현실참여적 대안 공동체였다.

모든 참여자들이 지위나 신분에 관계없이 평등하게 꾸려가는 인민 자치가 민주주의의 원리이자 토대¹라면, 조선에서 인민 자치의 경험은 신분제 사회에서 만민평등 사회로 전환되는 시기를 맞아 종교 공동체에서 시작되었다고 볼 수 있다. 천주교와 동학의 대안적 자치공동체는 종교인 동시에 민주주의를 익히는 학습의 장이었다. 권력의 정치가 아니라 인민의 종교가 먼저 민주주의를 체험하는 자치의 공간을 제공한 것이었다.

1
천주교의 정착과 확산

천주교 박해로 시작된 19세기

1801년은 공노비가 해방된 획기적인 해이지만 조선 정부가 천주교를 탄압한 신유박해가 일어난 해이기도 하다. 천주교는 신해박해(1791)를 시작으로 을묘박해(1795), 신유박해(1801), 을해박해(1815), 정해박해(1827), 기해박해(1839), 경신박해(1860), 병인박해(1866) 등으로 1만여 명에 가까운 지도자와 교인들이 죽임을 당하는 고난을 겪었다.

영국의 교회사학자인 로빈슨(C. H. Robinson)은 "고대 로마 제국의 기독교인들이 극심한 박해를 받았다고 하더라도 19세기에 한국 천주교인들이 겪은 것과 같은 시련과 형극을 겪었다고 잘라 말하기 어려울 것이

다"라고 평했다. 그만큼 희생의 규모가 컸다.[2]

학식이 있고 언변이 좋던 교우들은 모두 박해 중에 죽었사옵고, 그들을 대신할 만한 사람들의 입교가 없었나이다. 남은 사람이라고는 오직 부녀와 어린 아이들과 너무 무식하여 '우'와 '유' 두 글자도 구별하지 못하는 남자들뿐이옵 니다.[3]

1801년의 신유박해 때는 천주교 지도자들이 죽임을 당했다. 조선인 최초로 세례를 받은 이승훈과 베이징에서 온 중국인 신부 주문모(周文謨)가 죽었다. 이승훈은 1783년 베이징에서 세례를 받은 후 천주교 전파에 힘쓰다 신유박해 때는 천주교를 떠난 상태였지만 죽음을 피하진 못했다. 그는 서학서를 조선에 들여와서 천주교를 전파하고 스스로 교주가 되었으며 서양인과 비밀리에 내통했다는 혐의를 받았다.[4]

주문모는 베이징의 구베아 주교가 1795년에 서울로 파견한 신부였다. 조선 정부의 눈을 피해야 하는 그의 선교 활동은 고난의 연속이었다. 서울에서 활동하다가 지방으로 피신하기를 여러 번 반복했다. 그는 신유박해 당시 자신이 피신하면 더 많은 천주교인들이 탄압받을 것을 우려하여 의금부에 자수했다. 정약용의 형으로 1786년에 세례 받은 정약종도 신유박해 때 희생되었다. 그는 천주교 신앙을 연구하는 동시에 주문모 신부를 도와 선교에 앞장선 천주교의 중심 지도자였다.

조선 정부의 혹독하고 유례없는 탄압에도 불구하고 천주교의 교세는 날로 성장했다. 1795년에 주문모 신부가 입국할 당시 조선의 천주교인은 4000여 명 정도였다. 그로부터 60년이 지난 병인박해(1866) 무렵에는 2만 명을 넘어섰다. 이렇게 사람들이 희생을 무릅쓰고 천주교를 믿은 이유는 무엇일까? 천주교사에서는 박해를 신앙을 지키기 위한 '교난(敎難)'이라 하고, 희생자를 '순교자'라 부른다. 이러한 종교사적 해석에서 한 걸음 더 나아가 역사학의 안목에서는 죽음을 두려워하지 않고 천주교를 믿었던 인민이 꿈꾸던 세상에 주목하지 않을 수 없다. 내세가 아닌 현실에서 이루어지기를 바랐던 세상은 어떤 모습일까? 이 질문은 곧 '천주교는 왜 박해를 받았을까?'라는 질문과 상통한다.

답은 명확하다. 천주교의 인간관이 성리학적 신분 질서와 다르기 때문이다. 천주교는 모든 인간은 하느님의 피조물이며 서로 사랑해야 한다고 가르쳤다. 인간은 하느님의 모습을 닮았으며, 곧 하느님에 버금가는 존재이므로 하느님을 대신하여 이 세상을 사는 귀한 존재라고도 가르쳤다. 모든 사람이 하느님이 만든, 인격을 가진 존엄한 존재이니 서로 사랑하라는 가르침은, 사람은 누구나 평등한 존재임을 의미하는 것이었다. 그러니 천주교 교리를 따른다는 것은 사실상 신분제를 거부하는 것이었다. 1801년 충청도 덕산에서 체포된 천주교인 유군명의 경우, 세례를 받고 나서 자신의 노비를 모두 풀어주었다.

평등한 인간관에 바탕을 둔 천주교의 가족관 역시 성리학적 수직 질서가 아닌 수평적 관계를 추구했다. 천주교에서는 부모와 자녀도 서로 지켜야 할 의무가 있는 평등한 관계라고 가르쳤다. 즉 자식은 부모를 존경하고 순종해야 하며, 부모는 자녀를 부양할 의무가 있다고 했다. 부모는 자녀를 너무 엄격하게 다루거나 자식에게 지나치게 분노해서는 안 되며, 무엇보다 아들과 딸을 차별하지 말라고 했다. 자식의 동의 없이 결혼을 시키거나 며느리를 구박하는 일도 엄격히 금했다. 천주교는 부모와 자식 관계는 물론 부부 관계도 평등해야 한다고 가르쳤다. 부부는 서로 신뢰해야 하며, 일부일처제를 지키고 축첩을 금할 것을 강조했다.[5] 따라서 남성이 천주교인이 되려면 우선 첩을 내보내야 했다. 축첩생활을 계속할 경우 천주교인 자격을 박탈당했다.[6] 남편은 또 아내가 자식을 낳지 못하거나 딸만 낳더라도 아내를 탓하지 말고 집안의 괴로움을 함께 나누어야 하며, 폭언과 폭력을 삼하도록 했다. 아내를 보호하고 관용으로 대하는 것이 남편의 의무라고 가르쳤다. 부모와 자식, 남편과 아내는 수평적이고 쌍무적인 관계를 맺으며 살아가야 한다는 천주교의 가르침은, 성리학의 신분 차별과 수직적 인간관계를 반대한다는 점에서 반체제적이었다.[7] 남인 학자로서 천주교인이 된 권철신의 말처럼 서학은 오륜(五倫)을 강요하지 않았다.

천주교의 결혼관 역시 혁명적이었다. 부모라도 자식에게 강제 결혼을 시켜서는 안 되며 당사자의 의사를 존중할 것을 가르쳤다. 가정 형편이 어렵다는 이유로 딸을 시집보내는 일도 금지시켰다. 과부의 재혼에 대해서는 적극 지지했다. 이 같은 결혼관은 시대를 매우 앞서는 것이었기 때문에 이를 지키기 위해서는 교인끼리 결혼하는 것이 상책이었다. 천주교인이 아닌 사람과 결혼할 때는 천주교 지도자의 허가를 받아야 했다. 천주교 안에서 신앙을 매개로 결혼하는 풍조가 자리를 잡으면서 신분에 구애받지 않고 천주교인끼리 결혼하는 일이 늘었다.

이처럼 19세기에 신분제가 해체되고 만민평등의 인민이 탄생하는 과정에서 천주교의 평등적 사회관은 적지 않은 영향을 미쳤다. 반면 조선 정부에게 평등한 개인과 사회의 존재를 일깨우는 천주교는 이단이고 반역일 뿐이었다. 순조는 청 정부에 보낸 편지에서 천주교인을 오랑캐

이자 짐승이라고 불렀으며, 결코 천주교인을 백성으로 품을 생각이 없었다.

10년 전부터 흉측하고 더러운 오랑캐 도당이 나타나 서양에서 가져왔다는 도를 따른다고 자처하며, 하늘을 모독하는 말을 하고 성현을 업신여겼습니다. 그들은 국왕에게 반역하고 효도하는 감정을 억누르고 조상들에 대한 제사를 폐지하고 신주를 불사르며, 천당과 지옥을 설교하여 무식하고 어리석은 백성을 홀려 따르게 하였나이다. 또한 영세라는 것을 통하여 그들 도당의 흉악한 죄를 없앤다고 하며, 퇴폐적인 책을 감추고 부적과 같은 요술을 써서 사방에서 여자들을 모아 금수처럼 살아갑니다.[8]

천주교인이 된다는 것은 유교 통치와 사회 질서를 거스르는 반역 행위로, 농민봉기 못지않게 불온한 일이었다. 그것이 천주교를 박해한 이유였다.

학문에서 종교운동으로

천주교는 엄연한 종교이지만 조선에서는 먼저 '서학(西學)'이라는 학문으로 받아들여졌다. 조선의 지식인들은 서양 과학 기술과 천주교 신앙을 통틀어 서학이라고 불렀다. "서학은 불교와 같지만, 또한 서학에는 불교와 달리 생활을 넉넉하게 하는 실천의 방도가 들어 있다"[9]라는 박제가의 말에서 이러한 인식을 살펴볼 수 있다. 조선 사회가 종교가 아닌 학문으로 서학을 받아들이는 데는 청에서 들어온 한문판 서학서의 역할이 컸다. 한문판 서학서에는 16세기 말부터 명에 들어온 서양 신부들이 한문으로 쓴 서학서와 명의 지식인이 쓴 서학서가 있었다. 예수회 선교사 루지에리(Michele Ruggieri)가 1584년에 쓴 《천주성교실록(天主聖教實錄)》과 마테오 리치(Matteo Ricci)가 1603년에 쓴 《천주실의(天主實義)》가 가장 잘 알려진 한문으로 쓰인 서학서였다. 안정복에 따르면, 한문판 서학서는 "선조 말년에 이미 우리나라에 들어왔고, 높은 관리나 학자 가운데 이를 보지 않은 이가 없었다. 그들은 서학서를 유학이나 불교 관련 서책처럼 여겨 서재에 비치하고 즐겨 감상했다"고 한다. 정약용도 청년 시절에 서학서를 입수하여 탐독하는 것이 유행이었다고 회고했다.[10]

조선 지식인 중에 특히 실학자 이익과 그의 제자들이 서학에 개방적인 태도를 보였다. 이들은 보유론(補儒論)의 관점에서 서학을 수용했다. 보유론은 예수회가 명나라에 천주교를 전파하기 위해 제사 풍속을 인정하고 천주(天主)를 유학에서 말하는 상제(上帝)와 같은 것이라고 해석하는 등 유학과 충돌하지 않도록 만들어낸 선교 논리다. 18세기 들어 로마 교황청은 보유론을 철회시켰지만, 조선 지식인에게는 여전히 매력적인 논리로 작동하고 있었다. 윤지충의 다음 발언에서 보유론적 인식을 살필 수 있다.

중인 김범우의 집에 우연히 들렀더니 그 집에는 《천주실의》라는 책과 《칠극》이라는 책, 두 권이 있었습니다. 그 책을 대충 읽으니 천주는 우리 공동의 아버지요, 하늘과 땅과 천신과 사람과 만물을 창조하신 분임을 어렴풋이 알게 되었습니다. 그분은 중국에서 상제라고 부르는 분이십니다. 하늘과 땅 사이에서 사람이 태어났는데, 비록 살과 피는 부모에게서 받았으나 사실인즉 천주께서 그들에게 주신 것입니다. 한 영혼이 육신과 결합하는데, 그것을 결합시키는 이도 천주이십니다. 임금께 대한 충성의 근본도 천주의 명령이요, 부모에 대한 효도의 근본도 역시 천주의 명령입니다. 이 모든 것을 중국의 경서에 실린 상제를 마음과 정성을 다하여 섬기라는 형률과 비교해본 결과 같은 점도 많다고 믿게 되었습니다.[11]

1777년 혹은 1779년에 주어사에서 강학회가 열렸다. 강학회는 당시 지식인들 사이에 유행하던 모임으로 한적한 곳에서 학문을 토론하는 일종의 세미나다. 주어사 강학회는 10여 일 동안 이어졌는데, 남인계 실학자인 권철신, 권상학, 김원성, 이총억, 정약전, 이벽 등이 참석했다.[12] 여기에 모인 지식인들은 이후에도 천주교리를 검토하는 강학회를 여러 차례 개최한 끝에, 1783년 베이징에 가게 된 이승훈에게 천주교회를 방문하여 서적과 성물을 구하고 세례를 받고 올 것을 권했다. 이때를 전후로 조선 지식인들 사이에 서학에 대한 관심이 천주교라는 종교로 옮겨가고 있었음을 알 수 있다. 이승훈은 프랑스 예수회 선교사 그라몽(Jean-Joseph de Grammont) 신부에게 베드로라는 세례명을 받고 귀국했다. 그는 이벽, 권일신, 정약전, 정약용 등에게 세례를 베풀고 김범우의 집에서 예배를 보았다.

조선 지식인들은 천주교를 먼저 서학이라는 학문으로 수용하고 나서 종교로 받아들였다. 조선 정부가 경계한 것은 서학이라는 학문보다 천주교라는 종교였다. 천주교의 교리가 유학과 전통을 위배한다고 보았기 때문이다. 조선 정부의 강경한 입장이 신해박해로 알려진 1791년의 진산 사건으로 명확해지면서 많은 양반 지식인들이 천주교를 떠나갔다. 진산 사건은 전라도 진산에서 윤지충과 권상연이 조상 제사를 거부하며 부모의 위패를 태워버린 사건이다. 이 일로 인해 두 사람은 처형을 당했다. 이후 중인 이하의 신분에 속하는 교인들이 천주교에서 중심적 위치를 차지하게 되면서 본격적인 종교운동이 전개되었다.[13]

서학이 학문에서 천주교 종교운동으로 전환하는 데는 주문모 신부와 정약종의 선구적인 역할이 컸다. 주문모 신부는 1795년 조선에 들어온 이후 늘 체포의 위험에 노출되어 있었으나, 열성적으로 선교 활동을 펼쳤다. 그는 조선에 들어오자 조선말과 한글을 익혀, 한문판 서학서를 한글로 번역하고 《사순절과 부활절을 위한 안내》라는 한글 고해 지침서를 썼다.

주문모는 천주교인의 종교생활 제도를 마련하는 데도 힘썼다. 우선 천주교 지도자들을 회장으로 임명했는데, 총회장은 최창현, 명도회장은 정약종이었다. 천주교 신자들의 조직인 명도회는 "회원 간에 서로 돕고 격려하며 종교의 깊은 지식을 배워 얻고 이를 교우나 신앙이 없는 사람에게 전파한다"는 목적을 가지고, 3~4명 혹은 5~6명의 소규모 분회 단위로 활동했다.[14] 주문모는 또 여성을 인격적인 존재로 인정하고, 여성도 교회 일에 참여해야 한다는 생각에 따라 강완숙과 윤점혜도 여회장에 임명했다.[15]

명도회장인 정약종은 신해박해 이후 경기도 광주로 이사하여 종교 공동체를 만들고 주문모를 도와 천주교의 중요한 정책 결정에 참여하는 등 천주교 지도자로 활약했다. 그는 세례를 받은 후 양반으로서의 기득권을 포기했으며, 자신의 집에서 여러 신분이 어울리는 종교 공동체를 만들어

생활했다. 정약종은 양반, 중인은 물론 백정, 머슴, 포수 등과도 스스럼 없이 어울렸다. 백정인 황일광은 자신을 공동체 일원으로 받아줄 뿐 아니라 점잖게 대하는 정약종과 주변 사람들에게 감격하여 "천당은 이 세상에 하나, 후세에 하나 이렇게 2개 있다"라고 말했다고 한다. 정약종은 그들을 위해 한글 교리서인 《주교요지》를 썼다. 정약종의 평등관은 철저했다. 그가 체포될 때, "나라에는 큰 원수가 있으니 임금이며, 집에는 큰 원수가 있으니 아비다"라고 쓴 일기가 발견되어 조선 정부를 발칵 뒤집어놓았다. 가부장적 사회 질서는 물론이고 성리학적 국가 질서를 동시에 거부하는 발언이었기 때문이다. '천하에 없던 역적'으로 낙인찍힌 정약종은 심문을 받으면서도 일관되게 "죽어도 후회하지 않는다"라며 버텼다.[16]

주문모와 정약종은 신해박해 이후 천주교에 대한 조선 정부의 감시와 탄압이 더해가는 가운데 천주교 운영 제도를 마련하고 만민평등의 종교 공동체를 실천함으로써 천주교의 종교운동화(化)에 디딤돌이 되었다. 이때부터 일부 지역의 사람들이 집단으로 개종하면서 본격적인 천주교 종교운동이 시작되었다. 충청도 내포에 살던 이존창이 공주 감옥에서 나온 뒤 홍산으로 이사 가는 장면을 묘사한 클로드-샤를 달레의 저술에서 집단 개종의 흔적을 엿볼 수 있다.

그해(1791년) 12월 30일 밤에 그는 형에게 하직을 고하였다. 그곳에 살던 서른 집이 넘는 친척들뿐 아니라, 300가구가 넘는 그 동네의 모든 주민들도 그의 곁으로 모였다. 예수 그리스도를 그들에게 알려준 사람이 그였고, 그들을 입교시키고 영세를 준 것도 그였다. 그래서 그 사람들은 제각기 아버지나 형이

나 친구를 잃는 듯 안타까워했다. 그의 출발은 비통한 광경이었다.[17]

만민평등의 천주교인으로 살고자 하는 종교운동이 발흥한 데는 한글 번역 성서가 큰 역할을 했다. 한글이 널리 보급되고 인쇄술이 발달하면서 많은 사람들이 저렴한 가격에 한글 번역 성서를 사서 읽게 되었다. 18세기 말에 이르면 구석진 시골에서도 목판으로 인쇄된 한글 번역 성서를 구할 수 있었다.

조선 정부는 천주교를 '적을 이롭게 하는 짐승 같은 도(道)'라며 탄압의 강도를 점차 높여갔다. 1784년 베이징에서 세례를 받고 귀국한 이승훈과 이벽, 권일신 등이 이듬해에 김범우의 집에서 모임을 갖다가 도박 단속 중이던 포졸에게 발각되었을 때만 해도 김범우만 유배형을 받는 것으로 일단락되었다. 하지만 1791년 진산 사건 이후에는 나라 법으로 천주교를 금지했다. "노예와 천인이라 하더라도 서로를 형제처럼 대하여 신분의 차이가 없으므로 백성들이 빠져들어 금지하면 금지할수록 퍼져나가는" 천주교의 확산에 위기를 느낀 조선 정부는 천주교 서적의 유입과 유포를 금지했고, 오가작통법과 향약을 강화하고자 했다.[18] 초기에는 천주교 지도자를 회유하는 방책도 함께 썼으나, 점차 탄압 일변도로 바꾸었다.

조선의 천주교는 외부자에 의한 선교가 아니라, 서학이라는 학문을 수용한 지식인들이 스스로 천주교를 받아들이고 교회를 세웠으며, 정부의 탄압을 받으며 확산되었다는 점에서 이례적이다. 동아시아에서 천주교는 1549년 사비에르(Francisco Xavier) 신부에 의해 일본에 제일 먼저 포교되었다. 명에서는 1601년 마테오 리치 신부가 베이징에 들어가서 명

정부로부터 예수회 선교사의 베이징 거주와 선교 활동을 허락받았다. 일본에서는 포교를 시작한 이래 천주교가 반세기 만에 전국적으로 퍼져 교인이 35만 명을 헤아릴 정도였다. 하지만 에도 막부가 모든 종교를 통제하기 위해 1613년 금교령을 내리면서 천주교인들은 농어촌으로 숨어들었다. 동아시아에서 조선은 천주교 신앙을 가장 늦게 받아들였지만 수많은 박해를 견뎌내며 만민평등의 종교운동을 펼친 곳이었다.

자치공동체로서의 교우촌

조선에서 천주교 전파는 종교 공동체에 의해 자발적으로 이루어졌다. 천주교가 전파되던 초기에는 서울, 경기, 충청, 전라 지역에 종교 공동체가 형성되었다. 천주교인은 함께 모여 성경을 공부하고 예배를 보았다. 당시 천주교에서는 미사를 드리는 예배를 첨례(瞻禮)라 불렀다. 일요일은 첨례일이라 했다. 서울에서는 천주교인들이 김범우와 황사영의 집에서 첨례를 지냈다. 주문모 신부는 정광수의 집에서 첨례를 지냈다. 비밀스러운 활동이니 따로 예배당이 있을 리 없었다. 천주교인들은 일요일마다 모여 예배 장소를 청소하고 휘장이나 장막을 치고 예수의 얼굴이나 수난사를 그린 족자를 걸고 촛불을 켠 다음 예배를 보았다.[19]

　일주일을 단위로 일요일에 예배를 본다는 것은 양력으로 종교생활을 해야 한다는 의미였다. 조선은 음력 사회였다. 오늘날처럼 요일을 기준으로 하는 일주일이란 개념이 없었다. 음력이 아닌 양력을 센다는 것은 쉽지 않은 일이었다. 이익의 제자로서 일찍이 천주교인이 된 홍유한은

1770년 천주교리서에서 7일마다 축일이 돌아온다는 기록을 읽고, 매달 음력 7일, 14일, 21일, 28일에 일을 쉬고 기도에 전념했다고 한다. 이런 오독을 막기 위해 천주교에서는 예배일을 표시한 첨례표를 나누어주었다.[20] 일상생활은 음력에 따르고, 예배는 양력을 따라야 하는 삶의 고단함은 온전하게 양력에 따라 살 수 있는 '교우촌'으로 모여드는 요인으로 작용하기도 했다.[21]

천주교인이 교우촌이라는 자치공동체를 만들어 살아간 것은 조선 정부의 탄압이 가장 큰 원인이었다. 1801년 신유박해로 주문모 신부를 비롯한 천주교 지도자들이 대부분 유배되거나 죽었다. 달레의 저술에 따르면 "교인들을 지도하고 권면하며 격려할 만한 뛰어난 사람들은 모두 사형을 당했다. 명문거족 중에는 여자와 아이들만 남은 집안이 많았다"라고 한다.[22] 이제 천주교인들이 신앙생활을 계속하려면 일단 목숨을 부지해야 하니 숨어 살아야 했다. 천주교인들이 모여 서로를 교우('하느님을 따르는 친구'라는 뜻)라 부르며 형성한 종교 공동체가 교우촌이었다. 신유박해 이후에는 탄압을 피해 천주교인이 거의 없던 강원, 경상 지역에 교우촌이 만들어졌다. 이는 "박해의 폭풍이 오히려 복음의 씨를 더 멀리 날렸다"는 말처럼 새로이 개척한 지역을 기반으로 천주교의 교세가 늘어가는 것을 의미했다.

신유박해에서 겨우 살아남은 신태보는 40여 명의 다섯 가족을 이끌고 8일을 걸어 강원도 산골로 들어갔다. 이 교우촌에서 신태보는 40여 명을 한 가족처럼 여기며 재물을 나누고 농사짓는 일을 지도했다. 주일과 축일 등의 종교 행사와 어린이 교육도 그의 몫이었다. 천주교인들이 갇힌 감옥에도 나름의 '교우촌'이 형성되었다. 1815년 을해박해로 대구와 원주 감옥에는 10년 넘게 옥살이를 하는 천주교인이 많았다. 이들은 감옥이라는 공간을 교회이자 학교라 여기고 종교 공동체를 이루며 살았다. 감옥 안에서 낮에는 짚신을 삼았고 밤에는 성경을 읽고 기도하며 예배를 보았다.

교우촌에 모여 사는 천주교인에게 무엇보다 절박한 문제는 생계였다. 화전을 일구기도 했지만, 교우촌 사람들이 제일 많이 하는 것은 옹기를 만들어 파는 일이었다. 종교 탄압을 피해 신앙생활을 계속하며 먹고사는 문제를 해결하기 위한 방편이었다. 옹기 장사를 하면서 전국 각지를 떠돌아다니다 보니 헤어진 가족과 연락하고 천주교 소식을 듣거나 전할 수 있어 좋았다. 옹기 교우촌이 주로 지역 간의 경계 지점에 형성된 것은 도주에 유리하기 때문이었다.

옹기업은 특별한 시설이나 도구, 많은 자본이 없이도 기술, 연료, 흙만 있으면 가능한 일이었다. 하지만 옹기를 만들고 파는 데는 일손이 많이 필요한데, 교우촌의 천주교인들은 신분에 관계없이 모두 일을 했다. 옹기 교우촌은 누구나 동등한 권리를 가지고 일을 하며 살아가는 자치적 삶의 실천장이었다.

새로운 교우들의 협동심은 감탄스럽습니다. 그중에서 뛰어난 미덕은 그들 서로가 사랑과 정성으로 베푸는 일입니다. 현세의 재물이 궁핍하지만 사람이나 신분의 차별 없이 조금 있는 재물을 가지고도 서로 나누며 살아갑니다. 이 교우들이 스스로 모여 예배 드리는 공소(公所)를 돌아보노라면 마치 제가 초대 그리스도교회에 와 있는 것 같습니다. 〈사도행전〉을 보면 그때의 신도들은 자기의 전 재산을 사도에게 바치고, 예수 그리스도의 청빈과 형제적인 애찬(愛

饌)을 함께 나누는 것 외에는 이 세상에서 아무것도 바라지 않았습니다.[23]

옹기 교우촌에서는 공동 노동, 공동 분배를 했다. 노동의 의무를 중시하며 노동을 경멸하지 않고 신성시하는 관념도 생겨났다. 일요일에는 일을 쉬고 가마에 불을 땔 때는 고사를 지내지 않았다. 봄부터 가을까지만 일하고 겨울에는 쉬었다. 서로가 고향을 떠나 숨어 사는 처지라 결혼도 신분, 재산, 학문을 따지지 않고 자기들끼리 했다. 옹기를 굽는 가마는 종교생활 공간이었다. 그곳에 예배에 필요한 십자가상, 성화 등을 갖추고 예배를 보거나 집회를 가졌다. 가마가 로마 박해 시대에 기독교인들이 비밀리에 모여 예배를 보던 지하 공동묘지인 카타콤과 같은 역할을 했다.[24]

교우촌은 탄압을 피해 권력의 바깥에 만든 종교 공동체이자 생활 공동체로서 자치의 공간이었다. 이들은 천주교인으로서 서로를 아끼고 의지하며 함께 생활하고 기도했으며 가진 것을 서로 나누며 살았다. 그들의 평등과 자치의 공동체적 삶은 비록 숨겨진 공간에서 이루어졌지만, 인민에게 만민평등의 세상이 올 것이라는 희망을 주었다. 조선 정부가 경계했듯이, 세상을 뒤집는 문화 혁명의 에네르기를 품고 있었다.

2

동학의 탄생과 부흥

천주교와 동학의 만남

조선 정부는 밖에서 들어온 천주교와 안에서 탄생한 동학 모두를 인민을
홀리는 사악한 종교라 보았다. 순조는 천주교를 경계하며 이렇게 말했다.

사악한 종교(=천주교)는 곧 오랑캐의 요술로, 백성에게 해독을 끼치고 인류
를 끊어버리는 바가 감히 온 세상에 없었던 것입니다. 만약 욕심 많고 간사한
무리가 모여 무리를 불러 모으면 국가의 근심이 어찌 백련교와 황건적에 그치
겠습니까?[25]

순조가 볼 때, 천주교는 과거 중국 땅을 뒤흔든 태평도를 따르던 황건적과 개벽세상을 주장한 백련교처럼 반역의 종교였다. 조선 정부는 동학 역시 황건적이나 백련교와 다름없는 위험한 종교라고 생각했다.

동학이라고 하는 것은 서양의 사술(=천주교)을 그대로 답습하면서 다만 이름만 바꿔서 어리석은 사람들을 홀리게 할 뿐입니다. 만약 일찍 군대를 보내 토벌하여 나라의 법으로 다스리지 않는다면, 결국에 황건적과 백련교의 도적들처럼 될는지 어찌 알겠습니까?[26]

여기서 주목할 것은 동학이 천주교를 따르고 있다고 보는 시각이다. 천주교와 동학 간의 상관성이 이러한 이해를 낳았을 것이다.

천주교 종교운동은 1801년의 황사영 백서 사건으로 '천주교는 곧 역적'이라는 이데올로기적 공세에 직면하게 되었다. 황사영 백서 사건이란, 신유박해로 주문모 신부 등이 죽자 황사영이 베이징에 있는 프랑스 신부에게 편지를 보내 선교의 자유를 얻고자 하니 프랑스 함대를 파견하여 조선 정부를 압박해달라고 요청한 사건을 말한다. 이 사건을 구실로 조선 정부에서는 천주교인은 서양 오랑캐의 앞잡이이며 바다 건너 도둑을 불러들이고 나라 문을 열어 원수를 받아들이려 한다는 반천주교 담론을 생산하고 전파시켰다.

이러한 권력의 탄압에도 불구하고 19세기 들어 인민의 동요가 심해지면서 천주교인이 되거나 교우촌에 들어가 사는 사람들이 늘어갔다. 천주교 지도자들은 천주교회의 재건을 위해 지속적으로 베이징 주교와 로마 교황에게 성직자를 파견해줄 것을 요청했다. 마침내 1831년에 교황청은 독자적인 조선교구를 설정하고, 프랑스 파리 외방전교회에 선교의 권한과 책임을 위임했다. 1836년 모방(Pierre-Philibert Maubant) 신부를 시작으로 성직자들이 줄줄이 조선에 입국했다. 이들 서양 신부들은 선교 활동을 전개하는 동시에 조선인 성직자를 양성하고 사회사업을 펼쳤다.[27] 이렇게 성직자 중심으로 조선교구가 운영되면서 천주교는 종교운동보다는 개인 차원의 구원을 추구하는 종교로 자리 잡아갔다.[28]

천주교가 종교라는 울타리 안으로 되돌아갔지만, 평등 사회를 향한 도도한 흐름은 멈추지 않았다. 1860년에 동학이 탄생했다. 동학은 천주교 종교운동이 갖고 있던 진보성을 계승하는 동시에 반천주교 담론의 핵심이던 '천주교=침략성' 논란을 극복하고자 한 새로운 종교운동이었다. 동학을 창건한 최제우는 동학이 천주교의 영향을 받았다는 점을 인정했다. 최제우와 최시형의 집안에서는 최제우가 처가가 있는 울산에 살 때 동래 부근에서 천주교인인 경주 최씨 성을 가진 사람과 가깝게 지냈다는 이야기가 지금까지 전해진다. 후손들은 최제우가 만났다는 경주 최씨가 최양업 신부라고 추정하고 있다. 1849년에 상하이에서 신부 서품을 받고 그해 12월에 조선에 들어온 최양업은 경상도 일대와 부산 동래 부근에서 활동했다. 그 시절 최제우는 울산 등지를 떠돌며 장사를 했다. 최제우가 이때부터 참위설과 천주학을 연구하며 서양에 관심을 가졌다는 기록이 남아 있다.[29] 최제우는 천주교의 영향을 인정하면서도 천주교의 내세지향적 종교관과 제사 금지에 대해서 강하게 비판했다. 동학은 천주교의 인간 존엄성의 존중과 평등 추구라는 인간관을 수용하되, 조선 전래의 풍속을 함부로 거슬러서는 안 된다는 논리로 인민에게 파고들었다.

최제우는 동학이라는 종교를 창시하기 전까지 거듭되는 개인적 역경을 헤쳐 나가야 했다. 최제우는 1824년에 양반 아버지와 셋째 부인 사이에 태어난 서자였다. 그는 10세에 어머니를 여의고, 17세에 아버지를 여의었다. 최제우는 19세 되던 해에 박씨와 결혼하여 처가가 있는 울산으로 이사했다. 그 후 16년 동안 울산에 터를 잡고 전국을 떠돌며 장사를 했다. 그러다가 울산에 철점을 차려 부인에게 경영을 맡긴 뒤 그는 오로지 도를 닦는 데 힘썼다. 철점이란 철제품을 생산하는 공장인데, 주로 용광로를 사용하여 편철을 만들었다.[30] 철점이 망하자 낙담한 최제우는 36세가 되던 해인 1859년에 고향인 경주로 돌아왔다. 이듬해인 1860년에 신비적 체험을 하고 동학을 창도했다. 최제우는 하느님과 직접적인 문답을 통해 가르침을 받았다고 전해진다.

　어디선가 갑자기 신선의 말씀이 문득 귀에 들려왔다. 나는 깜짝 놀라 일어나서 캐어 물어보았더니 하느님이 대답하시기를 "두려워하지 말고 겁내지 말라, 세상 사람들이 나를 하느님이라 하니 너는 하느님을 모르느냐?" 하시므로 "왜 그러십니까?" 하고 그 까닭을 물었다. 하느님이 대답하시기를 "이 세상에 하느님을 위하는 바른 도가 없으니, 내가 이제까지 일한 공이 없으므로 너를 이 세상에 태어나게 하고 세상 사람들에게 하느님을 위하는 법을 가르치게 하노니, 의심하지 말고 의심하지 말라" 하셨다.[31]

　최제우가 하느님의 계시를 받고 동학을 만들었다는 얘기다. 동서양을 막론하고 어느 종교든 신비주의적 요소를 갖고 있다. 신의 계시를 받고 하나 됨을 이루는 영적 경험을 위해 금욕하며 육체적 고통을 감수하는 신비주의의 내용도 대개 비슷하다. 기독교에도 신비주의의 역사가 존재한다. 개인보다는 공동체적 종교 경험을 중시하는 퀘이커교의 창시자인 조지 폭스(George Fox) 역시 23세가 되던 해에 신비로운 체험을 한 후 새로운 삶을 시작했다고 한다.

나는 다음과 같이 말씀하시는 음성을 들었다. "너의 상태에 대해 말할 자는 오직 그리스도 예수뿐이다." 이 말씀을 들었을 때 내 심장은 기쁨에 겨워 크게 뛰었다.[32]

1843년에 배상제교(拜上制敎)를 일으킨 청의 홍수전(洪秀全) 역시 최제우와 마찬가지로 신비로운 체험을 하고 득도했다. 1837년 3월에 세 번째 과거 응시에 낙방하고 고향에 돌아온 홍수전은 중병에 걸려 40일을 앓았다. 그때 신비주의 체험을 했다. 이후 그는 상제를 유일신이라 부르며 모든 사람은 상제에게서 육체와 생명을 부여받았으니 천하의 모든 남자는 형제, 여자는 자매이며, 천하의 사람은 일체의 차별·대립·항쟁이 없는 대가족이 되어야 한다는 평등사상을 설파했다.[33]

조선 정부는 동학을 개창한 최제우를 처음에는 천주교인으로 생각하고 체포하려 했다. 최제우는 일단 전라도로 피신했지만, 다시 경주로 돌아왔다가 1863년 12월에 붙잡히고 말았다. 1864년 3월 대구에서 교수형으로 생을 마감할 때까지 그는 단 4년간 동학을 이끌었다. 최제우는 "나라의 법을 어기지 말고 마음을 바르게 가지며 서로를 존중하는 사람이 되자"라는 현세 도덕적인 종교운동을 전개했으나, 조선 정부는 시종일관 그를 역적으로 몰며 위험시했다. 체제를 위협하는 아래로부터의 도전을 조선 정부는 결코 용납하지 않았다.

생활 도덕 운동으로서의 동학

최제우는 하느님을 때론 유교적 의미의 '상제'라 부르기도 했으나, 그가 말하는 하느님은 천주교에서 말하는 오직 하나의 신으로서의 천주와 똑같았다. 최제우는 하느님만 믿고 하느님만 공경하라고 가르쳤다.[註] 천주교와 다른 점은, 하느님을 내 몸 안에 모실 것, 즉 시천주(侍天主)를 주장한 것이다. 이는 곧 내 안에 하느님이 있다는 것으로, 결국 모든 사람이 하느님이라는 주장이다. 천주교에서는 모든 사람이 하느님의 백성으로서 평등하다고 본다. 동학에서는 모든 사람이 하느님이므로 인간 모두가 존엄하고 평등하다고 말한다. 그러니 인간이 누려야 할 권리를 누구도 침해하거나 박탈할 수 없다는 것이다. 최제우는 모든 사람은 동등하게 존중받아야 한다고 가르쳤다.

최제우의 인간관은 서양의 종교개혁이 제시한 근대적 인간관과 유사하다. 서양 중세에는 인간은 초월적 신에게 귀의하는 존재일 뿐이라는 인간관이 지배했다. 종교개혁은 이를 부정하고 초월적 존재를 인간의 내면세계와 합일시켜 인간의 주체적 자아를 확립하고자 했다. 독일의 종교개혁가인 토마스 뮌처(Thomas Münzer)의 경우, 인간이 일체의 인위적인 매개 없이 신 앞에 설 때 비로소 순수한 신앙의 형태가 나타난다고 하여, 신과 인간 사이에 존재하는 일체의 인위적인 권위를 부정했다.

최제우에 이어 동학을 이끈 제2대 교주 최시형도 "하늘이 곧 나이고, 내가 곧 하늘"이라며 천인합일의 평등한 주체로서의 인간을 강조했다. 또한 사인여천(事人如天), 즉 "사람을 대하기를 하늘처럼 하라"고 하여 인간관계의 원리 역시 인간 존엄에 바탕을 둔 평등에 있음을 강조했다.

최시형은 여기에서 한 걸음 더 나아가 사람만이 아니라 모든 일과 사물 안에도 하느님이 있다고 주장했다. 세상에 존재하는 모든 것이 공경의 대상이라는 것이다.

우리 사람이 태어난 것은 하느님의 영기(靈氣)를 모시고 태어난 것이요, 우리 사람이 사는 것도 하느님의 영기를 모시고 사는 것이니, 어찌 유독 사람만이 하느님을 모셨다 이르리오. 천지만물이 하느님을 모시지 않은 것이 없다. 저 새소리도 시천주의 소리다.[35]

누구나 도를 닦으면 군자가 될 수 있다는 동학의 평등한 인간관은 분명히 반체제적인 생각이었다. 최제우는 "가난하고 천한 사람이라도 정성만 있으면 도를 닦을 수 있다"라고 하여, 도 앞에서 모두가 평등하며 오직 정성만이 중요하다고 강조했다. 최제우는 "우리나라에는 두 가지 큰 폐풍이 있으니, 하나는 적자와 서자의 구별이요, 다음은 양반과 상놈의 구별이다. 적자와 서자의 구별은 집안을 망치는 근본이요, 양반과 상놈의 구별은 나라를 망치는 근본이니, 이것이 우리나라의 고질병이다"[36]라며 신분 질서를 정면으로 비판했다.

최제우는 동학의 운영에서도 평등을 강조했다. 모든 동학교인은 입교하는 순간부터 군자이니, 서로 존중하라고 가르쳤다. 하느님을 모시기로 맹세한 모든 동학교인은 서로를 존중하는 평등한 관계로 살아가야 한다는 것이다. 실제로 최제우는 스승과 제자 사이에도 수평적인 관계를 맺고자 했다. 그는 제자들을 벗이라 불렀다.

최제우가 1864년 3월 대구에서 처형되고 1년 후인 1865년 5월에 최시형은 최제우 탄신 기념식을 거행하면서 다음과 같이 선언했다.

　사람은 하늘이다. 사람이 인위적으로 귀천을 분별함은 곧 하늘의 뜻을 어기는 것이니, 모두 귀천의 차별을 없애어 선사(최제우)의 뜻을 이어가기로 맹세하라.[37]

　'모든 인간은 평등하다'라는 인권선언이다. 최시형의 평등사상을 잘 보여주는 일화가 있다. 1891년에 최시형은 지역 연고도 없는 천민 출신인 남계천에게 호남좌도편의장이라는 높은 직책을 주었다. 그러자 이 지역 실세인 김낙삼이 100여 명의 동학 지도자와 함께 항의했다. 이때 최시형은 문벌의 고하와 귀천의 구분이 아니라 오직 자격과 도덕만으로 판단했다며 이들을 설득했다. "비록 문벌이 천하고 미미하더라도 두령 될 자격이 있으면 두령이 되는 것"임을 분명히 했다.[38] 이처럼 동학에서는 귀천, 남녀, 빈부를 차별하지 않고 서로 존중하는, 즉 평등을 강조했다. 그렇기에 신분 차별에 시달리던 인민들, 남존여비에 고통 받던 여성들, 도움이 절실한 가난한 사람들이 동학에 몰려들었다.

　동학교인의 종교 의식은 간소했다. 최제우는 13자 주문인 '시천주 조화정 영세불망 만사지(侍天主 造化定 永世不忘 萬事知)'를 외우는 마음 공부를 강조했다. 독서보다 수양에 힘쓰라는 것이다. 수양의 목적은 자신 안에 있는 하느님을 깨닫고 믿는 데 있었다. 이는 마음에 모든 이치가 있으니 책을 읽는 공부보다는 마음 공부가 더 중요하다고 본 양명학의 심학(心學), 즉 마음학과 통한다. 양명학이 지행합일을 위한 마음 공부라면, 동학은 천인합일을 위한 마음 공부를 강조했다.[39]

최시형은 1875년 모든 동학 의식과 제사에서 오직 맑은 물 한 그릇만 떠놓고 지내도록 의례를 정했다. 물은 성질이 맑고 움직이는 것이니 어느 곳에나 존재하는 만물의 근원이기 때문이다.[40] 최제우는 누구나 동학의 교리를 접할 수 있도록 한글 가사인 《용담유사(龍潭遺詞)》를 지었다. 최시형은 일찍부터 한문 가사인 《동경대전(東經大全)》과 함께 《용담유사》를 대량으로 간행하여 교인들에게 나누어주었다.

동학교인으로 산다는 것은 간소한 종교생활과 함께 전통적인 일상과 동학이 요구하는 평등적 삶을 조화한 생활 규범을 지켜야 함을 의미했다. 동학의 종교운동에는 생활 도덕 운동, 즉 바르게 살기 운동과 같은 요소가 다분했다. 교리 내용 대부분이 생활 규범에 관한 것이었다. 최제우는 1862년부터 본격적인 포교를 시작했는데, 한문 가사인 〈수덕문(修德文)〉을 지어 동학의 생활 규범을 밝혔다. 옷을 단정하게 입을 것, 길가에서 음식을 먹거나 뒷짐을 지지 말 것, 병들어 죽은 네발짐승 고기를 먹지 말 것, 찬물에 급히 앉아 목욕하지 말 것, 남편 있는 부인은 부정한 행실을 하지 말 것, 누워서 큰 소리로 주문을 외우지 말 것 등등. 이를 실천하는 것은 곧 정성에 달려 있다며 개인의 수양을 강조했다. "도를 이루고 덕을 세우는 것은 하느님을 위하는 정성에 달려 있고, 또한 사람에게 달려 있다"[41]라는 것이다.

한글 가사 〈도덕가〉에서는 마음이 흔들리거나 물욕에 따르거나 헛말로 유인하여 도를 해치는 사람이 되지 말 것을 당부했다. 〈몽중노소문답가(夢中老少問答歌)〉에서는 자신을 닦고, 집안을 다스리는 일에 힘쓰지 않고 이리저리 옮겨 다니며 방랑하는 일을 하지 말라고 했다. 자기가 있어야 할 곳에서 동학의 생활 규범을 지키며 반듯하게 살아가라는 것이었다. 이처럼 최제우가 꿈꾸던 동학이라는 종교 공동체는 존엄과 평등의 생활 윤리를 실천하는 생활 공동체이기도 했다.[42]

최시형이 1884년에 생활 규범으로 내놓은 〈통유문(通諭文)〉[43]은 전통적인 일상 윤리에, 〈십무천(十无天)〉[44]은 동학의 평등적 사유에 기반하고 있다.

〈통유문〉	〈십무천〉
• 임금에게 충성하라 • 부모에게 효도하라 • 스승과 어른을 높이라 • 형제간에 화목하라 • 부부간에 화목하라 • 친구 간에 믿음성 있게 하라 • 이웃을 사귀라 • 수신제가를 먼저 하라 • 대인접물(對人接物)에 오직 공경으로 하라	• 하느님을 속이지 마라 • 하느님을 거만하게 대하지 마라 • 하느님을 상하게 하지 마라 • 하느님을 어지럽게 하지 마라 • 하느님을 일찍 죽게 하지 마라 • 하느님을 더럽히지 마라 • 하느님을 굶주리게 하지 마라 • 하느님을 허물어지게 하지 마라 • 하느님을 싫어하게 하지 마라 • 하느님을 굴종하게 하지 마라

〈통유문〉에서는 전통적 일상 윤리의 화법을 빌려 동학이 제시한 도덕을 요구하고 있고, 〈십무천〉에서는 하느님, 즉 모든 인간을 대하는 태도를 강조하고 있다. 이 둘을 조화시킨 생활 도덕 운동을 전개한 동학에 많은 사람들이 호응했다는 것은 낡은 것과 새로운 것이 교차하는 전환의 시대에 동학이 인민에게 호소력을 가진 소통의 종교였다는 것을 의미한다.

자치공동체로서의 동학 조직

동학은 동학의 이름으로 집단 생활을 유지하기 위해 조선의 권력과 질서 바깥에 그들만의 자치공동체를 마련했다. 최제우는 1862년에 생활 규범을 만드는 동시에 경주를 중심으로 동학 지도자 16명을 접주(接主)로 임명하여 조직을 정비했다. 나름의 체계를 갖춘 종교 집단으로 진화한 것이다. 이는 군현제와 양반이 주도하는 향약, 마을 공동체인 계 등을 중심으로 움직이던 기존의 공동체에서 벗어나서 새로운 자치공동체를 만드는 것을 의미했다. 양반 유생들의 반응은 즉각적이었다. 동학의 확산이 곧 양반 기득권에 대한 도전이자 저항이라는 것을 잘 알고 있었기 때문이다. 경주의 양반 유생들은 동학의 죄를 성토하는 통문을 돌리고 서원을 중심으로 동학 배척 운동을 전개했다.

　최제우가 만든 접주제는 등짐장수인 부상(負商)의 조직에서 따온 것으로 보인다. 부상은 여러 지방을 다니며 장사하는데 지방마다 접장을 두었다. 접장은 투표로 선출했고, 총회를 열어 부상들의 의견을 수렴했다. 동학에서 '접'은 동학 지도자와 그가 선교하여 동학으로 끌어들인 사람들을 하나로 묶어 이르는 명칭이었다. 그래서 처음에는 김 아무개 접, 이 아무개 접으로 불렀다. 최제우는 이를 공식화하고자 접주를 임명했는데, 이때부터 이름 대신 접주가 사는 지역 이름을 편의상 붙여 영덕접, 부내접 등으로 부르게 되었다. 당시 접의 규모는 40호 정도였다. 동학에서는 교인을 셀 때 가족 단위로 했다. 한 접이 50~60호를 넘어서면 큰 접과 작은 접으로 나누도록 했다. 접소에 모인 동학교인은 양반과 상놈, 남녀노소, 양천, 빈부의 구분이 없었다. 교인이 어려울 때면 서로 도왔고, 가난한 교인에게는 밥을 나누어주었다. 이렇게 한 접에 속하는 동학교인들은 가족처럼 지냈다. 일가친척이 같은 접에 속한 경우도 많았다. 동학교인들은 접을 통해 동학의 생활 규범을 익혔다. 접주는 상당한 정도의 자율성을 가지고 접에 관련된 사무를 처리했다.[45] 접주제의 탄생은 동학 이념을 공유하는 자치공동체의 시작을 알리는 신호탄이었다.

접주제는 1871년에 이필제의 난이 일어난 후 동학교인에 대한 탄압이 심해지면서 거의 해체되었다. 최시형이 이를 다시 일으켜 세웠다.[46] 그는 다시 접을 열면서 규모가 큰 접을 '포(包)', 대접주를 '포주(包主)'라 불렀다. 이때는 인맥보다 지역 연고가 더 강조되었다. 이렇게 자리 잡은 포접제는 자치적인 종교 공동체로 출발했으나, 동학농민전쟁이 일어나면서 정치적·군사적 공동체 역할을 했다. 당시 '기포(起包)하다'라는 말은 항쟁에 돌입하는 것을 뜻했다. 이처럼 인민 스스로 조직하고 통문을 통해 공론을 주도하는 등 자치적인 운영을 기초로 동학교인이 하나의 정치 세력으로 부상하는 데 포접제가 큰 역할을 했다.[47]

1894년 9월 2차 봉기 때만 해도 전국에 339개의 포가 만들어졌다. 전라도에는 227포, 충청도에는 65포가 결성되었는데 각각에 도소(都所)가 설치되어 운영되었다. 이 도소의 책임자인 포주와 접주에는 동학교인만이 아니라 농민전쟁에 가담한 지식인들도 임명되었다.[48] 이러한 도소를 장악하기 어렵다는 판단에서 전봉준은 1894년 5월 전라부사 김학진과 전주화약을 맺으면서 전라도 일대에 치안 유지를 담당할 집강소를 설치했다.

여기에서 주목할 것은 접을 운영하는 도소의 역할이다. 집강소는 권력과 동학을 잇는 자리에 위치한 준행정기구였지만, 도소는 여전히 권력의 바깥에 존재하는 자치기구였기 때문이다. 탐관오리를 쫓아내고 횡포한 부자를 응징하고 온갖 잡세와 빚을 없애고 인민의 억울한 사정을 듣고 해결하는 일은 집강소가 아닌 도소를 통해 이루어졌다. 즉 폐정 개혁을 실천한 것은 도소였다. 도소는 집강소를 견제하거나 혹은 이끌면서 접과 포를 기반으로 자율적 권력을 가지고 개혁에 앞장선 자치기구의 역할을 했다.[49]

이처럼 동학의 종교운동은 세상을 보는 인민의 눈을 바꾸는 문화혁명 이었고, 마침내 그 이상향을 실현하기 위한 정치운동으로 나아갔다. 권력 밖에 자치공동체를 꾸렸지만, 그 힘으로 다시 권력을 바꾸고자 했다. 이러한 동학의 길은 서양의 근대 종교운동이 걸었던 길과 유사하다.

서양에서 종교개혁 시대에 일어났던 천년왕국 운동은 대안적 사회운 동이기도 했다. 천주교의 개혁을 주장하다 순교한 체코의 얀 후스(Jan Hus)를 추종하던 타보르파는 완전한 자유와 평등을 누리는 천년왕국을 지상에 건설하고자 했다.[50] 그들은 자신들만의 도시를 건설하고 공동 소유·공동 분배의 삶을 살았다. 빵 한 조각조차 나누었다고 한다. 프로테스탄트의 한 교파인 퀘이커교는 "모든 사람 속에 하느님이 계시다"라며, 동학으로 말하면 시천주를 주장했다. 매일 가정 예배를 올리며 검약한 삶을 사는 공동체를 만들고, 나아가 사회적 차별을 없애는 데도 앞장섰다. 퀘이커교가 민주주의적이고 상식을 존중하는 신비주의 종교[51]라는 평은 동학에도 그대로 적용될 수 있을 것이다.

3

천도교, 식민 권력 밖의 대안 공동체

대안적 종교 자치 운동

동학이 끝내 얻어내지 못한 것이 종교의 자유였다. 1892년과 1893년에 동학은 교조 신원 운동을 펼쳤다. 동학을 창시한 최제우에게 씌운 역적이란 올가미를 풀어주고 종교의 자유를 허용해달라는 집회가 삼남 곳곳에서 열렸다.

여기에서 종교의 자유가 의미하는 바는 단순하지 않다. 종교의 자유를 확보하려면 종교 안팎에서 노력을 기울여야 한다. 서양의 종교개혁 시대에 칼뱅주의자들은 종교의 자유와 권리를 확보하기 위해 무엇보다 종교 공동체 안에서 개인이 자유와 권리를 누려야 하며, 나아가 권력은 종

교의 자유와 권리의 기반이 되는 보편적 인권을 보장해야 한다고 주장했다.[52]

이처럼 종교의 자유와 권리는 종교 공동체 안에서 민주주의를 실현하는 종교운동과, 권력을 향해 민주주의를 요구하는 정치운동이 결합할 때 비로소 확보된다는 논리는 교조 신원 운동에도 적용할 수 있다. 평등한 자치공동체의 구성원인 동학교인이 대거 집결하여 권력을 향해 동학의 합법화, 즉 종교의 자유를 요구하던 집회를 동학 스스로는 서양의 민회에 견주었다.[53] 종교적 자유를 얻기 위한 정치운동임을 자인한 셈이다. 하지만 교조 신원 운동은 실패했고, 이듬해인 1894년에 동학농민군은 나라를 바꾸겠다며 봉기했다.

동학은 1897년에 탄생한 대한제국 정부로부터도 종교의 자유를 보장받지 못했다. 최제우에 이어 최시형도 1898년에 처형당했다. 제3대 교주가 된 손병희는 일본으로 망명했다. 1905년에 을사조약이 체결되자, 일본에 망명 중이던 동학 지도자들은 대한제국 정부가 더는 자신들을 탄압하지 못할 것이라 판단했다. 일본에게 반정부 세력은 대한제국 정부를 압박할 수 있는 카드이기 때문에 비호해줄 것이라고 믿었다. 을사조약 체결 직후인 12월 1일 《제국신문》과 《대한매일신보》에 천도교의 창건을 알리는 광고가 실렸다. 이 광고는 종교의 자유를 내세워 천도교의 합법화를 주장했다. 예상대로 대한제국 정부는 아무런 조치도 취하지 않았다. 1906년 1월에 손병희는 열렬한 환영을 받으며 귀국했다. 천도교는 서울에 천도교 중앙총부를 설치하고 활동을 시작했다.

1910년 대한제국이 망하면서 모든 정치·사회단체가 해산되었다. 천도교는 종교단체라 명맥을 유지할 수 있었다. 나라를 잃은 지식인과 인민들이 천도교에 몰려들었다.

1920년대 이후 천도교를 이끌었던 최린이 손병희를 찾아간 것은 1910년 10월이었다. "천도교는 조선의 피와 조선의 뼈와 조선의 혼으로서 탄생한 종교라는 것과 동학 이래 혁명정신이 충만하다는 것과 보국안민·포덕천하·광세창생이란 핑지직 이념이 원대히디디 젓 등"[54]이 최린이 천도교에 입교한 이유였다. 1910년에 2만 7760호가 천도교로 들어왔는데, 1911년에는 5배가 넘는 16만 6314호가 입교했다. 천도교 입교 열풍은 누구도 예상하지 못한 일이었다. 평안북도 선천군에서는 1912년 무렵에 인구의 절반 이상이 천도교인이 되었다고 한다.

천도교인의 수는 1910년대 내내 늘었다. 박은식은 천도교 입교 열기에 대해 "신도가 날마다 증가하여 300만을 헤아린다. 그 발전의 신속함은 거의 고금의 종교계에 없던 일이다"라며 놀라워했다.[55] 박은식이 '300만'이라고 한 천도교인의 수는 실제로는 100만 명 정도인 것으로 알려져 있다. 이제 천도교인이 사는 마을에는 천도교당 앞에 궁을기(弓乙旗)가 휘날리는 모습을 어렵지 않게 볼 수 있었다. 온 마을이 천도교 공동체를 형성하고 살아가는 모습도 볼 수 있었다. 황해도에서는 전통적 중인촌이던 고사동이 천도교인 일색의 마을로 변모했다.[56]

하지만 천도교는 동학이라는 토착 종교에 뿌리를 둔 종교였기에 조선총독부의 감시를 피할 수 없었다. 조선총독부는 천도교를 '유사 종교'라 부르며 탄압했다. 유사 종교란 사이비 종교라는 뜻이다.

종교단체라는 것을 부인하면서 날마다 경찰을 파견하여 중앙총부와 각지의 교구를 감시하며, 달마다 재무·회계의 장부를 보고하게 하여 없는 흠을 억지로 찾아내어 다수 징벌을 행한다. 교회의 주요한 인물은 날마다 그들의 정찰과 속박을 받는다. 지방 교인의 일상적인 교회 출입도 제지하니, 곧 노예나 가축 따위의 대우를 받는다. 교인과 교인이 아닌 사람이 소송하는 일이 있으면, 사리의 옳고 그름을 불문하고 반드시 교인을 패소시켰다.[57]

천도교는 권력의 탄압을 받으면서도 급성장했다. 천도교 지도부는 시대가 요구하는 대중화·평등화의 흐름을 천도교 종교운동 안으로 적극 끌어들여 대안적 종교 공동체를 꾸려나갔다. 먼저 천도교 교리를 간명화했다. '사람이 곧 하늘이다'라는 인내천(人乃天) 사상은 1907년에 천도교가 발간한 교리서《대종정의(大宗正義)》에 처음으로 등장한다. 동학으로부터 발원한 인내천 사상은 인간 존엄과 평등의 의미를 함축한 상징적인 이념으로 각인되어 오늘날까지 회자되고 있다.

배우고 싶으나 배울 곳이 없던 시절에 천도교는 1908년부터 지방에 교리강습소를 두었다. 1910년대 중반에는 교리강습소가 전국적으로 700여 개를 상회할 만큼 성황을 이루었다. 천도교리만 가르치지 않고 초등학교 수준의 교육을 실시한 것이 성공 비결이었다. 천도교인을 계몽하기 위한 잡지《천도교회월보》는 1910년 8월 25일에 창간되었다. 1911년 7월호부터는 한글로 쓴 '언문부'라는 코너를 만들었다.《천도교회월보》는 산간벽지에 사는 천도교인이 간접적으로나마 서울 사는 교주 손병희 혹은 다른 지방에 살고 있는 천도교인을 만나고 또한 문명의 이기를 접할 수 있는 소통의 공간이었다. 조선총독부의 무단통치에 주눅이 든 인민을 격려하며 함께 시대를 선도하고자 한 대안 공동체의 건설, 그것이 천도교가 조선 제일의 종교가 된 이유였다.

천도교는 동학의 종교 의식에 기독교 의식을 덧대어 인민의 일상과 눈높이에 맞춘 근대적 종교 의식을 마련하고자 했다. 천도교 종교생활의 기준은 개인이 아니라 가족이었다. 천도교인은 매일 아침밥을 짓기 전에 식구 한 사람당 한 숟가락씩 곡식을 덜어 한 그릇에 모으는 일로 하루를 시작한다. 이렇게 모은 곡식을 팔아 천도교당에 헌금했다. 헌금의 2분의 1은 지역의 교당에서 쓰고, 나머지 2분의 1은 서울의 중앙총부로 보냈다. 천도교 가족은 매일 밤 9시에 예배를 보았다. 가장을 중심으로 물그릇을 앞에 놓고 기도하고 주문을 105회 묵송하고 다시 기도하고 물을 나누어 마시는 순이었다. 천도교는 일요일을 모시는 날, 즉 시일(侍日)이라 불렀다. 일요일이면 가족 모두 정갈한 옷차림으로 시일식에 참석했다. 천도교인 대부분이 농민이었고, 양력을 기준으로 하는 일주일이라는 단위에 익숙하지 않아 시일을 챙기기 어려웠다. 천도교는 시일, 즉 일요일을 계몽하기 위해《천도교회월보》에 음력과 양력 일자를 같이 표시한 시일표를 게재했다. 시일식에서는 교당 간부의 설교를 듣고 주문을 외우고 〈하느님의 덕〉과 같은 찬양가를 불렀다.[58]

천도교 기념일은 답답한 식민지 현실에서 마음껏 거리에서 '천도교 만세'를 부를 수 있는 날이었다. 경찰이 곳곳에서 날카로운 감시의 눈길을 보냈지만, 합법적인 잔칫날이었기에 행사를 막을 수 없었다. 천도교는 최제우가 득도한 날(4월 5일), 최시형이 교주가 된 날(8월 24일), 천도교가 만들어진 날(12월 1일), 손병희가 교주가 된 날(12월 24일) 등을 기념했다. 12월 24일은 예수가 태어난 전날이기도 하니, 기독교와 천도교 모두 그날을 풍성하게 기념했다. 기념일에는 수천 명의 교인들이 서울로 상경하여 기념식을 가졌다. 기념식이 끝나면 종로 거리를 행진하며 '천도교 만세'를 외쳤고, 동대문 밖 상춘원에서 성대한 야유회를 가졌다. 이날은 전국에 있는 천도교당에서 음식을 장만하여 잔치를 벌였다. 천도교인에게 기념일은 결속력을 다지고 확인하는 역할을 했다.

조선총독부의 눈에 한국인이 많이 모이는 천도교는 눈엣가시였다. 조선총독부에서 발행하는 《매일신보》는 천도교의 교주는 왕이고 천도교 중앙총부는 정부를 흉내 낸 유민, 그러니까 놀고 먹는 한량들의 집합소라고 폄하했다.[59] 그만큼 식민 권력은 100만이 넘는 한국인만으로 천도교라는 성을 쌓고 그 안에서 자치를 누리며 대안의 삶을 살고자 한 천도교인들을 몹시 경계했다.

독립과 민주주의를 추구하다

조선총독부의 우려는 기우가 아니었다. 나라 잃은 민족의 슬픔 위에 성장한 천도교는 3·1운동을 주도했다. 1차 세계대전이 끝나고 1919년 1월 18일에 파리강화회의가 열려 세계의 판을 다시 짜기 시작했다. 파리강화회의가 열린 지 사흘 만인 1월 21일에 고종이 갑자기 숨을 거두자 민심이 동요했다.

천도교 지도자들은 이때를 놓치지 않고 여기저기에서 분출하는 독립운동의 열기를 조직했다. 독립선언서를 낭독하고 손에 태극기를 들고 만세를 부르며 거리를 행진하는 시위 방식도 만들었다. 무장을 하지도 폭력을 쓰지도 않는 만세 시위 방식은 이후 중국의 5·4운동에 큰 영향을 주었다. 천도교는 연락이 가능한 지방 천도교당에 사람을 보내 천도교인을 동원한 만세 시위를 준비했다. 기독교계 등이 요구하는 운동 자금도 제공했다. 천도교가 있었기에 3·1운동이 가능했다고 해도 과언이 아니었다.

천도교는 3월 1일에 일어난 서울을 비롯한 7개 도시의 시위를 조직적으로 준비했을 뿐만 아니라 그날 이후에도 전력을 다했다. 〈기미독립선언서〉에 서명한 33인의 대표 중 천도교 지도자는 손병희를 비롯하여 15명이었다. 기독교에서 각 계파 대표로 16명이 서명했지만, 천도교에서만 15명이었다는 것은 조직의 명운을 걸었다고 봐야 할 것이다. 그들은 당장 3월 1일에 모두 감옥에 갇히는 신세가 되었다.

천도교는 〈기미독립선언서〉와 《조선독립신문》을 제작하여 전국에 배포했다. 서울과 각 지방에서 시위가 벌어졌다는 소식은 산골에 사는 천도교인에게까지 빠르게 전파되었다. 소식을 들은 사람들은 곧바로 시위에 참여했다. 천도교인의 만세 시위는 동학 시절부터 교인이 많이 살던 평안도, 함경도, 황해도 등 북부 지방에서 활발히 일어났다. 평안북도에서 3월과 4월에 발생한 136건의 시위 중 천도교가 전혀 관련되지 않은 경우는 두 번에 불과할 정도였다. 3월 1일 서울과 동시에 독립선언식과 만세 시위를 전개한 6개 지역 가운데 원주를 제외한 평양, 진남포, 안주, 의주, 선천 등도 천도교인이 많이 살던 평안도에 있었다.

시위는 두 달 이상 계속되었다. 계급과 계층을 망라했으며, 도시와 농촌을 가리지 않고 전국에서 일어났다. 한국 사람들 모두가 한마음으로 독립을 요구했다. 〈기미독립선언서〉에 드러나듯이 인민들은 민족의 자유와 생존, 그리고 평등의 실현을 위해 독립을 염원했다. 그들은 한국이 민주주의를 누리며 살 수 있는 나라가 되기를 바랐다.

천도교 지도자들은 독립운동의 이유를 묻는 재판관에게 민주주의의 압살을 얘기했다. 나라가 망한 것은 권력을 독점하려고 한 고종과 대한제국 정부가 저지른 실정(失政)의 당연한 결과이지만, 조선총독부도 한국인에게 자유를 허용하지 않는다는 점을 문제 삼았다. 손병희는 한국인을 탄압하면서 관리로 쓰지 않는 정치적 차별을 제기했다. 천도교 원로인 오세창은 "한국인에게 자유를 주고 평등한 대우를 해달라"고 요구했다. 특히 그는 교육·출판·언론·집회의 자유를 강조했다. 이 논리에 따르면, 천도교 지도자들이 조선총독부에 저항한 것은 민주주의를 요구하기 위함이었다. 민주주의를 누리기 위해 독립운동을 했다는 것이다.

3·1운동이 끝나고 천도교가 위기 국면을 돌파할 때도 민주주의가 화두였다. '중앙 집권에서 지방 분권으로', '독재에서 중의(衆議)로', '차별에서 평등으로', 천도교를 이끌자는 천도교 민주화운동이 일어났다. 이 운동을 주도한 혁신파를 이끈 사람은 최동희였다. 그는 최시형의 장남으로, 와세다대학 정경학부를 나온 재원이었다. 최동희는 천도교의 민주화운동을 시대적인 요구이자 정의로운 방향이라며 지지 세력을 모았다.

천도교 민주화의 요구는 곧 변화의 바람을 일으켰다. 1921년 7월에 천도교 내 대의기구인 의정회에 관한 규정이 반포되고, 전국 60개 구역에서 대의원인 의정원을 뽑는 선거가 실시되었다. 500호를 단위로 하는 1개의 선거구에서 의정원 1명씩을 무기명 투표로 선출했다. 18세 이상의 교인은 누구나 1표를 행사할 수 있었다. 여성도 투표권을 가졌다. 의정원 후보에 출마할 수 있는 자격은 만 25세 이상의 남녀 교인이었다. 이렇게 선거를 통해 뽑힌 60명의 의정원 중 3분의 1 정도는 중앙에서 명망과 영향력을 가진 청년 지도자들이었다. 천도교 청년회 간부 박사직은 의정회의 설치에 대해 "자기 스스로의 의견과 자기 스스로의 지식으로서 자기에게 속한 모든 문제를 해결하려는 일반 민중의 의사 추이를 따라 천도교도 민중적 기관을 조직한 것"으로 평가했다.[60] 민주주의를 바라는 여론에 부응하여 대의기구가 만들어졌다는 얘기다. 천도교의 의정원 선거는 식민 통치가 군사독재의 형태를 띠던 시절, 천도교인에게 지역 대표를 직접 선출할 수 있는 민주주의를 경험하고 훈련하는 기회를 제공했다.

곧이어 천도교의 민주화운동을 이끌 기구인 전도사회가 출범했다. 여기에는 기존 교단 세력(보수파)은 물론 3·1운동으로 투옥되었다가 석방된 지도자들도 동참했다. 전도사회는 천도교 조직을 중앙기구는 교화를 담당하는 종법원, 행정을 담당하는 종무원, 입법과 예산심의를 담당하는 종의원을 두어 3권이 분립하는 방향으로 개편하고, 교주 선거제를 실시하고 포접제에 뿌리를 둔 연원제(淵源制)를 개편한다는 내용의 혁신안을 발표했다. 병보석으로 출옥한 손병희가 시대에 순응하는 개혁안이라며 지지를 표명하면서, 천도교 민주화운동은 더욱 탄력을 받았다. 이를 법제화하고자 위원회가 만들어졌을 때, 보수파가 포함되기는 했으나 혁신파가 다수를 차지했다. 위원회가 의정회에 제출하여 통과한 혁신안은 다음과 같다.

① '천도교대헌(天道敎大憲)'은 '천도교종헌(天道敎宗憲)'이라 칭한다.
② 대도주는 교주라 칭하여 선거한다.
③ 중앙총부 사관원제를 고쳐 3원(종법원, 종무원, 종의원)을 설치한다.
④ 연원제는 개정하여 용담연원(龍潭淵源)으로 귀의하고 연원록을 고쳐 교

적이라 한다.[61]

두 번째 조항은 혁명적인 내용이었다. 1906년에 반포한 〈천도교대헌〉
에 따르면 교주는 하늘의 계시에 따르는 신적 존재였다. 실제 교주를 신
의 경지에서 끌어내려 투표를 통해 뽑는다는 안이 나오자 보수파의 저
항이 컸고, 결국 교주제가 아닌 선거에 의한 집단 지도 체제가 채택되었
다. 네 번째 조항은 종래의 포접 조직이 연원이라는 이름으로 온존하다
가 천도교 민주화운동 덕에 사실상 영향력이 약해지고 있었음을 상징한
다. 〈천도교종헌〉은 1922년 1월 17일에 공식 반포되었다. 〈천도교종헌〉
의 제1조는 "천도교는 천도교인의 전체 의사로 이를 호지(護持)함"이라
하여, 교권이 천도교인으로부터 나온다는 점을 분명히 밝혔다. 이처럼
1920년대 초 천도교는 법과 제도의 차원에서 민주주의 원리가 작동하
는 혁신적 공동체로 변모해갔다.

천도교 민주화의 실현은 사회적 반향을 초래했다. 《동아일보》는 "종래
독재제에서 계급제도를 타파하고 일반 의사를 존중하는 중의제로의 개
혁"[62]이라며 격찬했다. 《신한민보》도 "시대 진보에 따라 독재제에서 중
의제로 면모를 일신한 것"[63]으로 평가했다. 천도교의 민주화는 시대의
진보를 보여주는 것으로 국내외로부터 많은 지지를 받았다. 3·1운동 이
후 천도교가 인민의 확고한 지지를 받게 된 데는 독립운동을 이끌고, 나
아가 민주주의를 실천하는 식민 권력 밖의 민족적 대안 공동체로서의 역
할을 마다하지 않은 덕분이었다.[64]

이러한 천도교의 민주주의 혁신 운동의 분위기는 천도교가 주도하는
사회운동에도 반영되었다. 천도교 소년회의 경우를 살펴보자. 천도교 소

년회는 1921년 5월 1일에 '천도교의 종지에 따라 쾌활건전한 소년을 만든다'라는 목적으로 발족했다. 일주일에 두 번 정기모임을 갖는 천도교 소년회는 유락부(遊樂部), 담론부(談論部), 학습부(學習部), 위열부(慰悅部) 등의 부서로 구성되었다.

유희와 운동을 위한 유락부는 연극, 창가, 무용, 야구, 축구 등의 행사를 담당했다. 천도교 소년회가 조직되자마자 바로 유락부가 나서서 운동회와 탁족회를 개최하여 천도교 소년회의 존재를 널리 알리기도 했다. 주목할 점은 유락부 활동이 학교 교육의 예체능과 달리 자유롭고 즐거운 기운으로 활동하는 데 관심을 가졌다는 것이다. 규범적인 예체능이 아니라 저절로 신명나는 예술과 운동을 온전히 즐길 수 있게 했다. 담론부는 대화와 토론 활동을 펼쳤다. 도덕과 윤리를 앞세운 계몽보다는 어린이들이 관심을 가질 만한 화제로 자유롭게 이야기하고 토론하는 문화를 만들어나갔다. 학습부는 일상에서 실천해야 할 예절을 배우고 사회생활에 필요한 상식을 익혔다. 유적지 답사나 현장 견학 등의 체험학습도 실시했다. 위열부는 교인에게 불행한 일이 일어나거나 사회에서 이목을 집중시키는 불상사가 생겼을 때 위문하고 반대로 기쁜 일이 있을 때는 축하하는 활동을 벌였다.

이처럼 천도교 소년회가 이야기와 토론, 예술과 운동, 학습과 체험, 봉사 활동 등을 통해 구현하고자 한 어린이상은 민주적 시민상과 크게 다르지 않았다. 또한 일본이 식민 교육을 통해 양성하고자 한 순종하는 신민(臣民)의 상과도 전혀 다른 어린이상이었다.

천도교 소년회에는 만 7세부터 16세까지의 어린이와 청소년은 누구나 가입할 수 있었다. 남녀는 물론 한국인과 외국인을 불문했으며, 천도교인이 아니라도 회원이 될 수 있었다. 천도교 소년회는 먼저 남자와 여자로 나누고, 이를 다시 연령별로 8~10세는 제1부, 11~13세는 제2부, 14세~16세는 제3부로 편성했다. 각 부에는 특별지도위원을 1명씩 배치했다. 소년회 간부인 위원은 소년회원 중에 선거로 선출했다. 총 위원 수는 남녀를 합하여 12명이었고, 위원장을 두어 소년회를 대표하도록 했다. 회원에게는 집회와 회의에 참여하고 위원을 선거할 권리와 함께 피선거권이 주어졌다.

천도교 소년회 운영 경비는 천도교의 지원으로 충당하고 일부는 나이가 어린 회원들이지만 최소한의 자립·자영의 원칙을 구현하기 위해 각자가 부담하도록 했다. 입회비는 5전, 매달 첫 번째 일요일에 내는 월회비는 3전이었다.

천도교 소년회에는 독특한 문화 규범이 있었다. 회원 상호 간에는 물론이요 지도위원과 회원 간에도 반드시 경어를 사용하도록 한 것이다. 또한 서로 예의를 지키고 만나고 헤어질 때도 반드시 인사를 하도록 했다. 무엇보다 어른이라도 소년 회원에게 요구할 사항이 있으면 먼저 그 이유를 잘 설명하여 자발적으로 실천하도록 하는 문화를 만들었다.[65]

방정환을 비롯한 천도교 소년 운동 지도자들은 가정, 학교, 사회에서의 아동 인권 존중의 민주주의적 문화를 뿌리내려 자유롭고 평등한 환경 속에서 소년을 소년답게 키워 장차 '신조선' 건설에 앞장설 든든한 동량으로 양성해야 한다고 주장했다. 민족의 미래를 위해서는 억압과 규율과 복종을 강요하는 식민 교육의 공간이 아니라 자유롭고 평등한 민주주의 문화가 넘치는 소년 운동이라는 공간 속에서 소년을 길러내야 한다는 것이다. 이러한 천도교 소년 운동의 이론이 어린이날 제정과 《어린이》 잡지 발간 등의 실천으로 이어지면서 천도교 소년 운동은 사회와 민족 운동 진영으로부터 커다란 호응을 얻었다.

앞에서 살펴보았듯이, 천도교는 식민 권력 바깥에 둥지를 튼 대안적 종교 공동체로서 억압적 통치 권력을 향해 민주주의를 요구하는 정치운동, 즉 3·1운동이라는 독립투쟁에 전력을 기울였다. 또한 종교 공동체의 조직과 운영, 그리고 사회운동을 자치와 민주주의의 원리에 따라 꾸리고자 했다.

근대사에서 종교를 빼놓고 인민의 삶을 얘기할 수 없다. 이는 종교가 시대를 외면하는 왕조 권력과, 민족 억압과 차별을 일삼는 식민 권력에 맞설 수 있고 또한 기댈 수 있는 용기와 희망을 부여하는 대안의 공동체였기 때문이다. 한국인 스스로 충분히 근대를 감당하며 살아낼 수 있다는 자치의 능력을 확인시켜준 공동체였기 때문이다.

	❶ 정약용을 비롯한 지식인들은 천주교를 서학이라는 학문으로 먼저 수용하여
	❷ 《천주실의》와 같은 한문판 서학서들을 접한 뒤, 종교 지도자로 거듭났다.
상복(喪服)으로 변장한 신부 ❸	조선 정부가 천주교를 탄압하자, 신부와 지도자들은 목숨을 건 선교 활동을 펼쳤고,
경상북도 청도군의 구룡 공소 ❹	교인들은 전국 각지에 숨어들어 자치공동체인 교우촌을 건설했다.
최양업 신부 ❺	천주교에서는 하느님 아래 사람은 모두 평등하다고 했고,
	❻ 1860년에 최제우는 동학은 모든 사람 안에 하느님이 모셔져 있어 평등하다고 했다.
	❼ 동학 2대 교주 최시형은 포와 접이라는 종교 공동체의 틀을 마련하고
《동경대전》 ❽	《동경대전》,《용담유사》 같은 동학 경전을 인민에게 나누어주며 교세 확장을 꾀했다.
	❾ 손병희는 1905년에 동학을 계승한 천도교를 창건하고 문명개화를 위한 정치 활동에 나섰다.
천도교당의 모습 ❿	천도교는 1910년대에 크게 성장하여 3·1운동을 주도했고, 이후 천도교 민주화에 나섰다.
천도교 소년회 ⓫	또한 각종 사회운동에 참여하여 민주주의 문화를 사회에 뿌리내리게 하는 데 기여했다.

1852년 외읍(外邑)의 도결 폐단 금지
1862년 2월 진주 민란, 삼남으로 농민항쟁 확산
1862년 4월 함평 민란
1862년 5월 삼정이정청 설립
1862년 윤8월 삼정이정책 발표, 10월에 폐지하고
옛 제도로 복구
1862년 10월 제주, 함흥, 광주(廣州)에서 농민항쟁

1808년 단천과 북청에서 민란
1811년 2월 곡산 민란

1804년 세도정치 시작

1846~1848년 프랑스, 독일, 폴란드, 이탈
리아, 헝가리 등지에서 반란
1851년 청, 태평천국의 난 발발, 1864년에 막
내림

1788년 프랑스, 전국에서 농민봉기

1789년 프랑스 혁명 〈인권선언〉 선포
1800년 8월 장시경 형제 모역 사건
1801년 이호춘, 이진환 등의 괘서 사건
1804년 이달우, 장의강 모역 사건

1811년 12월 홍경래의 난

1813년 제주도 민란
1815년 용인 민란
1826년 청주에 홍경래가 살아
있다는 괘서 등장

3장

정의 :
공정하고 공평한
세상을 향한
100년의 항쟁

① 예고된 항쟁

② 홍경래 난, 항쟁의 불씨를 댕기다

③ 1862년 농민항쟁, 인민은 정의를 원한다

④ 동학농민전쟁, 국가를 향해 정의를 요구한 무장투쟁

1891년 제주 민란
1892년 함흥 민란, 나주 민란 등
1892년 손화중의 《비결》 사건
1893년 전국 곳곳에서 민란 발생
1893년 3~4월 동학, 보은과 금구에서
　　대규모 집회

1884년 갑신정변의 〈혁신정강〉, 조세
제도 개혁과 탐관오리 징벌 조항 포함

1910년 평안도, 시장세 반대 투쟁
1911년 토지조사사업 실시

1900년 목포 부두노동자 파업

1863년 고종 즉위, 흥선대원군 집권
1866년 일본, 전국에서 농민봉기

1871년 3월 이필제의 난
1871년 3월 호포제 실시
1873년 고종 친정 시작
1875년 울산 민란

1894년 동학농민전쟁, 폐정 개혁 요구
1894년 갑오개혁 정권, 조세 개혁 추진

1898~1899년 영학당 주도의 민란
1898년 제주도, 화전세 인상 반대 항쟁
1900년 활빈당 봉기 발발. 1904년까지 지속
1900년 김포, 염세 납부 거부 운동

19세기는 농민항쟁의 시대였다. 한 세기 내내 전국에서 농민항쟁이 일어났다. 변란(1811년 평안도 농민전쟁), 민란(1862년 농민항쟁)을 거쳐 전쟁(1894년 동학농민전쟁)으로 진화해갔다. 19세기의 농민항쟁은 신분 해방을 통한 인민의 탄생, 그리고 종교적 자치공동체의 경험과 함께 진행되었다. 신분제라는 차별적 제도와 문화를 기반으로 소수의 독점 권력이 스스로 법을 위반하고 세상을 쥐락펴락하는 현실에 인민은 직접 행동으로 맞섰다. 인민은 향회 혹은 동학 조직을 기반으로 불공정하고 불공평한 권력을 향해 정의로운 나라와 사회를 요구하며 항쟁했다. 여기에서 정의란 공평한 기회와 공정한 분배가 실현되는 투명한 사회의 실현을 의미한다. 특히 인민들은 '모든 인민은 조세와 관련하여 평등하게 취급되어야 하며, 조세는 인민의 부담 능력에 따라 배분되어야 한다'라는 조세 평등주의, 즉 조세 정의를 갈망했다.

프랑스 혁명 때도 1789년 삼부회에 제출된 진정서를 보면 세금에 대한 불만이 가장 컸다. 18세기 내내 프랑스에서는 전국적으로 반정부 무장봉기가 일어났다. 재정 증가를 구실로 무리하게 과다한 세금을 거두는 권력에 반대하는 투쟁이었다.[1] 1789년에 선포된 〈인권선언〉에는 "공공 무력의 유지를 위해, 그리고 행정의 제 비용을 위해 일반적인 조세는 불가결하다. 이는 모든 시민에게 그들의 능력에 따라 평등하게 배분되어야 한다"라는 조항이 들어 있다. 19세기에서 20세기로 넘어가는 전환기에 러시아에서는 농민 해방에 이어 과다한 세금에 불만을 품은 인민들이 반란을 일으켰다. 이러한 기운이 응축되어 1905년 혁명으로 폭발했다.[2] 조세 정의를 기반으로 하는 사회 정의는 근대의 길목에 들어선 국가가 반드시 실현해야 할 숙제가 되었다.

19세기 조선 땅에서 인민이 염원한 것도 바로 정의였다. 세상이 권력의 독점과 조세제도의 문란으로 새 세상을 갈망하는 인민들을 절망의 나락으로 빠뜨리고 있었기 때문이다. 그러나 인민은 나락으로 끌려가지 않고 오히려 시대 변화를 이끌었다. 그것은 수많은 인민의 죽음과 맞바꾼 희생의 대가이기도 했다.

지금까지 19세기 농민항쟁은 주로 지주와 소작농의 계급 대립에 주목하여 해석되어왔다. 주체는 하나같이 농민이었고, 이를 한데 묶어 반봉건 투쟁이라 일컬었다. 이러한 역사 인식은 완벽한 반봉건 투쟁의 역사상을 전제로 농민항쟁의 한계를 부각시키는 결론으로 이어졌다.

최제우가 동학을 창시하고 전파하던 와중인 1862년에 삼남지방에서 농민항쟁이 벌어졌다. 그리고 이후 개항이 되었고, 임오군란과 갑신정변이 일어났다.《한성순보》가 서양 민주주의를 소개하고, 서양 선교사들이 들어와서 학교를 세웠다. 이 모든 것을 인민은 감지하고 변화를 받아들이며 항쟁했으나, 이제껏 역사가들은 그들의 역사적 역할을 오로지 중세로부터의 탈피, 즉 반봉건 농민항쟁 안에만 가두었다. 신분을 뛰어넘어 세금을 공평하게 부담하고 관리의 부정부패가 없는 정의로운 사회와 나라를 염원하고 스스로 실현하기 위해 나선 인민의 역량을 과소평가해온 것이다.

1

예고된 항쟁

농민이 저항하는 법

농민은 나라 살림을 떠받치는 주춧돌이었다. 부지런히 농사지어 세금을 내고 국가가 부르면 달려가서 나라를 지키고 각종 공사에 힘을 보탰다. 하지만 국가가 부당하게 세금을 부과하고 관리의 농간이 횡행하면서 생계를 위협받게 되면 저항했다. 조선 후기에 들어와서는 조세제도가 바뀌고 신분제가 해체되는 격변 속에서 농민이 저항하는 횟수도 빈번해졌고, 저항하는 방식도 다양해졌다.

개인 차원의 일상적인 저항에는 세금을 내지 않거나 군대나 나라에서 하는 공사에 나가지 않고 버티는 것 등이 있었다. 부유한 농민은 양반의 족보를 사거나 혹은 위조하여 군역을 피하기도 했다. 가난한 농민은 양반가에 얹혀 묘지기, 산지기, 행랑살이를 하며 세금과 각종 역의 부담을 피했다. 개인 차원에서 선택할 수 있는 가장 확실한 저항은 도망이었다. 관청이나 이웃에 알리지 않고 야반도주하는 사람이 많아졌다. 이렇게 떠돌아다니는 사람을 유민이라 불렀는데, 18세기 이후 그 수가 크게 늘었다.

조선 정부는 도망을 막으려 다섯 집을 하나로 묶어 감시하는 오가작통제를 시행하거나, 친척이나 이웃에게 책임을 묻는 연대책임제를 실시했으나 별 소용이 없었다. 도망한 농민들은 산골에 들어가서 화전을 일구거나, 도시로 가서 날품을 팔거나, 광산을 찾아가서 노동자가 되었다. 적지 않은 도망자들이 도적 떼에 가담하기도 했다. 개인 차원의 저항이 사회 문제가 되기도 했지만, 집단 차원의 저항만큼 폭발력을 갖지는 못했다.

집단 저항의 방식은 다양했다. 유언비어를 퍼뜨리거나 산봉우리에 올라가서 횃불 시위를 하거나 무기명으로 관청에 투서하는 것은 가장 약한 단계의 집단 투쟁이었다. 조금 더 적극적인 저항으로 집회를 열어 불만과 요구를 여론화하고 관청에 소장을 내는 투쟁이 있었다. 이것을 등소(等訴) 운동이라고 하는데, 여기에는 반드시 주동자가 있었다. 주로 농민이 다수 참여한 향회가 주도했다. 향회는 관청에서 공정하게 조세를 부과했는지를 따져서 부당하다고 판단되면 이를 바로잡기 위한 집단 행동에 들어갔다. 먼저 수령에게 소장을 올렸다. 수령이 이를 거부하면 상급 기관인 감사에게 다시 소장을 올렸는데, 이를 의송(議送)이라 한다. 등소 운동은 문제 해결을 위한 첫 단계의 집단 행동이자, 함께 행동하며 결속을 다지는 과정이었다.

제일 강도 높은 집단 저항은 봉기였다. 봉기에도 여러 가지 형태가 있었다. 지식인과 인민이 결합한 정치 투쟁인 변란, 군현 단위로 국지적 항쟁을 벌이는 민란, 전국적인 조직을 갖추고 권력에 맞서는 농민전쟁 등이다. 19세기는 곳곳에서 일어나던 변란과 민란이 1894년 농민전쟁으로 응축되어 폭발한 농민항쟁의 시대였다.

삼정 문란

왜 19세기에 유독 농민항쟁이 많이 벌어졌을까? 신분제 해체 과정에서 인민은 평등에 눈을 떴지만, 현실은 참으로 불평등하고 부조리했다. 농민들은 열심히 농사지어 세금을 내봤자 수령과 아전의 배만 불리는 부조리한 현실에 좌절할 수밖에 없었다. 신분제가 힘을 발휘하지 못함에도 유독 세금 낼 때만 작동하는 불평등한 현실에 절망했다. 시간이 갈수록 좌절과 절망은 분배의 정의가 실현되지 못하는 현실에 대한 분노로 변해 갔다. 평등 사회로 가는 길목이 열려 인민의 삶과 생각은 변하고 있는데, 나라 제도는 이를 따라가지 못했다. 오히려 변화의 발목을 잡았다. 무엇보다 조세제도가 문란해졌고, 여기에 관리들의 부정부패가 심해지면서 나라는 뿌리부터 흔들리고 있었다.

조선의 조세제도는 인민의 토지, 신체, 호구(戶口)로부터 각각 생산물, 노동력, 공물을 걷는 방식이었다. 하지만 조세제도는 17세기부터 크게 변하기 시작했다. 토지에 관한 세금 제도를 가리키는 전정(田政)은 토지의 질과 수확량에 따라 일정한 비율의 곡물을 내던 방식에서 1결당 4두만 내는 영정법(永定法)으로 바뀌었다. 토지에 붙는 세금도 늘어났다. 공물 대신에 걷는 대동(大同), 균역법(均役法) 시행으로 줄어든 군포를 보충하기 위해 걷는 결작(結作), 임진왜란 때 신설된 삼수미(三手米) 등이 토지에 붙었다. 군정은 1년에 군포 2필이 아니라 1필을 걷는 균역법으로 바뀌었다 줄어든 군포는 토지에서 결작을 걷거나 다른 명목의 세금을 거두어 보충했다. 공물은 토지에 세금을 부과하는 대동법으로 바뀌었다. 여기에 새로운 재원이 하나 생겨났다. 조선 정부는 재정 규모가 날로 커지자 구휼제도인 환곡(還穀)을 재원으로 삼는 편법을 시도했다. 가난한 사람들을 위한 제도가 모든 백성들에게 세금을 걷는 제도로 변질된 것이다.

당시 환곡에 대한 재정 의존도가 얼마나 높았는지는 "나라 재정의 반은 조세에 의존하고, 반은 환곡에 의존한다"라는 정약용의 개탄에 잘 드러난다. 19세기 농민항쟁을 야기한 삼정 문란에서 '삼정'은 전정, 군정, 환곡을 가리킨다.

전정은 왜 문제가 된 것일까. 토지에는 영정법 외에 여러 가지 세금이 덧붙었는데, 이 현상이 19세기에 더욱 두드러졌다. 토지에 부과하는 세금이 많아진다는 것은 땅을 가진 지주의 부담이 늘어나는 것을 의미한다. 하지만 지주가 자기 땅을 부쳐먹는 소작인에게 세금을 미루는 바람에 결국 농민의 부담이 그만큼 늘어날 수밖에 없었다. 게다가 19세기에 들어와서는 쌀이나 면포보다 돈으로 세금을 걷는 경우가 많아졌다. 토지 1결당 걷어야 하는 세금의 총액을 돈으로 계산하여 '결가(結價)'라는 이름으로 징수했다. 이 과정에서 수령이나 아전이 농간을 부릴 여지가 다분했다. 보통 결가는 시가로 계산했는데, 관리들은 세금을 거둘 때와 중앙 정부에 상납할 때의 시세 차이를 이용하여 이윤을 남겼다. 관리들이 돈으로 걷는 게 편하므로 결가 징수를 선호하면서 차츰 다른 세금들도 모두 결가에 붙여 거두어가는 경우가 많아졌다. 이것을 '도결(都結)'이라고 불렀다. 사실 도결은 세금 대부분을 토지에 몰아 부과하는 것으로 '조세의 금납화'로의 발전을 의미했다. 하지만 이를 이용하여 관리들이 결가를 높이는 방식으로 수탈하는 일이 많아졌다.

군정은 양반에게는 해당 사항이 없었다. 양반 신분은 군역을 내지 않았기 때문이다. 균역법의 시행으로 세금의 부담이 군포 2필에서 1필로 줄어든 것은 분명했으나, 군현 단위로 거두었기 때문에 군역을 진 사람의 실제 부담이 줄지 않는 경우도 있었다. 19세기에 들어와 중앙에서 군현에 할당하는 군포의 징수액은 늘었으나, 신분제 해체로 군역 부담자인 양인의 수가 줄어드는 추세였다. 이는 곧 갓난아이, 노인, 심지어 죽은 사람까지 군적에 올려 군포를 걷는 폐단을 낳았다. 태아를 군적에 올리거나 여자를 남자로 둔갑시켜 군포를 걷는 일도 있었다. 같은 사람에게 두 번 이상 군포를 걷기도 했다. 도망간 양인의 군포를 이웃이나 친척이 내야 하는 일도 다반사였다. 양반은 내지 않는데, 양인에게 과중한 군역을 부과하는 모순은, 흥선대원군이 양반도 군포를 내도록 한 호포제를 실시할 때까지 가장 불공정한 세금의 하나였다.

삼정 가운데 인민에게 가장 큰 피해를 준 것은 환곡이었다. 구휼 제도가 국가 재정을 채우기 위한 조세제도로 변질되면서 가난한 농민만이 아니라 모든 농민에게 환곡미를 빌려주고 나중에 갚도록 하는 것이 '법'이 되었다. 이 틈을 타서 비리를 저지르는 수법은 다양했다. 곡물을 빌려주지 않고 빌려주었다고 하거나 걷고서도 걷지 않았다고 문서를 위조하기,

감사가 요구한 세금 액수에 수령이 마음대로 더 늘려 걷기, 곡식 가격이 높을 때 팔고 낮을 때 비싼 값으로 농민들에게 억지로 빌려주기, 관리들이 환곡의 반을 횡령하고 그 횡령분을 다시 인민에게 부담시키기, 환곡미에 쭉정이를 섞어 1석을 2석으로 늘려 나누어주고 추수 때 2석을 온전한 곡식으로 돌려받기 등등. 이런 갖가지 부정부패 때문에 농민들은 구휼 제도에서 착취 제도로 변질된 환곡을 갚기 위해 논밭을 팔아야 하는 일까지 생겼다. 게다가 환곡이 신분 혹은 빈부의 차이에 따라 불공정하게 분배되고 징수되는 일이 많았다. 권세가나 부유층은 높은 신분과 권력을 배경으로 환곡의 분배에서 빠지고 힘없고 가난한 농민들이 그들의 몫까지 부담해야 했다. 본래 환곡을 보관하는 창고에는 환곡으로 쓰일 곡물의 2분의 1을 남겨두어야 했다. 나머지 반만 농민에게 분배하는 것이 원칙이었지만 19세기에 접어들면서 지켜지지 않았다. 환곡이 세금이 되면서 창고 안 곡물을 전부 농민에게 나누어주기도 했으며, 중앙에 납부할 세금이 제대로 걷히지 않으면 우선 창고의 환곡으로 상납했다. 관리들이 농민이 갚은 환곡을 횡령하고 장부에는 받은 것으로 기록하는 부정이 만연하면서, 19세기 중엽 대부분의 군현 창고에는 한 톨의 곡물도 남지 않게 되었다.

이러한 삼정 문란에 더하여 세금 납부 방식도 부정부패를 부채질했다. 19세기에 삼정은 중앙 정부가 마을마다 내야 하는 세금 총액을 통보하는 총액제 방식으로 운영되었다. 총액제는 세금을 원활하게 걷고자 하는 정부의 입장이 반영된 제도였다. 설혹 마을에서 어떤 사람이 세금을 내지 않더라도 정부로서는 손해 볼 일이 없었다. 더욱이 세금의 완납 여부를 수령의 성과와 결부시켰기 때문에 수령들은 갖가지 납부 방식을 궁리해야 했다.

도결을 예로 들어보자. 도결은 정부의 일방적인 조치가 아니었다. 수령들은 향회의 동의를 거쳐 실시했다. 인민들도 결가로 묶어 세금을 깎아준다고 하니 당연히 좋아했다. 수령은 도결로 걷는 게 중앙 정부가 내려 보낸 수세 목표량을 채우기 쉽다는 이유로 선호했다. 하지만 인민에게 도결이 결코 유리하지 않다는 것이 곧 드러났다. 도결을 누가 부담할지를 놓고 지주와 소작인이 갈등을 빚었다. 결가는 조금씩 올라갔다. 관리들이 세금을 횡령한 뒤 그것을 다시 도결에 붙여 걷는 일이 많았기 때문이다. 처음에는 7~8냥이던 결가가 20냥까지 올랐다. 관리들이 결가를 정할 때 곡물 가격의 시세 차이를 이용하면서 인민의 결가 부담은 더욱 늘었다. 인민들은 임금에게 이렇게 하소연했다.

처음에는 결가를 헐하게 정하였습니다. (……) 그 후에 흉년이 들었다고 하면서 점차 결가를 늘려 심지어 1결당 20냥에 이르는 읍이 있게 되었습니다. 봄 이전에 거두지 못한 것을, 가을에 풍년이 들었는데도 봄 가격 그대로 받으려고 합니다. 결부가 이렇게 높아진 것은 진실로 고금에 없었던 일입니다. 백성들이 이것을 어찌 감당할 수 있겠습니까?[3]

결국 1852년에 조선 정부가 도결의 폐단을 막겠다고 나섰지만, 상황이 나아지지는 않았다. 사회는 빠르게 변하고 있었다. 신분제가 해체되는 가운데 부자들이 양반 행세를 하거나 관리에게 뇌물을 주어 각종 세금 부담에서 빠져나가면서 정부의 세금 압박은 고스란히 인민에게 전가되었다.

세도정치

삼정 문란은 사회 변화에 적응하지 못하는 낡은 조세제도와 관리의 부정부패와 비리가 결합하여 빚어낸 비극이었다. 비극의 뿌리에는 세도정치가 있었다. 세도정치란 노론 집권층 내부에서조차 합의에 의한 집권이 불가능하여 노론의 한 파벌에 의해 정권을 연명해야 했던 일당독재 체제를 말한다. 세도정치 하면 관직을 사고파는 이미지가 곧바로 떠오른다. 그리고 매관매직은 돈을 챙기는 관리들의 부정부패를 연상시키고, 결국 인민을 궁지로 몰아넣는 가렴주구의 장면이 떠오른다. '세도정치 → 매관매직 → 부정부패 → 가렴주구', 이 연쇄의 맨 꼭대기에 정치가 있고 밑바닥에 고통 받는 인민이 존재했다.

> 지금 국세가 기울어지고 민생이 어렵게 된 것은 어찌 다른 이유가 있어서겠는가. 하나도 수령의 죄이고 둘도 수령의 죄다. (……) 그들이 절제 없이 남용하고 오로지 가렴주구에만 골몰하여 탐욕스럽기가 이를 데 없으니, 아전도 명분 없이 앉아서 세금 포탈을 범한다.[4]

이 인용문에도 나타나지만, 아전들도 수령을 좇아 비리를 저질렀다. 아전은 수령에게 붙어살며 인민의 목숨 줄을 쥐고 군림하던 존재였다. 그들마저 부정부패에 가담하니 인민은 죽을 것이고 나라는 망할 것이라는 한탄이 쏟아졌다. 황현은 수탈에 여념이 없는 수령과 아전은 관리가 아니라 강도라고 개탄했다.[5]

본래 수령과 아전의 과도한 권력 행사를 견제하던 세력은 향회에서 활동하던 유지층이었다. 관리를 감시하고 세금 부담을 조정하여 인민의 삶을 안정시키는 게 그들의 역할이었다. 불행히도 19세기에는 유지층이 주도하는 사회 운영마저 무너졌다. 수령의 권력이 유지층의 권력, 즉 향권을 누르면서 나타난 변화는 곧 강도짓이나 다를 바 없는 수탈이었다. 수령의 탐욕에는 끝이 없었다. 세금으로 받은 곡물을 빼돌려 시장에 내다팔아 시세 차익을 챙기는 일이 비일비재했다. 조선 후기에 들어 곡물 소비 인구가 늘자 지방마다 곡물시장이 번성했다. 여기서 추수기에 곡물을 싼값에 사들였다가 봄에 비싼 값으로 파는 곡물상과 결탁하여 돈을 벌었다.[6] 19세기에 관리가 이런 식으로 곡물을 장사하는 일은 전국 어디에서나 볼 수 있는 현상이었다.

세도정치와 매관매직의 유행은 양반층의 양극화로 이어졌다. 대다수 양반이 정권에서 소외되었다. 정상적인 방법으로는 벼슬에 나아가는 길이 사실상 봉쇄되었기 때문이다. 수원의 유생 우하영은 과거시험에 열두 번이나 낙방했는데 3년에 한 번씩 보는 식년시로 따지면 36년의 세월을 허송한 셈이었다.[7] 세도가에 연줄을 대거나 뇌물을 쓸 형편이 안 되는 가난한 지식인들은 설령 합격한다 해도 벼슬 얻기가 어려웠다. 결국 지식인들은 권력에 참여할 공정한 기회를 잃었고, 대다수는 집 안에 칩거하거나 떠돌이 과객의 신세를 면치 못했다. 이들 가난한 지식인에게 신분은 겉치레에 지나지 않았다. 신분제가 와해되면서 경제적 지위가 더 중요해졌기 때문이다. 돈만 있으면 안 되는 일이 없다는 생각이 널리 유포되었고, 돈이 많으면 관리도 부럽지 않은 시대가 되었다. 벼슬길에 나가지도 못하고 허울뿐인 양반으로 살면서 냉대와 수모를 견뎌야 하는 지식인이 많은 세상이 평온할 리 없었다.[8]

마침내 지식인들이 비판의 목소리를 내고 행동으로 저항하기 시작했다. 1804년에 이달우, 장의강 등이 토지의 평등한 분배를 주장하며 정치를 비판하는 노래를 지어 불렀다가 체포되어 처형되었다.[9] 마을 사람들의 부탁을 받고 관청의 폐단을 바로잡아달라는 소장을 써주는 일을 도맡아 해주는 지식인도 나타났다. 떠돌아다니다가 도적 떼에 가담하는 일도 생겨났다. 서당 훈장, 의사, 풍수쟁이로 각지를 떠돌다가 친분을 쌓은 지식인들끼리 세상을 뒤엎을 변란을 꾸미기도 했다. 권력은 저항적 지식인들을 "실의에 빠져 나라를 원망하여 난을 일으키려고 음모하는 흉역배"라 불렀지만, 그들은 유랑민을 양산하고 도적을 만드는 권력이 진짜 강도라고 항변했다.

분명 세도정치의 벼랑 끝에서 생겨난 저항적 지식인의 존재는 심상치 않은 동향이었다. 프랑스 혁명에 등장한 저항적 지식인에 대해 "고등교육을 받은 유한계급의 수가 그에 해당하는 직업을 얻을 수 있는 기회보다 더 빠르게 증가하면서 지식인들이 좌절할 때 정치적·종교적 기존 질서는 와해된다"[10]라는 관점에서 분석 가능하다고 할 때, 19세기 농민항쟁의 시대에서 저항적 지식인의 역할 역시 소홀히 볼 수 없는 문제다.

난리를 바라는 인민들

19세기는 '탐학이 풍습'인 시대였다. 그래서 농민항쟁은 '호소할 곳마저 없어 종기처럼 안에서 곪아 터진 것'일 뿐이었다. 저항적 지식인만 분노하고 행동으로 옮긴 것이 아니었다. 인민의 체제에 대한 도전도 점차 격렬해졌다. 정약용은 "만일의 상황이 발생하여 백성들이 작당하여 변란을 일으키면 누가 막을 것인가?"라고 한탄했다. 이렇게 인민들 사이에는 난리가 일어나기를 바라는 분위기가 팽배했다.

민란과 변란이 빈발한 1860년대부터 변혁을 바라는 분위기가 점차 고조되었다. 1862년 농민항쟁 당시 한 지식인은 난민 가운데 능력 있는 지도자만 나타난다면 반드시 변란이 일어날 것이라 하여, 이러한 집단적 소요가 목적의식적인 집단이나 세력에 의해 변란으로 커질 수 있음을 우려했다. 황현은 "백성들이 난리가 일어나길 바라게 되어 한 사람이 분개하여 소리를 지르면 그를 따르는 사람은 구름처럼 모여들었다"라고 평했다.[11] 1894년 동학농민전쟁 직전에는 온 나라가 시끄러웠고 사람들 사이에 심한 동요가 일고 있었다. "난리가 왜 일어나지 않는가, 무슨 좋은 운수라야 난리를 볼 수 있을까!" 여기저기에서 이런 소리가 들려왔다. 오지영은 "조선 각지의 백성들은 말끝마다 이 나라는 망한다. 꼭 망하여야 옳다. 어찌 얼른 망하지 않는가 하며 날마다 망국가를 일삼았다"라고 기록했다.[12] 그가 보기에 조선은 "도덕상으로 정치상으로 윤리상으로 법률상 경제상으로 모두 다 파멸에 들어가고 말았다."[13]

인민들이 관리의 부정부패를 호소하는데 이를 바로잡을 제도적 길이 막혔다는 것도 항쟁을 예고하는 징표였다. 인민이 지방관을 고소하면 오히려 무고죄로 처벌받는 일이 허다했다. 수령의 패악을 바로잡아달라고 호소하다가 많은 벌금을 물고 귀양 가는 일이 다반사였다. 결국 인민은 법에 기댈 수 없음을 알고 스스로 살 길을 모색할 수밖에 없었다. 인민은 집단 행동을 통해 관리의 가렴주구에서 벗어나 자신의 생존권을 보장받고자 했다. 이것이 농민봉기가 일어난 이유다. 농민봉기는 제도의 문란

과 관리의 부패에 대한 인민의 응답이었다.[14]

19세기는 인민의 분노에 찬 몸부림으로 시작되었다. 1800년 8월 15일 경상도 인동에서 장시경 형제가 농민 수십 명을 동원하여 관아를 습격하려다 실패하자 자살한 사건이 일어났다. 이후 경상도에서 괘서 사건이 잇달았다. 오늘날로 치면 시국을 비판하는 대자보가 벽에 나붙은 것이다. 1801년 의령에서는 운상 출신인 이호춘이 괘서를 붙였다. 하동의 두치 장터에서는 이진화, 정양선, 이방실, 정철선 등이 주동하여 괘서를 붙였다. 한 자 남짓한 명주에 다음과 같은 글을 써서 대나무 장대에 매달았다.

문무의 재주가 있어도 권세가 없어 먹고살 길이 없는 자는 나의 선동에 함께하고 나의 봉기에 따르라. 정승이 될 만한 자는 정승을 시키고, 장수가 될 만한 자는 장수를 시키고, 가난한 자는 풍족하게 해주고, 두려워하는 자는 숨겨줄 것이다.[15]

이처럼 예고된 항쟁이 19세기를 휩쓸었다.

2
홍경래 난, 항쟁의 불씨를 댕기다

서북에서 불어온 봉기의 삭풍

황해도, 평안도, 함경도 지방을 합쳐 서북지방이라 불렀다. 이 지역은 조선 초부터 중앙 권력으로부터 소외되어 있었다. 양반이 많지 않았기에 지역 유지도 별로 힘이 없었다. 대신 수령과 아전의 권력이 강했다. 18세기 중엽부터는 청과의 무역, 광산 경영 등으로 부민(富民)들이 많이 생겨났다. 그들은 양반 신분도 아니고 권력에 줄을 댈 능력도 없고 오직 돈만 있었기에 수탈자들에게 좋은 먹잇감이 되었다. 부민만 서북 차별의 희생양이 아니었다. 지식인들 역시 아무리 열심히 준비해도 과거에 붙어 벼슬길에 오르기가 힘들었다. 그들은 낙방할 때마다 실력 부족이 아니라 차별 때문이라고 생각했다. 신분제는 무너져가는데, 서북 차별의 벽은 견고하기만 하니, 나라 그리고 수령과 아전을 향한 서북인의 분노가 날로 커져갔다. 수령과 아전의 권력이 강하고 신흥 부민이 많은 것은 가렴주구가 횡행하기 쉬운 조건이었다. 그렇게 수탈에 시달리는 부민이 지역 차별에 분노하는 지식인과 연대할 경우 봉기의 횃불이 당겨질 수 있는 곳이 바로 서북지방이었다.

1808년 함경도 단천과 북청에서 난리가 일어났다. 단천에서는 수백 명의 인민들이 관청으로 몰려가서 수령 김석형을 몰아내는 사건이 발생했다. 발단은 수령과 향회 간의 갈등이었다. 수령이 향청의 책임자인 좌수를 몰아내고 향권을 장악할 음모를 꾸민다는 소식이 전해지자 격분한 인민들이 관청으로 몰려갔다. 놀란 수령은 5일 동안이나 숨어 지냈다. 함경도 관찰사 조윤대는 이 사건을 조사하면서 김석형의 비리를 밝혀냈다. 김석형은 좌수를 비롯한 향청의 온갖 직책을 돈을 받고 팔았던 것으로 드러났다. 나루를 오가는 배에 불법으로 세금을 매겨 걷었고, 광산에서 생산된 은을 아예 빼앗았다. 이렇게 수탈한 양을 돈으로 환산하면 1만 8148냥이었다. 수령의 수탈에 시달리던 사람들은 거의 신흥 부민이었다. 관찰사는 수령의 수탈과 비리에 대한 저항이 단천 봉기의 근본 원인이라고 결론 내렸다.

북청에서는 수령과 아전이 충돌했다. 수령 심후진은 아전들이 인민에게 곡식과 돈을 빌려주고 거둘 생각을 안 하자 곡식과 돈을 걷으려 했다. 그러자 이 곡식과 돈으로 농간을 부려 이익을 챙기던 아전 100여 명이 원한을 품고 수령을 죽이겠다고 폭동을 일으켰다. 이 사건에서 수령은 결코 정의의 사도가 아니었다. 아전의 비리를 캔다는 구실로 수령이 또

다른 이권을 챙기려다 발생한 분쟁이었다. 조선 정부는 단천과 북청 사건의 주동자들을 무장도 하지 않았음에도 변란을 일으켰다며 처형했다. 서북지방의 민심이 심상치 않은 것을 간파하고 사전에 동요를 막고자 단호한 조치를 취했던 것이다.

이듬해인 1809년에는 심한 가뭄으로 100년 만에 처음이라는 대흉년이 들었다. 흉년의 참혹함에 정약용은 "1810년 여름에는 쇠파리가 크게 들끓었는데 굶어 죽은 사람들이 변하여 파리가 되었다. 전해에 큰 흉년이 들고 겨울에는 몹시 춥고 질병은 돌고 세금까지 긁어가니 시체가 거리마다 쌓여 있었다"[16]라며 한탄했다. 흉년은 1811년까지 계속되었다.

1811년 2월 황해도 곡산에서 민란이 일어났다. 수백 명의 인민이 몽둥이를 들고 관청으로 돌진했다. 이 사건은 권력을 가진 사람과 부를 쌓은 사람들이 저지르는 부도덕한 행위가 얼마나 극에 달했는지를 보여준다. 인민들은 관청의 노비들을 때리고 수령 박종신이 갖고 있던, 군사를 징발할 때 쓰는 병부(兵符)와 도장인 직인을 빼앗았다. 그리고 수령을 가마니에 돌돌 말아 읍내에서 30리 떨어진 곳에 내다버렸다. 직인은 이웃한 수안군에 가져가서 수령에게 넘겼다. 수안 수령 오준상은 이를 황해도 감사 홍희신에게 보고했고, 홍희신은 중앙에 급히 알렸다. 조선 정부가 볼 때, 인민들이 관청에 쳐들어가서 수령의 직인과 병부를 탈취한 것은 중대한 사건이었기에 바로 주모자와 가담자를 모두 엄히 다스릴 것을 명했다.

왜 인민들이 관청에 쳐들어갔을까? 1809년에 부임한 박종신은 창고에 있던 환곡을 창고지기와 아전이 훔쳐 부민의 집에 숨겼다가 시장에 내다 팔아 착복한 사실을 밝혀냈다. 박종신은 먼저 창고지기부터 체포했다. 이듬해에는 아전들이 빌려주고 걷지 않은 1000여 석의 곡식을 돌려받았고, 환곡에 불순물을 섞어 부풀리는 관행을 금지시켰다. 이에 불만을 품은 부민들이 아전들을 사주했고, 이들이 인민을 동원하여 폭동을 일으켰던 것이다. 사건은 여기에서 끝나지 않았다. 수령 박종신 역시 탐관오리였다. 환곡미를 걷는 현장을 지켜보면서 곡물의 품질이 나쁘면 좋은 곡물로 바꾸어 내라며 돌려보냈다. 기한을 지키지 못하면 관리를 보내 숨겨놓은 곡식을 찾아냈다. 박종신이 환곡 운영 실태를 조사한 이유도 비리를 근절시키려는 것이 아니라 자기 배를 채우기 위함이었다. 또한 박종신은 무고한 인민들을 갖가지 이유로 함부로 잡아다가 때리고 가두는 일을 일삼아 큰 불만을 샀다.

황해도 곡산의 인민들은 이웃 지역 인민들의 도움을 받으며 한 달가량 싸웠다. 조선 정부에서 보낸 안핵사(按覈使)는 군대를 동원하여 이들을 진압했다. 그리고 중앙 정부에 주모자, 공모자, 추종자 등을 보고하면서 박종신의 죄를 함께 거론했다. 결국 박종신은 인민을 수탈한 죄로 귀양을 갔다. 곡산 인민들은 귀양은 사실상 비리를 눈감아준 미미한 처벌이라며 반발했다. 조정 안에서도 의견이 분분했다. 민란에 가담한 사람은 경중을 가리지 않고 모두 처벌한다는 강경론이 우세했으며, 박종신을 원인 제공자로 보고 강력한 처벌을 할 것을 주장하는 이들도 있었다. 민란이 일어날 당시 우연히 곡산을 방문했던 유생 유현장은 수령의 탐학이 사건의 발단이라며 박종신을 사형시킬 것을 상소했다. 결국 정부도 민란이 박종신의 가렴주구 때문에 일어났으므로 귀양은 미약한 처벌이라는 것을 인정했다. 하지만 순조는 박종신에게 중벌을 내리지 않았다. 다만 곡산 인민을 달래기 위해 공물의 납부를 연기해주는 조치만을 취했다.[17]

1811년 겨울, 변란을 꾀한 지식인들

3월의 곡산 민란으로 서북지방의 1811년이 시작되었다면, 그해를 마감한 것은 평안도 가산에서 일어난 홍경래의 난이었다. 곡산 민란은 단순한 폭동이었지만, 홍경래의 난은 무장봉기한 변란이었다. 격문에 따르면, 이는 서북지방에 대한 중앙 권력의 차별에 저항한 봉기였다.

조정에는 서쪽 땅을 버림이 썩은 흙을 대하는 듯하다. 심지어 권력가의 노비들도 서쪽 땅 사람들을 보면 반드시 평안도 놈이라 한다. 서쪽 땅에 사는 자로 어찌 억울하고 원통하지 않은 자가 있겠는가.[18]

봉기 직후 홍경래가 이끄는 남진군은 가산과 박천을, 김사용이 이끄는 북진군은 곽산, 정주, 선천, 철산, 용천 등을 점령했다. 10여 일 만에 청천강 이북 10여 개 지역을 차지한 것이다. 하지만 송림 전투에서 패배한 이후 봉기군은 정주에 둥지를 틀고 해를 넘기면서 버텼다. 결국 이듬해 5월에 정부군에 의해 정주성이 함락되면서 홍경래의 꿈도 무너졌다.

무장봉기할 당시 홍경래는 42세였다. 몰락한 양반으로 알려져 있지만, 사실은 평민 출신에 논밭이나 노비를 소유하지 못한 곤궁한 지식인이었다.[19] 과거에 뜻을 두고 외삼촌에게 유교 경전을 배운 뒤 28세에 과거에 응시했으나 낙방했다. 홍경래는 자신이 낙방한 것이 서북 차별 때문이라고 여겼다. 홍경래는 풍수쟁이가 되어 각지를 떠돌며 군사학과 풍수지리를 닦고 무술 실력을 연마했다. 그러는 사이 그는 군사 지식과 지도력을 갖춘 저항적인 지식인으로 성장했다. 그런 그가 보기에 세상은 망하고 있었다. 어딜 가든 인민은 삼정 문란에 짓눌려 허덕이고 있었다. 서북지방에서 지식인들은 차별에 분노하고 있었고, 부민들은 권력의 횡포에 신음하고 있었다.

홍경래는 1800년 가산에서 운명을 같이할 동지를 만났다. 그는 풍수쟁이인 20대의 우군칙과 의기투합하여 거사를 준비했다. 두 사람은 10년 동안 평안도와 황해도를 돌며 뜻이 맞는 동지들을 모았다. 홍경래는 인삼 장사를 하며 떠돌았다. 그는 《정감록》을 이용하여 세상을 바꿀 진인(眞人)의 도래를 예언하며 인민들의 마음을 샀다. 우군칙은 가산의 부민 이희저를 자금책으로 끌어들였다. 이희저는 가산의 다복동에 큰 기와집을 짓고 변란 준비를 적극적으로 도왔다. 그들은 자금을 마련하기 위해 광산을 몰래 채굴했다. 그리고 벼슬길이 막혀 불만인 곽산의 양반 김창시를 비롯하여 정주의 부민인 이침과 김속하, 안주의 상인 나태곤, 개성의 상인 박광유와 홍용서 등을 끌어들였다. 무술을 하는 홍총각, 이제초 등도 설득하여 무장을 준비했다. 여기에 지략과 무용을 겸비한 우군칙의 제자 김사용을 포섭했다. 홍경래의 난을 진압한 정부군은 그들의 역할을 이렇게 평가했다.

홍경래는 괴수요, 우군칙은 참모였으며, 이희저는 배후요, 김창시는 선봉이었다. 김사용과 홍총각은 손발의 역할을 했다. 졸개에는 의주에서 개성에 이르는 모든 지역의 부호와 대상인들이 망라되어 있었다.[20]

이처럼 홍경래의 난은 지식인들이 모여 10년을 준비한 무장봉기였다. 홍경래, 김사용, 김창시, 우군칙 등은 어느 정도 학문적 소양을 지닌 지식인이었으나 권력으로부터 소외되고 경제적으로도 열악하여 저항의식을 품고 있었다. 이들이 모의를 주도했고 최고지휘부로서 봉기를 지휘하고 작전을 수행했다. 여기에 홍총각, 이제초 같은 무력을 쓸 줄 아는 장사층이 가세했다. 또한 개성에서 의주에 이르는 서북지방의 부민과 상인들이 적극 협력하고 가담한 것은 부민에게 집중된 수탈에 항거하기 위해서였다. 서북지방을 떠돌던 유랑민들도 군사로서 가담했다.

홍경래의 난은 서북지방 현실의 압축판이자 앞으로 전개될 농민항쟁의 예고편이었다. 홍경래의 난은 조선 정부에 지식인을 체제 안으로 포용할 대책을 마련하고, 공정한 조세 개혁을 실시하여 관리의 부정부패를 근절하는 정치가 시급하다는 것을 보여주었다. 불행히도 세도정권은 이를 외면했다. 인민들은 정부와 직접 무력 대결을 펼친 홍경래를 영웅으로 여기면서 '홍경래는 죽지 않았다'는 불사설을 퍼뜨렸다. 섬에 살고 있다는 것이었다.

3
1862년 농민항쟁, 인민은 정의를 원한다

삼남에서 봉기하는 법

홍경래의 난이 실패하고 딱 반세기 뒤인 1862년에 70여 개 군현에서 농민항쟁이 발발했다. 경상도 19개, 충청도 11개, 전라도 38개 군현이었다. 충청, 전라, 경상 등 남쪽 지방을 휩쓴 농민항쟁을 삼남 민란이라 부르기도 했다. 봉기의 첫 봉화는 초봄 경상도 단성(지금의 산청)에서 올랐다. 이 농민항쟁은 가까운 진주로 번져갔고, 삼남지방에서 추수기까지 계속되었다.

농민항쟁은 70여 곳에서 일어났지만, 이웃 군현과 함께 싸우기보다는 군현마다 각자 일으킨 민란이 대부분이었다. 흥미로운 점은 각 군현에서

항쟁이 촉발되고 전개된 양상이 비슷하다는 것이다. 관리의 농간이나 부정으로 세금 부담이 늘어나 불만이 쌓였던 양반과 부민들이 주도하여 통문을 돌리고 향회를 열면서 민란의 막이 올랐다. 당시에는 수령의 권력이 유지층을 압도했기 때문에 부민과 함께 양반도 수탈의 대상이 되었다. 서북지방보다 삼남지방에 양반이 더 많긴 하지만 양반과 부민, 그러니까 신구 유지층이 함께 모의한 것은 홍경래의 난과 다른 점이었다. 세금은 모든 인민에게 직결되는 문제였으므로 대부분이 향회에 참석했고, 요구 조건을 담은 소장을 작성하여 수령에게 보냈다. 앞에서 언급한 등소 운동이다. 하지만 대부분의 수령은 주동자를 색출하여 체포하는 데만 급급할 뿐 해결책을 내놓지 않았다.

등소 운동이 실패하면 인민들은 그다음 단계로 수령이 있는 관청으로 몰려갔다. 봉기 단계에 들어선 것이다. 누가 봉기를 주도했는가에 대해서는 두 가지 주장이 있다. 하나는 양반과 지식인을 비롯한 유지층이라는 주장이다. 진주에 안핵사로 파견되어 민란을 조사한 박규수는 민란이 일어나면 항상 통문이 돌고 집회가 열린 점에 주목하여 문자를 알면서 마을에서 권세 있는 사람의 소행이라고 판단했다. 유지층이 등소 운동을 주도했고, 봉기할 때는 향회 임원은 물론 아전, 면장격인 면임 등 말단 관리의 협조를 받아 조직적으로 인민을 동원했으며, 자금은 부민들이 댔다는 것이다. 암행어사 김원성은 글을 쓸 줄 알고 권력이 있는 자로서 정부를 사찰하여 득실을 논하면서 거짓말을 만들어 지시하는 자, 즉 지식인이 봉기를 주동했을 것이라고 여겼다. 이들이 정치적 식견을 바탕으로 부패한 사회 현실을 비판하고 증오하고 있음을 간파한 것이다.

두 번째는 양반이나 부민은 봉기에 반대하는 경우가 많았으며, 가난한

인민이 주도했다는 주장이다. 당시 봉기를 지켜본 유생 강위의 생각이
그랬다.

　난은 양민이 일으키는 것이 아니라, 반드시 가난한 백성이 일으킨 것이다.
양민은 토착자이고, 가난한 백성은 떠돌아다니는 자이다. 이 떠돌이 백성은
기대어 생활할 만한 자산이 없었으므로 밤낮 원망하고 난을 생각한 지 오래
되었다. 비록 의리로써 그들을 타일러도 따르지 않는다. (……) 요사이 남쪽 지
방 백성들의 민요(民擾)는 대개 이들이 주동한 것이며, 양민은 단지 따를 뿐이
다.[21]

　종합하면 민란의 중심 세력은 가난한 농민이었고, 주도층은 유지층과
지식인이었다. 여기에 상인, 수공업자는 물론 노비나 머슴, 유랑민, 날품
팔이 들이 동조했다. 진주에서는 항쟁이 계속되면서 부민이 빠져나가고
빈농과 노동자들이 주도하는 양상을 보였다.[22]

　봉기꾼들은 농기구나 죽창 등으로 무장하고 관청에 몰려가서 1811년
곡산 민란 때처럼 공권력의 상징인 직인과 병부를 빼앗고 엉터리 환곡장
부를 불태웠다. 그리고 세금을 수탈한 관리들을 공격했다. 세금 징수를
관장하는 아전들과 수령이 주된 공격 대상이었다. 함평 민란과 익산 민
란 때는 수령을 구타하여 가마에 태운 후 마을 밖으로 추방했다. 단성 민
란이나 순창 민란 때는 인민들이 수령을 쫓아내고 아전을 임명하는 등
독자적인 통치권을 행사했다. 함평에서는 한 달, 단성에서는 석 달 이상
인민들이 자치권을 행사했다.

　인민들은 전면 봉기라는 실력 행사를 한 후 중앙 정부가 민란 조사를

위해 파견한 안핵사나 민심을 수습하러 나온 선무사(宣撫使)에게 직접 등소하는 운동도 펼쳤다. 호남 선무사로 파견된 조구하는 부안, 금구, 익산, 김제 일대를 돌아보았는데, 수백 수천 명의 인민들이 3리, 5리 간격으로 모여 있다가 자신이 나타나면 모여들어 등소했다고 보고했다. 그 바람에 낮에 불과 30~40리밖에 시찰하지 못하는 경우도 있었다. 인민들은 임금의 명을 받고 파견된 관리들이 자신들의 문제를 해결해줄 것이라는 일말의 기대를 품었다. 하지만 관리들은 소극적이었다. 경상도에 선무사로 파견된 이삼현은 임금의 은덕만을 강조하면서 사람들의 요구를 회피했다.

인민들의 요구는 단순명료했다. 나라가 정해놓은 법대로만 세금을 걷으라는 것이었다. 그렇기 때문에 신임 지방관이나 인민을 달래는 임무를 맡은 선무사 등이 파견되면 흩어져 집으로 돌아갔다. 인민이 문제 삼은 것은 삼정의 모순과 관리의 수탈이지 왕정 자체를 부정하는 것은 아니었기 때문이다.[23]

공정한 세상을 만들자

19세기 농민항쟁은 대체로 부당한 세금 징수에 항의하고 부정부패를 없애달라는 요구였다. 1862년의 농민항쟁이 전형적인 예다. 농민항쟁은 향촌에 뿌리를 두고 그 속에서 생산활동이나 일상생활을 하던 인민들이 관리의 세금 수탈과 부정부패에 대항하면서 일어났다.

인민들이 요구한 개혁의 핵심은 삼정 문란의 시정이었다. 진주 민란은 환곡의 폐단에 반발하여 일어났다. 10여 년에 걸쳐 수령과 아전의 횡령으로 사라진 환곡을 토지에 부과하여 인민에게 떠넘기는 것에 분노했다.[24] 격렬한 투쟁으로 유명했던 함평 민란에서 인민들이 시정해달라고 요구한 악폐 열 가지도 모두 세금 징수와 관련한 것이었다. 결가를 높게 매기고 전정, 군정, 환곡을 과다 징수하고 세금을 빼돌린 관리들의 행태가 문제였다. 공주 민란이 일어난 것도 삼정 문란 때문이었다. 인민들의 요구는 매우 구체적이었다. 세금으로 내는 쌀을 7냥 5전으로 고정할 것, 재해를 입은 토지에 대한 세금 면제는 공정하게 할 것, 군포는 호구별로 균등하게 나눌 것, 군역과 환곡의 부족분을 다시 거두지 말 것, 아전의 침탈 행위를 금지할 것, 관리들이 빼돌린 세금을 인민에게 전가하는 행위를 금지할 것 등이었다.

다른 지역에서 민란을 일으킨 인민들이 요구한 내용도 이와 크게 다르지 않았다. 그래서 민란이 일어나면 성난 인민들이 가장 먼저 공격한 대상도 수취를 담당하며 부정을 일삼던 수령이나 아전 등이었다.

1862년 농민항쟁 과정에서 인민들이 공정한 조세 부과와 비리 척결을 요구하며 제기한 쟁점을 하나씩 살펴보자. 먼저 여러 종류의 세금을 합하여 화폐로 징수하는 도결이 문제였다. 중앙 정부에서 정해 내려보낸 결가에 지방의 수령이 재정을 충당하거나 각종 세금의 부족분을 채우기 위해 일정액을 덧붙였기 때문이다. 경상도 인동(지금의 칠곡군 인동면)에서 민란이 일어난 것은 환곡의 부족분을 도결에 떠넘겼기 때문이다. 익산 민란에서는 전년에 비해 3배 높게 부과한 도결이 쟁점이었다. 도결과 관련한 관리의 비리도 천태만상이었다. 수령이 도결을 높게 정하여 거둔 돈으로 쌀과 면포를 구입하여 중앙에 납부하면서 차액을 남기는 일이 흔했다. 도결을 걷는 과정에서는 농민에게 거두어 관청에 납부하는 중간 관리자인 호수(戶首)들이 정해진 액수보다 더 많이 거두어 차액을 착복했다.

인민들에게 가장 큰 고통을 준 세금은 환곡이었다. 환곡 운영은 지방 관청의 소관이기 때문에 수령과 아전이 농간을 부리기 좋은 여건이었다. 그들은 먼저 자신들이 빼돌린 각종 세금의 액수를 환곡대장에 첨부하여 세금으로 다시 걷는 비리를 일삼았다. 덕분에 장부상의 환곡 총량은 가파르게 증가했다. 함평의 경우, 1856년에 2만 4000석이던 환곡 총량이 6년 후인 1862년에는 4배가 넘는 11만 석으로 늘었다. 단성에서도 1829년에 3만 석이던 환곡 총량이 1855년에는 10만 석으로 3배 이상 늘었다.²⁵ 하지만 이들 액수는 대부분 장부상으로만 지급된 날조된 수치였다. 시세 차익을 챙길 요량으로, 봄에 환곡을 돈으로 나누어주고 가을에 곡식으로 거두는 식의 비리는 전국적으로 저질러졌다. 지역 간 곡물 가격 차이를 이용하여 싼값에 쌀을 사서 환곡을 채우고 차액을 챙기기도 했다. 돈으로도 걷을 수 있고 쌀로도 거둘 수 있는 환곡은 그야말로 비리의 온상이었다.

군역의 경우는 총액제 운영 방식이 문제였다. 관청마다 내야 하는 군포의 총액은 늘어나는데, 양인 수는 계속 줄면서 인민들은 이로 인한 부족분까지 떠안아야 했다. 부안 민란, 김제 민란, 금구 민란은 허위로 기재된 장부로 인해 강제로 군역을 부담해야 하는 사람들의 분노가 폭발한 것이었다.

식리(殖利)라고 하는 관청의 대출 행위도 농민항쟁에 불을 지핀 요인이었다. 세금을 돈으로 내게 되면서 납세 시기가 되면 대출을 받으려는 사람이 크게 늘었다. 어떤 사람들은 생활비나 농사 비용을 마련하느라 빚을 졌다. 관청은 재정을 확보하기 위해 돈이나 쌀을 빌려주고 높은 이자를 받는 일을 주저하지 않았다. 본래 정해진 이자율은 연 10퍼센트였으나, 제대로 지켜지지 않았다. 30퍼센트에서 50퍼센트의 복리계산법이 적용되었다. 전라도에서는 이런 이자놀이가 민란을 촉발한 경우가 적지 않았다. 태인 민란, 장성 민란, 영광 민란에서는 오래전에 빌려 명목상으로만 남은 이자를 강제로 걷어 민심을 성나게 했다.

이렇게 신분제가 해체되어가고 있었지만, 조세제도는 여전히 신분제에 기반하고 구휼 제도인 환곡마저 악용되어 수탈의 수단이 되면서 인민의 삶은 더욱 궁핍해졌다. 여기에 지방 관리의 부정부패와 농간이 더해지자 결국 인민들은 스스로 살 길을 찾아야 했다. 삼남에서 분출한 70여 곳의 봉기는 이러한 정의롭지 못한 현실이 전국적 현상이었음을 의미한다.

정부의 대책: 삼정이정책

조선 정부는 삼남지방에서 일어난 농민항쟁에 대해 처음에는 온건한 입장을 취했다. 안핵사, 선무사, 암행어사를 파견하여 수령과 아전을 처벌하고 인민의 요구를 일부 들어주었다. 봉기의 원인이 관리의 잘못된 정치에 있다고 보았기 때문이다. 그런데도 농민항쟁이 잦아들지 않았다. 1862년 4월에 함평 민란 소식이 중앙에 전해졌다. 결국 정부는 봉기 진압과 주동자 체포를 명하는 강경 진압으로 돌아섰다.

영남과 호남의 패악이 계속된다는 사실을 들었는데, 대단히 놀랄 일이다. 함평 사건은 병란보다 더 심한 바가 있다. (⋯⋯) 설령 수령이 정치를 잘못하더라도, 백성의 도리로 명분을 범하고 윗사람을 능멸함이 이토록 심할 수는 없다. (⋯⋯) 백성은 수령에 대해 부모를 받들 듯해야 하거늘 구타하고 짓밟기가 이 지경까지 오다니, 오로지 법을 좇아 난의 싹을 잘라야 한다.[20]

하지만 정부군의 강경 진압도 농민항쟁을 막지 못했다. 주동자를 체포하면 인민들이 몰려가서 빼내오는 일이 허다했다. 경상도 개령 민란 때는 감옥에 갇힌 주동자를 구출하고, 거창 민란, 무주 민란, 순창 민란 때는 이송 중인 주동자를 빼돌렸다.

5월에는 전라도 6곳, 충청도 10곳에서 농민봉기가 일어났다. 곧 서울로 밀고 올라갈 기세였다. 이제 정부는 봉기한 인민을 반드시 죽여야 할 적으로 여겼다. 수령과 감사에게 즉시 주동자의 머리를 베고 나중에 보고해도 좋다는 지침을 하달했다. 그리고 봉기가 발생한 지역에 군사를 파견하여 난을 진압했다.

그런데도 농민항쟁은 계속되었다. 그제야 정부는 실질적인 해결책을 제시해야 민심을 수습할 수 있다는 것을 깨달았다. 안핵사로 파견된 박규수는 조세 개혁을 위한 기구를 설치할 것을 건의했으며, 선무사로 파견된 조구하는 실효성 있는 조세 개혁 조치가 필요함을 주장했다. 마침내 정부는 농민봉기의 원인이 삼정 문란에 있음을 인정했다.

철종은 조세 개혁을 논의하기 위한 기구로 삼정이정청(三政釐整廳)의 설치를 명했다. 그리고 두 달 동안 관리와 재야 유생들을 대상으로 조세 개혁 방안을 널리 모집했다. 윤8월에는 모아진 공론을 바탕으로 〈삼정이정절목(三政釐整節目)〉이라는 조세 개혁안을 발표했다. 전정은 옛 제도를 유지하되 세금을 거둘 때 발생하는 결함과 폐단을 없애는 방향의 개혁이 이루어졌다. 가령 전삼세(田三稅: 전세, 대동, 삼수미)를 제외한 부가세와 도결을 없애기로 했다. 군정은 연령 규정을 엄격히 준수하도록 하고 동포제(洞布制)를 채택하기로 했다. 동포제란 신분의 구별 없이 마을 사람들이 함께 군역세를 내는 것으로 균역법과 호포제의 과도기적 형태라 할 수 있다. 가장 혁신적인 것은 환곡 개혁안이었다. 환곡을 없애고 토지 1결당 2냥을 걷어 그동안 환곡 이자로 운영되던 재정을 충당하기로 했다.

이 삼정 개혁은 인민의 요구를 수용하여 공론을 모아 신중한 논의 끝에 공포되었다는 점에서 의의가 적지 않았다. 하지만 제대로 시행되지 않았다. 삼정이정청은 없어졌고 삼정 업무는 비변사로 넘어갔다. 급기야 그해가 저물 무렵에는 다시 본래 제도로 돌아갔다. 정부는 너무 서둘러 마련하다 보니 완벽하지 못할 염려가 있어 옛 제도로 돌아간다고 변명했다.

반복되는 수탈과 항쟁

1863년 겨울에 철종이 죽고 고종이 즉위했다. 1862년 농민항쟁에서 터져나온 인민의 분노를 다스리는 것이 새 임금의 첫 임무였다. 나이 어린 고종을 대신하여 정사를 맡은 사람은 아버지 흥선대원군이었다. 흥선대원군은 삼정 문란과 관리의 부정부패를 척결하려 했다.

전정의 경우, 유지층이 빼돌린 토지를 찾아내어 세금을 매겼다. 환곡은 전국적으로 거두지 못한 액수를 조사하고 120여만 석을 탕감했다. 도별 총액도 정했다. 평안도와 충청도의 환곡은 폐지했다가 다시 부활시켰다. 환곡을 돈으로 환산하여 꾸어주는 전환(錢還)도 실시했다. 구휼 제도로는 정부가 곡식을 관리하고 마을 사람들이 공동으로 운영하는 사창제를 마련했다. 군정은 양반도 포를 내는 호포제로 개선했다. 민심을 달래려면 관리의 부정부패도 묵과할 수 없었다. 수령의 인사고과를 철저히 매길 것을 천명했으며, 환곡을 빼돌린 아전은 처벌했다. 1000석 이상을 빼돌린 경우는 목을 뻤다.

인민의 삶은 여전히 힘들었다. 홍선대원군이 삼정 이외의 다른 세금을 물렸기 때문이다. 홍선대원군은 경복궁을 다시 짓기 위해 원납전을 징수했다. 빈부를 가리지 않고 집집마다 강제로 걷어 인민 모두에게 고통을 주었다. 경기도에 사는 인민들은 경복궁 중건을 위한 부역에도 동원되었다. 병인양요(1866)와 신미양요(1871)가 일어났을 때는 군인을 강제 징발했다. 도성세, 포구세, 유통세 등의 각종 세금을 새로 만들어 대대적인 증세 정책을 펼쳤다. 당백전을 주조하고 청의 화폐인 청국소전을 유통시켜 물가 폭등까지 야기했다.

홍선대원군이 물러나고 민씨 척족 정권이 들어서자 움츠렸던 권력의 수탈이 다시 고개를 들었다. 이번에는 관리 개인 차원의 착복이 아니라 왕가인 궁방, 관청인 아문과 영읍 등 국가 기구 차원의 수탈이 본격화되었다. 그 정점에 민씨 척족 정권이 도사리고 있었다. 가령 포구세는 본래 궁방, 아문, 영읍 등이 따로 걷다가 홍선대원군에 의해 정부로 수세 창구가 일원화된 바 있었다. 민씨 척족 정권에 와서 본래 세금을 걷던 기구들이 다시 포구세를 걷으며 이중 수세 현상이 발생했다. 하지만 민씨 척족 정권은 이러한 부조리를 외면했다.

온 나라의 권력을 가진 사람들이 저마다 자신의 이득을 챙기기에 바빴다. "온 나라가 미친 듯이 오직 이득만을 따른다", "이득이 있는 곳이면 예의를 가리지 않고 재물이 모이는 곳이면 생사를 잊는다", "이득이 있는 곳은 형법으로도 금할 수 없다"라는 개탄이 곳곳에서 터져나올 정도로 경제적 이득에 대한 욕구가 무엇보다 앞서던 그런 시절이었다.[27] 개항 이후 대내외적인 격변 속에 지방에 대한 정부의 통제력이 약해지면서 수령이나 아전의 탐학은 갈수록 심해졌다.

조선 정부가 개혁에 나설 기회가 있기는 했다. 1884년 갑신정변 때였다. 갑신정변을 일으킨 개화파는 〈혁신정강〉을 발표하면서 불공정한 조세제도의 개혁과 탐관오리에 대한 징벌을 4개 조항에 걸쳐 제시했다.

♦ 전국의 지조법을 개혁하여 전국의 간사한 관리를 없애고 어려운 인민을 구제하며 국가 재정을 충실히 한다.
♦ 국가에 해독을 끼친 탐관오리 중 가장 심한 자를 처벌한다.
♦ 각 도의 환곡을 영구히 면제한다.
♦ 모든 국가 재정을 호조가 관할하도록 하고 그 밖의 재무관청을 폐지한다.

급진개화파의 주장을 살피면서 갑신정변이 3일 천하로 끝난 것에 대한 안타까움과 함께, 만약 성공했더라면 어떤 결과를 가져왔을까 생각해 보지 않을 수 없다. 적어도 권력 안에 조세 개혁에 주목한 세력이 있었던 것은 분명하다.

수탈이 끊이지 않았던 만큼 인민의 항쟁도 멈추지 않았다. 동학농민전쟁이 일어날 때까지 20년 사이에 100건이 넘는 민란이 발생했다. 1880년대 후반에 민란이 다시 늘어났으며, 1890년대는 더욱 심해졌다. 특히 1893년에 65건이 일어날 정도로 최고조에 달했다. 농촌보다는 인구가 많은 큰 읍이나 궁방전 등이 많은 평야지대, 광산 지역에서 민란이 자주 발생했고, 또한 일정한 지역과 일정한 시기에 집중되는 양상을 보였다. 1888년에는 함경도, 1889년에는 강원도, 1892년과 1893년에는 평안도, 1893년에는 전라도에 민란이 집중되었다.

민란의 양상은 1862년에 일어난 농민항쟁과 비슷했다. 사발통문을 돌리고 민회를 열어 소장을 작성해서 관청에 제출했다. 이를 거부당하면 고을 단위로 봉기하는 방식이었다. 민란이 한 달 이상 혹은 수년에 걸쳐 장기간 지속되면서 동일한 지역에서 여러 차례 반복되는 양상은 이전과 다른 점이었다. 또 하나 주목할 점은 일부 지역에서 봉기한 인민들이 도소를 설치하여 자치를 실시하면서 국가 권력에 저항하는 모습을 보였다는 사실이다. 1892년 나주 민란 때는 봉기 세력이 자치의 재원을 스스로 마련하여 장기간 관청을 장악하고 아전을 교체하면서 직접 개혁에 나섰다.

인민들은 1862년의 농민항쟁 때와 다른 거대한 저항의 물결이 시작되었다는 것을 알았다. 외국인들도 알아차렸다. 뮈텔 주교는 1891년 11월 6일자 일기에서 "나라 안에 불평등이 노골화되고 있고 혁명이 일어날지 모른다는 소문이 유럽 거류민 사이에 돌고 있었다"라고 썼다.[28] 권력만 모르고 있었을 뿐이다. 아니 알고도 애써 외면했는지도 모른다. 1894년에 더 많은 지역에서 더 많은 인민이 전봉준이라는 지도자와 동학이라는 조직을 기반으로 일으킨 동학농민전쟁은 결코 느닷없는 봉기가 아니었다. 19세기 인민이 100년을 준비한 농민항쟁의 절정이었다.

4

동학농민전쟁,
국가를 향해 정의를 요구한 무장투쟁

전봉준이 이끈 동학농민군

동학농민전쟁은 고부 민란에서 시작되었다. 수령에게 적폐를 시정하라
는 등소 운동을 벌였으나 소용이 없자 인민들이 봉기한 과정은 여느 민
란과 다를 바 없었다. 하지만 고부 민란에는 전봉준이라는 지도자와 동
학이라는 조직이 있었다. 동학 조직이 여러 지역을 아우르는 동학농민군
으로 묶이고 전봉준이 그들을 이끄는 지도자로 우뚝 서면서 민란은 전국
을 뒤흔드는 반정부 무장투쟁으로 이어졌다.

 전봉준은 곳곳에서 민란이 한창이던 1892년에 동학에 입교했다. 동학
교인과 더불어 동지들을 규합하여 구렁텅이에 빠진 세상을 건져보기 위

해서였다. 전봉준처럼 반정부 투쟁을 준비하며 동학 조직에 주목한 사람으로 일찍이 이필제가 있었다. 이필제는 1863년에 동학에 입교하여, 1871년에 영해(지금의 영덕)에서 광범한 지역의 동학교인을 동원하여 민란을 일으켰으나 실패했다.

동학교인의 수는 1890년대에 빠르게 늘었다. 인민들이 동학에 들려는 동기는 다양했다. 병을 고치고 싶다, 동학이 기적을 일으킨다고 들었다, 배고픔을 면하고 싶다, 세상을 바꾸고 싶다 등등. 동학 입교와 관련한 재미있는 일화도 있다. 1892년에 일어난 《비결》사건이 그것이다. 전라북도 고창의 선운사 도솔암에 가면 마애불이 있다. 그 안에 예언서 《비결》이 있는데, 그 책이 세상에 나오면 나라가 망하고 이후 다시 흥한다고 하는 소문이 파다했다. 그런데 그것을 동학 지도자 손화중이 꺼냈다. 이 소식을 들은 인민들이 너도나도 동학에 들어갔다고 한다. 조선 왕조가 멸망하고 새로운 세상이 도래한다는 기대가 동학 세력을 더욱 키웠던 셈이다. 황현은 당시 동학 입교 붐에 대해 "동학당에 귀의하는 자들이 마치 시장에 몰려가는 듯했다. 전라도 어디든 산골짜기까지 동학교인이 없는 고을이 없었는데, 그 수가 수만이나 되었다"라며 놀라워했다.[29] 또한 동학의 지도자들을 백성을 이간질시키고 난을 꿈꾸는 자들이라며 경계했다. 한 일본인은 이렇게 말했다.

지금 조선 남도에 만연하여 그 당에 이름을 올린 자가 수만 명에 이른다고 합니다. 이와 같은 형세이므로 다른 야심을 품고 초개에 숨어 있는 자 역시 이 무리를 이용하려고 하며, 또 이들의 명성이 점차로 요란해지게 되자 다른 민란 난민들도 이 동학의 명의를 이용하여 지방관들을 위협하게 되니, 진짜 동

학도와 가짜 동학도의 구별이 생기게 되었습니다.[30]

여기에서 '다른 야심을 품고 초개에 숨어 있던 자' 하나가 전봉준이었다. 그는 "단지 마음을 바로 한다는 것 때문이라면 굳이 동학에 들어갈 필요가 없다"라고 단언하고 "동학에는 뜻을 함께할 동지들이 있어 당을 만들 수 있다고 보아 입교했다"라고 밝혔다. 여기에서 '뜻'이란 간악한 관리를 없애고 보국안민의 업을 이루는 것을 말한다.[31] 전봉준처럼 1890년대 초 동학을 세상을 바꿀 무기로 활용하려는 뜻을 품고 입교하여 동학 지도자가 된 사람이 여럿 있었다. 그들은 세상이 뒤집어지길 바라는 인민을 동학으로 적극 끌어들였다. 천지개벽을 꿈꾸는 지식인과 인민이 손을 맞잡고 동학의 세력화를 이루었다.

전봉준은 동학에 입교한 지 불과 1년 만인 1893년 봄에 전라도 금구에서 열린 동학 집회를 손화중과 함께 이끌었다. 이때 충청도 보은에서는 2대 교주인 최시형이 집회를 열었다. 두 집회 모두 1대 교주인 최제우에게 씌워진 반역자라는 누명을 벗겨달라는 교조 신원 운동과 함께 일본과 서양을 배척하자는 척왜양운동을 펼쳤다. 금구와 보은에서 열린 집회는 군현 단위를 넘어서는 동학 조직을 기반으로 하고 있어 동학교인 간의 연대 의식을 높일 수 있었다. 고부 일대의 동학교인들은 집회 후에도 모임을 가지고 관리들의 침탈에 맞설 집단적 자구책을 논의했다. 이를 통해 전봉준의 말처럼 자연스럽게 결당이 이루어졌다.

마침내 1894년 갑오년이 밝았고 봄에 고부(지금의 정읍) 민란이 일어났다. 전봉준을 비롯한 고부 지방의 동학 지도자들이 앞장섰다. 이들 중에는 전봉준과 같이 가난한 훈장도 있었지만, 송두호처럼 부민도 있었다.

3월 말 전라도 무장(지금의 고창)에서 동학농민전쟁을 시작할 때 농민군 지도부는 전봉준, 손화중, 김덕명, 김개남 등이었다. 총대장으로 전봉준이 추대되었고, 이들을 동학 접주로 모시는 동학교인들이 뒤를 따랐다. 무장을 떠나 백산으로 옮겼을 때, 이제는 동학교인만이 아니라 난리를 기다리던 인민들이 동학농민군의 깃발 아래 모여들었다.

　동학농민전쟁 기간 중 동학교인이 다시 늘어난 것은 정부군과 전주화약을 맺은 이후 동학농민군이 전라도에서 자치를 실시하며 개혁운동을 펼칠 때였다. 인민이 무장을 하고 봉기를 일으켰는데 정부가 이들을 역적으로 몰지 않고 오히려 평화조약을 맺자, 인민들이 동학에 몰려들었다. 전봉준과 전라 감사 김학진이 집강소 설치를 합의하고 갑오개혁의 신분 개혁 조치가 고을마다 알려지면서 인민들이 앞다투어 동학에 들어갔다. 무안 현감은 "평민으로서 가담하지 않은 자가 드물었다"라고 입교 붐을 설명했다. 충청도 부여의 한 유생은 "온 동네 평민 출신들이 모두 동학에 들어갔다"라고 적었다. 황현은 노비나 백정 같은 천민 출신이 동학에 적극 들어갔다고 보았는데, 양반이 갑오개혁의 신분 해방 조치를 쉽게 받아들일 리 없기 때문이었다. 결국 평민과 천민이 스스로 신분 해방을 위한 개혁에 나서고자 동학에 들어간 것이었다.

　그해 가을에 전봉준이 재봉기를 결정했을 때, 동학농민군은 몇 달 전과 다른 모습을 모였다. 먼저 지도부가 늘었는데, 3월 봉기에는 가담하지 않았던 북접 계통 접주들이 농민군 지도부에 참가했다. 그들 가운데는 양반과 아전 출신도 상당수 있었다. 손병희가 아전 가문 출신이었다. 농민군 주력부대에는 신분 해방의 시류를 타고 동학에 들어온 평민과 천민 출신이 많았다. 전라도를 중심으로 전봉준이 이끌던 남접과 충청도를 중심으로 최시형 휘하에 있던 북접이 하나가 되었다. 신분에서 해방된 인민들이 동학농민군에 들어갔다. 그들은 새 세상을 꿈꾸며 서울로 향했다. 하지만 판도는 예상과 달랐다. 정부군은 물론이요 월등한 무기를 가진 일본군과 싸워야 했다. 전봉준과 동학농민군의 꿈은 공주 우금치 고개를 넘지 못했다.

동학농민군이 요구한 정의

"인민이 도탄에 빠져 허우적거리는 것은 아전의 부정에 있고, 아전의 부정은 탐욕스러운 관리에 뿌리를 두고 있으며, 탐욕스러운 관리가 생겨난 것은 집권자의 탐욕 때문이다." 전봉준의 칼끝은 탐학의 정점에 있는 서울의 권력을 향해 있었다. 제도의 문란보다 그 제도의 운영자인 권력의 탐학이 인민을 고통에 몰아넣고 있다는 것은, 그 무렵 조선을 방문한 외국인도 쉽게 알아차릴 수 있었다. 다음은 오스트리아에서 온 여행가 헤세-바르텍의 인상기다.

왕좌에서부터 변방 지역의 소도시에까지 이르는 수탈의 연결 고리 속에서 쉬쉬하지도 않고 아주 공공연하게 한쪽이 다른 쪽의 뒤를 봐주며 한 관리가 다른 관리에게 돈을 지불하고 매수한다. (……) 이 나라의 모든 관직은 (뇌물을 통해) 구해야 하며 귀족의 손에 달려 있다. 가장 보잘것없는 관직만이 귀족 계급이 아닌 자들에게 주어진다. 그것도 일종의 세습 귀족인 양반의 일원일 때만 가능하다.[32]

그는 "모로코나 중동에서조차 조선 관리보다 더 못된 소매치기와 방탕하고 무지한 협박자들 무리를 보기 힘들다"라며, 나라를 노략질하고 있는 대신들과 관리들의 무리에 맞서기에 왕과 백성 모두 무력하기 짝이 없다고 힐난했다.[33] 하지만 영국의 여성 지리학자 이사벨라 버드 비숍이 조선을 방문하고 받은 인상은 달랐다. 그녀는 동학농민군에서 희망을 보았다.

사람들은 동학군이 부패한 관료들과 배반한 밀고자에 대항해 우발적으로 봉기한 농민들이라고 말하고 있다. 그렇지만 왕권에의 확고한 충성을 고백하는 그들의 선언으로 판단해볼 때, 조선 어딘가에 애국심의 맥박이 있다면 그것은 오로지 농민들의 가슴속뿐이라는 것은 확실해 보였다.[34]

동학농민전쟁은 고부 민란에서 시작되었다. 고부 민란의 원인 제공자는 수령 조병갑이었다. 조병갑은 재해로 농사를 망치면 세금을 내지 않아도 되는데도 악착같이 세금을 받아갔고, 면세 대상인 개간지에도 세금을 매겼다. 제방을 쌓고 수세를 거두었고, 대동미를 돈으로 걷고 쌀을 사서 중앙 정부에 보내는 식으로 차액을 횡령했다. 명백히 법을 우롱한 탐학 행위였다. 동학농민군은 봉기할 때부터 탐관오리의 숙청과 매관매직을 없앨 것을 요구했다. 중앙 권력의 타락, 즉 매관매직의 악풍 때문에 탐관오리와 부정부패가 활개를 친다고 보았던 것이다. 무장에서 봉기하면서 발표한 포고문에서도 탐학에 눈이 멀어 나라의 위태로움도 내팽개치는 중앙과 지방의 관리들을 혹독하게 비판하고 있다.

지금 신하가 된 자들은 나라에 갚으려는 생각을 아니하고, 한갓 작록과 지위를 도둑질하여 임금의 총명을 가리고 아부를 일삼아, 충성스러운 선비의 간언을 요사스러운 말이라 하고 정직한 사람을 비도라 한다. 그리하여 안으로는 나라를 돕는 인재가 없고, 바깥으로는 백성을 갈취하는 벼슬아치만이 득실거린다. 인민의 마음은 날로 더욱 비틀어져서, 들어와서는 생업을 즐길 수 없고 나와서는 몸을 보존할 대책이 없도다. 학정은 날로 더해지고 원성은 줄을 이었다. (……) 위로는 공경대부, 이하 아래로는 방백 수령에 이르기까지 국가의 위태로움은 생각지 아니하고 거의 자기 몸을 살찌우고 집을 윤택하게 하는 계책만을 몰두하여, 벼슬아치를 뽑는 문을 재물을 모으는 길로 만들고 과거 보는 장소를 교역의 장소로 만들었다. 그래서 허다한 재물이나 뇌물이 국고에 들어가지 않고 도리어 사사로운 창고를 채운다. 나라에는 쌓인 부채가 있는데도 갚으려는 생각은 아니하고 교만과 사치와 음탕과 안일로 나날을 지새워 두려움과 거리낌이 없어서, 온 나라는 어육이 되고 만백성은 도탄에 빠졌다. 진실로 수령들의 탐학 때문이다. 어찌 백성이 곤궁치 않으랴. 백성은 나라의 근본이다. 근본이 깎이면 나라가 약해짐은 뻔한 일이다. 그런데도 보국안민의 계책은 염두에 두지 않고, 바깥으로는 고향집을 화려하게 지어 제 혼자 사는 방법에만 몰두하면서 녹위(祿位)만을 도둑질하니 어찌 옳게 되겠는가?²²

백산에서 동학농민군을 모을 때 사방에 보낸 격문에서는 관리의 탐학과 함께 전운영(轉運營)을 문제 삼았다. 전운영은 세금으로 낸 곡물을 운반하는 일을 담당하는 기구인 전운소를 이르는 말이다.

백성을 지키고 길러야 할 지방관은 치민의 도를 모르고 자신의 직책을 돈벌이 수단으로 삼는다. 여기에 더하여 전운영이 창설됨으로써 많은 폐단이 번극하니 인민들이 도탄에 빠졌고 나라가 위태롭다. 우리는 비록 초야의 유민이지만 차마 나라의 위기를 좌시할 수 없다. 원컨대 각 읍의 여러 군자는 한목소리로 의를 떨쳐 일어나 나라를 해치는 적을 제거하여 위로는 종사를 보전하고 아래로는 백성들을 편안케 하자

　동학농민군은 정부를 비판하는 데 그치지 않고 폐정 개혁안을 제시했다. 전주화약에 즈음하여 초토사(招討使) 홍계훈에게 27개조의 폐정 개혁안을 제시했으며, 그 전후에도 폐정 내용을 제시하거나 개혁안을 내놓았다. 4월 4일에 전라도 법성포의 아전과 유지층에 호소한 폐정 9개조, 4월 10일 초토사 홍계훈에게 제시한 폐정 8개조, 전주화약 직후 순변사 이원회에게 두 차례에 걸쳐 제시한 폐정 개혁안 14개조와 24개조, 5월 중순 전라 감사 김학진에게 제시한 13개조 등이 그것이다.

　동학농민군이 제시한 폐정 개혁안의 핵심적인 내용과 이에 대한 갑오개혁 정권의 대응을 함께 살펴보자. 1894년 여름은 동학농민군이 전라도 일대에서 개혁운동을 펼치는 동시에 중앙에는 갑오개혁 정권이 들어서서 개혁 조치를 마련하고 실행하던 역동적인 시기였다. 먼저 동학농민군은 전운사(轉運使)와 균전사(均田使)라는 제도를 없앨 것을 요구했다. 이는 전국 단위의 문제 제기였다. 전운사는 1883년에 세금으로 걷은 곡식을 운송하기 위해 도마다 세운 기구인 전운소에 소속된 관리다. 정부는 운송을 담당할 배의 구입과 운영 비용을 세금 명목으로 인민에게 떠넘겼다. 전라도 전운사 조필영은 온갖 명목으로 무거운 세금을 매겨 원성이 자자했다. 고부 민란 때부터 전운사의 폐지 요구가 나온 것으로 보

아 이 문제가 심각했음을 알 수 있다.

갑오개혁 정권은 7월 10일에 모든 세금을 돈으로 걷는다고 발표했다. 이렇게 세금으로 곡물을 내는 일이 없어지면서 전운사도 저절로 폐지되었다.

균전사 폐지 또한 뜨거운 현안이었다. 전라도에는 1870년대부터 1880년대까지 여러 해 흉년이 들어 농사짓지 못하는 땅이 늘었다. 이런 땅을 진전(陳田)이라 불렀다. 왕실에서는 1890년에 균전사를 파견하여 이들 진전을 개간하도록 독려하면서 개간 비용을 댔다. 그리고 이런 땅을 균전이라 부르며 왕실의 사유지처럼 운영했다. 균전사에 임명된 김창석은 진전을 개간하면 3년 동안 세금을 면해준다는 규정을 어기고, 1년 뒤부터 세금을 걷고 그 액수도 점차 늘려갔다. 또한 균전이 보통 땅의 세금보다 낮다는 이유로 균전에 편입되기를 원하는 땅이 있으면 일단 이를 받아들인 후, 약속을 어기고 세금을 늘려갔다. 1893년에는 흉년이 들어 균전에도 면세 조치가 이루어졌음에도 아랑곳하지 않고 세금을 징수했다. 결국 김창석은 큰 원성을 샀고, 1894년 동학농민군이 봉기할 때 1차 타도 대상이 되었다. 갑오개혁 정권은 김창석을 유배시켰다.

삼정 문란도 개혁의 물결을 비켜가지 못했다. 전정과 관련해서 동학농민군은, 전세를《대전통편》의 수세 조항에 근거하여 예전처럼 걷되 진전에 대해서는 영구히 면세해줄 것을 요구했다. 갑오개혁 정권은 조세 금납화 조치를 취한 뒤 결가를 각 군의 수령에 맡기지 않고 일률적으로 1결당 바닷가에 있는 고을을 뜻하는 연해읍(沿海邑)은 30냥, 산골에 있는 고을을 뜻하는 산군읍(山郡邑)은 25냥으로 정했다. 군정과 관련해서 동학농민군은 동포전을 호마다 봄가을로 1냥씩 거둘 것을 주장했다. 본래 흥선대원군은 양반까지 모두 1년에 1냥씩 내는 호포제를 실시했는데, 이것이 마을 단위로 내는 동포제로 변질되면서 1년에 횟수가 세 차례로 늘거나 액수가 6~7냥, 많게는 10냥까지 늘어났다. 갑오개혁 정권은 호포전을 1호당 1년에 3냥씩 걷도록 조치했다. 농민군의 요구보다 1냥 많은 액수였다.

환정의 경우, 흥선대원군이 환곡을 돈으로 계산하여 꾸어주는 전환을 실시하도록 하여 1곡(10말)당 3냥씩을 거두어 재정에 충당하도록 했다. 이후에는 나누어준 본래의 곡식, 즉 원곡은 걷지 않고 이자만 3냥씩 걷는 것이 일반화되었다. 그런데 제도가 시행된 지 20년이 지난 시점에서 전라 감사 김문현이 갑자기 감영 재정 부족을 이유로 원곡을 돈으로 환산하여 수천만 냥을 걷었다. 인민들의 원성은 하늘을 찔렀다. 한편 수령과 아전이 환정을 농단하며 이득을 취하는 폐단은 여전했다. 갑오개혁 정권은 추가로 걷는 가렴을 엄금했다. 1895년에는 환곡을 사환(社還)이라 부르고, 지방관은 배제한 채 인민들이 자율적으로 관리하도록 하는 조례를 반포했다.[36]

동학농민군이 제기한 상업 문제는 1862년의 농민항쟁에서는 찾아볼 수 없던 대목이다. 먼저 농민군은 특권 상인인 도고(都賈)를 없앨 것을 주장했다. 도고상인의 매점매석으로 일부 품목의 품귀 현상이 일어나고 물가가 상승하는 일이 잦았기 때문이다. 큰 상인의 치부 때문에 소상인과 소비자가 피해를 보고 있으므로 불공정한 상행위라고 본 것이다. 지방관청에서 물자를 조달받을 때 시가가 아니라 미리 정해놓은 가격대로 사들여야 하는 폐단을 시정할 것도 요구했다. 포구의 선세(船稅)와 장시(場稅)의 장세 같은 잡세도 없앨 것을 요구했다. 보부상의 작폐도 없앨 것을 요구했다. 보부상은 정부의 공인하에 보부상단을 꾸려 장시마다 세금을 거두고 행상을 방해하는 행패를 부려 인민의 원성을 샀다. 갑오개혁 정권은 육의전과 개항장의 중개 상인인 객주의 특권을 없앴으나, 도고에 대해서는 별다른 조치를 취하지 않았다. 지방관청으로부터 물품을 조달받을 때 시가대로 살 수 있게 해달라는 요구는 수용했다. 또 무명잡세를 없앴으며, 보부상의 작폐를 엄금한다고 발표했다.

무역과 관련해서 동학농민군은 포구에서 다른 나라 상인들이 몰래 높은 값에 쌀을 사들이지 못하도록 해줄 것을 요구했다. 일본 상인들이 내륙의 포구까지 들어와서 쌀을 사들이는 바람에 쌀값이 오르는 상황을 문제 삼은 것이었다. 외국 상인들이 서울에 상점을 차리거나 내륙 지방에서 행상을 하는 것도 금지해달라고 요구했다. 청과 일본 상인들의 진출로 조선 상인들이 상권을 위협받는 상황이었기 때문이다. 하지만 일본의 간섭을 받으며 개혁을 추진하던 갑오개혁 정권은 별다른 조치를 취하지 않았다.

이처럼 동학농민군의 여섯 가지 개혁안에 등장하는 내용은 대부분 경제 정의 문제였다. 그런데 지금까지 동학농민군이 주장한 개혁안은 그다지 주목을 받지 못했다. 경제 정의와 관련하여 이목을 끈 것은 토지개혁 문제였다. 이는 오지영의 《동학사》에 나오는 폐정 개혁안 12개조에 포함된 "토지는 평균으로 분작하게 한다"라는 조항에 유일하게 등장한다. 《동학사》의 폐정 개혁안에는 토지 평균 분작만이 아니라 다른 개혁안에 없던 사회 정의에 관한 요구가 들어 있다. 노비제와 천민 차별의 철폐, 청춘과부의 재혼 허용, 지역과 문벌을 타파한 인재 등용 등이 그것이다.

그런데 오지영이 동학농민전쟁 당시가 아니라 1920년대에 《동학사》 초고를 쓰고 1940년에 발간한 것을 이유로 폐정 개혁안의 사료적 가치를 부정하는 역사학자들이 있다. 오지영은 이전에 동학농민군이 제기한 개혁안들이 '폐정 개혁안 12개조' 단계에 이르면 하나의 완성된 강령과 같은 성격을 띤다고 《동학사》에서 주장했다. 역사학계는 대체로 이를 인정하는 분위기다. 동학농민전쟁이 발발한 이래 동학농민군이 발표한 격문, 통문, 창의문의 내용을 일반화하여 12개조로 정리한 것, 혹은 집강소에서 농민군이 독자적으로 제기한 개혁안으로 이해하고 있다. 나아가 '폐정 개혁안 12개조'가 19세기 역사 흐름 속에서 인민이 지향하던 바를 담고 있다고 평가하기도 한다. 하지만 오지영의 '폐정 개혁안 12개조'의 혁신성에 매몰되어 이를 제외한 대부분 개혁안의 내용이 경제 정의 실현에 관한 것임을 간과한 것은 문제라 할 수 있다. 분명한 사실은 동학농민군이 1862년 농민항쟁에도 불구하고 해결되지 않은 경제 정의 문제를 강도 높게 제기했다는 것이다. 물론 정치와 사회의 정의를 요구한 점도 높게 평가해야 할 것이다. 봉기의 동기를 묻는 재판관에게 전봉준이 한 대답에 바로 동학농민전쟁의 의의가 응축되어 있다.

동학은 과거 잘못된 세상을 고쳐 다시 좋은 세상을 만들려고 나선 것이다. 인민에 해독을 끼치는 탐관오리를 베고 일반 인민이 평등하게 대우받도록 정치를 바로잡는 것이 무엇이 잘못이며, 사복을 채우고 음탕하고 삿된 일에 소비하는 국세와 공금을 거두어 의거에 쓰는 것이 무엇이 잘못이며, 조상의 뼈다귀를 우려 행악을 하고 여러 사람의 피땀을 긁어 제 몸을 살찌우는 자를 없애버리는 것이 무엇이 잘못이냐? 사람으로서 사람을 매매하고 귀천이 있게하고 공적 토지를 사사로운 토지로 만들어 빈부가 있게 하는 것은 인도상 원리에 위반이다. 이것을 고치자 함이 무엇이 잘못이며, 악한 정부를 고쳐 선한 정부를 만들고자 함이 무엇이 잘못이냐?[37]

평등하고 정의로운 나라를 만들고자 한 전봉준을 처형한 집행 책임자는 이렇게 평가했다. "약자의 동무가 되어 강적을 대항한 자이고, 불평등 부자유의 세상을 고쳐 대평등·대자유의 세상을 만들고자 한 자이다."[38] 전봉준은 서양 문명을 말하지 않았으나, 민주주의를 알고 있었다. 당을 만들고 집회를 열어 정부를 감시하는 조직을 서양에서는 '민회'라고 부른다고 하며, 동학도 그런 결사체일 뿐 도적 떼가 아니라고 주장한 것에서 알 수 있다.

동학농민전쟁과 곧잘 비교되는 청의 태평천국의 난에 대해 역사학자인 쑨테는 이렇게 평가한다.

태평천국의 난은 1851년부터 1894년까지 14년에 걸쳐 지속되었다. 총 18개 성을 망라하였으며 전쟁의 규모와 격전의 양상, 군사 전략과 지휘 수준 등에 있어 중국의 구식 농민전쟁 가운데 최고봉이었다고 할 수 있다. 태평천국의 난으로 청나라 조정의 봉건 통치는 심각한 타격을 입게 되었으며, 봉건사회 멸망을 재촉하게 된다. 태평천국의 난은 농민 정권을 수립하고 일련의 이론과 강령들을 제시함으로써 농민전쟁의 최고 수준을 선보였다고 할 수 있다. 또한 외국의 침략적 자본주의 세력에도 영향을 주었으며 근대 민주주의 혁명의 서막을 열었다고 볼 수 있다.[39]

동학농민전쟁에 대한 평가라고 해도 크게 다르지 않을 듯하다.

1894년, 그 이후

동학농민전쟁은 끝나지 않았다. 동학농민군의 일부는 종교로서의 동학을 재건했다. 반면 변혁을 꿈꾸는 일부는 반정부·반외세 투쟁을 지속했다. 최시형은 손병희 등과 함께 동학 재건에 나섰다. 전라도 동학농민군 잔류 세력은 영학당(英學黨)을 조직했다. '영학'은 기독교를 의미한다. 영학이라는 외피를 쓰고 동학을 계승한 영학당은, 1898년 11월에 흥덕, 1899년 4월에 고부, 흥덕, 무장, 고창을 중심으로 민란을 전개했다. 동학농민군 일부는 부호, 양반가, 장시, 관아 등을 습격하여 재물을 약탈하고 빈민에게 나누어주는 활빈당 활동을 했다. 활빈당이 제시한 '구국안민책'은 무엇보다 많은 농산물이 외국으로 수출되어 곡식 값이 크게 올랐고, 그 때문에 가난한 사람들이 굶주리고 있으니 시급히 방곡(防穀)을 실시하고 구민법(救民法)을 채택할 것을 요구했다. 시장에 외국 상인이 드나들지 못하도록 하여 중소상인을 보호할 것도 요구했다. 철도부설권을 외국에 넘겨주지 말 것도 청했다.[40] 활빈당은 을사조약 이후에는 의병 활동에 투신하여 반외세 항쟁을 벌였다.

대한제국기에도 조세 정의를 요구하는 농민항쟁은 계속되었다. 총액제나 공동납이라는 징수 방식의 문제, 잡세 수탈, 관리의 횡령 등이 주요 원인이었다. 1901년 서북 철도국의 철도기사로 초빙되었던 프랑스의 고고학자 에밀 부르다레는 이렇게 회고한다.

우리가 이 작은 왕국의 정치적 실태에 눈을 돌리면 거의 볼 것이 없다. 황제, 환관, 대신이 모든 것을 그들 뜻대로 한다. 인민에게 요구하는 것은 궁전과 수

많은 관리의 비용을 감당하고자 항상 많은 대가를 내라는 것뿐이다. (……) 지방에서 때때로 인민들이 수령이나 고관의 권력 남용에 항의한다. 이들이 제멋대로 세금을 부과하기 때문이다. 이런 일은 비일비재하다.[41]

경기도 용인에서는 1899년에 지세를 추가로 부과한 가결(加結) 문제로 민란이 일어났다. 인민들은 민회를 소집하고 군수를 내쫓았다. 정부는 토지 측량으로 토지대장에서 누락된 땅을 찾아내어 이 문제를 해결하고자 했다. 측량 결과 결수가 1000여 결이 더 늘어나면서 오히려 인민의 부담이 더 무거워지자 다시 항쟁이 일어났다. 그러자 정부는 결수가 지나치게 늘었다며 다시 측량해서는 결수를 축소했다. 인민을 달래기에 급급하니 정부의 위신이 추락할 수밖에 없던 시절이었다.

제주도에서는 1898년에 화전세를 인상하려는 데 맞서 항쟁이 일어났다. 1900년 김포에서는 봄가을로 각각 5전씩이던 염세(소금세)가 내장원으로 이관된 후 1정당 4냥으로 오르자 납세를 거부하는 운동을 벌였다. 조세 금납화에 따라 돈으로 세금을 납부해야 하는 인민에게는 화폐제도의 혼란 역시 문제였다. 엽전과 백동화의 시세 차이로 엽전으로 납부하면 백동화로 납부할 때보다 더 많은 세금을 부담하는 셈이 되었다. 어김없이 시세 차익을 노린 관리들의 수탈이 자행되었다. 1904년 전라북도 고산(지금의 완주)에서는 백동화 유통 지역인데도 엽전으로만 세금을 징수하여 인민들이 항의했다.[42]

대한제국 정부가 토지를 측량하여 토지 소유권을 증명해주기 위해 실시한 양전지계사업 과정의 폐단도 저항의 원인이었다. 1902년 울진에서는 평소 탐학을 일삼던 군수가 토지 측량을 담당하면서 토지의 비옥함 또는 척박함을 구별하지 않고 결수를 늘리는 데 급급하다가 항쟁을 촉발했다.

1901년 충청도 태안에서는 인민들이 대대로 부쳐먹던 역에 붙는 역둔토가 내장원 관리하에 들어가면서 강제로 임대료를 걷어가자 인민들이 저항했다. 대한제국이 저문어가던 1909년에 통감부는 갑세인 시장세를 지방비에 포함시켜 징세했다. 이에 전국적으로 시장세 반대 투쟁이 일어났다. 평안도의 저항이 가장 격렬했는데, 1910년 1월부터 3월까지 평안남북도 일대 22개 군에서 시장세 반대 투쟁이 일어났다. 끝없는 항쟁의 연속이었다.

100년의 항쟁을 거쳐 20세기를 맞았으나, 나라가 망하는 순간까지 권력은 공정하고 공평한 경제 정의를 요구하는 인민의 여망을 외면했다. 그들을 대신하여 들어선 식민 권력은 출발부터 토지조사사업이라는 강도 높은 경제정책을 밀어붙이면서 인민을 압박했다.

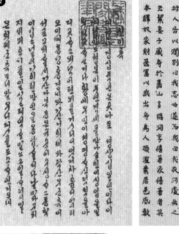

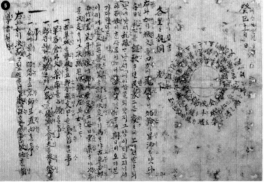

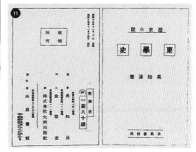

정약용의 《목민심서》	❶	신분제에 기반한 부당한 조세제도와 관리의 부정부패에 인민은 신음했고,
홍경래 난을 소설화한 《신미록》	❷	여기에 지역 차별이 더해지면서 1811년 평안도에서 홍경래가 무장하고 봉기를 일으켰다.
홍경래 난의 진압 상황을 기록한 《진중일기》	❸	몇 달에 걸친 봉기는 정부군의 진압으로 무위로 돌아갔으나,
《정감록》	❹	인민들은 홍경래가 죽지 않았다며 세상이 뒤집어질 난리를 바라고 또 기다렸다.
집회를 알리는 〈사발통문〉	❺	마침내 1862년에 삼남을 중심으로 정의로운 사회를 요구하는 항쟁이 일어났다.
	❻	조선 정부는 삼정 문란을 바로잡자는 박규수 등의 건의를 받아들여
〈삼정이정절목〉	❼	널리 의견을 구하여 조세 개혁을 시도했으나, 결국 무위로 돌아갔다.
개항장인 인천항	❽	인민들의 삶은 개항으로 외국 상인들이 몰려오면서 더 팍팍해졌고,
《비결》 사건이 전하는 선운사 도솔암 마애불	❾	지식인과 인민들은 동학에 일말의 기대를 걸고 몰려들었다.
서울로 호송되는 전봉준	❿	100년의 항쟁 끝에 동학농민군은 1894년 전봉준의 지휘 아래 나라를 바꾸겠다고 일어섰고,
오지영의 《동학사》	⓫	인민 모두가 공정하고 공평한 삶을 누리는 사회로 나아갈 수 있는 개혁을 요구했다.

1883년 원산학사 설립
1883년 8월 동문학 설립
1883년 10월 《한성순보》 창간
1884년 선교사 아펜젤러, 배재학당 설립

1882년 임오군란

1891년 일어학교 설립
1894년 봄 김옥균, 고종이 보낸 홍종우
　에게 죽임을 당함
1894년 갑오개혁으로 김홍집 내각 성립
1894년 영어학교 설립

1888년 박정양, 《미속습유》 집필
1889년 유길준, 《서유견문》 집필,
　　　 1895년 발간

1861년 청, 양무운동 시작

1866년 후쿠자와 유키치 《서양사정》 집필
1870년 일본, 최초의 일간지 《요코하마마이
　니치신문》 창간
1872년 일본, 학제 공포
1872년 청, 상하이에서 일간지 《신보》 창간
1875년 후쿠자와, 《문명론지개략》 집필

1884년 12월 급진개화파, 갑신정변 주도

1886년 《한성주보》 창간
1886년 3월 선교사 언더우드, 언더우드학당
　설립
1886년 5월 선교사 스크랜튼, 이화학당 설립
1886년 9월 육영공원 개교
1888년 박영효, 고종에게 〈건백서〉 제출, 문
　명화에 의한 부국강병의 길 제시

4장

문명 :
신문과 학교에서
익히는 시민성

❶ 문명을 받아들이는 법
❷ 문명화의 지름길, 신문
❸ 문명이 삶이 되는 곳, 학교

1896년 5월 30일 서울 소재 관공립소학교 연합대운동회
1896년 협성회 창립. 정기 토론회 개최
1897년 독립협회, 정기 토론회 개최
1897년 한어학교 설립
1898년 독일어학교 설립
1898년 8월 《제국신문》 창간
1898년 9월 《황성신문》 창간

1896년 4월 7일 《독립신문》 창간

1895년 2월 〈교육입국조서〉 공포

1895년 〈소학교령〉, 〈외국어학교 관제〉 등 제정
1895년 프랑스어학교 설립
1895년 친미개화파, 정동구락부 조직
1896년 러시아어학교 설립

1904년 《대한매일신보》 창간

1907년 이승훈, 오산학교 설립
1908년 안창호, 대성학교 설립
1909년 유옥겸, 《소학교수법》 출간
1919년 대한민국 임시정부, 〈대한민국 임시헌법〉에 보통교육을 받을 의무 명시

19세기는 과거를 부정하고 새로운 세상을 꿈꾸던 변혁의 시대였다. 안으로는 봉건체제에 대한 거부, 즉 과거에 대한 부정이 수많은 인민의 생명을 앗아간 항쟁으로 표출되었다. 새로운 세상을 만들어갈 밑그림, 즉 인민이 살아갈 미래의 '상'은 문명이라는 이름으로 서양으로부터 밀려 들어왔다. 그렇게 19세기 조선에서는 중국 문명의 세계에서 탈피하여 서양 문명 세계로 편입하는 대전환이 이루어졌다. 산업의 발달과 함께 자유, 평등, 박애를 내세운 민주주의 국가를 건설한 서양 열강은 우세한 군사력을 바탕으로 동아시아를 압박했다. 문호를 개방하여 서양 문명을 받아들일 것을 요구했다.¹ 그렇게 19세기 인민은 안팎으로부터 밀려든 격변을 감당해야 했다. 후쿠자와 유키치의 말처럼 '한 몸으로 두 인생을 산' 셈이었다.

인민은 분명 변화를 갈망했다. 권력 안에는 소수이지만 문명화의 당위를 신념으로 삼던 개화파가 있었다. 개화파는 쿠데타라는 급진적인 방법으로 문명화를 시도했다가 실패했다. 이후 그들이 절치부심하며 준비한 문명화 프로젝트는 갑오개혁 이래 현실화되었다. 권력 밖에서도 개화파는 인민 계몽을 위한 신문을 만들고 학교를 짓는 등 문명화에 앞장섰다. 서양에서 온 선교사들은 기독교 포교와 함께 교육에 뛰어들어 문명화에 힘을 보탰다.

우리나라 최초의 한글 신문인 《독립신문》이 문명화에 기여한 역할은 지대했다. 문명을 전파하고 계몽하면서 문명 담론과 동시에 민주주의 담론을 확산시켰다. 시민으로 살아가는 데 필요한 가치, 태도, 관계, 제도 등을 계몽하여 시민성을 적극적으로 양성했다. 학교는 문명화를 위한 가장 효율적인 제도이자 수단의 하나였다. 인민의 교육열은 서양인이 주목할 정도로 높았다. 권력이 문명화 인력을 양성하는 선민교육을 추구했다면, 인민은 누구나 공평하게 문명화를 누릴 수 있는 기회를 제공하는 보통교육을 갈망했다. 학교는 시민으로서의 삶을 체질화하는 공간이었다. 미래의 동량인 어린이들이 문명의 가치와 일상을 배우는 학교는 곧 시민의 양성소였다.

문명, 즉 서양 문명은 그저 배우기만 하면 되는 단순한 학습 대상이 아니었다. 문명을 배우고 익히며 자주적인 문명상을 마련하고 민주주의적 가치를 체화하면서 자주적인 사람, 자주적인 나라로 거듭나고자 한 인민과 개화파의 주체적인 분투를 새삼 눈여겨보게 된다.

1

문명을 받아들이는 법

문명관의 전환

19세기에 서양에서 들어온 많은 개념이 한자로 번역되었다. 그런데 근대를 상징하는 대표적 개념인 '문명'은 번역어가 아니었다. 《서경》과《역경》에 등장할 만큼 한자 문화권에서는 일찍부터 통용되던 단어였다. 조선시대에 문명은 '유교적 교화'라는 의미로 쓰였다. 조선 후기에 들어와서는 성리학을 기준으로 문명과 야만을 가르는 성리학적 문명관이 정착했다. 성리학 이외의 사상이나 이념은 이단시되었다. 명이 망한 후에는 조선이 곧 중화이고 문명이라는 문명관이 퍼져나가면서 청이나 일본을 이적시했다. 그렇지만 조선을 문명국이라 할 수 없다는 문명관도 공존했다. 정약용은 "중국은 문명이 풍속을 이루어 먼 지방도 성현의 가르침에 손상됨이 없지만, 조선은 그렇지 않아 성문에서 10리만 벗어나도 거친 세계"라고 일갈했다.[2]

서양의 'civilization'을 새로운 한자어가 아니라 본래 존재하던 문명(文明)으로 처음 번역한 사람은 일본의 사상가 후쿠자와 유키치였다. 그는 세 번에 걸쳐 사절단의 일원으로 미국과 유럽을 다녀온 후 '서양이 곧 문명'이라는 생각을 갖게 되었다. 그에게는 서양이 문명의 준거였다. 그것은 후쿠자와 스스로의 세계관에서 볼 때도 큰 변화였다. 후쿠자와는 자신의 문명 전환적 사유를 녹여 《서양사정(西洋事情)》(1866)을 집필했다. 여기에서 'civilization'을 '문명개화'로 번역했다. 일본 사람들은 처음에는 문명보다 개화라는 번역어를 더 선호했으나 1880년대 말부터 개화라는 말이 거의 사라지고 문명이 'civilization'의 번역어로 자리 잡았다. 일본에서 '문명개화' 혹은 '문명'은 새로운 시대의 문을 여는 마법의 주문과 같은 유행어였고, 문명은 반드시 '섭취'해야 하는 서양의 방법이나 풍습 그 자체를 의미했다.[3]

후쿠자와 유키치는 《문명론지개략(文明論之槪略)》(1875)에서 서양 문명은 세계가 도달한 최고의 경지이므로 문명의 진보를 꾀하려면 서양 문명을 받아들여야 한다고 주장했다. 그가 볼 때 문명개화의 최대 장애물은 유교 사상이었다. 윤리와 철학을 본령으로 삼는 유학이 정치에서 영향력을 행사하려 한 것이, 중국 문명이 쇠퇴한 원인이라고 비판했다. 그는 유교 문명은 무조건적인 순종을 강요하여 인간의 독립성과 자립성을 무너뜨리므로 오늘날에는 전혀 쓸모가 없다고 보았다. 문명국에 지배당하지 않으려면 일본도 서양처럼 문명국이 되어야 한다는 결론이었다. 나라의 독립이 곧 문명이라는 주장이다. 그의 문명관은 간명했다.

문명이란 국민 대중의 지식과 인격을 향상시켜 사람들이 자주독립의 정신을 가지고 사회생활을 영위하고, 타인을 침해하지 않고 타인에게서도 침해당하지 않으며, 각각 자기의 권리를 완수하여 사회 전체의 행복과 번영을 가져오는 것을 말한다.[4]

후쿠자와 유키치의 문명론은 조선과 청의 지식인들에게 상당한 영향을 미쳤다. 번역어로서의 문명 개념이 청에서는 캉유웨이(康有爲) 혹은 량치차오(梁啓超)에 의해 1890년대에 알려졌다면, 조선에서는 이보다 이른 1880년대에 유길준과 윤치호에 의해 소개되었다. 유길준은 1881년부터 1년 6개월 동안 후쿠자와 유키치가 경영하는 게이오기주쿠(慶應義塾)에 유학하면서 문명 개념을 접했다. 그는 1883년에 쓴 《세계대세론》에서 개화를 '야만-미개-반개-문명'의 네 등급으로 구분했다. 그리고 문명은 '농공상업이 모두 발달하고 문학과 기술이 독실함'을 의미하는데, 예를 들어 미국이 그렇다고 주장했다. 그가 문명의 단계를 나누는 방식은 후쿠자와에게서 배운 것이었다.[5]

윤치호는 1881년에 조사시찰단의 수행원으로 일본에 파견되어 2년 동안 머물면서 문명론을 접했다. 그에게는 부강한 나라가 곧 문명국이었다. 그러므로 가난한 나라 조선은 야만국이었다. 그는 문명국과 수교한 지 60여 년이 지났음에도 부강을 이루지 못하고 인민들도 완고한 청 역시 문명국이 아니라고 주장했다. 윤치호는 조선이 본받아야 할 문명의 모델은 청이 아닌 일본이라고 주장했다. 청과 달리 일본은 30년 만에 문명과 부강을 달성한 나라이기 때문이었다. 유길준과 윤치호에게도 서양이 곧 문명이었다.

일본을 다녀온 관리와 지식인 모두가 '서양은 곧 문명'이라는 생각을 받아들인 것은 아니었다. 유길준, 윤치호와 같은 해에 조사시찰단으로 일본에 갔던 이헌영은 다르게 생각했다. 그는 한학자인 나카다 다케오(中田武雄)로부터 "군주나 귀족이 다스리는 나라는 야만이고, 입헌군주제나 공화제를 선택하면 문명"이라는 주장이 담긴 글을 받았다. '개화'가 "예의를 깨뜨리고 옛 풍속을 무너뜨려 오늘의 서양풍에 따르는 것을 좋은 계책으로 삼는 것"을 의미한다는 말도 들었다. 이헌영은 이러한 문명관에 거부감을 느꼈는지 일본이 서양 오랑캐에게 쉽게 복종하여 풍속이 심하게 변화되었음을 일본 지식인들이 한탄하고 있다는 얘기를 조선에 전했다.[6]

물론 '서양은 곧 문명'이라는 문명관 자체를 강력히 거부한 세력도 있었다. 위정척사파가 그들이다. '유교 문명＝정학(正學)＝중화', '서양 문명＝사학(邪學)＝오랑캐'라는 문명관을 가진 위정척사파에게 서양 문물은 고유 문명을 파괴하는 사악한 요물일 뿐이었다.

1883년에 창간된《한성순보》, 1886년에 창간된《한성주보》는 관보의 성격을 띤 신문으로 개화정책의 일환으로 탄생했다.《한성순보》와《한성주보》는 중국과 일본 신문의 논설을 번역하여 게재하면서 서양 문물을 활발히 알렸다. 주로 서양의 제도·학문·기술 등을 소개하거나, 부강한 나라가 바로 문명한 나라이니 그들의 문명을 배우자는 주장을 담았다. 여기에서 문명은 곧 서양의 발달한 제도와 문물을 가리키는데, 그중에서도 중요한 것이 과학기술이었다. 과학기술이 야만을 문명으로 변화시킨 근본 동력이라고 보았기 때문이다. 그러므로 서양의 물질문명, 특히 과학기술을 취할 것이냐 버릴 것이냐를 두고 갈등할 것이 아니라 동양이 서양을 앞지르려면 무조건 받아들여야 한다고 주장했다. 짚고 넘어갈 점은, 서양의 학문과 기술 도입을 강조하는 논설이라도 동양 문명과 서양 문명을 여전히 대등하게 보고 있다는 사실이다. 아직은 서양을 문명으로 보고 동양을 야만으로 보는 이분법적 구도가 없었다.[7]

'서양=문명'의 문명관은 '개화'를 표방한 갑오개혁에 이어 '문명' 전파에 총력을 기울인 《독립신문》 창간을 전후하여 본격적으로 전파되었다. 《독립신문》에서 문명은 '서양', '유럽', '일본', '개화', '개명', '진보'와 동의어였다. 서양의 제도, 문물, 행위 등을 문명으로 보았다. 이에 비해 천하의 중심이던 중국, 곧 청은 더는 문명국이 아니었다. 《독립신문》은 청을 문명의 반대, 즉 야만의 나라라고 혹독하게 비판했다. 서양이 갖춘 문명의 요소를 모두 결여하고 있으며, 어리석고 천하고 더러우며, 나라를 위하는 마음이 없으며, 천대받고도 천대받는 줄 모르는 나라가 바로 청이라고 했다. 또한 일본은 단점을 부끄러워하며 고치려 노력하여 동양의 일등국에 오른 반면, 청은 교만하여 자기 허물을 고치지 않았다고 주장했다. 또 한국의 인민들은 편히 놀면서 일하기 싫어하며 게으르고 거짓말 잘하고 의존적이고 의심이 많고 믿음이 부족하다고 평가했다. 그러니 이제라도 부끄러움을 알고 서양처럼 부강하고 자주독립해야 하며 문명화해야 한다는 것이었다.[8] 여기에서 문명화란 정신 상태에서 생활 태도까지 모든 것을 바꾸는 것, 즉 의식주의 철저한 서양화를 의미한다.[9] 이렇듯 '문명=서양=부강=자주독립'이라는 문명관은 19세기에서 20세기로 넘어오는 길목에서 자연스럽게 받아들여지고 있었다.

개신유학자들이 펴낸 《황성신문》은 《독립신문》처럼 서양의 것을 이식해야 한다는 태도에서 벗어나서 문명의 핵심이라 여긴 정치와 법령에 관심을 가졌다. 동시에 서양 열강의 군비 확장과 약육강식의 태도를 비판했다. '서양=문명'이라는 문명관을 수용하면서도 문명의 음과 양, 두 측면을 모두 보고자 했다. 하지만 나라가 점점 위기의 수렁에 빠져들자, 당장의 생존 전략으로 문명을 이루어야 부강할 수 있다는 '문명부강론'을 펼쳤다. 이번에는 부강으로 이끌 문명으로 서양 학문에 주목했다. 실용적인 서양 학문을 배워 인민의 지적 수준을 높이는 것이 부강을 이루는 방법이라고 보았다.

1905년에 을사조약이 체결되자, 너나할 것 없이 지식인들은 국망의 위기를 타개할 방책을 마련하느라 골몰하면서 문명을 화두로 삼았다. 문명에 대한 논의가 깊어지면서 '서양=문명'의 문명관이 시민권을 획득하는 동시에 분화하는 경향을 보였다. 서양 문명을 물질문명과 정신문명으로 나누면서 서양 문명의 핵심을 물질문명으로 보고, 이를 강조하는 흐름이 등장했다. 당장 부강을 달성하기 위해서는 물질문명에 정진하자는 주장이었다. 윤리문명만을 숭상하고 물질문명을 경시하여 이용후생의 자질이 결핍되고, 그로 인해 실업이 늘고 국력의 부패가 심한 현실을 돌파해야 한다는 것이었다.[10]

그렇다면 정신문명은 어디에서 구할 것인가? 다시 유교로 돌아가자는 주장도 생겨났다. 박은식은 유학의 장점인 도덕을 문명의 핵심적인 부분으로 재구성하고자 했다. '동양 문명'이라는 용어도 등장했다. "지금은 동양 문명의 시대이니 오륜의 도를 갖춘 한국인이 도덕상의 제왕이 될 수 있다"라는 주장이었다.[11]

이처럼 서양의 물질문명과 동양의 정신문명으로 분별하려는 신구 절충적인 입장이나, 서양과 일본을 한데 묶어 오랑캐로 보는 위정척사적 태도가 미약하나마 공존하는 가운데 '서양이 곧 문명'이라는 인식의 전환이 이루어졌다. 서양 문명으로의 진입은 돌이킬 수 없는 대세가 되었다.[12] 구문명과 신문명이 병존하면서도 정치, 사회, 문화, 사상, 교육 전반이 서양 문명의 모습으로 탈바꿈한 나라를 꿈꾸는 세상이 된 것이다.[13]

한편 '서양=문명'의 문명관은 일본인들에게 한국 침략을 합리화하는 논리로 작동했다. 서구 문명을 받아들여 문명국이 된 일본이 낙후한 한국을 지도하여 문명국으로 만들어야 한다는 '문명지도론'이 득세했다.[14] 독자적으로 발전할 가망이 없는 한국을 문명의 세계로 이끌기 위해 온 사도가 바로 일본이라는 '문명화 사명론', 즉 제국주의적 논리는 식민 통치 내내 힘을 발휘했다.[15] 서양이 문명이고 문명이 곧 일본이라는 '서양=문명=일본'의 등식에 입각한 식민주의적 문명관이 작동한 것이다. 반면 인민들이 절감한 것은 선진 문명국이 문명화를 구실로 비문명화된 국가를 침략하는, 즉 문명의 제국주의적 속성이었다.

서양인이 본 문명화의 가능성

19세기와 20세기 초 격변의 시대에 조선과 대한제국을 방문한 서양인들이 있었다. 인민에게 낯선 이방인이자 서양인, 즉 '문명인'이었다. 이 땅을 찾은 서양의 외교관, 선교사, 기자, 여행가 들은 동방의 해 뜨는 나라와 백의민족에 대해 다양한 여행기를 남겼다. 그들은 세계를 여행하거나 일본 혹은 중국에 왔다가 한반도에 들른 경우가 많았다. 그들 서양인의 눈에 비친 조선과 대한제국은 과연 서양화, 즉 문명화될 가능성이 있는 나라였을까? 만약 그렇다면 무엇에 기대어 문명화에 도달할 수 있다고 생각했을까? 서양인들은 기행문에서 대개 인민들의 풍속, 서울의 거리, 왕실의 모습 등을 그렸지만, 이 질문에 대한 이야깃거리들도 중간중간 남겨놓았다.

선교사를 비롯하여 서양인들은 인민 속에서 문명화의 가능성을 찾았다. 그들은 조선과 대한제국의 국가 권력에 대해서는 한결같이 부정적으로 평가했다. 동아시아 정세가 급변하는 상황인데도 문명화 혹은 개혁에는 관심이 없고 오직 사적 이익만을 좇는 무능한 권력이라는 게 그들의 생각이었다. 오스트리아 여행가 헤세-바르텍은 1894년에 조선을 다녀간 후 쓴 여행기에서 조선은 크게 발전할 수 있는 자연적인 조건을 갖추었지만, 그 모든 종류의 발전을 혐오하는 가련한 정부가 그것을 가로막고 있다고 비판했다. 발전을 위한 여러 노력조차 방해하고만 있다고 혹평했으며, "정부가 도둑이나 다름없는 관리들이 국민들을 조직적으로 강탈하는 것을 눈감아주고 있다"며 분개했다.[16] 관리들의 부정부패가 조선의 문명화를 가로막는 가장 큰 걸림돌이라는 것이다.

정부가 추진하는 모든 사업은 지지부진한 상태다. 왕에게 보고된 것 중 왕이 훌륭하다고 여기는 모든 일들은 대개 시작이 대단히 좋다. 하지만 그걸로 끝이다. 왕은 이런저런 훈령을 발표하고 정부는 그에 필요한 자금을 지원한다. 그런데 이 돈은 슬그머니 관리들의 주머니 속으로 들어가버린다. 군사제도, 즉 대포나 새로운 무기를 조달하는 경우나 증기선, 항로, 양잠 사업 등도

비슷한 일을 겪는다.[17]

20세기에 대한제국을 찾은 러시아 민속학자 바츨라프 세로셰프스키의 생각도 이와 같았다. 더욱이 그는 인민이 무능하고 무기력한 권력에 억눌려 있다는 점을 안타까워했다.

관리들은 왕권과 구습을 지키는 데 철저한데, 이는 그 구실 아래 자신의 모든 불법 행위를 정당화할 수 있기 때문이었다. 이러한 체제에서 인민의 삶은 초상집 같은 무거운 분위기이고 모든 것이 억눌려 있어 일본에서 느껴지는 생동감이나 진취성을 볼 수 없다. 마치 오래 앓아 욕창 생긴 몸처럼 조금만 바깥 바람을 쐬어도 바짝 움츠러든다.[18]

이제 대한제국은 관리조차 희망을 갖지 않는 나라였다. 세로셰프스키의 통역사였던 신문균은 이렇게 개탄했다.

도대체 희망이 보이지 않아요. 교육도 하고 학교도 열고 학생들 유학도 보내야 하는데 돈이 없습니다. 돈이 없는 건 관료들이 도둑질해가기 때문이고, 관료들이 도둑질을 하는 것은 적은 급료에 물가는 자꾸 오르는데 관료들의 연금은 수년 전과 똑같기 때문이고, 급료가 적은 것은 국고에 돈이 없기 때문이지요.[19]

탈출구가 보이지 않는 현실에 더해 산업 발달에 대한 전망마저 절망적이었다. 1885년에 조선에 대한 분석서를 내놓은 러시아 외교관 미하일 알렉산드로비치 포지오는 이렇게 평했다.

조선에서 산업은 원시적이고 미개한 상태에 놓여 있다. 이와 같은 현상은 200여 년 동안 조선인들과 이웃 나라 국민들 사이에 아무런 교류도 존재하지 않았으며, 조선인들은 극히 예외적인 경우를 제외하고는 노동의 분업과 전문화에 대하여 전혀 알지 못하기 때문에 발생한 것이다.[20]

서양인들은 권력이나 산업이 아닌 인민의 교육열에서 문명화의 가능성을 포착했다. 세로셰프스키는 무능한 정부에 기대기보다 일단 배우고 보자고 나서는 인민의 교육열에 주목했다. 인민들이 훈장을 모셔와서 서당을 열고 운영 경비 일체를 대면서 아이들을 공부시키는 것을 보고 세로셰프스키는 "지식욕이 보여주는 이상주의는 정말이지 전 세계에서 어느 누구도 따라갈 수 없을 것이다"라고 감탄했다.[21]

1888년에 조선에 들어와서 선교사 언더우드와 결혼한 릴리어스 호톤 언더우드의 회고에 따르면, 조선인들은 서양 문물에 대한 지식 부족, 즉 문명화되지 못했기 때문에 나라가 망했다고 생각하여 많은 교육단체를 만들었다고 했다. 조선인들이 교육을 문명화의 최우선 수단으로 생각했다는 것이다.[22] 독일 기자 지그프리트 겐테는 외국어학교에서 문명화의 가능성을 엿보았다.

잠자는 동화의 나라에도 새로운 시대가 온다. 넓은 아량과 명석한 두뇌를 지닌 한민족은 아마 이웃 나라보다 더 신속히 서양의 사고방식과 제도의 물결에 휩싸일 것이다. 마지막으로 서울의 독일어학교를 방문했을 때, 언젠가 조선도 급변하리라는 확신이 들었다. 독일어학교가 번창하고 발전하는 모습은 조선인들의 무한한 가능성을 보여주는 확실한 증거이다.[23]

문명화의 가능성을 기독교를 받아들인 인민에게서 찾는 서양인도 있었다. 기독교에 대한 기대는, 인민이 자발적으로 받아들여 뿌리내린 조선의 천주교 역사에 대한 신뢰에서 비롯되었다. 세로셰프스키는 극동에서 천주교가 자생적으로 전파된 유일한 나라가 조선이라며, 유럽인의 참여도 없고 외교적이거나 상업적인 고려도 아무런 역할을 하지 않은 점에 주목했다. 그는 천주교가 교인 수는 적지만 인민의 가슴속에 깊이 뿌리내리고 있다면서, 그 이유로 천주교가 처음부터 가난하고 억압된 사람들의 종교였기 때문이라고 보았다.[24] 기독교를 통한 문명화에 대해 언더우드 부인은 문명이라는 단어를 직접 거론하며 적극적으로 평가했다.

조선인들은 서양 문명에서 가장 훌륭한 것, 그리고 인간의 용기를 자극하고 최상의 결과를 가져다주는 원동력이 바로 기독교 신앙과 사랑임을 배우고 있다. 기독교 원리가 심어지고 그 정신이 뿌려진 곳에는 문명이 이루어졌거나 이루어지고 있다.[25]

언더우드 부인은 기독교인들이 기독교 정신과 기독교 교육을 통해서만이 정치와 사회 해방이 가능하다는 신념을 갖고 있다고 보았다. 물질문명보다는 정신문명의 개화를 더 중시했다는 것이다. 언더우드 부인은 기독교인들이 어느 때보다 더 열심히 개화를 추구하며, 진보와 문명은 흰옷 대신 색깔 있는 옷을 입고 머리를 자르는 데만 있는 게 아니라는 점을 분명히 인식하고 있다는 점을 높이 평가했다. 정신적이고 도덕적으로 조선을 문명화로 이끌 선각자는 기독교인이라는 것이 그녀의 신념이었다. 조선에서 선교사로 활동하던 게일은 "열렬한 기독교인이면서 또한 젠틀맨으로 시내에서 가장 훌륭한 수학 선생이라는 칭호를 듣는 젊은 이"를 보며 "이 오래된 그림 같은 세계"의 구석이 언젠가는 평범한 서양이 될 것이라는 기대를 품었다.[26] 그런 기대는 게일이 소개한 어느 선교사의 편지에도 잘 드러나 있다.

한국인들은 어떤 점에 있어서는 내가 본 중에 가장 훌륭한 사람들입니다. 그들은 완전히 부패하고 강압적인 정부 치하에서 마치 무감각하게 잠들어 있는 것처럼 보일 뿐입니다. 기독교는 그들이 가장 필요한 시기에 들어왔고 그들이 가장 필요한 것을 충족시키고 있습니다. (……) 국민들의 생활은 절망에서 어떤 예외를 받아들이려는 생생한 정의감으로 맹렬히 변하였습니다. 작고 어두운 토담집 안에서 끊임없이 계속되던 말다툼과 싸움이 멈출 때마다 이웃 사람들은 이렇게 말할 것입니다. "어쩌면 아무개는 예수쟁이임에 틀림없어. 그들은 아주 조용해졌거든." 내가 보기에도 그 집은 훨씬 더 깨끗해졌고, 4일이 더 지난 후에 나는 그 여자의 얼굴 표정에서 그가 기독교인이 되었음을 알게 되었습니다.[27]

기독교인이 곧 문명화의 척도인 것이다. 기독교를 통한 문명화의 가능성을 높게 산 언더우드 부인은 조선인에 대한 서양인의 편견을 조목조목 반박했다. 조선인을 게으르고 무디고 어리석고 느리고 열등한 민족이라고 하는데, 이는 그들을 잘 모르는 여행자이거나 겉모습만 보고 판단한 것이라고 일갈했다. 그녀가 볼 때, 조선인은 낙천적이고 태평스럽고 감정적이고 인정이 많고 친절하고 너그러운 사람들이었다. 그 점에서 아일랜드 사람과 비슷하다고 했다. 그리고 그러한 변화를 이끌어낸 것은 바로 문명화, 즉 기독교인화였다. 조선의 기독교인들은 "독립성이 있으며 술도 마시지 않고 신앙심도 두텁고 부지런하며 열심히 배우려 한다"는 것이다.[28] 이처럼 언더우드 부인은 기독교를 통한 조선의 문명화를 확신하며 조선인에게 무한한 신뢰를 보냈다.

　미국인이나 유럽인과 똑같은 능력과 정열과 창의성과 재주를 지닌 조선인들을 우리는 많이 알고 있다. 그들은 일본인들처럼 싸움꾼도 아니고 중국인들처럼 장사치도 아니다. 그들에게는 일본인들의 경박성과 저돌적인 충동 기질도 없고 중국인들의 무딘 보수성도 없다. 그들은 이 두 민족보다 우수하지 않을지 몰라도 적어도 동등하다.[29]

　1893년에 선교사로 건너온 무스(J. R. Moose)는 기독교가 조선을 어두운 과거로부터 해방시켜 더 맑고 나은 시대로 이끌어가고 있다고 단언했다. 시골 마을마다 교회가 들어서면서 술고래가 맑은 정신으로 살게 되었고, 투전꾼은 도박을 끊고 성실한 일꾼이 되었다. 매일 싸우기만 하던 부부는 서로 사랑하고 돕겠다고 서약했다. 도둑은 자신의 범죄를 고백하고 훔친 물건을 돌려주거나 돈으로 갚았고, 살인한 사람은 관청에 찾아가서 자수를 했다. 이처럼 놀라운 일상의 변화를 가져온 것이 바로 기독교라고 했다. 무스는 기독교가 마을 사람들의 삶에 불어넣는 힘이 바로 조선의 미래를 열어가는 열쇠라고 보았다. 그렇기에 그는 기독교를 통한 문명화의 가능성을 확신했다. 그는 자신의 회고록을 이렇게 끝맺고 있다. "조선의 시골 마을들을 완전히 기독교화하라. 그러면 조선인들은 행복하게 잘 살 수 있는 미래가 보장될 것이다. 누가 정치권력을 잡든지 간에 말이다."[30]

서양인의 눈에 조선과 대한제국 지배층의 폐쇄성은 이슬람 국가에 뒤지지 않았다. 하지만 인민은 달랐다. 천주교를 받아들일 때처럼 기독교의 전래에 배타적이지 않았다. 이는 일본인이나 중국인과는 사뭇 다른 모습이었다. 중국에는 많은 수의 선교사가 활동했지만, 기독교를 서양 열강의 앞잡이라며 거부감을 보이는 일이 많았다. 일본에서는 주로 지식인과 학생들이 서양 문명에 대한 관심으로 기독교인이 되는 일이 많아 인민 속에 기독교가 널리 확산되지 못했다. 1910년 무렵에는 중국이나 일본보다 한국의 기독교인 수가 더 많았다. 그러니 복음의 전도사이자 문명의 사도라는 자부심을 가지고 한국 땅을 찾은 서양 선교사들에게 한국의 인민은 문명의 가능성을 기대하게 하는 '깨어 있는 민족'이었다.

문명화를 선택한 개화파'들'

서양인들은 기독교를 통한 문명화의 주체로 인민에 주목했다. 반면 문명화의 최대 적으로 무능하고 부패한 권력을 꼽았다. 하지만 권력 안에도 문명화를 선택한 일군의 정치 세력이 있었다. 개화파가 그들이었다. 문명화를 추구한 정치 개혁, 즉 갑신정변, 갑오개혁, 독립협회 운동을 이끈 이들이 개화파였다.

개화파는 조선 후기 실학을 계승하며 1860년대 청의 양무운동에 주목했던 박규수, 유홍기, 오경석 등이 양성한 후진들이었다. 양무운동은 서양 문물을 수용하여 부국강병을 이루고자 한 자강운동이었다.[31] 박규수는 실학자 박지원의 손자로, 1862년 농민항쟁 당시 조세 개혁을 주장하며 삼정이정청이 설치되는 데 큰 역할을 한 고위 관리였다. 유홍기와 오경석은 역관 집안 출신으로 대외 사정에 밝았다. 세 사람은 자주적 문호 개방을 준비하기 위해 북촌에 사는 박규수의 사랑방에서 김옥균, 김윤식, 김홍집, 박영교, 박영효, 서광범, 유길준, 홍영식 등의 개화파를 키워냈다. 개화파는 1870년대부터 정치 세력으로 면모를 드러냈으며, 서양의 제도와 문물을 받아들여 부국강병을 이루는 것을 목표로 삼았다. 그러나 그들은 1882년 구식 군대의 봉기로 시작된 반개화운동인 임오군란을 전후하여 갈라섰다.

김옥균, 박영효, 서광범, 서재필, 윤치호 등의 급진개화파는 청의 종주권을 부인하며 자주독립을 지향했다. 그들이 개혁의 모델로 삼은 것은 일본의 메이지 유신이었다. 그들은 갑신정변이라는 급변 사태를 촉발하여 정권을 장악하려 했다. 그러나 3일 만에 청국의 개입으로 실패하면서 피살되거나 일본으로 망명했다. 한편 김홍집, 김윤식, 어윤중 등의 온건개화파는 청과의 사대 관계를 인정하면서 청의 양무운동을 모델로 삼아 개혁을 추구했다. 그들은 서양 문명을 무조건 다 받아들일 것이 아니라 선별적으로 무기와 산업기술 등 과학기술 문명을 수용할 것을 주장했다. 그들은 갑신정변에 가담하지 않고 오히려 청국의 지원을 받아 일시적으로 집권했다가 고종과 민씨 척족에 배척당하여 정치적 영향력을 상실했다. 하지만 10년 뒤 갑오개혁에서는 일본의 후원 아래 급진개화파와 온건개화파가 정치적으로 복권되면서 개혁을 주도했다.

급진개화파와 온건개화파 외에도 1880년대부터 개화정책과 외교정책의 실무자로 활약하다가 갑오개혁을 계기로 정치 세력으로 떠오른 개화 세력이 있었다. 박정양, 이완용, 이하영, 이채연, 이상재 등이 그들이다. 그들은 1887년 박정양 초대 주미 전권공사와 함께 미국에 파견된 적이 있었다. 이들은 미국의 부국강병을 개혁의 모델로 삼았으며, 친미 외교를 기반으로 반청·반일·반러의 세력 균형을 추구했다. 이들을 친미개화파로 부르기도 한다. 친미개화파는 갑오개혁에 참여하면서 1895년에는 정동구락부를 조직하여 정치 세력화를 시도했다. 이후 아관파천 시기에 개혁 정치를 주도하고 독립협회 창립을 이끌었다.[32]

급진개화파, 온건개화파, 친미개화파는 모두 서양 문명을 수용할 것을 주장했으며, 더 나아가 조선의 문명화를 촉진하는 개혁에 앞장섰다. 문명화의 폭과 수단에 대한 생각이 달라 갈라서긴 했지만, 그들이 갖고 있던 문명의 상은 크게 다르지 않았다. 1884년 갑신정변을 일으킨 급진개화파의 〈혁신정강〉은 인권 존중과 평등 보장을 선언한 개화파의 첫 문명화 선언이라 할 수 있다.[33] 여기에서 급진개화파는 청에 대한 조공을 폐지하여 책봉–조공 체제의 중화문명권에서 탈피할 것을 주장했다. 청의 속국이라는 처지에서 독립하는 것이 서양 문명으로 대전환하는 첫 걸음이라 생각했기 때문이다. 대내적인 개혁의 화두는 인민 평등권의 실현이었다. 문벌–신분제도를 폐지하고 인민 평등권을 구현함으로써 이를 부국강병을 위한 문명화의 기초로 삼겠다는 것이었다.[34]

김옥균은 갑신정변에 실패하자 일본으로 망명한 후 1885년 고종에게 올린 〈상소문〉에서 문명화에 의한 부국강병의 길을 제시했다. "밖으로는 서양 각국과 신뢰에 바탕을 둔 외교를 펼치고 안으로는 정치를 개혁하여 문명의 방법으로 인민을 깨우치고 병사를 기르며 재정을 정리하고 상업에 힘쓸 것"[35]을 촉구했다. 또한 양반을 없애고 문벌을 폐지하여 인재를 선발할 것을 거듭 강조했다.

박영효도 갑신정변이 실패하자 일본으로 망명했다. 그는 1888년 고종에게 올린 상소문인 〈건백서〉에서 문명화를 통한 부국강병의 길을 종합적이고도 상세하게 제시했다. 세계는 강자가 약자를 병합하고 대국이 소국을 삼키고 서양의 문명한 강대국조차 패망을 당하는 약육강식의 냉혹한 전쟁터이니, 동양의 미개한 약소국으로서 패망하지 않으려면 부국강병에 힘써야 한다고 주장했다. 그 부국강병의 원천은 인민에게 있다고 보았다. 그러므로 국가는 군주권을 제한하고 인민을 편안하게 다스리고 인민을 속박하지 않으며 국법을 굳게 지키는 데 힘써야 한다고 했다.[36] 이처럼 과감한 주장을 담은 〈건백서〉를 고종에게 올린 것을 볼 때, 여전히 급진개화파는 권력의 최정점인 왕을 압박하여 개혁을 추진해야 한다는 의식이 강했음을 알 수 있다. 이들의 강한 권력 지향성은, 1894년 봄에 김옥균이 리훙장(李鴻章)을 만나 동양의 평화를 논한다면서 상하이까지 가는 무리수를 두다가 고종이 보낸 자객 홍종우에게 살해된 것에서도 잘 드러난다.

박영효가 고종에게 〈건백서〉를 올려 문명화의 길을 촉구할 무렵, 유길준은 《서유견문(西遊見聞)》을 써서 서양 문명의 실상을 소개했고, 박정양은 《미속습유(美俗拾遺)》를 써서 문명국으로서의 미국을 알렸다. 《서유견문》에서 유길준은 서양 여러 나라를 유람하며 직접 보고 들은 것을 기록하는 한편 그가 생각하는 문명화의 길을 제시했다. 유길준은 개화의 등급을 '미개 → 반(半)개화 → 개화'로 매겼는데, 서양 열강만이 개화 단계에 이르렀고 조선은 아직 반개화의 단계라고 했다. 또한 개화에는 실상개화와 허명개화가 있는데 자기 나라의 실정에 맞게 새 문화를 받아들이는 것을 실상개화라고 보았다. 조선의 실정에 맞게 서양 문명을 섭취해야 하는데, 오늘날 서양만이 개화되어 있으니 그 문화를 허심탄회하게 받아들여 개화해야 한다는 것이었다. 특히 그는 서양의 제도에 주목했다. 서양이 부강한 것은 좋은 제도를 운영했기 때문이라는 것이다. 그는 영국을 모범으로 제시했다. 영국의 입헌군주제는 가장 이상적인 정치제도이며, 영국의 자본주의는 인류가 도달할 수 있는 가장 좋은 체제라고 평가했다.[37]

박정양은 미국에 외교관으로 파견되었을 때 보고 듣고 경험한 바를 바탕으로 1888년에 《미속습유》를 집필했다. 그는 이 책에서 미국의 역사, 문물, 제도 등을 구체적으로 소개하고 논평했다. 또한 조선이 처한 국내외 상황과 연관 지어 파악하고자 했다. 그는 미국이 영토가 광활하기 때문에 다른 나라의 영토를 획득하는 데 관심이 없다고 보았다. 그래서 다른 외세와 달리 조선의 자강과 자주를 지지해줄 수 있는 나라라고 했다. 그는 미국인이 영국에 대항하여 독립을 쟁취한 과정과 부강 및 민주주의의 토대를 닦은 초대 대통령 조지 워싱턴에 주목했다. 이를 통해 조선이 청의 압력에서 벗어나서 자립해야 하는 당위성과 조선의 위정자들이 본받아야 할 모범적인 지도자상을 제시하고자 했다. 그는 미국의 정치체제가 주권재민 사상에 바탕을 둔 공화제와 삼권분립제에 있다고 파악하고, 행정부·입법부·사법부의 구성과 기능을 자세히 소개했다. 인권을 보호하고 법을 공정하게 시행하기 위한 3심제도와 공개재판제도 등도 알렸다. 또한 미국이 평등한 민주사회로서 신분, 직업, 성별의 차이가 없으며 인도주의에 입각한 사회복지를 펴고 있다고 긍정적으로 평가했다. 박정양은 미국이 부강한 이유로 국민교육제도를 꼽았다. 서양 문명을 정치 이념과 제도 측면에서 접근하여 민주주의의 이념, 원리, 제도 등을 포괄적으로 이해하고 있어 주목된다. 박정양은 《미속습유》를 통해 미국을 알리는 데 그치지 않고, 갑오개혁기에 미국식 교육제도의 도입을 추진하기도 했다.

개화파는 1880년대 이래 문명화를 이끈 주역이었다. 보수적 분위기가 압도하는 정치 현실 속에서 정치 노선과 방식의 차이로 인해 서로 다른 길을 갔지만, 개화파'들'은 각자의 자리에서 문명화의 사도가 되어 선진적이고 구체적인 대안을 제시했다.

지금까지는 개화파의 문명화 정책을 친일, 친청, 친미, 즉 외세 의존적이라는 민족주의적 시각에 초점을 맞추거나 반민중적이라고 평가하는 의견이 많았다. 개화파는 1862년 농민항쟁을 목도하고 1884년 갑신정변 당시 내놓은 개혁안인 〈혁신정강〉에 인민의 요구를 반영하고자 했으며, 민씨 척족에 맞선 권력 내의 소수자, 즉 비주류였다. 10년의 핍박 끝에 1894년에는 동학농민군의 요구를 수용하며 갑오개혁을 실시했다. 권력의 바깥에서는 《독립신문》을 창간하고 독립협회를 만들어 인민에게 다가갔다. 이처럼 개화파는 권력 안팎에서 '인민파'로 활약했으나, 그들에 대한 평가는 여전히 인색하기만 하다. 민주주의적 시각에서 보자면, 인민과 권력 내 '인민파', 즉 개화파는 독립협회가 생겨날 무렵부터 소통하고 연대하며 전환의 시대에 능동적으로 대처하고자 했으나, 정작 고종을 비롯한 권력의 핵심부는 위로부터의 개혁에 적극적으로 나서지 않은 것이 못내 안타까울 뿐이다.[38]

2
문명화의 지름길, 신문

인민의 신문, 《독립신문》

신문은 나라 안 소식과 바깥 세상 소식을 알려주는 통로였다. 특히 자국어로 쓰인 신문은 인민의 문명화에 가장 효과적이며 민권을 깨우치는 데 위력적인 병기였다. 문명화를 주장하는 개화파라면 누구나 인민의 문명화를 위한 신문의 창간에 관심을 보일 수밖에 없었다. 1881년에 조사시찰단의 일원으로 일본을 다녀온 박영효가 열성을 보인 사업이 바로 신문 창간이었다. 그는 한성판윤으로 있으면서 신문 창간을 준비했다. 1881년에 조사시찰단으로 갔다가 일본에 눌러앉아 공부하던 유길준도 임오군란이 일어나자 학업을 중단하고 귀국한 뒤 신문 간행을 도왔다.

〈신문국장정〉을 마련하고 국한문 혼용의 해설문과 기사를 써두었다. 유
길준은 일본에 체류할 당시에 후쿠자와 유키치가 운영하는 신문인《지
지신보(時事新報)》1882년 4월 21일자에 '조선인 유길준'이란 이름으로
'신문의 기력(氣力)을 논함'이라는 제목의 논설을 투고한 적이 있었다.
이 글에서 유길준은 "신문은 위로는 정부가 덕으로 다스리는 정치를 돕
고, 아래로는 국민에게 복을 가져다준다. 그러므로 정치가 잘 다스려지
기를 원하는 나라에는 신문이 있어야 한다"라고 주장했다. 유길준의 꿈
은 박영효가 보수파의 견제를 받아 광주 유수로 좌천되면서 좌절되었
다. 그래도 순한문 신문인《한성순보》는 개화정책의 일환으로 1883년
에 박문국에서 창간되어 1884년 갑신정변으로 중단될 때까지 발간되었
다.《한성순보》는 관리와 일부 지식인만이 읽을 수 있었을 뿐 아직 인민
은 접하기 어려운 신문이었다. 1886년에 국한문 혼용에 순한글, 순한문
을 섞은《한성주보》가 창간되어 2년여 동안 발간되었지만, 여전히 권력
을 위한 신문이었다.

개화파는 인민을 위한 신문 창간의 꿈을 이어갔다. 그들은 언론의 자
유라는 가치를 인식하고 있었다. 박정양은《미속습유》에서 언론의 자유
를 누리는 신문의 중요성을 강조했다.

신문은 정부로부터 자유권을 허락받아 비록 전현직 대통령의 악행일지라
도 구애받지 않고 싣는다. 일이 있으면 바로 쓰고 들은 바가 있으면 반드시 적
어내어 조금이라도 거리낌이 없다. 개인적 의견이 일시에 밝혀져 만인의 눈에
드러나고 만인의 입으로 퍼지니 누구도 가리거나 비호할 수 없다. 그러므로
관민이 맹호보다도 더 두려워하여 각자 근신한다. 이 역시 풍속을 장려하는

데 일조한다.[39]

유길준은 《서유견문》에서 박정양과 같은 주장을 펼쳤다. 또한 세상 물정을 훤하게 알고 견문을 넓혀 살 길을 도모하는 것은 물론 인민의 마음을 하나로 합치는 데 신문이 제일 좋다고 주장했다. 신문이 문명화에 큰도움을 준다는 것이었다.[40]

갑신정변이 실패하자 화를 피해 일본을 거쳐 미국으로 건너갔던 서재필이 1895년에 돌아왔다. 유길준은 서재필을 반갑게 맞았다. 두 사람은 신문을 창간하기로 의기투합했다. 서재필이 교육, 특히 민중 계몽을 위해 신문 발간이 긴요함을 역설하자 내부대신 유길준은 재정 지원을 약속했다.[41] 서재필은 서양인들이 발간하던 월간 잡지 《코리안 리포지터리 (*The Korean Repository*)》 1896년 3월호에 기고한 '오늘날 한국이 가장 필요로 하는 일'이라는 제목의 논설에서 "정부는 국민의 실정을 알아야 하고 국민들은 정부의 목적을 알아야 한다. 정부와 국민 상호 간에 이해를 갖게 하려면 쌍방에 대한 교육뿐이다"라고 주장했다. 여기에서 교육은 자국어로 된 신문을 의미했다.[42]

인민을 위한 신문을 창간하는 데는 박정양을 비롯한 친미개화파도 힘을 보탰다. 1895년 박영효 내각이 실권하면서 정권을 장악한 김홍집 내각은 일본인이 간행하는 《한성신보(漢城新報)》에 대항하는 한글 신문 발행을 시도했다. 하지만 민비 시해 사건으로 실각하면서 좌절되었다. 아관파천으로 정권을 잡은 친미개화파는 서재필이 《독립신문》을 창간하도록 지원했다. 창간비 전액을 대주고 서울 정동에 있던 정부 건물을 신문사 사옥으로 제공했다. 신문 창간 이후에도 농상공부의 인가를 받아

관보와 똑같은 우편상의 편의를 제공했다. 관청에 대한 취재의 자유를 허락하고, 정부 관리는 물론 전국의 지방관과 각급 학교에 《독립신문》 구독을 지시하는 등 전폭적으로 지원했다. 이렇게 인민을 위한 신문의 탄생에는 계파를 초월한 개화파의 실력과 지원이 뒷받침되었다. 개화파 모두가 인민을 위해 함께 만들어낸 신문이 바로 《독립신문》이었다. '독립'이라는 두 글자는 "나라는 외세의 종속에서 벗어나고 나는 나를 길들여온 의존의 문화에서 벗어나야 한다"라는 서재필의 생각에서 나왔다.[43]

《독립신문》은 1896년 4월 7일에 창간되었다. 지금은 이날을 신문의 날로 기념하고 있다. 왜 최초의 근대 신문인 《한성순보》가 창간된 1883년 10월 1일이 아닌 《독립신문》이 창간된 날을 기념하는가. 《독립신문》을 창간한 주역은 서재필이고, 《한성순보》를 구상한 사람은 박영효다. 두 사람은 모두 급진개화파로 갑신정변의 주역이었다. 《한성순보》는 근대 개혁을 추진하던 정부 기구인 통리기무아문의 박문국이 제작했던 순한문의 정부 기관지로서 갑신정변과 함께 역사 속으로 사라졌다. 반면에 《독립신문》은 1894년 동학농민전쟁 이래의 사회 변화와 인민의 성장을 바탕으로 탄생한 신문이었다. 인민을 계몽하고 인민을 대변하고자 한 순한글 신문이었다. 한글로 기사를 작성하고 상업 광고를 게재했으며 시골에 사는 범부와 아낙까지 독자로 여기는 신문은 《독립신문》이 처음이었다.

우리 신문이 한문을 아니 쓰고 다만 국문으로만 쓰는 것은 상하귀천이 다 보게 함이다. 또 국문을 이렇게 구절을 띄어쓴즉, 아무라도 이 신문 보기가 쉽고 신문 속에 있는 말을 자세히 알아보게 함이다. (……) 우리 신문은 빈부귀천을 막론하고 이 신문을 보고 외국 물정과 내지 사정을 알게 하려는 뜻이니, 남녀노소 상하귀천 간에 우리 신문을 하루 걸러 몇 달간 보면 새 지각과 새 학문이 생길 걸 미리 아노라.[44]

《독립신문》이 인민 계몽을 위해 한글 전용을 선택한 데는 숨은 주역이 있었다. 국문학자 주시경이었다. 주시경은 일찍이 문명국은 모두 자국어로 읽고 쓴다는 것을 알고 한글을 연구하기 시작했다. 《독립신문》 창간을 준비하며 한글 전용을 고민하던 서재필과 당시로서는 드문 한글 전용론자였던 주시경의 운명적 만남은 배재학당에서 이루어졌다. 《독립신문》이 기울인 한글 전용의 노력은 한글 띄어쓰기와 쉬운 한글 쓰기의 실현으로 더욱 빛을 발했다. 인민이 쉽게 읽을 수 있는 자국어로 된 신문을 만들겠다는 결단의 발현이라 할 수 있다.

《독립신문》의 사장 겸 주필은 서재필이 맡았고, 주시경은 회계 겸 교보원(校補員)이 되어 국문판을 맡았다. 총 4면의 《독립신문》은 국문판 3면, 영문판 1면으로 구성되었다. 영문판 《The Independent》는 서재필이 편집과 제작 책임을 맡았다. 관청 출입 기자 1명과 시내를 돌아다니는 취재 기자 1명을 두었고, 인쇄공을 고용했다. 처음에는 주 3회(화, 목, 토) 발행하는 격일간지로 출발했다. 영문판을 낸 이유는 "우리 한국 사정을 널리 세계 각국에 소개하여 우리 한국 사람은 이러한 문자로 이러한 신문을 발행하는 문명인이라는 것을 세계에 인식시키기 위함"이었다.[45]

신문 1면에는 '논설'과 독립신문사의 공지 사항을 알리는 '사고(社告)'를 실었다. 논설은 주로 서재필이 썼는데, 주요 현안에 대한 계몽적 논설을 게재했다. 2면은 정부의 인사 이동, 고종의 칙어, 정부 소식 등을 실은 '관보'와 로이터 통신에서 받은 외국 소식을 전하는 '외국 통신', 인민 모두가 알아야 한다고 판단되는 소식을 실은 '잡보'로 구성되었다. 3면은 매일의 물가 변동을 보도하는 '물가'와 '우편 배달·발송 시간표', '제물포 윤선(輪船) 출입항 시간표', 돈을 받고 싣는 회사 또는 개인의 '광고'로 꾸며졌다.

신문 한 부의 가격은 얼마였을까? 창간 당시에는 정기 구독자에 한해 월 12전, 연 1원 30전이었다. 가두판매의 경우에는 1부에 1전씩 받았다. 실제 제작비는 1부에 1전 6리가 들어가는데 1전에 팔았으니 적자였다. 1897년 1월 1일부터 국문판과 영문판을 분리하고 국문판의 값을 1부당 2전으로 올려 간신히 적자를 면했다고 한다. 초기에는 매호 300부를 찍었으나, 곧 500부로 늘렸고 나중에는 3000부를 발행했다. 당시 사람들은 신문을 돌려 읽거나 인파가 많은 곳에서 한 사람이 낭독했다. 발행 부수와 실제 독자의 수가 다르다는 얘기다.

가령 강원도 양구군 우망리 장터에서는 군수가 시장에 사람들을 모으고 글 잘 읽는 사람에게 《독립신문》을 낭독하게 했다. 반응은 뜨거웠다. "오가는 손님이며 장사하는 사람과 시골 백성들이 어깨를 비비고 둘러서서 재미를 붙여 함께 듣고 찬탄하더니만, 그다음부터는 물건 사러 오는 인민만이 아니라 《독립신문》을 들으러 오는 백성들이 길이 멀고 가까운 것을 헤아리지 않고 다투어 장시로 모여들었다"[46]라고 한다.

《독립신문》은 한 사람이 1부씩 읽고 휴지통에 버리는 신문이 아니라 여러 사람이 돌려 읽고 글을 아는 사람이 까막눈에게 읽어주는 식으로 열독률이 매우 높은 신문이었다. 새로운 지식과 정보에 대한 욕구가 폭발하던 격동의 시기에 《독립신문》 1부의 실제 독자가 200~300명이었다는 추정은 과장이 아니다.[47]

그 결과 《독립신문》은 서울과 지방의 정보 격차를 순식간에 해소했다. 서울 소식은 며칠 만에 산골짜기 인민의 귀에까지 흘러 들어갔다. 신문을 읽게 되면서 인민들은 나랏일에 관심을 갖게 되었다. 인민의 생활이 바뀌었다.[48] 비숍은 이렇게 회상한다.

《독립신문》은 나라에서 현재 일어나고 있는 사건들에 대해 한심하게도 한국인들이 너무나 모른다는 생각을 지니고 있는 사람들에 의해 발기되었다. (……) 이미 《독립신문》은 권력의 남용을 고발해서 이를 만천하에 알리는 기능을 수행하는 데 있어 중요한 역할을 하고 있다. 또한 《독립신문》은 합리적인 교육과 이성적인 개혁에 대한 국민들의 열망을 창출해내고 있다. 그래서 이 신문은 탐관오리에게 있어서는 하나의 공포가 되고 있다. (……) 언문으로 쓰인 신문을 팔에 끼고 거리를 지나가는 신문팔이들, 가게에서 신문을 읽고 있는 사람들의 풍경은 한국에서 1897년에 볼 수 있는 참신함이다.[49]

이처럼 인민들은 《독립신문》을 통해 여론과 공론을 형성하고, 나아가 이를 정치운동과 사회운동으로 실천하는 방식을 익혀가고 있었다. 《독립신문》은 자신들이 공론의 장을 형성하는 데 기여하고 있다고 자부했다. 그래서 인민의 제일가는 친구라며 인민의 대변자임을 자임했다. 《독립신문》은 3년 8개월이라는 짧은 기간 존속했지만, 19세기의 끝자락에서 100년의 전환기적 변화를 끌어안고 자신을 불살랐다고 할 만큼 강렬한 자취를 남겼다.

문명화는 대세다

《독립신문》은 문명 담론 전파의 일등공신이었다. 여기에서 문명은 서양 문명을 뜻한다. 본래 있던 '유교＝문명'을 대치하여 '서양＝문명'이 시민권을 획득하고 문명 담론이 지식계를 벗어나 본격적인 인민 계몽의 화두로 부상하는 데 《독립신문》의 역할은 절대적이었다.

《독립신문》의 문명 담론에서 가장 도드라지는 특징은 문명의 모델이 명백하다는 점이다. 《독립신문》이 말하는 '문명한 나라', '문명개화한 나라'는 서양, 즉 미국과 유럽이었다. 문명과 야만의 이분법에서 문명은 옳음, 즉 선이었다.

문명개화한 나라 사람들은 군사를 조련할 줄 알고, 이로운 병장기와 화륜선과 철도와 전신과 전화와 편한 의복과 유익한 음식과 정결한 거처를 만들 줄 알고, 나라 일에 죽는 것을 영광으로 아는 연고로, 사람의 몸이 강하고 마음이 굳세고 지혜가 높아간다.[50]

외국서는 놀고먹는 사람이 없이 자기 손으로 벌어먹는 독립과 자주하는 마음이 있고, 상하귀천이 다 자기 임금과 자기 동포 형제를 사랑하는 마음이 있고, 천한 일을 하는 사람도 거짓말하는 법이 없으며, 다 읽고 쓰고 산수를 할 줄 안다.[51]

《독립신문》은 위의 논설들처럼 문명한 나라를 주어로 한 담론들을 쏟아냈다. 이에 따르면 문명한 나라, 즉 서양에 사는 사람들은 편한 의복을 입고 유익한 음식을 먹으며 정결한 거처에서 위생적인 생활을 했다. 그들은 정직하고 부지런하고 건강하고 굳세며 총명하고 지혜로운 사람들이다. 또한 나라와 동포를 사랑하는 마음과 자주독립하고자 하는 마음으로 열심히 일한다. 그들 문명인의 나라에서는 능력에 따라 인재를 고용하고, 성치와 법률이 공정하여 모두가 평등한 권리를 누린다. 화륜선, 철도, 전신, 전화가 발달하고 회사가 튼실하며, 정치학·이학·산학·격물학·화학 같은 학문이 번성한다.[52] 그리하여 반드시 부국강병한 나라가 된다. 즉 문명한 나라는 모든 면에서 완벽한 경지에 오른 나라다. 그게 바로 서양 열강이고 그들의 제도와 문물은 문명 그 자체라는 것이 《독립신문》속 서양 문명과 서양인의 이미지였다.

《독립신문》은 문명화의 정도에 따라 나라의 등급을 매겼다. 1등은 문명국으로 영국, 미국, 프랑스, 독일이다. 2등은 개화국으로 일본, 이탈리아, 러시아, 덴마크, 네덜란드다. 3등은 반개화국으로 대한제국, 청국, 태국, 페르시아, 미얀마, 터키, 이집트다. 4등은 아프리카 같은 미개화국이다. 문명화에 서열을 매긴다는 것은 그만큼 1등 국가를 선망한다는 의미다. 1등 국가인 영국, 미국, 프랑스, 독일 등의 "문명국은 나라의 법률 장정과 정치가 밝고 공평하여 무식한 백성이 없고 사람마다 자유권이 있으며 나라가 지극히 평화로운 세계가 되어 요순시절과 다름없는"[53] 나라들이다. 문명국이 '지금 여기'에 존재하는 지상천국이라는 이야기다. 선이 아니라 최선의 나라들인 것이다. 그러므로 문명은 거스를 수 없는 당위이자 대세였다.

문명이란 것이 지구상의 항신풍(恒信風)과 해상 중의 조류와 같다. 항신풍은 정한 시각에 정한 방향으로 불고 조류는 적도 아래에서 일어나 정한 방향으로 흐르니 아무리 큰 배라도 이것을 역행한다는 것은 대단히 어려운 일이다. 만일 약한 배를 타고 역행할 지경이면 뒤집힘을 면하지 못할 것이다. 세계의 대세에 불통한 사람은 왕왕히 이 대세를 역행하여 몸을 망하고 집을 멸하는 지경에 이른다.[54]

그러므로 "대한제국도 세계 제일의 개명 부강한 구미 각국들과 같이 되어야만 한다."[55] 이것이 《독립신문》의 절절한 희망이었다. 그렇다면 어떻게 해야 문명에 도달할 수 있을까? 무엇보다 교육이 중요하다고 보았다. 인민부터 마음을 열고 깨쳐야 문명화가 가능하니, 인민의 자녀는 모두 학교를 다녀야 한다는 것이다. 《독립신문》은 "학교를 지어 인민을 교육하는 것이 정부에 제일 소중한 직무이니 정부가 다른 일은 못하더라도 인민 교육은 꼭 해야 한다"[56]라며 정부가 만사를 제쳐두고 교육에 앞장서야 한다고 주장했다. 구체적으로 서양과 일본의 교육제도를 부지런히 소개하면서 의무교육과 남녀 평등 교육을 실시하고 외국에 유학생을 파견하는 방안 등을 제시했다. 특히 초등교육의 전면적인 확대를 강조했다.

우리나라도 이 잔약한 형세를 면하고 진보를 하려면, 이는 궁궐을 화려하게 하는 데도 있지 않고 해군과 육군이 많은 데도 있지 않고 먼저 소학교를 많이 짓는 데 있나니, 아직 고등학교나 대학교에는 돈 한 푼이라도 쓰지 말고 우선 소학교를 많이 지어 동몽들을 교육하기를 바란다.[57]

대한에 귀한 것은 사람이라. 다만 바랄 것은 동몽 교육을 급히 성하게 힘써

서 새 법과 새 학문과 새 도덕으로 새 사람들을 만들자.[58]

교육을 통해 익혀야 하는 것은 실용적이고 실질적인 서양 학문이었다. 《독립신문》은 서양 학문은 실학이고 부국강병학이니, 조선도 문명화하려면 '서양 학문＝새 학문'을 배워야 한다고 거듭 강조했다.

새 학문을 배우는 것만으로 문명화되는 것은 아니었다. 습속을 바꾸려는 노력이 뒤따라야 했다. 《독립신문》은 특히 서양식 매너와 위생 관념을 강조했다. 습속이란 인민의 몸에 배어 있는 것이니, 하루아침에 결심한다고 바뀌는 게 아니었다. 따라서 《독립신문》은 거시적 훈계가 아닌 미시적 계몽으로 서양식 예절과 위생 규칙을 세세히 소개했다.

외국 부인을 만났을 때는 예를 사나이에게보다 더 공경하고, 부인 앞에서 담배를 먹지 않고 음담과 더러운 물건을 이야기해서도 아니 되며, 대소변 같은 말은 당초에 옮기지 않는다.[59]

신체는 청결하게 해야 하니 한 달에 3~4차례 목욕하고, 입 속은 항상 깨끗한 물로 양치하고 흰 소금으로 이의 안과 밖을 씻는다.[60]

이처럼 교육을 통해 문명화 실천의 힘을 키우고 습속을 바꿔 일상을 문명화하려는 《독립신문》의 열띤 노력에서 '문명화＝서구화'가 인민의 의식과 삶에서 서서히 도그마로 자리해가는 변화를 읽게 된다.

문명이 바라는 시민상

《독립신문》은 인민의 생존 전략으로 문명화를 고민하면서 문명인이 갖
추어야 할 덕목을 구체적으로 제시했다. 여기서 문명도덕을 지키는 문
명인은 오늘날로 치면 시민이고, 문명도덕은 시민성, 곧 민주주의형 인
간이 갖추어야 할 덕목을 의미한다. 시민이나 민주주의라는 개념을 직접
언급하지는 않았으나, 《독립신문》의 문명화 전략은 오늘날로 치면 민주
주의 계몽 프로젝트라고 볼 수 있다. 《독립신문》의 논설과 기사에 등장
하는 문명적 시민상을 개인, 관계, 제도의 차원에서 추출하면 다음 표[01]
와 같다(이 표는 미국의 사회학자 제프리 C. 알렉산더의 미국 시민사회 담론 분석
을 원용한 것이다).

| 《독립신문》이 제기한 문명적 시민상 |

문명적(민주적인)	야만적(반민주적인)	문명적(민주적인)	야만적(반민주적인)
개인		제도	
• 청렴한 • 일관된 • 분수를 지키는 • 원리원칙에 맞는 • 주권의식이 있는	• 부패한 • 자의적인 • 욕심 부리는 • 사사로운 • 노예의식이 있는	• 다양한 • 다수의 • 능력 • 자유 • 선거 • 평등 • 공론·여론 • 법치 • 자주독립 • 애국	• 획일적인 • 소수의 • 문벌 • 압제 • 천거 • 차별 • 독단 • 인치 • 종속 • 매국
관계			
• 포용적인 • 관용적인 • 신뢰하는 • 공개적인 • 의사소통 • 합심하는	• 배타적인 • 독선적인 • 의심하는 • 비밀스러운 • 의사불통 • 각심에 따르는		

《독립신문》은 먼저 개인에게 분수를 지키고 직무에 충실할 것을 요구했다.

사람이 자기 분수를 항상 지키는 것이 제일 요긴하다. 욕심이라 하는 것이 한정도 없고 염치도 없고 의리도 없어 몸이 죽을 줄 알건마는 도적질도 하게 하며 악한 구덩이에도 들어가게 하니, 사람이 사람의 일을 하고자 하면 불가불 욕심부터 억제해야 시세와 물정에 밝아진다.[02]

개인이 자기 삶의 완전한 주관자가 될 것을 요구하고 있다. 그 개인은 열심히 공부하고 일하며 청결하고 절약하는 삶을 살며 일관성이 있어야 한다. 또한 《독립신문》은 "빈부귀천을 따지지 않고 사람마다 자기 신상에 자유권을 가져야 한다"[03]라는 점을 분명히 했다. 《독립신문》은 이를 기반으로 '인민 자신이 나라의 주인'이라는 또렷한 주권의식을 가질 때 문명 사회를 만들 수 있다고 보았다. 이렇게 문명화된 사회의 시민이 되려면 청렴하고 원리원칙에 따르며 일관되게 행동할 것이 요구되었다. 노예근성으로 부패하고 사사롭고 자의적으로 일을 처리해서는 곤란하다는 이야기다.

개인이 문명인, 즉 시민으로서 갖추어야 하는 관계적 덕목으로는 평등을 전제로 한 신뢰를 꼽았다. 《독립신문》의 진단으로는, 인민들은 서양 문명국 사람들과 달리 거짓말을 잘하고 서로를 속이며 의심하기 일쑤였다.

사람이 거짓말을 하게 되면 그 사람은 세계에 제일 천한 사람이요, 금생에 벌을 받지 않으면 후생에는 분명히 지옥에 갈 터이니, 우리는 바라건대 조선에 대소 인민이 크고 작은 일에 남을 속이지 말고 거짓말 안 하는 행실을 본받는다면, 서양 각국 사람들이 조선 사람들을 백 배나 낫게 알 터이다.[64]

또한 문명한 사회의 시민은 포용적이면서 공개적이고 상호 신뢰를 바탕으로 의사소통이 가능한 관계를 맺으며 살아야 한다고 강조했다.

나랏일을 의논한다든지 상회 일을 의논하더라도 문을 열어놓고 만민이 보는 데서 일을 행하여야 그 일이 정당하게 되고 남이 보아도 부끄러울 게 없게 된다.[65]

배타적이고 독선적이며 비밀이 많고 상대를 의심하여 의사소통이 어려운 관계를 맺으며 산다면 문명 사회의 시민이라 할 수 없다는 것이다. 《독립신문》이 무엇보다 상호관계에서 중요한 덕목으로 내세운 것은 마음을 모으는 것, 즉 합심이었다.

지혜가 있고 일심합력하면 천하에 못하는 일이 없는 법이니, 설혹 나보다 힘이 많은 이가 곁에 있더라도 무서워 말고 아무쪼록 지혜를 연구하고 일심합력하면 그 가운데서 강한 힘이 생겨 도리어 힘 있는 사람을 압도하는 것이 자연한 이치로다.[66]

자유보다 압제에 익숙하여 대의제(代議制)보다는 전제(專制)에 입각한 제도를 선호하고 법률보다 권위를 행사하려 하고, 능력보다 문벌에 치중하며, 공론을 무시하고 소수에게 이익이 돌아가는 편당적(偏黨的)이고 차별적인 제도를 선호한다면 그 또한 문명 사회의 시민이라 보기 어렵다는 것이 《독립신문》의 주장이었다. 야만적이고 반민주적 제도들은 곧 나라를 자주독립이 아니라 종속으로 이끌 것이므로 매국적이라고 했다. 무엇보다 법치를 강조한 점이 눈길을 끈다.

내치 중에도 급선무는 13도 인민들의 재산과 생명과 법률로 정하여준 권리를 보호하여주는 일이다.[67]

법률이라는 것은 상하, 귀천, 빈부, 유무세를 상관치 아니하고 '공평', 이 글자만 가지고 재판을 하는 까닭에 사람이 가난하고 세가 없고 지위가 낮더라도 법만 범하지 않고 옳은 일만 할 것 같으면 세상에 두려워할 사람이 없고 남에게 압제받을 까닭도 없다.[68]

설령 사람이 죄가 있는 줄을 재판하기 전에 알더라도, 재판관이 살펴 죄가 있다고 선고하기 전에는 그 사람을 죄인으로 다스리는 것은 마땅치 않다.[69]

이렇듯이 《독립신문》이 문명적 시민의 덕목으로 제시한 가치들은 오늘날과 크게 다르지 않다. 19세기 말에 꿈꾸던 시민상과 21세기에 추구하는 시민상이 다르지 않은 것이다. 가령 민주시민 교육학자인 로버트 프리먼 버츠(Robert Freeman Butts)는 민주시민의 덕목으로 정의, 자유, 평등, 다양성, 권위, 사생활 보호, 적법 절차, 재산권, 참여, 진실, 애국심, 인권 등 열두 가지를 제시했다.[70] 《독립신문》이 계몽하고자 한 시민적 덕목과 거의 일치한다.

흥미로운 점은 《독립신문》이 법치를 따르지 않는 세력을 역적이라 비판한 것이다.

  법률을 지키는 것이 충신이요, 법률을 지키지 아니하는 것이 역적이다. (……) 충신이 된다고 임금께 아첨하여 임금의 거룩한 뜻을 어둡게 하고 법을 범하는 일을 행하는 자는 다만 자기 몸에 재앙을 가져올 뿐만 아니라 동포 형제에게 해를 미치게 되니, 그런 사람은 반드시 역적이라 할 만한 사람이다.[71]

  '문명＝서구 문명'이 요구하는 시민상을 제시하고 그에 반대하는 세력에 대해 유교의 충역(忠逆) 담론을 활용하고 있는 것은 《독립신문》의 이행기적 시대성을 엿볼 수 있는 대목이다. 인민을 설득하는 데 아직 유교 담론의 유효성이 끝나지 않았던 것이다. 실제로 《독립신문》은 유교 담론을 적절히 구사하는 계몽 전략을 펼치면서 필요한 경우 충군애국을 강조했다. 여기에서 충군은 유교 담론의 하나다. 애국은, 독립협회가 각 개인이 국가의 운명에 책임을 져야 한다는 문명화의 시각에서 널리 유포한 개념이었다. 《독립신문》은 문명화를 위한 노력을 '충', '효', '의리'라는 유교 담론으로 정당화하기도 했다.

  문명개화한 풍속과 법률이 나라 안에 서게 할 생각이 있으면, 이 생각은 자기 몸만을 위하여 이런 생각이 있는 것이 아니라, 위로는 임금을 위하고 아래로는 동포 형제들을 사랑함이요, 셋째는 자기 집안과 형제와 처자 친척들을 위하여 나라가 이렇게 되기를 바라는 것인즉, 이것이 곧 충성이요, 효성이요, 의리다.[72]

《독립신문》에는 인민이 지은 애국가와 하급 관리가 지은 애국가가 실려 있다. 이영언의 애국가[73]에는 유교와 문명 담론이 혼재되어 있고, 김철용의 애국가[74]는 문명 담론으로 일관하고 있다.

| 이영언 애국가와 김철용 애국가의 가사 |

평양 이영언 애국가	농상공부 기사 김철용 애국가
우리나라 대조선은 자주독립 분명하다	잠깨보세 잠깨보세 대조선국 인민들아
십부아문 대신들은 충량지심 품고 지고	합심하고 동하여 우리 인민 보호하세
면면촌촌 백성들은 사농공상 힘써보세	정부가 있은 후에야 백성들이 의지하고
개화 개화 헛말 말고 실상 개화하여보세	도와주세 도와주세 우리 정부 도와주세
불러보세 불러보세 애국가를 불러보세	사랑 사랑 사랑이야 백성은 정부 사랑
사랑 사랑 사랑 중에 이 사랑이 제일일세	상하 사랑 서로 하면 부국강병 자연 되고
자주독립되었으면 문명개화 좋을시고	정직으로 애국하고 공평으로 애민하여
각부 각군 관찰 군수 선정 선치 하고지고	마자 해도 부국 되고 안 하여도 강병 되네
삼강오륜 준행하고 효제충신 지켜보세	일청국을 압제하고 오대주에 횡행하면
독립문을 크게 짓고 태극기를 높이 다세	깨칠세라 깨칠세라 독립신문 하온 논설
임금 사랑 먼저 사랑 백성 사랑 후에 사랑	깊이 든 잠 번뜻 깨어 자주독립 도와주세
만세로다 만세로다 우리나라 만세로다	자주독립 할 양이면 인민 사랑 첫째로다
	백성들이 있은 후에 정부가 의지되나니
	사랑하세 사랑하세 우리 인민 사랑하세
	사랑 사랑 사랑이야 정부에는 백성 사랑
	상하 의심 없어지면 자주독립 왜 못하리
	내외 관민 너나없이 애국애민 일심하면
	부국강병 된 연후에 태극기를 높이 달아
	독립문이 빛이 나고 독립지에 꽃이 핀다
	마디마디 명심하여 사람마다 본을 받세

《독립신문》의 절충적 태도는 19세기 끝자락이 격변의 이행기였음을 잘 보여준다. 과거의 것이 모두 사라지진 않았지만, 문명화된 자주독립 국가를 살아가는 시민을 꿈꾸는 인민들이 《독립신문》의 계몽과 설득 전략에 호응한 것은 분명한 사실이었다.

3

문명이 삶이 되는 곳, 학교

보편적 문명화를 위한 보통교육

문명화를 추구하는 사람이라면 누구나 강조하는 것이 교육이었다. 학교 교육이 문명화에 가장 효율적인 제도이자 수단이라 보았기 때문이다. 조선에서 처음 학교가 문을 연 것은 1883년이었다. 조선 정부는 청 말기에 베이징에 설립된 외국어 전문학교 동문관(同文館)을 본떠서 동문학(同文學)이라는 통역관 양성학교를 세웠다. 교사 40여 명이 영어, 일본어, 서양의 계산법 등을 가르쳤다. 그중에는 영국인 핼리팩스(T. E. Halifax)도 있었다. 그해 원산 개항장이 있던 덕원에서는 원산학사가 문을 열었다. 인민들이 뜻을 모아 학교를 만들었고, 덕원 부사로 부임한 개화파 인사정현석이 정부 허가를 받아냈다.[75] 설립 자금을 모을 때는 원산 해관에서 일하는 청, 영국, 미국, 덴마크 국적의 외국인들도 보탰다. 원산학사에서는 유교 경전과 함께 산수, 물리, 기계, 농업, 양잠, 광업 등의 실업과목, 일본어를 비롯한 외국어, 그리고 법률, 지리 등을 가르쳤다. 정부가 세운 최초의 학교가 통역관 양성학교이고 인민이 세운 최초의 학교가 개항장에 있었다는 점은, 학교라는 제도가 문명화와 긴밀한 연관을 맺으며 도입되었음을 의미한다.

조선 정부와 인민이 학교를 보는 눈은 달랐다. 조선 정부는 자신들이 필요한 문명화 인력을 양성하는 곳으로 학교를 바라보았다. 원산학사를 만든 인민들은 입학 자격에 특별한 제한을 두지 않았다. 권력은 선민교육을, 인민은 평등한 보통교육을 지향한 것이다. 다시 말해 권력이 선별적 문명화를 의도했다면, 인민은 누구나 공평하게 문명화를 누리는 보편적 문명화를 꿈꾸었다. 조선 정부는 보빙사로 미국에 다녀온 민영익 등의 건의를 받아들여 1886년에 육영공원(育英公院)이라는 학교를 열었다. 미국 국무성은 허버트(H. B. Hurbert), 길모어(G. W. Gilmore), 벙커(D. A. Bunker) 등을 교사로 추천했다. 입학 자격은 젊은 관리와 양반 자제에게 주어졌다. 독서, 습자, 수학, 자연과학, 역사, 정치학 등의 서양 학문을 주로 가르쳤다. 선민교육을 지향한 육영공원은 결국 1894년에 폐교되었다. 특권층인 학생들이 서양식 교육에 열의를 보이지 않고 학교 운영이 부실하여 미국인 교사들이 불만을 갖게 되면서 문을 닫았다. 길모어는 학생들의 타락함과 나태함, 그리고 무례함에 대해 깊이 절망했다고 한다. 후대를 이어갈 인재들인데도 그들에게는 나라의 앞날을 고민하는 흔적이 없었다는 것이다.[76]

1880년대에 선교사들은 기독교계 학교를 세웠다. 《한성순보》와 《한성주보》는 서양의 의무교육제도를 소개했다. 박영효는 1888년에 고종에게 올린 〈건백서〉에서 소학교와 중학교를 설립하여 6세 이상의 남녀 아동을 취학시킬 것을 제안했다.[77] 유길준은 《서유견문》에서 인민 전체의 교육 수준이 민권의 신장은 물론 국가의 징치제세와 부강을 결정한다고 주장했다.[78]

조선 정부가 보통교육을 실시한 것은 1894년 갑오개혁 때부터였다. 이때 박정양이 교육 개혁의 전반적인 틀을 세웠다. 갑오개혁 정권은 1895년에 "지식을 밝혀주는 교육은 국가를 보존하는 근본이므로 앞으로 학교를 널리 설립하여 인재를 양성하겠다"라는 내용의 〈교육입국조서〉를 발표했다. 그리고 서울을 비롯한 주요 도시에 소학교를 설립했다. 1895년에서 1905년까지 전국 각처에 100여 개의 소학교가 문을 열었다. 당시 소학교에 대해 일본 언론은 다음과 같이 보도했다.

소학교는 규칙상 남녀 7세 이상은 양반과 상민을 막론하고 취학한다고 하나, 실제로는 남아만 응모하고 여아는 학부형이 남녀가 자리를 같이하지 않는다는 가르침을 지켜서 감히 학교에 보내려고 하지 않아서 정원 60명 내에 한 명의 여아도 볼 수 없다. 그리고 학령이 7세라고 해도 실제로는 최저 9세, 최고 15세로 모두 똑같이 가나다부터 배우고 있을 뿐이다.[79]

정부 입장에서는 보통교육에만 몰입할 수 없었다. 문명화를 담당할 인재를 양성하기 위한 각종 학교를 설립했다. 외국어학교(일본어, 영어, 프랑스어, 러시아어, 중국어, 독일어), 법관 양성소, 전보와 우편 업무를 담당할 인력을 양성하는 전무학당(電務學堂)과 우무학당(郵務學堂), 상공학교, 광업 인력을 양성하는 광무학교(礦務學校), 경성의학교 등을 세웠다.

그런데 대한제국 정부가 보통교육에 기울인 노력은 인민의 교육열을 따라잡지 못했다. 세로셰프스키는 한국인들의 교육열이 청일전쟁의 여파라고 보았다. 서양 열강에 문호를 개방한 일본이 놀라운 성공을 거두고 청일전쟁에서 승리하는 것을 보면서 한국 사람들은 문명화의 필요성을 절감했고, 그래서 가르치고 배워야 한다는 열풍이 불었다는 것이다.[80] 또한 그는 정부가 교육에 지출하는 돈이 매우 적고 그나마 외국어학교나 상급학교에 치중되어 인민은 스스로 알아서 배울 수밖에 없음을 안타까워했다. 실제로 1900년에는 학부, 오늘날로 치면 교육부의 1년 예산이 정부 예산의 2퍼센트에 지나지 않았다.

독립협회가 1897년부터 매주 개최한 토론회의 첫 번째 주제가 바로 '조선의 급선무는 인민의 교육'이었다.[81] "국가 성립의 기초는 인민이고, 인민은 교육을 통해 강력한 국민으로 양성해야만 부강한 국가를 이룰 수 있다."[82] 독립협회가 내세운 인민교육론, 즉 보통교육론의 핵심이다. 누구나 배워야 한다는 원칙을 실현하기 위해 독립협회는 전국에 소학교를 설립하는 일이 급선무라고 강조했다.[83] 개신 유학자인 박은식도 보통교육에 주목하여 전국에 소학교를 세우고 학교 설립 기금을 많이 낸 사람에게는 포상을 주어 더 많은 사립학교를 세우도록 독려해야 한다고 주장했다.[84]

보통교육, 즉 모든 인민을 교육해야 한다는 인식은 국민교육회의 설립과 의무교육론의 제기로 이어졌다. 대한자강회는 교육 계몽 운동의 일환으로 의무교육 운동을 전개했다. 정부는 재정이 어려워 의무교육을 실시할 수 없는 형편이므로 국민이 경비를 분담하여 의무교육을 실시하자는 것이었다.[85] 《만세보》, 《황성신문》 등의 언론과 지식인들이 이 의무교육안에 찬성하고 나섰지만, 이미 교육을 비롯하여 국정 전반을 장악하고 있던 통감부가 이를 수용하지 않으면서 구상에 그치고 말았다.

1906년에 설치된 통감부도 보통교육을 추진했다. 하지만 한국인이 지향한 보통교육과는 목표가 달랐다. 소학교를 늘리면서 수업 연한은 6년에서 4년으로 단축하고, 이름도 보통학교로 바꾸었다. 통감부가 가장 심혈을 기울인 것은 관공립 보통학교를 일본식으로 개편하는 것이었다. 학교마다 일본인 교사를 배치하고 학교 건물과 시설도 일본식으로 바꾸었다. 수업료는 받지 않았고 교과서는 물론 학용품까지 무료로 지급했다. 하지만 학생 모집이 쉽지 않았다. 가장 큰 이유는 일본어를 배워야 하기 때문이었다. 당시 보통학교에서는 일본어를 1학년부터 4학년까지 매주 6시간씩 배워야 했다.

통감부 치하라고 해서 인민의 문명화를 위한 교육열이 식은 것은 아니었다. 교육열은 사립학교 설립 붐으로 이어졌다. 1907년부터 1909년 4월 사이에 문을 연 사립학교 수가 무려 3000여 개에 달했다.[86] “세 사람만 모이면 학교를 세운다”라는 말이 나올 정도로 놀라운 속도의 성장이었다. 나라가 망할 위기에 놓였으니 나라를 구하려면 일본처럼 문명화에 적극 나서야 하고 그 지름길이 교육이라는 열망이 낳은 열기였다. ‘민지발달, 문명부강’, ‘민권 신장, 국권 회복’, ‘자유독립의 덕을 함양하여 국가적 인재를 양성하자’, ‘신민 조성, 신국 건립’, ‘신학문, 신사상, 국권 회복, 인권 확장’ 등이 당시 사립학교들이 내건 설립 취지였다.[87]

인민은 교육이 나라를 구하는 문명화의 으뜸 수단이라 생각했고, 스스로 학교를 세웠다. 인민 모두가 문명화하고, 또한 문명화의 혜택을 누리는 보편적 문명화를 위해 누구나 보통교육을 받는 세상을 실현하고자 한 것이다. '보통교육은 국민의 의무'[88]라는 이상은 1919년 대한민국 임시정부의 〈임시헌법〉 제10조에 '보통교육을 받는 의무'로 명시되었다.[89]

서양인이 가르치는 학교

문명화는 서양 문명으로의 전환을 의미했다. 이 전환의 시대에 문명화의 주역인 서양인들이 학교를 세우거나 교사로 활약했다. 인민은 외모부터 확연히 다른 서양인에게 이질감을 느끼면서도 문명화를 위해 그들을 선생으로 모시고 가르침을 받았다. 독일인 겐테는 독일어학교 졸업식에 참석하여 인사말을 하는 학부대신, 오늘날로 치면 교육부 장관을 보면서 이런 생각을 한다. "서양의 야만인들이 사용하는 언어로 공부를 하는 젊은 동포들을 직접 보면서 학부대신의 머릿속에는 온갖 상념이 스쳐가지 않았을까. 바로 얼마 전까지만 해도 서양인들의 존재조차 모르지 않았던가!"[90] 이것이 일본인이나 서양인이나 모두 야만인으로 보던 조선인이 이제 문명을 배우기 위해 노력하는 모습을 본 서양인의 감회였다.

조선에 학교를 세운 서양인은 대부분 선교사였다. 그들이 학교를 설립한 목적은 선교 기반을 마련하는 데 있었다. 고종과 민비는 1885년 무렵부터 선교사들이 학교를 설립하여 소수이지만 학생들을 받아들이자, 학교 이름을 지어주고 재정을 지원했다. 정부 차원에서 직접 문명화 교육에 나서지 않고 서양 선교사들이 세운 학교를 지원하는 방식의 문명화 교육을 추구한 데서 고종과 민비가 문명의 전환기를 대하는 보수적인 태도를 엿볼 수 있다.

미국 북장로교 선교사이자 의사였던 알렌은 갑신정변 때 부상당한 민영익을 치료하여 왕실의 신임을 얻었다. 그 후원으로 1885년에 근대식 병원인 광혜원을 설립하고 의료 활동을 전개했다. 1886년에는 16명의 학생을 선발하여 의학실습 교육을 시작했다. 미국 북감리교 선교사 아펜젤러는 1885년 여름부터 2명의 학생에게 영어를 가르치기 시작했다. 1886년에는 고종의 도움으로 배재학당을 설립했다. 미국 북장로교 선교사 언더우드는 1885년부터 광혜원에서 화학과 물리학을 가르치는 한편, 집에서 영어를 가르쳤다. 1886년에는 고아원 겸 학교인 언더우드 학당을 설립했다. 이 학당은 이후 예수교학당, 민로아학당, 구세학당 등의 이름으로 불리다가 1905년에 경신학당이 되었다. 1885년에 입국한 미국 북감리교 선교사 스크랜튼은 1886년 5월에 한 부인에게 영어를 가르치기 시작한 것을 계기로 여성 교육기관인 이화학당을 설립했다.[91]

1880년대 기독교계 학교의 설립은 국가를 대신하여 서양인이 교육을 주도하던 역설적인 상황을 보여준다. 선교사들의 교육 활동은 고종과 민비의 후원하에 진행되었지만, 순탄하지 않았다. 보수 세력은 기독교 사상의 유입을 염려하며 미국 선교사들의 학교 운영을 방해했다. 정부 역시 선교사들이 지방에서 벌이는 선교 활동을 주시하며 1888년 미국 공사에게 정부가 승인한 자 외에는 학당을 설립하지 못하게 해달라고 요청했다.[92] 이후 선교사들은 선교 활동을 자제하면서 종래에 설립한 학교를 운영하는 데 전념했다. 동학농민전쟁이 일어나고 갑오개혁이 추진된 1894년을 기점으로 선교의 기회가 확대되자 비로소 지방 도시로 그 범위를 넓혀 전국 각지에 기독교계 학교를 설립했다. 문호개방 이후 1905년까지 설립된 기독교계 학교는 200여 개에 달했다.

비숍은 조선에서 가장 강력한 교육적, 도덕적, 지적 영향력을 가진 기독교계 학교로 배재학당을 꼽았다.[93] 배재(培材)는 '유용한 사람을 길러 내는 산실'이라는 뜻으로 1887년에 고종이 하사한 이름이다. 배재학당은 1887년에 학생 수가 늘어나자 강당 1개, 강의실 4개와 도서실 및 지하 작업실을 갖춘 단층 르네상스 양식의 새 교사를 신축하고, 1890년에는 〈배재학교규칙〉을 만들었다. 1893년에는 영어과, 한문국문과, 신학과로 학제를 개편했다. 1895년부터는 정부와 위탁생에 관한 계약을 체결하고 재정 지원을 받았다.[94] 기독교계 학교이므로 조선어로 성경을 강독했고, 예배 참석은 필수였다. 학생들은 서양식 군복을 착용하고 군사 훈련도 받았다. 1896년 당시에 배재학당 재학생 수는 영어과 106명, 한문국문과 60명, 신학과 6명이었다. 1895년 12월 미국에서 귀국한 서재필은 배재학당에서 시간강사로 근무하면서 지리학, 유럽 정치사, 교회사 등을 가르치고 서구 민주주의와 시민사회를 소개했다. 또한 학생단체인 협성회를 조직하여 학생들 스스로 토론회를 개최하도록 지도했다.

선교사들은 학교 설립의 첫 번째 목표는 기독교 선교라고 보면서도, 이를 위해 인간을 개조하는 문명 교육이 선행되어야 한다고 여겼다. 학교 교육의 목적은 믿음이 깊은 적극적인 신앙인을 육성하는 것이지만, 자아 실현, 즉 자기의 환경을 극복할 수 있는 사람으로 만드는 것이 먼저였다.[95] 아펜젤러는 배재학당의 교육 목적을 "우리는 통역가나 기술자가 아니라 박학한 교양인을 배양하는 것이다"라고 밝혔다. 온전한 문명인으로 키우겠다는 것이다. 스크랜튼은 여성 교육의 목적을 가정부인으로서 모범이 되게 하며 또한 친척과 친구들에게 십자가의 도를 전파하는 사람이 되게 하는 것이라고 말했다.[96]

서양인이 운영하는 기독교계 학교와 함께 서양인이 교사를 맡아 교육을 주도한 곳은 외국어학교였다. 공사관이나 영사관에는 통역관이 필요했다. 무역에 종사할 사람도 필요했다. 서양 열강이 진출한 각종 이권 사업에도 외국어를 할 줄 아는 사람들이 요구되었다. 1891년에 일어학교가 세워졌다. 육영공원을 이어받은 영어학교는 1894년에 세워졌다. 1895년에는 조선 정부가 관립 한성외국어학교를 설립했다. 관립 한성외국어학교는 영어반, 일본어반, 독일어반, 프랑스어반, 러시아어반 등으로 나뉘었다. 그러다 각기 별도의 외국어학교로 독립했다. 1895년에 프랑스어학교, 1896년에 러시아어학교, 1897년에 한어(중국어)학교, 1898년에 독일어학교가 각각 독립했다. 외국어학교는 봄, 가을 연 2회 입학생을 받았고, 1월 4일에 신학기가 시작되었다. 입학 허가를 받은 후에는 서울에 사는 보증인의 보증서를 제출해야 했다. 학생들은 교과서와 학용품 등을 무상으로 지급받았다. 졸업 전에 성적이 부진하여 연속 3학기 진급을 못하면 퇴학당했다.[97] 이들 외국어학교는 지리, 역사, 산수, 물리 등의 일반 과목도 가르쳤지만, 유능한 통역관을 키우는 데 더 주력했다. 외국어학교 중에는 영어학교가 가장 비싸고 시설이 좋았다. 1894년부터는 매년 약 1만 달러를 정부로부터 지원받았다.

비숍은 영어학교에서는 "영국 해군 상사가 정기적으로 강의하며, 축구에 열정적이고, 태도·예절·영어 실력 등에서 급속한 발전을 보인 젊은이들이 선생에게 커다란 신뢰를 보여주고 있다"라고 회고했다.[98] 겐테는 1898년에 세워진 독일어학교를 몇 차례 참관한 경험을 바탕으로 자부심을 가질 만큼 훌륭한 시설로 발전하고 있다고 평가했으며, 다음과 같은 인상기를 남겼다.

> 같은 반 학생들의 다양한 연령대가 눈길을 끌었다. 여자아이들처럼 머리를 길게 땋은 열 살 정도의 어린 소년들 옆에 스무 살이나 스물다섯 살 정도 되는 남자들도 앉아 있었다. 조선인의 선량하고 온화한 특성이 두드러졌지만, 모두들 눈에 생기가 넘치고 영리해 보였다.[22]

비숍은 서울의 기독교계 학교와 외국어학교에서 공부하는 900여 명의 학생들이 앞으로 성인이 되면 조선을 위해 좋은 일을 할 수 있으리라 기대했다.[100]

반면 《독립신문》은 외국어학교에 대해 심각한 우려를 표명했다. 문명국의 학문을 배우는 외국어학교 학생들이 벌써부터 나라별로 붕당을 만들고 있다는 것이었다. 러시아어를 배운 학생은 친러파가 되고 일본어를 배운 학생은 친일파가 되는 식의 패거리 문화를 파당 행위라고 비판했다.[101]

소학교에서 자라는 시민

소학교는 보통교육을 위한 교육기관이었다. 지방마다 소학교가 생긴다는 것은 문명화 바람이 전국으로 확산되는 것을 의미했다. 처음에 조선 정부가 직접 지방에 공립소학교를 열었다. 그러나 점차 지방 관리와 지역 유지들이 문명화의 바람을 타고 사립소학교를 설립하기 시작했다. 이 중에는 공립소학교로 전환되는 경우도 적지 않았다. 하지만 소학교는 안정적으로 운영되지 못했다. 일단 교사가 부족했다. 임용 시험에 응시할 수 있는 자격을 갖춘 사람이 적어 임시 교사가 가르치는 학교가 많았다.[102]

소학교를 세우려면 먼저 땅을 구해 학교 건물을 지어야 했다. 훈장 선생님이 사는 집이 곧 서당이던 시절과 달리, 학교라는 이름의 건물이 필요했기 때문이다. 턱없이 부족한 정부 예산으로는 건물 짓는 비용을 댈 수 없었기에 대개는 비어 있는 관청 건물을 활용했다. 한성사범학교 부속 소학교는 예전 광무국 건물 안에 들어섰다. 지방에서도 마찬가지였다. 대구 공립소학교는 경북관찰부 안에, 단천 공립소학교는 군청 건물 안에 자리 잡았다. 사립소학교도 관청이나 향교 등의 공공건물을 빌려 문을 여는 경우가 많았다. 그러다 보니 한옥에서 서양식 교육을 받는 이색적인 풍경이 연출되었다.

겉모습은 한옥이었으나, 교실 풍경은 확연히 달랐다. 구들장에 탁자가 놓여 있는 것이 아니라 칠판과 교탁과 책상과 의자를 갖춘 교실에서 학생들이 정해진 시간표에 따라 교과서를 가지고 공부했다. 소학교 학생은 1895년에 나온 〈소학교령〉에 따라 여러 과목을 공부했다. 필수 과목은 수신, 독서, 작문, 습자, 산술, 체조 등이었다. 선택 과목으로는 지리, 역사, 도화, 외국어, 재봉 등이 있었다. 초기 소학교 모습을 담은 사진을 보면 의자에 앉은 학생의 모습이 제각각이다. 서양식 교육을 받겠다고 학교에 왔지만, 상투를 틀고 갓을 쓴 학생도 있었다. 학교에서는 단발을 권했지만, 아직은 곱지 않은 시선을 견뎌야 했기에 꺼리는 학생이 적지 않았다. 단발을 강요한다며 아이를 학교에 보내지 않는 부모도 있었다. 학생 모두가 같은 나이에 소학교에 들어가는 게 아니었으니, 대여섯 살 차이는 보통이었다. 소학교 입학 연령을 7세 이상, 15세 미만으로 정했지만, 학교에서는 어린 학생들을 반기지 않았다. 수업을 방해하는 일이 많기 때문이었다. 나이 많은 학생들은 학생회나 토론회를 조직하거나 사회운동 참여를 이끌었다. 서울의 수하동소학교에 다니던 태억석과 장용남은 만민공동회에서 연설했다는 이유로 퇴학당했다.[103]

소학교 학생은 가장 먼저 시간관념을 배워야 했다. 날마다 정해진 시각에 맞추어 등교와 하교를 해야 했다. 보통 아침 8시에 등교하여 오후 3시 정도에 하교했다. 추운 겨울에는 9시나 10시에 등교하는 학교도 있었다. 수업시간은 한 과목당 40분이었다. 쉬는 시간은 10분에서 20분 정도였다. 수업은 땡땡땡 종소리가 울리면 시작되고 끝났다. 북소리로 알리는 학교도 있었다. 이 시간표에 적응하지 못해 학교를 그만두는 학생도 적지 않았다. 해 뜨면 일어나서 일하고 해가 지면 쉬던 일상생활에서 기계적인 시간관념에 익숙해지는 게 쉽지 않았던 탓이다. 처음에는 선교사들이 세운 학교만 시간 엄수를 강조했지만 점점 관공립학교로 확산되었다. 영어학교는 등교시간을 어기면 벌금 10전을 물렸다. 기숙사가 있는 학교는 시간 엄수에 더 신경을 썼다. 학생들은 귀가 따갑도록 "시간은 곧 돈이니 성공하려면 시간을 지키라"는 훈계를 들으며 시간관념을 익혔다. 도덕을 가르치는 수신 교과서에서는 시간관념을 이렇게 강조했다.

시간은 인생에서 제일 아까운 것이다. 사람이 세상에 생존하는 기한이 100년을 넘지 못할 것인데 100년 사이에 우환질병에 걸리고 어려서 어리석고 늙어 쇠약한 시간을 제외하면 사업을 할 시간이 짧다. 이와 같이 짧은 시간으로 한이 없는 사업을 이루고자 할진대 어찌 잠시인들 헛되이 소비할 것인가. 오늘의 이 시간은 한번 보내면 다시 보지 못하는 것이다.[104]

사실 서양식 시간과 시간관념이 우리 일상에 뿌리내린 데는 학교의 역할이 컸다. 소학교 운영 자체가 시간을 단위로 구성되었기 때문이다. 교육 계획은 1년 단위로 짜였다. 두 학기로 구성되고, 그 사이에 방학이 있었다. 학기는 월별 계획에 따라 운영되었고, 월별로는 주간 계획이 마련되었다. 일요일은 휴일로 수업이 없었다. 주간별로 마련된 시간표는 매일 달랐고 매일은 교시로 짜였다. 지금은 당연한 일이 되었지만, 처음으로 이런 일상을 몸에 익혀야 했던 학생과 교사들은 적응하기 쉽지 않았을 것이다. 이러한 상황을 지켜본 독일어학교 교사 불얀은 "독일에서는 1시간 동안 조선에서 7시간 가르친 것보다 더 많은 것을 가르칠 수 있다"[105]라고 개탄했다.

학교라는 문명 공간이 서당과 다른 것 중 하나가 교사가 학생을 가르치는 법, 즉 교수법이었다. 1909년에 유옥겸이 쓴 《소학교수법》에 따르면 아동 발달 단계를 고려한 교육이 강조되었다. 6세부터 14세까지의 학령기 아동은 신체가 발달하고 자유롭게 상상하는 시기이므로 직관적인 방법으로 가르치는 것이 좋다고 했다. 그는 독일의 헤르바르트(Johann Friedrich Herbart)의 교수법을 소개하면서 '쉬운 것을 거쳐서 어려운 것으로', '간단한 것에서 복잡한 것으로', '부분에서 일반으로' 옮겨가는 가르침을 강조했다. 아동의 개성을 관찰하여 학습에 적응하는 길을 알려주고, 아동이 학습 의욕을 가지고 자발적으로 참여하는 자기주도적 학습에도 주목했다.[106]

자녀를 소학교에 보낸 사람들은 문명화의 세례를 직접적으로 느꼈다. 자녀가 교복을 입고 매일 정해진 시각에 운동장을 가로질러 교실로 들어가는 모습이 눈에 익는 데 적지 않은 시간이 걸렸을 것이다. 책보를 들고 학교에 가는 학생의 모습은 동네 사람들에게도 구경거리였다. 운동회 날에는 온 동네 사람들이 학생들과 어울려 즐거운 하루를 보냈다. 그래서 운동회 날은 동네 잔칫날이었다. 운동회는 봄가을로 열렸다. 봄에는 5월 단오절을 전후하여 열리는 경우가 많았다.

1896년 5월 30일에 서울에 위치한 관공립소학교들은 훈련원을 빌려 연합대운동회를 열었다. 태극기를 높이 올리고 만국기가 펄럭이는 가운데 학생, 교사, 학부형, 정부 관리와 서울 시민들이 운동회에 참석했다. 이날은 여성들이 오랜만에 나들이하는 날이기도 했다. 운동회 경비 마련에는 학교와 학부형은 물론 지역 유지와 상인들까지 동참했다. 운동회에서 제일 멋진 장면은 교사와 학생 모두가 똑같은 동작으로 체조를 하는 모습이었다. 운동회 경기 종목은 오늘날과 크게 다르지 않았다. 달리기, 2인 3각 달리기, 멀리뛰기, 높이뛰기, 공던지기, 축구, 야구 등과 함께 전통 경기인 씨름, 그네뛰기, 줄다리기 등을 즐겼다.[107]

소학교를 다니는 학생이 늘어난다는 것은 서구 문명, 즉 문명을 삶으로 체화하는 인민이 많아진다는 것을 의미했다. 소학교에서 배우는 문명의 가치와 소학교의 일상을 통해 익히는 문명의 삶은 인민에게 시민성을 깨우칠 수 있는 터전을 제공했다. 학교라는 공동체에서 학생들은 "물품을 파괴하거나 더럽히고 망가뜨리는 일을 삼가고, 약속한 시간을 반드시 지키며, 서로의 역할과 책임을 나누고, 또한 각자 맡은 일에 책임을 다하는 공민(公民)",[108] 즉 시민으로 자라났다.

《한성순보》 ❶ 《한성순보》,《한성주보》 등의 신문이 서양 문명을 소개하는 가운데,

❷ 유길준은 서양 각국을 직접 돌아본 뒤 1889년에 《서유견문》을 썼다.

❸ 한국을 다녀간 외국인들은 교육열과 기독교 선교에서 문명화의 가능성을 기대했다.

일본 공사관 앞에 모인 각국 외교 사절 ❹ 외국을 다녀온 관리들을 중심으로 개화 세력이 결집하는 가운데

1883년 미국에 파견된 보빙사 ❺ 급진적인 개화를 주장하던 김옥균, 서재필, 서광범, 박영효(오른쪽부터) 등이 갑신정변을 일으켰다.

《독립신문》 창간호 ❻ 개화파와 인민은 한글 신문인 《독립신문》을 통해 소통의 길을 열었다.

《독립신문》 한글판과 영문판 ❼ 《독립신문》은 적극적인 문명 계몽을 통해 시민성 함양에 주력했고,

《독립신문》 1896년 9월 10일 ❽ 인민들도 신문 투고를 통해 자신의 주장을 개진하며 문명화의 대열에 적극 동참했다.

선교사가 세운 사립 숭일학교 ❾ 선교사들이 먼저 문명 교육의 토대인 학교를 짓는 데 나섰고,

❿ 갑오개혁 정권은 1895년에 〈교육입국조서〉를 발표하며 본격적인 학교 교육에 나서서

⓫ 소학교, 중학교, 외국어학교 등 근대 교육을 위한 각종 학교를 설립했다.

오산학교 졸업생의 모습 ⓬ 계몽운동가들은 더 많은 문명교육의 기회를 제공하기 위해 사립학교를 설립했다.

⓭ 전국 곳곳에서 열린 소학교 운동회는 문명의 삶을 누리는 축제의 장이었다.

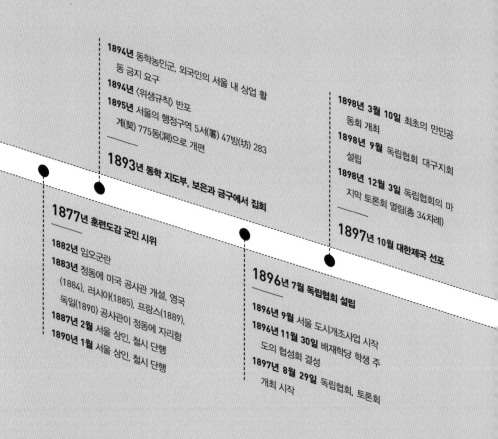

1894년 동학농민군, 외국인의 서울 내 상업 활
동 금지 요구
1894년 〈위생규칙〉 반포
1895년 서울의 행정구역 5서(署) 47방(坊) 283
계(契) 775동(洞)으로 개편

1893년 동학 지도부, 보은과 금구에서 집회

1877년 훈련도감 군인 시위

1882년 임오군란
1883년 정동에 미국 공사관 개설, 영국
(1884), 러시아(1885), 프랑스(1889),
독일(1890) 공사관이 정동에 자리함
1887년 2월 서울 상인, 철시 단행
1890년 1월 서울 상인, 철시 단행

1898년 3월 10일 최초의 만민공
동회 개최
1898년 9월 독립협회 대구지회
설립
1898년 12월 3일 독립협회의 마
지막 토론회 열림(총 34차례)

1897년 10월 대한제국 선포

1896년 7월 독립협회 설립

1896년 9월 서울 도시개조사업 시작
1896년 11월 30일 배재학당 학생 주
도의 협성회 결성
1897년 8월 29일 독립협회, 토론회
개최 시작

5장

도시 :
자발적 결사체와
시위·집회 공간의 탄생

❶ 권력의 도시에서 인민의 도시로
❷ 결사체 시대의 막이 오르다
❸ 인민의 비폭력 저항, 시위와 집회

1899년 서대문–청량리 구간을 시작으로 전차 개통
1900년 종로에 가로등 설치
1904년 2월 손병희 지시로 동학지도자 이용구 진보
　회 조직
1904년 7월 보안회, 황무지 개간권 반대 운동
1904년 8월 송병준 주도로 일진회 결성
1904년 12월 동학 계열 진보회가 독립협회 계열 일
　진회에 흡수
1905년 5월 헌정연구회 설립

1899년 1월 독립협회 지회 강제 해산

1908년 기호흥학회 설립
1908년 한성수도회사, 서울에 수돗물 공급
1909년 반일진회 운동과 합방 반대 운동
1919년 3월 1일 서울을 비롯한 도시 중심
　으로 3·1운동 촉발

1907년 11월 신민회 결성

1898년 10월 29일 관민공동회,
〈헌의6조〉 의결

1898년 11월 5일 독립협회 간부 체
　포 독립협회 해산 명령
1898년 11월 26일 고종, 만민공동
　회 지도부 면담
1898년 12월 만민공동회 강제 해산

1905년 11월 을사조약 반대 운동

1905년 12월 천도교 창건
1906년 한북흥학회와 서우학회 조직,
　1908년에 서북학회로 통합
1907년 2월 대구에서 국채보상운동 시작
1907년 7월 고종 강제 퇴위 반대 운동
1907년 8월 대한자강회, 고종 퇴위 반대
　시위 주도하다가 강제 해산
1907년 11월 대한협회 설립

1894년 봉기한 동학농민군의 창끝은 임금이 사는 서울로 향했다. 하지만 공주 우금치 고개를 넘지 못했다. 그들을 막아선 정부군 곁에는 일본군이 있었다. 그렇게 권력은 외세의 힘을 빌려서까지 서울을 사수하려 했다. 그 것은 결국 권력의 마지막 몸부림이 되었다. 인민은 권력이 예상치 못한 방식으로 서울 한복판을 '점령'했다. 인민이 먼 지방에서부터 죽창을 들고 서울로 향하는 것이 아니라, 권력의 심장부 한복판인 서울에서 민회, 즉 시민 단체를 만들어 집회를 열고 시위를 벌였다. 농촌이 아닌 도시가, 지방이 아닌 서울이 인민 저항의 발원지가 된 것이다.

동학농민전쟁, 청일전쟁, 갑오개혁. 그렇게 1894년의 격변을 거치며 조선 사회는 확연히 변했다. 인민들은 칼 대신에 펜을 들고 자발적 결사체를 만들어 여론을 형성하며 개혁을 주장하기 시작했다. 거리 풍경도 변했다. 문명화의 세례로 도시는 서양의 모습을 띠어갔다. 잘 닦은 도로에 높은 시계탑이 걸린 서양식 건물이 하나씩 올라가고 정해진 시각에 달리는 전차와 전신주를 갖춘 도시는, 인민에게 변화를 실감하고 희망을 꿈꾸게 하는 강력한 자극제였다. 이제 더는 거스를 수 없는 개혁의 요구와 운동은 이렇게 새로이 펼쳐진 인민의 공간, 도시에서 자발적 결사체와 시위와 집회를 통해 활짝 피어났다. 도시라는 공간 안에서 사회 공동체의 일원으로 산다는 것은 곧, 시민으로 살아가며 시민권을 누리거나 누리고자 투쟁한다는 것을 의미한다는 서구 도시 담론이 19세기 조선이라 해서 크게 다르지는 않았던 것이다.¹ 민주주의가 처음 시민 공동체로서의 도시국가인 아테네에서 태어났음은 주지의 사실이다.

독립협회는 자발적 결사체의 효시였다. 서울에 본부를 두고 지방에 지회를 설치하여 전국적 조직으로서의 면모를 갖추었다. 고종과 독립협회의 위상을 놓고 담론 투쟁을 전개했고, 인민과 함께 토론회를 펼쳤다. 독립협회는 단 3년간의 활약이라고는 믿기 어려울 만큼 압축적인 성장을 이뤄냈다. 독립협회 해산 이후 탄생한 자발적 결사체들은 너도나도 독립협회의 계승을 표방했다.

1905년 을사조약 체결에 즈음하여 결사체의 시대가 도래했다. 각 지역에 연고가 있는 학회들은 교육 진흥에 전력을 다했다. 아래로부터의 개혁 세력인 동학 계열과 위로부터의 개혁 세력인 독립협회 계열이 결합하여 처음에는 일진회에서, 나중에는 대한협회에서 함께 활동했다. 자발적 결사체의 결성 붐과 함께 국채보상운동과 같은 자발적 결사체 주도의 전국적 대중운동도 이 시기에 등장했다.

만민공동회는 도시에서의 인민의 비폭력 저항을 상징하는 시위이자 집회였다. 또한 기나긴 철야 시위를 통해 전국적 관심을 받으면서 연대의 가치를 보여주고 실천하는 시위와 집회 문화의 전통을 만들어갔다. 이러한 도시에서의 비폭력 투쟁을 상징하는 시위와 집회는 3·1운동에도 고스란히 영향을 미쳤다. 도시에서 촉발되어 농촌으로 확산된 3·1운동은 도시가 시위와 집회의 중심 공간이 되었음을 다시금 확인시켜주었다.

1
권력의 도시에서 인민의 도시로

문명 도시로의 변신

조선시대 서울은 임금이 사는 곳을 의미했다. '충(忠)'이라는 유교적 가치가 압도하는 공간이었다. 17세기 후반 이후 상품 화폐경제가 발달하고 가난한 사람들이 일거리를 찾아 몰려들면서 서울은 급속히 성장했다. 18세기 서울은 30만 명 이상의 인구가 사는 도시로 발전했다.[2] 거리를 정비하면서 경관도 날로 바뀌어갔다. 도로와 다리를 수리하고, 청계천 지류에서 흙을 퍼내는 준설 작업이 이루어졌다. 1760년에 두 달에 걸쳐 준설 작업을 하는 데 쌀 2300석과 돈 3만 5000여 냥이 들었다. 연인원 15만 명의 서울 시민이 동원되었고, 5만 명가량의 노동자가 고용되었다. 청계천의 다리들도 차례대로 돌다리로 교체되었다.

시장도 날로 커져갔다. 18세기 말 영의정을 지낸 채제공은 "지금 종로의 북쪽 거리가 조금 협소하여 더 넓혀야 한다. 상인들을 동원하여 자기 상점 간판을 내걸게 하고 동대문에서 남대문 사이의 상점들을 새롭게 바꿔야 한다"라는 주장을 펼쳤다.[3] 실제로 거리 정비와 함께 시장의 모습도 날라졌다. 허가 상인들이 장사하는 종로의 시전거리와, 무허가 상인들이 장사하는 시장인 이현(동대문 안 광장시장 근처)과 칠패(남대문과 서소문 사이)가 서울의 3대 시장으로 성장했다. 이제 서울은 명실상부한 전국적 시장권의 중심이자 국제 교역의 도시가 되었다. 전국에서 생산되는 모든 물자가 서울로 모였다가 다시 각지로 팔려 나갔다. 청과 일본에서 들여온 수입품도 서울에 모였다가 전국으로 팔려갔다. 이중환은 《택리지》에 "서울에 수출입으로 돈을 버는 상인이 제일 많다"라고 적었다.[4]

19세기 말에도 서울의 위상은 크게 달라지지 않았다. 비숍은 물자만이 아니라 사람도 서울로 집중하는 현상에 주목했다.

모든 사업이 서울에서 이루어진다. 전국의 상점들은 서울로부터 물품을 공급받고 있다. 개항장에서 선적되지 않는 모든 상품들은 서울로 집중된다. 서울은 또한 나라의 운수업을 행하는 짐꾼들의 상인 조직과 몇몇 품목에서 실제적으로 독과점을 형성하고 있는 거대한 상인조합의 중심이기도 하다. 모든 조선인의 마음은 서울에 있다. 지방 관리들은 서울에 따로 저택을 가지고 있으며, 1년 중 대부분을 그들의 업무를 아랫사람에게 맡기고 서울에 와서 지낸다. 대부분의 토지 소유자들은 서울에 살고 있는 부재지주들이며, 그들은 지대를 받기 위해 지방으로부터 인민을 쥐어짠다. 여행 중 음식 값과 숙박료를 댈 수 있는 사람은 누구나 1년 중에 한두 번씩 서울에 올라온다. 서울에 사는 사람들은 그 지위에 관계없이 단 몇 주라도 서울을 떠나 살기를 원치 않는다. 조선인에게 서울은 살 만한 가치가 있는 곳이다.[5]

그 시절 서양에서도 도시, 특히 수도로 인구가 집중되는 현상이 일어나고 있었다. 프랑스에서는 수도와 지방의 분열이 가속화되면서 파리가 급속히 번영했다. 파리는 권력의 핵심부로서 무한한 힘을 가지고 경제활동의 중심지가 되었을 뿐 아니라, 모든 지적 활동을 독점했다.[6] 파리는 1789년의 시민혁명, 1830년의 7월 혁명, 1848년의 2월 혁명, 1871년의 파리코뮌에 이르기까지 거리정치의 중심이자 혁명의 무대였다.[7] 유길준은 《서유견문》에서 미국과 유럽의 대도시들의 문명적 발전을 자세히 소개했다. 그는 파리를 "주택과 도로의 규모가 웅장하고 화려하면서도 청신한 풍운을 아울러 지니게 하여 전 세계에 견줄 곳이 없는 수도"라고 칭송했다.[8]

1894년 서울은 아직 권력의 도시였다. 오스트리아인 여행가 헤세-바르텍은 1894년의 서울을 서양 여행자를 위한 숙소가 없는 지구상에서 유일한 수도이자 왕의 거주지로서 폐쇄적인 곳이라고 회상했다.[9]

지금까지 내가 보아온 도시 중에서도 서울은 확실히 가장 기묘한 도시다. 25만 명가량이 거주하는 대도시 중에서 5만여 채의 집이 초가지붕의 흙집인 곳이 또 어디에 있을까? 가장 중요한 거리로 하수가 흘러들어 도랑이 되어버린 도시가 있을까? 서울은 산업도, 굴뚝도, 유리창도, 계단도 없는 도시이고, 극장과 커피숍이나 찻집, 공원과 정원, 이발소도 없는 도시다. 집에는 가구나 침대도 없으며, 변소는 직접 거리로 통해 있다. 남녀 할 것 없이 모든 주민들이 흰옷을 입고 있으면서도 다른 곳보다 더 더럽고 똥 천지인 도시가 어디에 또 있을까? 종교도, 사원도, 가로등도, 상수도도, 마차도, 보도도 없는 국가가 있을까? 프랑크푸르트나 쾰른, 할레와 같은 도시의 사람들이 이러한 모습을 상상이나 할 수 있을까? 그런데 사람들은 이 세상에 유럽 문명이 침투하지 않는 곳이 없다고 말한다.[10]

헤세-바르텍이 서양 문명이 침투하지 않은 곳이라 여기던 도시, 서울이 놀랍게도 몇 년 만에 문명화되었다. 1894년에 서울에 왔다가 3년 뒤에 다시 방문한 비숍은 이 도시의 경이로운 발전에 찬사를 보냈다.

서울은 많은 면에서 특히나 남대문과 서대문 방향으로 너무 변하여 옛 모습을 알아볼 수가 없었다. 도로는 최소한 17미터의 폭으로 넓혀졌다. 그 양쪽에는 돌로 만든 깊은 골이 있고, 그 가운데는 판석으로 메워져 있었다. 이 도로는 본래 콜레라가 발생했던 불결한 골목들이 있던 곳이다. 좁은 오솔길이 넓어졌고, 진흙탕이던 개울이 포장되었다. 넓고 평평한 길을 따라 자전거가 질주한다. 가까운 시일 안에 기차가 달리는 모습을 볼 수 있을 것 같다. 멋진 부지에는 프랑스식 호텔을 세우려는 준비가 진행되고 있다. 유리로 된 진열대가 있는 상점들도 많이 생겨났다. 거리에 쓰레기를 버리지 못하게 하는 법령이 시행되고 있으며, 쓰레기는 직업청소부에 의해 처리되고 있다. 가장 지저분하던 서울이 이제는 극동에서 가장 깨끗한 도시로 변모해가는 중이다.[11]

비숍의 감탄은 계속된다. "초가지붕이 기와지붕으로 바뀌었다. 가옥과 상점 앞이 말끔하게 단장되었다. 상점에는 더 많은 물건이 진열되어 있고 시장은 활기차다. 길은 넓어졌다. 산책길도 생겼다. 〈위생규칙〉 덕에 길에서 나던 불쾌한 냄새가 사라졌다. 골목길조차 자갈이 깔리고 곧게 뻗었다."[12] 특히 비숍은 인민들이 골목길을 자발적으로 닦았다는 데 주목했다. 조선인의 문명화의 척도를 보여주는 사례이기 때문이다.

서울의 변신은 갑오개혁의 일환으로 행정구역이 정비되면서 시작되었다. 5부(部)를 5서(署)로 고치고 47개의 방(坊)을 두었으며, 그 밑에 283개의 계(契)를 설치하고 775개의 동(洞)을 새로 제정했다.[13] 서울이 이렇게 혁신적으로 변신한 데는 네 사람의 공이 컸다. 1895년부터 1900년까지 한성판윤, 오늘날의 서울시장을 지낸 이채연, 탁지부 고문이자 총세무사였던 영국인 브라운(J. M. Brown), 내부 토목국장 남궁억, 내부 소속 건축기사 심의석이 그들이었다. 그들은 서울을 깨끗하고 정갈한 경관을 가진 도시로 개조하기 위해 노력했다. 제일 먼저 종로와 남대문을 연결하는 도로변의 임시 건물을 없애고 개천과 우물을 정비했다.

정동, 새로운 도심의 탄생

서울의 중심부는 광화문의 관아거리에서 남대문에 이르는 길과 종로거리를 포함한 동대문에서 서대문에 이르는 길이었다. 1896년 고종이 을미사변 이후 신변의 위협을 느끼던 중 정동에 있는 러시아 공사관으로 옮겨가는 아관파천이 일어났다. 그 뒤로 왕은 경복궁으로 돌아가지 않았다. 러시아 공사관을 비롯하여 서양 열강의 공사관이 많은 정동에 자리 한 경운궁, 지금의 덕수궁에 살았다.

정동의 변신은 1880년대 서양 공사관이 들어서면서 시작되었다. 최초로 정동에 거주한 서양인은 초대 미국 공사로 부임한 푸트(L. H. Foote)와 그의 일행이었다. 서양과 맺은 최초의 조약이 조미수호통상조약이었으므로 미국 공사관이 제일 먼저 자리를 잡았다. 이어 영국 공사관이 정동에 들어섰다. 그 뒤로도 조선과 외교 관계를 맺은 서양 열강은 으레 공사관 또는 영사관을 정동이나 그 주변에 개설했다. 정동의 동쪽에 미국 공사관, 서쪽에 영국 영사관, 남쪽에 독일 영사관, 북쪽에 러시아 공사관과 프랑스 공사관이 각각 들어섰다. 이렇게 정동은 외교의 중심지인 공사관 거리로 변신했다. 공사관 주변에 서양인들이 집을 짓고 살면서 정동은 서울에서 가장 이국적이고 문명화된 거리로 탈바꿈했다. 헤세-바르텍은 1894년의 정동을 이렇게 묘사했다.

공사관 거리는 정동을 가로질러 서대문에서 궁전 광장까지 이어지는 곳이다. 시내의 다른 거리보다 훌륭하게 관리되고 개인 저택의 정원들로 막힌 울안의 땅 위로 솟은 나무들은 이 동네에서 유럽 분위기를 느끼기에 부족함이 없다. 길 양편 벽돌 건물들은 주택이나 고아원, 또는 영국성공회 건물 등으로 녹음에 묻혀 있다.[14]

선교사 중에는 호러스 알렌(Horace Newton Allen)이 제일 먼저 정동에 자리 잡았다. 이어 언더우드, 스크랜튼, 아펜젤러, 헐버트, 길모어 등의 선교사 또는 교사로 조선에 들어온 미국인들이 모여들었다. 이들에 의해 교회가 세워졌다. 정동제일교회, 새문안교회, 상동교회, 성공회대성당이 모두 정동에서 처음 문을 열었다. 이들이 설립한 학교 역시 정동에 밀집했다. 배재학당, 이화학당은 물론이고 경신학교의 전신인 언더우드학당, 정신여학교의 모태인 정동여학당 등이 정동에 자리했다. 공사관이 세워지고 서양인들의 집과 교회와 학교가 들어선 것은 모두 1880년대의 일이었다. 여기에 손탁호텔과 같은 사교 공간까지 들어서면서 서양인들의 일상생활은 거의 정동을 벗어나지 않았다. 《대한매일신보》 1910년 7월 15일자에 따르면, 당시 서울에는 미국인 131명, 영국인 88명, 프랑스인 57명, 독일인 19명, 러시아인 12명, 벨기에인 1명이 살고 있었다.

일본인들은 주로 남산 자락에 거주했다. 그들은 일본식 생활 양식을 유지하며 앞선 문명을 자랑했다.

일본인 거주자들의 형편은 낫다. 이들에게는 병원과 훌륭한 의사들이 있다. 일본인 거주지가 수도 서울에서 모든 외국인 거주지 중 가장 튼튼하다. 이곳은 조선의 도읍과 완전히 격리되어 있다. 이곳에 있는 호텔과 찻집, 상점 등은 그들의 고향에 있는 것과 똑같고, 조선인들과 활발한 교역이 이루어지면서 점점 규모가 커지고 있다.[15]

대한제국은 경복궁이 아니라 공사관 거리인 정동에 있는 경운궁에서 출범했다. 고종은 1897년 8월 14일에 연호를 광무로 고치고, 경운궁 앞 지금의 조선호텔 자리에 원구단을 쌓고 10월 11일에 국호를 대한제국으로 정했다. 다음 날 원구단에서 황제 즉위식을 거행했다. 대한제국 정부는 고종 황제가 거처하는 경운궁을 중심으로 서울 개조 사업을 추진했다. 우선 경운궁을 수리하면서 서양식 건축과 설비를 도입했다. 먼저 발전소와 전기 시설을 설치했다. "변고는 밤에 일어나므로 밤을 낮같이 하라"는 고종의 명에 따라 전등을 가설하기 위해서였다. 일본 나가사키에 있던 영국 회사 홈링거(Home Ringer)로부터 전기 기계와 시멘트 등의 건축 자재를 들여왔다. 협소한 경운궁을 지금의 서울역사박물관 자리에 있던 경희궁과 구름다리로 연결하는 공사도 추진했다. 경운궁 안에 르네상스식으로 석조전도 지었다.

황제가 살고 외국인이 거주하는 정동이 문명화의 거점이 되면서, 근처에 자리한 서대문역 역시 사통팔달의 교통 중심지로 개발되었다. 미국산 목재로 만든 서대문역은 서쪽으로 인천, 남쪽으로 부산, 북쪽으로 의주로 가는 서울의 관문 역할을 했다. 정동의 남쪽, 즉 한강 쪽으로는 산업과 연계된 시설들이 들어섰다. 마포나루에는 세관을 설치했다. 용산에는 공장들이 들어섰다. 전환국, 인쇄국, 평식원도량형제작소, 양잠소, 한성전기회사 발전소, 정미소, 벽돌 제조소, 유리 제조소 등 주로 나라에서 세운 공장들이 문을 열었다.

서울 개조 사업에 따라 문명 설비도 도입되었다. 고종의 주도로 황실 자본과 미국인 헨리 콜브란(Henry Collbran), 해리 보스트윅(Harry R. Bostwick) 등이 공동 출자하여 만든 한성전기회사는 서울에 전차, 전등, 전화 등을 설치하는 공사를 맡았다. 최초의 화력발전소인 동대문발전소도 세워졌다. 1899년에는 서대문–청량리 구간을 시작으로 전차가 개통되었다. 1900년에는 종로에 가로등 3개가 설치되었다. 콜브란과 보스트윅은 한성수도회사를 설립하여 뚝섬에 상수도 시설을 마련했다. 1908년부터는 서울에 수돗물이 공급되었다. 3·1운동이 일어난 탑골공원도 이 때 공원으로 조성되었다. 종로와 남대문로 일대는 물론 정동 근처인 서대문에서 독립문을 거쳐 북쪽으로 향하는 의주로도 정비되었다.[16]

19세기 들어 서양화의 물결 속에 청과 일본의 도시 경관도 크게 바뀌었다. 청에서는 개항장인 상하이가 몰라보게 변했다. 상하이에는 영국, 미국, 프랑스 등의 서양인이 조계지를 조성하고 관리했다. 여기에는 청 정부의 행정력이 미치지 않았다. 서양인이 밀려왔고, 서양식 건축물과 시설이 들어섰으며, 서양의 물건들이 넘쳐났다. 도시 경관이 서양처럼 변모하는 가운데 상하이의 인구는 19세기 말에 100만 명을 넘어섰다.

일본 메이지 정부는 도쿄를 부국강병형 수도로 재건하고자 했다. 하지만 여건은 열악했다. 도로와 상하수도 시설이 제대로 되어 있지 않아 전염병 공포에 시달려야 했다. 또 목조가옥이 밀집되어 있어 늘 화재의 위험이 있었다. 게다가 1872년부터 1877년까지 추진한 서양풍의 긴자(銀座) 벽돌거리 건설이 실패하고 말았다. 이에 메이지 정부는 1889년 도쿄 시구개정안을 수립하고 시행에 들어갔다. 두발과 복식을 포함한 모든 생활 양식에서 총체적이고 전면적인 서양화 운동을 전개했다. 도쿄는 문명화의 선두에 선 일본의 상징적인 도시로 변모해갔다.

권력에 저항하는 인민의 도시로

민회는 19세기 농민항쟁 과정에서 농민 주도로 열리는 향회를 부르던 말이다. 그런데 1893년 동학 지도부는 보은에서 집회를 열면서 자신들이 민회를 연다고 주장했다. 선무사로 파견된 어윤중은 이들을 '민당'이라 불렀지만, 동학 지도부는 '민회'라고 불렀다. "이 모임에는 어떠한 병기도 지니지 않았으니 민회입니다. 다른 나라에도 민회가 있어 정부 정책이 인민과 나라에 불편한 것이 있으면 모여 의논하여 뜻을 모아 정책을 결정한다고 합니다"라고 주장하며 자신들을 난리를 도모하는 무리로 보는 것에 항의했다.[17] 동학 지도부가, 비폭력·비무장 인민들이 모여 정치적 견해를 밝히고 서로 의논하여 실천 행동을 결의하는 집회를 민회로 인식했음을 알 수 있다.

고종 역시 보은 집회가 자진해산하자 이를 다른 나라의 의회 제도에 비견된다고 평가했다.[18] 《한성순보》 등을 통해 서양 정치제도와 함께 의회를 비롯한 자발적 결사체가 소개되면서 1890년대에 이르면 인민뿐만 아니라 임금도 그것을 민회로 이해하고 있었던 것이다. 고종은 1891년 일본에서 외교관으로 지내다 돌아온 김가진과 일본의 민회에 대해 대화를 나누었다.

> 고종: 민회로 상하의원을 설치한 후로 의회는 몇 번이나 열렸는가?
> 김가진: 의회는 작년에 처음으로 한 번 열리고, 그 사이에 국회당에 화재가
>   나서 다시 열리지 못하였습니다.
> 고종: 정부의 권력이 전날과 같지 않은가?
> 김가진: 일본 정부의 권력이 특별히 전날과 달라진 점은 없습니다.[19]

고종이 관심을 가진 것은 오로지 민회, 즉 의회가 열린 후 권력의 위상에 어떤 변화가 있었는가였다. 이 무렵까지는 민회가 도시에서 꽃피지

못하고 있었다. 그러나 권력의 심장부인 서울에서는 이미 인민들이 정치적 의사를 표시하고 정부에 변화를 촉구하는 시위를 벌이고 있었다.

조선 후기 이래 서울에 사는 하층민들은 농촌에서 밀려난 사람들이었다. 개항 이후 곡물을 비롯한 물가가 가파르게 오르면서 그들의 생활은 더욱 궁핍해졌다. 이들 중에는 공식적인 특권은 없어졌으나, 여전히 관리들의 비호를 받는 시전 상인과 경쟁하면서 불법적인 난전을 벌이는 상인들이 적지 않았다. 월급이 적어 장사에 뛰어든 직업군인들도 있었다. 개항을 하자 조선 정부는 일본뿐만 아니라 청 상인과도 경쟁해야 하는 시전 상인들을 보호하는 데 주력했다. 이를 위해 포도청이 불법노점상이라 할 수 있는 난전을 단속했다. 이 때문에 서울에서는 난전 단속에 항의하는 하층민의 봉기가 잇달았다. 그들은 주로 포도청을 습격했다. 이때 선봉에 나선 사람들은 난전을 벌이던 직업군인들이었다. 다시 말해 하층민의 봉기는 직업군인 대 포도청 포교, 즉 경찰이라는 국가 공권력 간의 충돌인 셈이었다.

도시에서 벌어지는 인민 항쟁은 점차 군인들이 하층민을 동원하여 자신들의 의사를 관철하려는 봉기로 발전했다. 1877년에 훈련도감 군인들은 몇 달째 월급을 받지 못하자 거리에 성명서를 붙이고 인민을 모아 시위를 벌였다. 임오군란이 일어나기 넉 달 전에도 훈련도감 군인과 하층민들이 봉기를 일으켰다. 포도청 포교들의 도를 넘는 단속이 문제가 되었다. 도둑을 잡는다면서 인민을 구타하고 지나가던 군인까지 포함하여 31명을 체포하고 4명을 때려죽이는 사건이 일어난 것이다. 이를 알게 된 훈련도감 군인 수백 명이 인민들과 함께 포도청을 습격했다. 이들은 감옥에 갇힌 군인과 인민을 구출하고 시신을 거두고 포도청사를 파괴하고 포교를 구타하는 등 전면적인 봉기 양상을 띠었다.

임오군란은 단순히 일회적인 도시 봉기가 아니었다. 권력에서 소외된 채 도시에서 근근이 살아가던 하층민의 축적된 분노와 불만이 폭발한 전면적 항쟁이었다. 그들이 공격한 대상은 민씨 척족 정권이었다. 훈련도감 하급 간부들이 통솔했고, 마을 책임자인 동임(洞任)이 인민을 동원하니 싸웠다. 그들은 이틀 동안 민태호를 비롯한 민씨 척족과 대신들의 집 40여 채를 파괴했다. 중앙 정부의 아전이나 역관 중 부호들의 집 70여 채도 공격했다. 또한 일본인과 일본 공사관을 습격했다. 도시에 사는 하층민의 삶을 옥죄는 모든 대상이 그들의 표적이었다. 임오군란 이후에도 하층민의 항쟁은 계속되었다. 1883년에는 걸인배 수백 명이 절도 혐의로 잡힌 동료를 구한다며 몽둥이를 들고 포도청에 난입하여 옥문을 열고 수십 명의 죄수를 풀어주는 사건이 일어났다.

청과 일본이 서울의 상권을 장악하려고 고심하는 가운데 1887년 2월 3일 서울 상인들은 아침부터 상점 문을 닫고 철시를 단행했다. 일본 상인이 종로로 진출할지 모른다는 소문 때문이었다. 분노한 상인들은 일용품을 제외한 모든 상품에 대해 일본 상인들과의 거래를 금지했다. 이날 수천 명의 상인들이 외교를 담당하는 외아문(통리교섭통상사무아문) 앞에서 시위했다. 그들은 외아문 독판 자리에 있던 김윤식의 설득으로 일단 해산했다. 하지만 일본과 청 상인은 서울의 상권 침탈 경쟁에 혈안이 되었고, 조선 정부는 상인을 보호할 어떤 대책도 실행에 옮기지 못하고 있었다. 결국 3년 뒤인 1890년 1월 6일에 또다시 수백 명의 서울 상인들이 외아문에 몰려가서 시위를 벌였다. 시위는 일주일 내내 계속되었다. 1월 9일에는 시전 상인들이 서울 곳곳에 격문을 붙였다.

최근에 이르러 각국과의 통상으로 외국 상인들이 들어와 터를 잡고 상점을 모두 서울에 개설하므로, 우리의 터를 그들의 터로 하여 우리가 영업하던 것을 그들이 영업함으로써 우리의 영업 이익을 잃게 되어 날이 감에 따라 쇠잔해져 이제는 터도 비게 되고 사람은 흩어져 생업이 쇠잔해지는 것은 고사하더라도 국가에 봉공(奉供)해야 할 사람이 없으니 통곡하고 탄식하지 않을 수 있겠는가. (……) 외국 상인들은 인천으로 물러나고 서울은 우리 상인들이 전업함으로써 두 도시가 서로 표리를 이루어 양측이 존치하게 되면 양측이 모두 구래의 생업을 가히 보전할 수 있을 것이다.[20]

이날부터는 육의전 상인의 주도로 미곡상을 제외한 모든 상점이 철시한 뒤 상인들과 인민 수천 명이 합세하여 외아문과 궁궐 앞에서 외국 상인의 철수를 요구하는 시위를 벌였다. 이 사건은 1894년에 동학농민군이 폐정 개혁안에서 외국인의 서울 내 상업 활동을 금지할 것을 요구할 만큼 조선 사회에 적지 않은 영향을 미쳤다.[21] 이제 도시에서도 전국 인민이 공감하고 연대할 수 있는 요구 조건을 내건 집회와 시위를 하는 세상이 온 것이었다.

이 시절 육영공원 교사로 근무하던 길모어는 인민들이 집회하고 시위하는 모습을 매우 인상 깊게 보았던 것 같다. 그는 조선 인민들이 무조건 정부에 복종한다고 생각하는 것은 오해라며, 정부에 대한 인민의 영향력이 만만치 않아 보였다고 회고했다.

조선에 머물고 있는 주의 깊은 체류자가 겪는 놀라운 일의 하나는 정부에 대한 인민의 영향력이다. 인민들이 공직자의 선출에 영향력을 행사하지도 못하고 정부의 활동에 영향을 미칠 어떤 직접적 수단도 갖지 못하지만, 인민들에게 좋지 못한 조치가 결정된 때에는 처음에는 미미한 일종의 선동으로 형태를 드러냈다가, 논의가 널리 퍼지면서 정도를 더해가다가, 인민들에 의해 대중적인 항의가 일어나고, 사건이 무시될 때에는 대중 집회가 개최되고 인민들이 분개하고 있다는 소식이 왕궁으로 들어간다. 내가 알고 있는 한, 내가 조선에 체류하는 동안 이러한 현상이 몇 번 나타났는데, 대중적 항의가 정당함에 기초하고 있다면 그것은 정책의 변화를 이끌어내는 데에 영향을 미친다.[22]

길모어가 목격한 대로 인민들이 집회하고 시위를 벌이며 왕과 정부에 압력을 가하는 모습에서, 서울이 왕의 도시, 권력의 도시를 넘어 인민의 결사와 집회의 자유가 뿌리내리기 시작한 인민의 도시로 탈바꿈하고 있었음을 간파할 수 있다.

2
결사체 시대의 막이 오르다

자발적 결사체 시대의 도래

1894년은 격변의 해였다. 그해부터 시작된 변화의 바람이 오늘날까지 영향을 주고 있는지도 모른다. 오늘의 사회를 이끌어가는 한 축인 자발적 결사체가 바로 1894년의 바람을 타고 본격적으로 등장했다. 자발적 결사체는, 사회 질서가 신분이 아닌 계약 관계에 기반하면서 개인이 사적 이익을 넘어 공적 이익을 추구하기 위해 모인 사회 조직이다. 이러한 개인의 결사체적 행동은 시민성의 준거이고, 미국에서 민주주의 사회 기반인 시민사회가 일찍이 형성되어 발달하게 된 이유다.

송호근은 19세기 말 20세기 초에 미국에서는 자발적 결사체가 시민사회의 건강성을 유지하는 사회적 구심점이 되었다고 진단한다.

자본주의 발달에 힘입어 세기의 전환기에 급격히 부상하던 신흥 부자들과 전문가 그룹들은 이민, 공업화, 도시화라는 불안한 변화에 대응하여 새로운 결사와 시민 봉사단체를 설립했다. 자발적 결사체가 정치적, 사회적 변동을 헤쳐 나가고 새로운 불안 요인에 대처하는 시민적 행동 양식이었다. 말하자면 자발적 결사체는 시민성을 생산하는 추동력이자, 봉건사회와 질적으로 다른 시민사회의 출현과 성장을 입증하는 지표다.[23]

송호근은 이 무렵 조선에서도 자발적 결사체가 등장했다고 보면서, 역사학계가 이 역사적 현상을 홀대한 것을 비판했다.[24] 송호근에 따르면 1910년까지 결성된 결사체는 모두 314개였다. 1894년 이전에는 인천구락부(1891)와 독립구락부(1894), 단 2개의 결사체가 출현했다. 자발적 결사체는 1894년 이후에 본격적으로 나타났다. 1896년에 독립협회를 비롯하여 6개, 1898년에 9개의 자발적 결사체가 탄생했다. 결사체는 을사조약이 체결된 1905년을 기점으로 가파르게 증가했다. 1905년에 19개, 1906년에 33개, 1907년에 79개, 1908년에 81개, 1909년에 226개가 출현했다. 1910년에는 28개만이 새로이 결성되었다. 흥미로운 점은 이들 결사체의 유형이, 정치사회단체 46개, 언론교육단체 60개, 경제실업단체 52개, 여성단체 53개, 친목청년단체 41개, 동포유학생 단체 58개로 골고루 분포되어 있다는 것이다. 종교단체는 4개에 그쳤다.[25]

본격적인 자발적 결사체가 출발한 원년은 독립협회가 탄생한 1896년이라 할 수 있다. 독립협회에서 '회'는 회원 간의 평등한 관계를 바탕으로 사익이 아닌 공공의 이익을 위해 의논하고 교류하는 자발적 결사체를 뜻한다.

독립협회가 공론을 주장하여 국가에 해로운 일이 있으면 열심히 반대했는데, (……) 독립협회가 세력을 무서워하지 아니하고 공심으로만 일하는 것을 가히 알 것이다.[25]

서재필은 전통적인 향회, 계, 두레 등에 대해 "향회를 한다고 모여 술 마시고 아(丫) 자 걸음을 걷는 구태만 보인다"라고 비판했다. 그는 결사체, 즉 회는 "정부나 사회에 제일 요긴한 것이요, 학문과 지혜와 생각과 의견과 경제상에 가장 유효한 것"이어야 한다고 주장했다. 자발적 결사체의 '공론＝공심＝공공성'을 강조한 것이다. 이처럼 독립협회는 개화파인 정부 관리와 지식인의 합작품이지만, 인민에게 문호를 개방하여 공론의 장을 연 최초의 자발적 결사체라 할 수 있다.

독립협회의 위상을 놓고 고종과 독립협회가 벌인 논전을 잠시 살펴보자. 1898년에 독립협회가 의회 개설 운동을 전개하자 고종은 "독립협회의 토론은 정치 문제 이외의 것에 한정하도록 하고, 독립관에서 하는 집회만 허가할 것이니 독립관을 떠나 집회를 열지 말라"는 내용의 조서를 보내왔다. 그 이유는 다음과 같다.

외국의 예를 보더라도 국회는 국가가 세우는 공립으로 국가와 국민의 이해를 의결하는 곳이고, 협회는 국민이 세운 사립으로 함께 모여 토론하는 곳이다. 우리나라에서도 국민이 세운 협회가 개명진보에 도움이 된 것은 사실이지만 정치를 평론하고 정부 관리의 진퇴를 논하는 것은 원래 협회의 규칙이 아닌데, 정해진 장소를 떠나 집회를 열고 상소를 바치면서 대궐 문을 막고 정부 관리를 협박하는 데 거리낌이 없다. 국회에도 이런 권리가 없는데 협회에 있을 수 없으니, 오늘 이후에는 각 관청에 명령하여 어느 협회를 불문하고 무리를 지어 치안을 방해하는 경우에는 엄벌에 처하도록 할 것이다. 정해진 장소에서 토론하는 것은 막지 않을 것이니, 인민의 지식 발달에 힘쓰도록 하라.[27]

고종은 자발적 결사체인 협회의 역할을 인민 계몽에 국한하고 있다. 이에 대해 독립협회는 다음과 같은 논지의 상소를 거듭 올리며 고종의 조서를 반박했다.

국민의 정치 문제 토론은 정부의 부정부패 때문에 반드시 필요하다. 관료로 하여금 황제와 국가를 위해 충실히 의무를 수행하도록 하는 방법은 공론의 자유로운 표현에 있다. 외국의 예에도 민회는 행정을 잘못하면 전국에 알려서 민중을 모아 질문하고 논핵해서 인민이 승복하는 바가 아니면 감히 물러가지 아니하는 곳이지 토론만 하는 곳은 아니다. 독립협회는 독립을 기초로 하고 충군애국을 목적으로 하여 공적으로 세워진 회다. 법을 문란하게 만드는 신하가 있으면 탄핵하고 성토하는 것이 인민의 권리이거늘, 민권이 강해지면 군주권이 약해진다는 것은 무식한 주장에 불과하다. 오늘날 민의가 없으면 정치와 법률이 무너져 어떠한 재앙이 어느 땅에서 일어날지 알 수 없다. 우리 집회는 사사로운 것이 아니라 서울과 시골에서 뭇 인민의 마음이 모두 하나가 되어 모인 것이다.[28]

독립협회는 주장에 그치지 않고 '시민불복종' 운동을 벌였다. 독립협회 회원들은 고종의 조서를 읽고도 정치 문제를 토론하는 집회를 연 것은 임금의 명령을 어기는 것이라며 경무청으로 몰려가서 처벌을 요구했다. 경무청이 이를 거부하자, "법을 지키지 않은 우리를 잡아가라"며 4일 동안 철야 시위를 벌였다. 결국 고종이 "특정한 거짓과 악을 교정하려 할 때 자기의 의견 표현의 권리를 행사하는 것은 신하의 의무"라며 한 발 물러섰다. 독립협회는 이를 "대한 전국 2000만 동포를 대표한 우리 독립협회 회원들로 하여금 인민과 나라에 관계되는 일과 무릇 정부나 내외 관리들의 혹 정치 잘못하는 것이나 장정과 규칙과 법률을 위반하는 것은 보고 듣고 아는 대로 평론하여 교정하라 하신 말씀"이라 해석했다.[29] 이를 지켜본 외국 공사들은 독립협회가 고종에 대항하여 "언론의 자유를 쟁취했다"라고 본국에 보고했다.[30] 황제와 자발적 결사체인 독립협회가 갑론을박하는 초유의 경험은, 인민에게 일정한 목적을 가진 조직을 결성하여 공론을 형성하고 의사를 관철시키기 위한 실천 행동에 나서는 것이 가능한 시대가 왔다는 희망을 주었다.

자발적 결사체의 결성은 을사조약 체결 이후 더욱 활발해졌다. 1905년부터 1910년 사이에 전국에서 284개의 결사체가 생겨났다. 나라가 위기에 놓이면서 일종의 결사체 '붐'이 일었던 것이다. 지식인들은 생존 경쟁과 우승열패의 법칙이 관철되는 세계에서 위기를 돌파하고 살아남으려면 교육 계몽과 산업 진흥에 힘쓰는 결사체, 즉 사회단체가 반드시 필요하다고 여겼다. 결사체의 번성이 문명과 야만을 판별하며, 나라의 존망을 결정한다는 것이었다.

당시 자발적 결사체 중 가장 많은 것은 학회였다. 학회는 서울에 살면서 지역에 연고를 가진 지식인들의 결사체였다. 평안·함경·황해 지역 출신이 만든 서북학회, 전라 지역 출신이 만든 호남학회, 경기와 충청 지역 출신이 만든 기호흥학회, 경상 지역 출신이 만든 교남교육회, 강원 지역 출신이 만든 관동학회 등이 있었다. 1000여 명의 회원을 거느린 기호흥학회와 2400여 명의 회원을 둔 서북학회 등이 비교적 규모가 큰 학회였다. 지역에 연고를 둔 학회들은 서울에 본부를 두고 출신 지역에서 교육 진흥에 힘썼다. 이들 학회는 사립학교를 세우고 서양식 교육을 실시했으며, 실업 교육에도 힘썼다. 서북학회는 협성학교를 세우고 65개의 지교, 즉 일종의 분교를 두었다. 농림교습소를 세워 삼림학, 과수학, 가축학, 수의학을 가르치기도 했다. 기호흥학회는 사범학교를 설립하여 운영했다. 당시 학회들은 야학에도 관심을 보였다. 서북학회는 서울에 물장수를 위한 수상야학교를 세웠다. 한편 학회들은 회지를 간행하고 강연회나 연설회를 개최하면서 인민 계몽에도 적극적으로 나섰다.

학회 활동의 초점이 교육 진흥과 인민 계몽에 있었다면, 그 목표는 지역 발전과 함께 국권 회복을 위한 실력 양성에 있었다. 교육 진흥과 계몽 운동은 인민들에게 자신이 딛고 있는 현실과 나라의 위기를 자각하게 했다. 나라가 망해가는 현실에서 결사체들은 모여든 개인들을 국민이라 부르며 나라 지키기에 나섰다. 자발적 결사체는 본래 국가 권력을 감시하고 견제하며, 자율적인 의사와 합의에 의해 공공 이익을 실현해야 한다. 하지만 한국에서는 결사체가 탄생하자마자 나라를 지키는 데 앞장서야 하는 운명이었다. 역설적이지만 국권 회복이라는 화두는 더 많은 결사체를 만들어내고, 더 많은 지식인과 인민이 결사체로 모여들게 하는 촉매제 역할을 했다. 그리고 불행하게도 자발적 결사체에 권력을 견제하고 저항하는 '정상적인' 활동 기회는 주어지지 않았다. 나라를 잃자 식민 권력에 의해 모두 해산당하고, 종교단체만이 남게 되었다.

한편 이 시기에는 새로운 형태의 자발적 결사체가 등장했다. 국망의 위기를 반영하듯 국권 회복을 목표로 삼는 비밀결사가 만들어졌다. 신민회가 대표적이었다. 1907년 미국에서 귀국한 안창호가 양기탁, 이동녕, 전덕기 등과 함께 신민회를 결성했다. 《대한매일신보》와 《황성신문》에서 활약하는 언론인, 기독교청년회와 상동교회·상동청년학원에 관계하는 기독교계 인사를 비롯하여 교육계, 실업계, 무관 출신 등 각계각층의 인사들이 참여했다. 독립협회 출신도 적지 않았다. 비밀결사라 정확히 파악하기는 어렵지만, 대략 서울과 지방에 800여 명의 회원을 확보했던 것으로 알려져 있다.[31]

자발적 결사체의 결성 붐과 함께 자발적 결사체들이 주도하는 전국적인 대중운동이 이 시기에 등장했다. 국채보상운동이 대표적인 사례다. 국채보상운동은 일본으로부터 들여온 차관 1150만 원에 그 이자를 합한 1300만 원을 인민이 푼푼이 모아 갚자는 운동이었다. 1300만 원은 당시 대한제국 정부의 1년 예산에 맞먹는 거액이었다. 첫 봉화를 올린 곳은 대구였다. 1907년 1월 29일 김광제, 서상돈을 비롯한 10여 명은 공동 발기인으로 이름을 올린 〈국채보상취지서〉를 전국에 배포했다. 이 소식이 전해지자 서울에서도 국채보상기성회 등의 여러 단체가 조직되어 모금운동에 들어갔다. 언론도 가세했다. 황성신문사는 《황성신문》에 모금운동을 독려하는 논설을 싣고 모금 납부처 사무를 맡았다. 대한매일신보사도 나섰다. 1907년 4월에 국채보상운동을 주도하기 위한 통합 기구인 국채보상지원금총합소가 대한매일신보사 내에 설치되었다. 《황성신문》,

《대한매일신보》는 물론 《제국신문》, 《만세보》 등도 국채보상운동을 홍보하는 데 나섰다. 모금에 동참한 인민의 명단이 신문에 실렸다.[32]

서울에 국채보상기성회가 조직된 후 지방 각지에서도 70여 개에 달하는 단체들이 설립되었다. 경상도에 가장 많이 설치되었고, 다음은 전라, 충청, 평안, 황해, 함경, 경기, 강원의 순이었다. 국채보상운동에는 고종 이하 관리들과 자본가, 노동자, 농민, 상인, 군인, 학생, 기생, 승려, 머슴, 걸인, 백정에 이르기까지 계급과 계층, 성별, 직업을 불문하고 광범한 인민이 동참했다. 일본 유학생과 미국·러시아 교민의 모금도 답지했다. 요즘 말로 하면, 범국민적 모금운동이라 할 수 있다.

국채보상운동은 반일 성향의 대중운동이었다. 따라서 통감부가 가만있을 리 없었다. 먼저 친일단체인 일진회가 나섰다. 일진회는 국채보상운동에 반대하며 자진 해산을 요구하는 운동을 펼쳤다. 다음 수순으로 공권력을 동원하여 국채보상운동의 지도부를 탄압하기 시작했다. 대한매일신보사 사장 양기탁이 국채보상금을 횡령했다는 혐의로 구속되었다. 이 사건을 계기로 국채보상운동은 급격히 시들해졌다. 양기탁은 1908년 9월에 증거불충분으로 무죄를 선고받았다.[33]

1910년의 국망, 그리고 무단통치의 암흑기를 지나 3·1운동이 일어났다. 두 달 넘게 이어지던 만세 시위가 잦아들자, 식민 권력은 제한적이나마 결사와 집회의 자유를 허용하며 민심을 달래려 했다. 때를 기다렸다는 듯이 전국에서 많은 자발적 결사체가 생겨났다. 국망을 눈앞에 앞둔 절박한 시점에 일어났던 자발적 결사체 결성의 붐이라는 전사(前史)가 있었기에 가능한 역동적인 부활이었다.

자발적 결사체의 기원, 독립협회

독립협회는 1896년 7월 2일 독립문과 독립공원을 건립하기 위한 모임으로 창립되었다. 서재필은《독립신문》창간과 함께 영은문을 헐어버린 자리에 독립문을 세우고, 모화관을 고쳐 독립관과 독립공원을 조성할 계획을 세웠다. 그리고 1896년 6월부터 여기에 뜻을 같이하는 개화파 관료들과 함께 협의를 시작했다.

독립협회는 창립총회에서 위원이면 누구든 안건을 제출하여 다수결로 결정하는 민주적 조항이 담긴〈독립협회규칙〉을 제정했다. 그리고 회장 안경수를 비롯한 임원을 선출했다. 서재필은 미국 국적을 가진 외국인이라 임원이나 회원이 아닌 고문으로 활동했다. 이날 참가한 발기위원들은 독립문과 독립공원 건설을 위한 후원금 510원을 갹출했다. 그리고 각계에 독립문 건립 후원과 독립협회 가입을 호소하는 내용의〈독립협회윤고〉를 발송했다. 반응은 열렬했다. 독립협회는《독립신문》을 통해 후원금을 낸 사람의 이름을 알리고, 후원금을 낸 사람은 추천이나 보증인이 없어도 의사를 밝히면 회원으로 받아들였다.

1896년 11월 21일 오후 2시에 독립문 기공식이 거행되었다. 이 행사에는 독립협회 회원은 물론이고 관료, 외국인, 시민과 학생 수천 명이 참석하여 인산인해를 이루었다. 왕세자는 1000원의 거금을 하사하고 '독립관'이라는 현판을 한글로 써서 보냈다. 관료들도 이에 호응하여 후원금을 냈다.

독립협회를 자발적 결사체의 효시라고 평가하는 것은 인민에게 문호가 개방되어 지식인과 인민이 어울려 단체를 조직하고 운영했기 때문이다. 독립협회에 인민이 본격적으로 진출한 것은 1897년 8월 29일부터 시작된 토론회에서였다. 이 토론회는 협성회 토론회의 성공에 고무되어 시작된 것이었다.

협성회는 서재필의 지도하에 배재학당 학생들이 중심이 되어 1896년 11월 30일에 결성된 자발적 결사체였다. 협성회는 토론회를 개최하여 민주적인 토론 방식을 훈련했다. 서재필은 협성회원들에게 동의, 재청, 개의 등의 회의 진행 방법과 연설 및 토론 방법을 가르쳤다. 협성회 토론회는 새로운 토론 방식 때문에 곧 세간의 화제가 되었다.

〈협성회규칙〉에 따르면 토론은 다음과 같이 진행된다. 회장이 토론 주제를 발표하면 토론이 시작된다. 찬성 2명, 반대 2명으로 편을 나누어, 찬성과 반대 측 대표가 각각 10분씩 연설한다. 그런 다음 찬성과 반대 측에서 상대 주장을 5분 동안 반박한다. 청중 가운데 지명받은 사람 몇 명이 3분씩 질문하거나 비판한다. 마지막으로 찬성과 반대 측 대표가 지지를 호소하는 연설을 한다. 회장은 청중에게 토론회의 승패를 물어 결과를 발표한다. 승패가 갈린 후 초청 인사의 연설을 듣고 토론회를 마친다.[34] 토론 주제는 2주 전에 결정하고 일주일 전에 회보에 실어 회원 모두가 사전에 알고 토론회에 참여하도록 했다. 이 토론회 방식은, 서재필이 미국에서 고등학교를 다니던 시절에 토론 및 연설 조직인 레노니아 클럽에 참가해서 익힌 영국 의회 토론 방식을 참고한 것으로 보인다.[35]

협성회 토론회는 모두 50회나 실시되었다. 토론 주제는 자주독립과 자주외교(7회, 14퍼센트), 자유권·평등권·참정권 등의 기본권(14회, 28퍼센트), 국정 개혁과 문명 계몽(29회, 58퍼센트) 등이었다. 협성회 토론회는 엄격한 절차를 갖추고 체계적인 준비와 진행으로 민주적 의사 결정 방식을 전파하여 큰 호평을 받았다. 《독립신문》은 협성회의 토론회에 대해 만사를 규칙에 따라 의논하고 공론을 모아 일을 처리하는 문화를 퍼뜨리는 역할을 할 것을 기대하는 동시에, 의정부 대신들도 배재학당에 가서 학생들에게 의논하는 방법을 배웠으면 좋겠다고 일침을 놓았다.[36] 협성회 토론회의 성공은 독립협회에 좋은 자극제가 되었다.

독립협회도 매주 일요일에 열리는 '통상회'라는 정기 모임에서 토론회를 열기 시작했다. 서재필은 자유사상과 민주주의적 지식을 쌓는 것이 토론회의 목적이었다고 회고했다.[37] 토론회는 처음에 매주 일요일에 열렸으나, 1898년 11월 말부터 일요일이 만국 공동의 휴일이라는 이유로 토요일로 바뀌었다. 장소는 독립협회 사무실 혹은 독립관이었다. 이 토론회에는 독립협회 회원 외에도 인민이면 누구나 방청할 수 있었다. 매주 현안 중 하나를 주제로 선정하여 찬반 토론을 하고, 이어 청중이 토론에 자유로이 참여하여 논쟁한 뒤 투표로 가부를 결정하도록 했다. 토론회에는 인민 계몽을 위한 주제만이 아니라 정부 정책을 비판하는 주제도 자주 등장했다.

첫 토론회의 주제는 '조선의 급선무는 인민의 교육이다'였다. 약 76명의 회원이 참석하여 성공적으로 마무리되었다. 제2회 토론회에는 200명이 넘는 방청객이 몰렸고, 제8회 토론회에 이르면 방청객 수가 약 500명으로 늘어났다. 1898년 12월 3일에 열린 마지막 토론회의 주제는 '신(信)과 의(義)를 지키는 것은 본국을 다스리는 데와 외국을 사귀는 데 제일 요건하다'였다. 이 토론회에서는 이승만과 장태환이 찬성하는 입장에서 의견을 개진했고, 이상재와 방한덕이 반대하는 입장에서 논쟁했다.[38] 마지막으로 참석한 사람들이 표결하여 가부를 정했는데, '옳다'는 의견이 더 많았다.

　34차례 개최된 토론회는 매번 성공적이었다. 토론회를 공론장으로 만들고자 했던 독립협회의 의도가 충분히 구현되었다. 토론을 거쳐 결정된 의견은 《독립신문》 등의 매체에 실려 전국의 독자에게 전달되었다. 각지의 단체와 학교도 독립협회를 본떠 토론회를 열었다. 시국에 관심이 있는 사람이라면 때와 장소를 가리지 않고 설전을 벌이곤 했다. 독립협회의 토론회는 공론장을 형성하는 데 결정적 계기가 되었다.[39] 《독립신문》은 토론이 가능한 공론장이 왜 필요한지를 다음과 같이 설파했다.

　나라마다 공론을 가지고 온갖 일을 하는데, 대한은 공론하는 사람들이 없는고로 정부가 세상 공론이 어떤지 알 수도 없다. 또 공론이라는 것은 공적으로 판단되어야 하는 것이니, 사랑에 모여 한두 사람이 말하는 것은 공론이 아니다. 그런고로 나라마다 인민들이 모이는 처소가 있어 그곳에 여럿이 규칙 있게 모여 만사를 토론하여 좌우편 이야기를 다 들은 후에 결정한 의논이 공론이다. 이런 공론하는 인민이 있을 것 같으면 정부에서 일하기도 쉽고 또 하는 일을 그르칠 리가 없다. 대한 관리들이 국사를 그르치는 일이 많이 있는 것은, 공론을 모르고 다만 한두 사람의 말만 듣고 하고 또한 규칙이 없이 의논하여 공적으로 판단된 말을 들을 수 없기 때문이다.[40]

　이처럼 공론장을 중시한 독립협회는 중요한 현안에 대해서는 반드시 토론을 거쳐 상소 운동을 벌이거나 집회를 개최했다. 상소를 올리기 전에 먼저 독립협회 내부에서 상당한 토론을 거쳤다. 임금에게 상소를 올리기 전에 해당 업무와 관련된 대신에게 질의서를 보냈다. 해당 대신만으로 문제가 해결되지 않는다고 판단하면 토론을 통해 임금에게 상소했다. 이때는 대표를 정하여 그 대표가 상소문을 작성하여 임금에게 전하는 동시에 《독립신문》에 공개했다. 상소에서 문제가 해결되지 않으면 집회를 통해 항의하고 문제 해결을 촉구했다. 이 과정에서 이승만 같은 인기 있는 연설가가 탄생하기도 했다.

1898년에 들어서면서 독립협회는 인민의 참여를 보장하는 자발적 결사체로서 민주주의적 성격을 강화해나갔다. 초기 독립협회를 이끌던 안경수와 이완용이 물러난 뒤, 회장대리가 된 윤치호는 민주주의적 운영 방식을 도입했다. 먼저 평의원 제도를 채택하여 평의원들이 회원들의 의견을 받아들여 안건을 회의에 제출하면 토론하고 표결로 결정하도록 했다. 또한 총대위원제를 채택하여 회의에서 의결한 안건을 집행할 총대위원을 안건마다 수시로 직접 선출하도록 했다. 이렇게 상향식 직접 민주주의 방식으로 운영되는 자발적 결사체의 성격이 강화되자, 관료들은 독립협회를 떠났다. 하지만 회원 수는 이미 3000명을 넘어서고 있었다.

자발적 결사체의 출발점에 선 독립협회는 서울에 본부를 두고 활동했다. 1898년에 《매일신문》, 《황성신문》, 《제국신문》 등이 창간되면서 독립협회의 일거수일투족이 낱낱이 전국에 중계되었다. 이처럼 서울에서 불어오는 변화의 바람은 지방에서 독립협회 지회를 만들고자 하는 움직임으로 이어졌다. 가장 먼저 지회가 설치된 곳은 공주였고, 다음은 평양이었다. 두 지회의 설치 시기는 1898년 봄에서 여름 사이일 것으로 추정된다. 1898년 7월경에 대구에서 지회 설립을 요구하자, 독립협회는 설립 여건이 미흡하다며 거절했다가, 9월에 정식으로 인가했다. 이어 선천지회와 의주지회가, 10월 11일에는 강계, 북청, 목포 등지의 지회가 설립

허가를 받았다. 동학농민전쟁의 발발지인 고부에서도 지회 설립을 신청
했다. 10월 15일에는 인천지회를 인가하되 봉산지회와 재령지회는 설립
여건을 조사한 뒤 정하도록 하는 등 지회 설립에 신중을 기했다. 하지만
12월경에 독립협회는 존폐의 기로에 처하자, 본격적으로 지회를 설립하
기 시작했다.

독립협회는 전국 13도의 대도시에 도지회를 두어 조직을 체계적으로
관리하도록 했다. 도지회는 매달 말에 반드시 중앙에 보고하고, 중앙에
서는 매년 감사원 혹은 검찰원을 도·군지회에 보내 사실을 조사하여 이
를 토대로 상벌을 시행하도록 했다. 독립협회가 만든 지회 설립의 기본
원칙에 해당하는 〈지회인가조례〉를 살펴보면, 지회를 설립하기 위해서는
인구 3000명 이상인 지역에 거주하는, 재산과 학식을 갖춘 청원자 3명이
충군애국을 목적으로 회원 50명을 모은 뒤에 신임 있는 중앙 회원 1명의
보증을 받아야 했다. 중앙에서 필요할 때는 회원을 파견하여 지회를 시
찰하게 하고, 만약 지회가 불법 행위를 하면 이를 징계하되 중죄일 경우
에는 인가를 취소할 수 있도록 했다.

또한 〈지회세칙〉에 따르면 지회는 독립협회 규칙 범위 안에서만 활동
할 것, 크고 작은 일을 막론하고 관찰부와 군에 관계되는 일은 협회에
보고하여 허가받은 후에 행동할 것, 모든 일을 3개월마다 1년에 네 차
례 보고할 것, 협회에 특별히 중요한 사건이 있을 때에는 지회에서 자비
로 총대위원을 파견할 것, 지회 회원이 서울에 올라올 때는 협회 회의에
참석할 것 등의 의무 사항을 이행해야 했다. 감시와 비판의 역할과 함께
관민 간의 협력과 조화를 지향하는 거버넌스를 의식하며 지방 관청과
불필요한 마찰을 일으키지 않을 것을 지회에 요구한 점과, 본부에 중요

한 안건이 생기면 지회 총대위원을 파견하여 결집력을 높이고자 한 점이 주목된다.

전국 지회 가운데 가장 활발히 활동한 곳은 평양지회와 대구지회였다. 평양지회는 기독교인인 한석진, 안창호 등이 교회를 중심으로 활동했고 회원 수도 많았다. 1898년 9월에는 총대위원을 선정하여 서울에 파견했다. 예전에 청나라 사신을 영접하던 관사가 대한제국 선포 이후 비어 있어 무너질 지경이라 이를 보수하여 지회 회관으로 쓸 수 있도록 당국의 허가를 받기 위해서였다. 독립협회가 서울의 모화관을 개수하여 사용한 선례가 있었기 때문이다. 독립협회는 탁지부에 회관 사용을 신청했으나, 탁지부는 자신들의 소관이 아니라며 허가를 내주지 않았다.

한편 평양지회는 평안남도 관찰사 조민희와 평양 군수 이계필의 부정부패를 성토하여 사직하게 했다. 그리고 독립협회와 만민공동회가 정부의 탄압을 받을 때마다 적지 않은 성금을 모아 본부로 보냈다.

대구지회는 힘들게 설립 허가를 받은 만큼 열성적으로 활동했다. 대구지회 역시 독립협회가 탄압을 받자 성금을 모아 보냈다. 한편 관찰사에게 농민을 괴롭히는 각 군의 관리들을 처벌할 것을 요구하여 관철시켰다. 이에 불만을 품은 하급관리들이 대구지회로 몰려와서 다툼이 일기도 했다. 대구지회만이 아니라 전국의 지회는 탐관오리의 부정부패를 규탄하고 민권을 신장하는 운동에 앞장섰다. 독립협회 지회가 생긴 이래 지방관이 탐학을 자행할 수 없게 되었다는 말이 나돌 정도였다.[41]

독립협회의 강제 해산에 이어 독립협회 지회도 1899년 1월에 "무리를 이루어 정부 정치를 의논하는 지회를 금지할 것"이라는 조칙에 따라 강제 해산되었다. 조칙이 반포되자 황해도 황주 군수는 지회 회원 30여 명을 체포하고 회원의 집 6채를 파손했다. 목포지회 회원 중에는 독립협회 잔당이라는 이유로 체포되어 서울로 압송된 사람들도 있었다.[42]

지회 활동은 짧은 경험으로 끝났지만, 독립협회는 서울에 본부를 두고 지방에 지회를 둔 최초의 자발적 결사체였다. 독립협회의 3년간 활동은 이렇듯 자발적 결사체의 압축 성장을 보여준 역사적 사건이었다. 새로운 시대와 변화를 열망하는 인민의 호응이 있었기에 가능한 일이었다.

동학과 독립협회가 함께하다

독립협회 해산 이후 서울을 비롯한 전국에서 독립협회 계승을 표방한 결사체들이 만들어졌다. 서울에 본부, 지방에 지회를 두고 전국적 조직으로서의 면모를 갖춘 자발적 결사체도 여럿 등장했다. 이러한 흐름 속에서 동학 지도부와 독립협회 지도부가 함께 결사체를 조직하는 일이 일어났다. 이는 동학농민전쟁을 일으키며 인민적 개혁을 실현하고자 한 아래로부터의 개혁 세력과, 개화파를 중심으로 자발적 결사체를 조직하여 인민 지향적 개혁을 추구하고자 한 위로부터의 개혁 세력의 결합을 의미했다. 두 세력의 결합은 동학 지도부가 문명화로 방향을 전환하면서 가능해졌다.

정부의 탄압을 피해 일본으로 망명한 동학 교주 손병희는 〈명리전(明理傳)〉(1903), 〈삼전론(三戰論)〉(1903), 〈준비시대(準備時代)〉(1905) 등의 논설을 잇달아 발표하면서 문명화로의 방향 전환을 천명했다. 그는 "동양과 서양의 문명이 뒤바뀌는 문명 전환의 때를 맞아 세계 인류 모두가 문명화를 추구하지 않을 수 없다"라는 논리로 동학교인들을 설득했다.

1904년에는 여전히 정부의 탄압을 받고 있던 동학과 별도로 방향 전환을 실천할 결사체로 진보회를 조직했다. 진보회는 "황실을 존중하고 독립 기초를 공고히 할 것, 정부를 개선할 것, 군정·재정을 정리할 것, 인민의 생명·재산을 보호할 것" 등의 강령을 만들었다. 이 같은 강령은 독립협회의 주장과 활동을 연상시킨다. 독립협회가 한창 활약할 무렵, 손병희는 수배자 신세로 전국을 떠돌고 있었다. 그때 서울에서 독립협회 활동을 지켜보았다고 한다. 동학교인이 주축을 이룬 진보회는 전국 곳곳에서 정치 개혁을 요구하는 시위와 집회를 잇달아 열었다.

한편 손병희는 진보회를 발판으로 문명화의 거점, 서울로의 진출을 도모했다. 그는 일진회와 손을 잡았다. 일진회는 1904년 송병준의 주도로 독립협회 지도부가 주축이 되어 서울에서 결성한 결사체로, 독립협회 계승을 내세웠다. 물론 당시 독립협회 지도부에서 활약한 지식인들이 모두 같은 길을 걷지는 않았다. 일진회만이 아니라 여러 결사체에서 활약했다. 송병준은 독립협회가 정부도 해내지 못한 독립의 기초를 닦았다며 독립협회의 정통성을 선점하고자 했다. 그래서인지 독립협회가 세운 독립관에 강한 애착을 보였다. 일진회는 자신들이 독립을 가장 중시하는 결사체이므로 독립관을 관리·운영할 권리가 있다고 주장했다.

결국 정부는 1905년 7월에 일진회의 독립관 사용을 허가했다. 일진회는 독립관에 국민연설대를 만들었다.[43] 독립관을 공론장으로 활용하겠다는 포부를 갖고 있었던 것이다. 일진회는 정부를 향해 생명과 재산 보호, 민권 수호를 위한 정치 개혁을 하라고 압박했다. 그러면서도 일본에 대해서는 무비판적이고 협조적이었다. 일진회는 일본의 경의선 부설 공사에 자발적으로 참여하고 을사조약 직전에 일본에 외교권을 위임하자는 주장을 하여 인민의 공분을 샀다.

동학 계열의 진보회와 독립협회 계열의 일진회는 1904년 하반기부터 자매단체처럼 활동했다. 일진회는 서울에서, 진보회는 지방에서 집회와 시위를 벌이며 정치 개혁 운동을 펼쳤다. 1904년 말에 결국 둘은 하나가 되었다. 진보회 조직들이 일진회의 지부가 된 것이다. 이로써 일진회는 전국에 지회를 둔 결사체의 면모를 갖출 수 있었다. 하지만 '동학과 독립협회의 결속'은 오래 가지 않았다. 친일 종속적 태도를 보이는 일진회는 단연 다수 결사체들이 경계하던 대상이었다. 공진회는 아예 반일진회를 표방하며 결성된 결사체였다. 이들 공진회 출신들이 다시 이준, 윤효정 등의 독립협회 지도부 출신들과 함께 헌정연구회를 만들었다. 여기에 손병희의 측근인 양한묵이 참여했다. 천도교 안에 일진회의 활동에 불만을 품은 지도부가 존재했던 것이다.

천도교 창건을 선포하며 1906년 1월에 귀국한 손병희의 고민은 깊었다. 결국 그해 하반기부터 일진회 세력을 도려내기 시작했다. 천도교에 몸담고 있던 일진회 간부를 쫓아냈다. 손병희가 일본에 있을 때 국내에서 교인 관리를 도맡았던 동학 지도자 이용구도 일진회 간부였다. 일진회 축출로 천도교는 인적, 재정적으로 큰 타격을 입었으나, 손병희는 이를 감수했다.

천도교는 1907년 11월 대한자강회를 계승한 대한협회에 참여하면서 정치 활동을 재개했다. 대한자강회는 헌정연구회를 모체로 기독교 청년회와 《황성신문》 인사들이 함께 만든 정치단체였다. 천도교가 다시 '헌정연구회 → 대한자강회 → 대한협회'로 이어지는 독립협회 계열과 결

합한 셈이었다. 대한자강회는 교육과 산업의 발달을 기반으로 자강의
길을 닦아 독립을 보존하자는 취지로 조직된 계몽 단체였다. 독립협회
를 이끈 윤치호가 회장이었다. 대한자강회는 한 달에 한 번 개최하는 회
원 전체 회의인 통상회와 운영위원회라 할 수 있는 평의회를 중심으로
운영되었다. 통상회는 매달 1회 모여 전반적인 운영과 활동 사항을 결정
하고 연설회를 개최하는 등 대한자강회 활동을 이끌었다. 평의회는 통
상회의 의제를 정하고 통상회의 위임 사항과 기타 사무 등을 처리하는
일을 맡았다.[44] 대한자강회는 정치 투쟁의 대중적 기반을 확보하기 위해
지회를 설치했다. 그리하여 약 33개의 지회에 2000명 이상의 회원을 확
보하는 성과를 올렸다.[45] 대한자강회는 고종 퇴위 반대 시위를 주도하다
가 1907년 8월에 강제로 해산되었다.

그해 11월 대한자강회 간부들을 중심으로 대한협회가 만들어졌다. 대
한협회는 '교육의 보급, 산업 개발, 민권 보장, 행정 개선' 등을 강령으로
내걸었다. 동시에 일진회를 매국당이라 부르며 대립각을 세웠다. 또한
송병준의 비리를 공개하고, 정부에 일진회 지도자들을 군수에 등용하지
말라고 압력을 가하는 등 끊임없이 일진회를 공격했다.

천도교는 대한협회에 주도적으로 참여했다. 그 무렵 천도교는 일진회
축출로 인한 위기를 극복하고 독립협회 계열을 능가하는 역량을 갖춘 종
교 결사체로 활약하고 있었다. 이는 인민 역량의 성장을 기반으로 아래
로부터의 개혁 세력이 중앙 정치에서 일정한 세력을 이루었음을 의미한
다. 대한협회에서 활약한 천도교 지도자는 손병희의 최측근인 오세창,
권동진 등이었다. 대한협회는 창립 직후 〈지회설립규정〉과 〈지회규칙〉
을 제정하고 지회를 설립했다. 실제로 지회가 몇 개인지 대한협회 스스

로 밝힌 적이 없으나, 《대한협회회보》, 《대한민보》, 《대한매일신보》 등에 따르면 87개가 확인된다.[46] 천도교는 매달 활동비로 쌀 50석을 지원하고 회관 건축비로 300석의 기부를 약속하는 등 대한협회 재정의 일익을 담당했다. 또한 《대한협회회보》와 기관지인 《대한민보》의 재정과 경영을 책임졌다.

1910년 무렵 독립협회 계열은 일진회와 대한협회로 대립하며 활동하고 있었다. 천도교는 일진회와 결합했다가 결국 친일을 문제 삼아 결별한 뒤 반일진회 운동을 벌이는 대한협회를 이끌었다. 동학 계열과 독립협회 계열의 결합, 즉 아래로부터의 개혁 세력과 위로부터의 개혁 세력의 결합에서 공통분모는 인민이었다. 인민이 이끄는 개혁과 인민 지향적 개혁을 추구한 세력 간의 결합이었다. 이 결합에 균열을 만든 것은 바로 외세 일본에 대한 태도의 차이였다. 동학과 독립협회 출신의 일부가 변절했는데, 이는 곧 외세에 굴종하는 반(反)인민적 길로 전향하는 것을 의미했다.

3

인민의 비폭력 저항,
시위와 집회

집회와 시위의 기원, 만민공동회

독립협회 활동의 절정기이던 1898년은 만민공동회라는 도시적 집회
와 시위의 기원을 연 해이기도 했다. 첫 만민공동회는 독립협회의 주도
로 열렸다. 3월 10일에 약 1만 명의 인민이 서울 종각에 모여 미곡상인
현덕호를 회장으로 뽑고 만민공동회를 개최하여 러시아의 침략 정책을
규탄했다. 러시아의 부산 절영도 석탄고기지 조차 요구 철회와 한러은
행 철수, 러시아 재정 고문과 군사 교관의 해임을 요구했다. 반응은 뜨
거웠다.

이틀 뒤인 3월 12일에는 독립협회와 관계없이 더 많은 인민들이 자발

적으로 만민공동회를 개최했다. 만민공동회는 출동한 군인을 투석전으로 물리치고 이틀 전과 같은 안건을 결의했다. 러시아는 한국 인민의 여론에 따른다며 절영도 석탄고 조차 요구를 철회하고 한러은행의 철폐, 재정 고문과 군사 교관의 철수를 통보해왔다. 이러한 조치는 만주 경영에 더 집중하려는 러시아 정부의 의향도 반영되었다. 어찌됐든 만민공동회로서는 무난히 소기의 목적을 달성한 셈이었다. 최초의 만민공동회가 성공을 거두자 많은 시민들이 독립협회에 가입했다.[47]

이 쾌거 이후에도 인민이 주도하는 자발적인 만민공동회가 자주 열렸다. 3월 12일 종로, 4월 30일 숭례문 앞에서 서재필의 미국행, 사실상의 추방에 반대하는 집회가 열렸고, 6월 20일 종로에서 독일 등 외국의 이권 침탈을 비판하는 집회가 열렸다. 7월 16일에는 종로에서 의병에게 죽은 일본인에 대한 배상금 지불에 반대하는 집회가 열렸다. 만민공동회의 운영 방식은 독립협회가 안건을 처리하는 방식과 같았다. 집회가 열릴 때마다 임시 회장과 총대위원을 선출하여 결의 사항을 집행하도록 했다. 물론 이렇게 임시 간부로 추대된 사람은 독립협회 회원이 적지 않았다.

1898년 가을과 겨울에 서울 거리는 연일 만민공동회로 북적댔다. 대대적인 집회와 시위가 이렇게 장기간 가능했던 이유는 무엇일까? 《독립신문》은 "임금을 속이고 백성을 압제하여 인민 간에 싸움을 만들어내어 나라를 위태하게 하는 간신배"에 분노한 인민들이 거리로 나왔다고 진단했다.[48] 외세에 빌붙어 기득권을 유지하는 데만 급급한 간신배들이 정치를 엉망으로 만들었을 뿐만 아니라, 임금의 판단력을 흐리게 하여 압제가 가중되면서 수많은 인민을 거리로 내몰았다는 것이다.[49]

1898년 가을은 9월 11일에 일어난 김홍륙(金鴻陸) 사건으로 시작되었다. 러시아 공사관의 통역 출신으로 고종의 총애를 받았으나 결국은 귀양을 가게 된 김홍륙이 앙심을 품고 황제의 찻잔에 아편을 넣은 사건이었다. 그런데 이 사건을 조사하는 과정에서 관련자들에 대해 심각한 고문이 자행되었다. 인민들이 피의자라도 마땅히 인권을 보호받아야 한다며 분노하고 있을 때, 성균관 유생을 비롯한 보수파는 역적을 엄하게 처벌해야 한다며 갑오개혁 때 폐지된 연좌제와 참수형인 노륙법의 부활을 요구하는 상소 운동을 벌였다. 중추원에서도 법부대신 겸 중추원 의장으로 있던 신기선을 비롯한 의관(議官) 34명이 연좌제와 노륙법의 부활을 주장하고 나섰다.

10월 1일 중추원 앞에서 열린 만민공동회는 신기선의 사임을 요구했다. 신기선이 이를 거부하자, 다음 날 그를 고등재판소에 고발했다. 고등재판소에서는 법부대신이 황제에게 보고하고 피고를 구금해야 하는데, 법부대신이 피고라 처리하기 어렵다고 밝혔다. 6일 고등재판소 앞에서 열린 만민공동회에서는 황제에게 곧바로 상소할 것을 결의했다. 이 무렵 김홍륙 사건의 관련자인 공홍식이 감옥에서 칼을 맞은 사실이 알려지면서 집회와 시위 규모는 커졌고 철야 시위로 이어졌다. 8일에는 법부대신 신기선을 비롯하여 대신 7명의 탐학을 낱낱이 폭로하고 규탄하면서 파면을 요구했다. 당시 정부 대신이 7명이었으니, 만민공동회의 요구는 보수파 내각을 퇴진시키고 개혁파 내각을 수립하라는 압박이었다. 10일에는 시전 상인들까지 철시하고 만민공동회에 가담했다. 소학교 학생들도 참가했다. 고종은 점점 늘어나는 군중의 시위에 놀라 7명의 대신을 해임했다. 드디어 12일에는 독립협회의 신임을 받던 개화파 박정양을 수반으로 하는 개혁파 내각이 탄생했다. 10월 1일부터 12일까지 철야 시위를 불사하던 만민공동회가 올린 쾌거였다.

독립협회는 10월 28일부터 11월 2일까지 6일간 종로에서 관리와 인민이 함께 하는 관민공동회를 개최했다. 관민공동회는 국정 개혁을 공개적으로 선언하고 함께이 동의를 받음으로써 보수파의 반격을 사전에 방지하기 위한 목적으로 마련된 집회였다. 10월 29일 집회에는 박정양을 비롯한 대신들과 중추원 의장 등이 처음 참석했다. 관민공동회는 충군애국의 함성이 울려 퍼지는 가운데 남녀노소와 빈부귀천을 막론하고 모두가 대한제국의 인민이라는 것을 확인하는 축제였다. 관민공동회에서 독립협회와 인민들은 정부 관리와 함께 국정 개혁을 위한 6개의 원칙을 담은 〈헌의6조〉를 의결했고, 황제의 지지를 받아내는 데 성공했다. 개혁파 내각의 주도로 국정 개혁을 더욱 속도 내어 추진하려는 꿈에 한 발 다가서는 듯했다.[50]

당시 〈헌의6조〉와 함께 중추원을 의회로 개편하는 것은 국정 개혁의 핵심 사안이었다. 11월 5일은 독립협회에서 의회 의원이라 할 수 있는 25명의 중추원 의관을 선거하는 날이었다. 그런데 11월 4일 밤과 5일 새벽에 익명의 글이 서울 시내에 나붙었다. 의회 개설이 황제를 밀어내고 대통령에 박정양, 부통령에 윤치호, 내부대신에 이상재, 외부대신에 정교 등을 내세우는 공화제 국가를 건설하려는 음모라는 내용이었다. 그 내용을 보고받은 고종은 즉각 독립협회 간부 17명을 체포하고 독립협회의 해산을 명했다. 개혁파 내각은 24일 만에 붕괴되었고 다시 보수파 내각이 들어섰다.

인민은 만민공동회를 열어 강력히 항의했다. 경무청 문 앞에는 순식간에 수천 명이 운집했다. 인민들은 총대위원을 선출하여 경무사(지금의 경찰청장) 신기선과 면담했다. 독립협회 간부의 체포에 항의하고 사건 경위를 해명하라고 요구하면서 자신들도 함께 잡아가라고 말했다. 신기선은 일단 해산할 것을 종용했다. 오후가 되자 군중은 더욱 늘어났다. 종로의 시전 상인들은 상점 문을 닫고 달려왔다. 밤에도 만민공동회는 해산하지 않고 철야농성을 시작했다.

11월 5일부터 시작된 독립협회 지도자 석방 운동은 6일 만에 성공했다. 하지만 만민공동회는 익명서를 뿌린 인사들을 처벌하고 독립협회 설립 허가가 다시 날 때까지 시위와 집회를 계속하기로 결의했다. 보수파는 만민공동회를 무력으로 해산할 요량으로 황국협회에서 활동하는 보부상을 동원하여 11월 21일에 만민공동회를 습격했다. 하지만 분노한 인민들에 의해 오히려 보부상들이 쫓겨나고 만민공동회의 규모는 더욱 커졌다. 결국 만민공동회에 몰리는 인민을 달래기 위해 황제가 직접 나섰다. 11월 26일에 고종은 경운궁 문 밖 천막에서 만민공동회 대표를 직접 만나 그들의 요구 조건을 모두 승낙했다. 이 초유의 역사적 장면을 보기 위해 많은 인민이 몰려들었다. 고종은 칙어를 내려 자신의 잘못을 반성하면서 나라와 인민이 서로 소통하는 길을 열 것을 약속했다. 이 칙어는 한글로 번역되어 신문을 통해 전국에 퍼져갔다. 인민 누구나 황제가 한 약속 내용을 직접 확인하는 순간이었다.[51]

하지만 고종 황제는 약속을 지키지 않았고 보수파 인사들을 내각에 앉혔다. 일단 해산했던 만민공동회는 12월 6일 종로에 모여 다시 국정 개혁을 요구했다. 당시 서울 인구가 17만 명 정도였는데 매일 1~2만 명이 만민공동회에 참가했다. 학생, 상인, 여성을 비롯한 서울 시민이 연일 철야농성을 벌였다. 이 소식이 퍼져나가자 전국 방방곡곡에서 만민공동회를 지지하며 성금을 보내왔다. 집 판 돈 일부를 보낸 사람, 배를 보낸 과일 장수, 술을 보낸 술장수에서부터 감옥의 죄수는 물론 걸인에 이르기까지 많은 사람이 성금이나 물품을 쾌척했다. 나무꾼들이 기부한 장작은 철야농성장의 밤하늘을 훤히 밝혀주었다. 만민공동회를 엄호하던 200여 명의 군인이 지지를 표명하며 자진 해산하는 사태가 벌어지기도 했다.

이처럼 만민공동회는 만민이 공동으로 모여 국정을 토론하고 결정하는 공론장이 되었다. 김덕구의 장례를 사회장으로 치른 것은 평범한 인물이 만민공동회의 상징으로 등장한 획기적인 사건이었다. 구두 수선공이던 김덕구는 11월 21일에 만민공동회 집회에 참가했다가 황국협회의 습격으로 사망했다. 만민공동회는 그가 평범한 시민으로서 애국과 충의를 실천하다 순국한 의사(義士)라고 추앙하며 사회장을 추진했다. 12월 1일에 수많은 인파가 운집한 가운데 운구 행렬이 종로를 거쳐 남대문에 도착했다. 상여 뒤로는 수많은 만장과 수천 명의 인민이 따랐다. 사람들이 거리를 가득 메운 가운데 오후 1시부터 노제가 열렸다. 학생 대표, 여성 대표, 교사 대표가 제문을 읽고 학생들이 추모의 노래를 불렀다.[52] 관이 장지로 떠날 때도 많은 인민들이 동행했다.

겨울의 초입에서 찬비와 추위를 무릅쓰고 철야농성을 불사하던 만민공동회는 결국 정부의 폭력적인 진압에 의해 해산되었다. 하지만 조직적인 지도부 없이 인민의 자발성에 의거하여 몇 달 동안이나 집회와 시위를 지속했다는 점, 그리고 이로써 전국에서 아낌없는 지지와 성원을 보내는 연대의 전통이 수립되었다는 점에서 만민공동회는 커다란 성과를 남겼다.

만민공동회는 농촌에서 주로 농민들이 이끌었던 집회나 시위와 달리, 도시라는 공간에서 상인, 학생 등이 주도하는 새로운 양상의 집회이자 시위였다. 특히 정부 각료가 참여한 관민공동회는 인민의 집회에 정부 각료를 입회하도록 하여 안건을 결의하고 각료들의 서명을 받아 황제에게 재가를 요구한, 직접 민주주의의 형태를 띤 민회였다.

만민공동회를 처음 개최한 것은 독립협회였다. 그러나 만민공동회가 연일 1만여 명의 인민이 참여하는 집회와 시위의 장이 된 것은 독립협회가 폐쇄되고 간부들이 죄다 체포되었을 때였다. 또렷한 지도부와 운영 방침 없이 인민들이 자발적으로 모여 머리를 맞대며 꾸려간 공동체가 바로 만민공동회였던 것이다. 만민공동회는 인민 자치의 민주주의 문화가 발현된 새로운 형태의 비폭력 시위이자 집회였다. 독립협회나 《독립신문》은 문명적 시각에서 비폭력 시위와 집회 문화에 상당한 집착을 보이면서, 동학당과 의병이 불법적이고 무력을 쓴다는 이유로 싸늘하고 혹독하게 비판했다.

동학당과 의병이 일어나는 것은 본래 수령의 불법한 일을 분하게 여겨 고을 안에 다시 불법한 일이 생기지 않도록 하자는 주의 때문인데, 저희들도 결국 불법한 일을 행하니 그건 곧 비도가 되는 것이다. 비도 혹은 난민이 되면 법률상에 큰 죄인이다. 죄인을 고치려던 사람들이 죄인의 일을 행하니 어찌 어리석지 않은가. 남을 시비하려면 나는 법률을 더욱 밝게 지키고 행실을 더 높이 해야 한다. 백성들이 난을 일으킬 것이 아니라 정정당당하게 일심으로 수령을 수령 대접하여가며 도리와 법률을 가지고 시시비비를 의논하면 그 수령이 그

렇게 시비하는 것을 더 무섭게 여기며 다시는 못된 일을 못할 것이다.[53]

　독립협회는 자신들이 "동학당이나 의병처럼 야만을 행사하지 않고 만민공동회를 통해 러시아의 절영도 조차 요구를 철회시켜 나라를 사랑하고 백성을 사랑한다는 명예를 얻었고, 나라는 자주하는 권리를 찾게 되어 생각할수록 기쁘고 다행이다"[54]라며 비폭력 시위와 집회를 통해 이권 침탈 반대 운동에 성공한 것에 큰 만족을 표했다. 그들에게 비폭력은 곧 '문명'이었다.

서울 한복판의 함성, 쓰러져가는 나라를 부여잡다

만민공동회는 외세의 이권 침탈에 항의하기 위한 집회와 시위로 포문을 열었다. 이후 만민공동회는 의회 개설 등 민주주의적 의제를 중심으로 투쟁하다 결국 폭력적으로 진압되었다. 러일전쟁이 발발한 1904년 무렵부터 국망이 현실화될 것이라는 위기감에 자발적 결사체인 정치운동 단체들이 여기저기에서 생겨났고 인민들은 다시 거리로 나섰다. 그들은 만민공동회가 제기한 두 가지 방향, 반외세 독립과 민주주의 문명화를 요구했다. 일진회는 문명화를 전면에 내걸고 지회를 중심으로 지방에서 집회와 시위를 조직하여 민권운동을 펼쳤다.[55] 하지만 민권운동에만 몰두하는 일진회의 활동은 예외적인 것이었다. 국권의 위기 앞에서 인민들은 반일 시위와 집회에 몰렸다. 만민공동회가 열리던 서울 종로와 고종이 거처하던 경운궁 대한문 앞이 대표적인 집회와 시위 장소가 되었다.

1904년 6월 6일에 주한 일본 공사 하야시 곤스케(林權助)는 2월에 체결한 한일의정서를 근거로 대한제국 정부에 전국의 황무지 개간권을 일본 고위 관료 출신인 나가모리(長森藤吉郎)에게 넘기라고 압박했다. 이 소식을 들은 인민들은 집회를 열고 반대 시위를 벌였다. 7월 13일에는 100여 명의 서울 유지들이 종로 백목전에 모여 보국안민을 뜻하는 보안회를 조직하고 황무지 개간권 반대 운동을 폈다. 보안회는 일본이 황무지 개간권 요구를 철폐할 때까지 매일 집회를 열 것을 결의했다. 고종은 세 차례에 걸쳐 칙령을 내려 보안회를 해산할 것을 종용했다. 보안회는 이에 굴하지 않고 한어학교(漢語學校)로 자리를 옮겨 매일 집회를 열었다. 집회에는 연일 3000~4000명에 달하는 인민이 참여했다. 지방에서도 이 운동에 호응하여 후원금을 보내왔다. 7월 22일 집회에서 경찰이 난입하여 인민들과 충돌하는 사태가 발생했다. 결국 대한제국 정부는 다음 날 "전국의 국토를 한 뼘이라도 절대로 외국인에게 대여하지 않겠다"는 긴급고시를 반포했다.[56] 8월 10일에 일본도 황무지 개간권 요구를 철회했다.[57]

황무지 개간권 반대 운동은 성공했다. 하지만 일시적인 승리였다. 1905년 11월 5일에 러일전쟁에서 승리한 일본과 맺은 을사조약으로 대한제국은 외교권을 박탈당했다. 그 소식을 들은 인민들은 대한문 앞으로 모여들었다. 그 자리에서 상동청년회 등 자발적 결사체의 주도로 을사조약에 반대하는 대회가 열렸다. 전국 각지에서도 을사조약 반대 운동이 일어났다. 상경 시위도 이어졌다. 평양 기독교 청년회 회원들은 〈소위 신조약에 대한 변명서〉라는 격문을 들고 서울에 올라와서 나누어주고 대한문 앞에서 시위했다. 평양 숭실학교 학생 12명도 상경하여 대한문 앞에서 3일 동안 을사조약 반대 시위를 벌였다. 이때부터 일본에 나라를 빼앗길 위기에 처할 때마다 인민들은 대한문 앞에 모였다.

1907년 헤이그 밀사 사건으로 고종이 강제 퇴위당할 위기에 처하자, 대한문 앞에는 다시 수천 명의 인민들이 모여들었다. 견구 7월 19일에 고종의 강제 퇴위가 단행되자, 인민들은 대한문 앞에 모여 통곡했다. 대한자강회를 비롯한 자발적 결사체의 젊은 회원들이 격분에 찬 연설로 비통한 분위기를 고조시켰다. 격앙한 인민들은 경찰과 충돌했다. 다음 날에는 수만 명의 인민들이 경운궁을 에워싸고 격렬한 시위를 벌였다. 이완용의 집을 불태우고, 경찰서와 파출소를 습격했다. 마침내 시내 곳곳에 기관총이 설치되었고 집회와 시위는 원천봉쇄되었다. 이때 대표적인 정치 결사체인 대한자강회가 집회와 시위를 주도했다는 이유로 해산되었다.

인민들의 반일 집회와 시위에 다시 불을 댕긴 것은 일진회였다. 1909년 12월 4일에 일진회가 〈한일합방성명서〉를 발표했다. 다음 날로 대한협회, 서북학회, 한성부민회, 흥사단 등의 자발적 결사체들이 수천 명의 인민과 함께 국민대연설회를 열어 이를 맹렬히 성토했다. 하지만 서울에서는 모든 집회와 시위가 원천봉쇄되었다. 그러자 지방 도시를 중심으로 일진회의 합방성명서를 반대하는 운동이 전개되었다. 평양, 선천, 영변, 철산 등의 평안도 지방에서 특히 활발했다. 평양에서는 기독교인들이 집회를 열고 일진회 상소를 매국 행위라고 비판하며 결사반대를 다짐했다. 대성학교, 대한협회 평양지회, 서북학회 평양지회도 집회를 열고 합방 반대를 결의했다. 선천에서는 2000여 명의 인민이 성토대회를 열고 일진회 박멸을 결의했다. 철산에서는 대한협회 회원들이 시장에서 인민들과 함께 성토대회를 열고 일진회의 즉시 해산을 요구하는 성명서를 정부에 보냈다. 영변에서는 장날을 이용하여 합방 반대 국민대회가 열렸다.[58] 이처럼 반일진회 운동이 곧 합방 반대 운동이 되어버린 현실은 인민들에게 '내부의 적=친일파'에 대한 증오의 정서를 심는 데 적지 않은 영향을 미쳤을 것이다.

나라가 기울어갈 무렵 의병의 무력항쟁과 함께 인민들도 각종 집회와 시위를 통해 반일운동을 전개했다. 일본의 압도적 물리력에 좌절하고 결국 나라를 잃었지만, 반일 시위와 집회의 경험은 3·1운동으로 계승되었다. 나라가 서서히 기울어가는 동안, 서울의 한복판인 대한문 앞은 대표적인 집회와 시위 공간이 되면서 국망의 현실을 상징했다.

3·1운동, 도시가 촉발하다

전 민족적 독립운동인 3·1운동은 도시에서 촉발되었다. 1919년 3월 1일에 만세 시위는 서울과 평양, 진남포, 안주, 의주, 선천, 원산, 이렇게 7개 도시에서 시작되었다. 이날 시위는 33인 '민족 대표'로 참가한 기독교와 천도교 지도자들에 의해 사전에 모의된 것이었다. 북부 지방에 기독교와 천도교 교인이 많았고, 기독교는 도시 중심으로 선교 활동을 펼치고, 천도교는 도시에 대교구를 설치한 까닭에 3·1운동이 북부 지방의 도시에서 촉발된 것이었다. 첫 주의 시위는 주로 북부 지방의 도청 소재지나 주요 도시에서 일어났다. 그리고 철도와 간선도로를 따라 인근 도시와 농촌 지역으로 점차 확산되어갔다. 3월 중순에 이르면 시위는 그야말로 전국적으로 일어났다. 이제 중부와 남부 지방까지, 각 면·동·리 마을 곳곳에서 독립 만세의 함성을 들을 수 있었다. 이렇게 전국으로 확산된 3·1운동은 두 달 넘게 지속되었다.

도시에서 촉발되어 농촌으로 번져가는 시위 양상은 새로운 경험이었다. 3·1운동은 도시민이 촉발하고, 농민을 비롯한 인민이 적극 호응하면서 전국적인 항쟁으로 발전했다. 이후에 농촌은 차츰 독립운동과 민주화운동에서 중심 공간이 되지 못했다. 시위와 집회, 그에 대한 기억은 주로 도시 공간을 기반으로 형성되어갔다. 1926년의 6·10만세운동과 1929년의 광주학생운동도 도시에서 일어난 독립운동이었다.

3월 1일의 시위는 서울 탑골공원에서 독립선언서를 낭독하면서 시작되었다. 탑골공원은 대한제국 정부가 도시개조사업의 일환으로 시민들의 왕래가 많은 종로 거리에 조성한 시민 공원이자 광장이었다. 독립선언서 낭독에 이어 만세 삼창을 마친 학생과 시민들은 이들을 진압하려는 군인, 기마경찰, 형사, 헌병 등과 뒤섞여 종로 거리를 가득 메우면서 흥분과 긴장 속에 만세 시위를 벌였다.[59] 이날 이후 종로 거리는 매일 시위대로 북적댔다. 서울에서 가장 큰 규모의 시위는 경운궁 대한문 앞에서 일어났다.

3월 1일 평양의 만세 시위는 정오를 알리는 교회 종소리가 울리면서 시작되었다. 장로교인은 숭덕학교에서, 감리교인은 남산현교회에서, 천도교인은 천도교구에서 각각 독립선언식을 하고 평양 시내로 진출했다. 학생들은 미리 준비한 독립선언서와 태극기를 인민에게 나누어주었다. 이 소식을 듣고 학교별로, 동네별로 시위대를 조직하여 시내로 진출하면서 오후 7시경에는 낮보다 2배가 많은 인민이 평양경찰서 앞에서 경찰과 대치했다. 경찰이 소방대를 동원하여 물을 뿌렸으나, 인민은 해산하지 않았다. 결국 경찰이 발포하고 양측이 격렬하게 충돌한 뒤에야 인민은 해산했다. 그날 밤 평양 시내에는 군대가 출동했다. 그런데도 다음 날부터 일주일이 넘게 학교와 상점은 문을 닫았고, 매일 시위가 벌어졌다.[60]

도시에서는 투쟁의 주체나 방식이 새롭고 다양했다. 먼저 근대 교육의 혜택을 받은 학생들이 시위 주동 세력으로 부상했다. 학생 계층이 독립운동의 동력으로 역사 전면에 등장하는 순간이었다. 이들 학생들은 시위를 모의하는 한편, 등교를 거부하는 집단 행동, 즉 동맹휴학을 결의했다. 노동자 계급도 동맹파업으로 동참했다.

의주에서는 3월 3일에 공립농업학교 학생들이 동맹휴학에 들어가자, 다음 날 노동자들이 동맹파업으로 호응했다. 상인들이 상점 문을 닫는 철시는 만민공동회 시절에도 등장했지만, 이번에는 더 규모가 크고 장기간 지속되는 특징을 보였다. 평양은 3월 1일에, 선천, 의주, 함흥에서는 3월 4일에 상인들이 철시를 단행했다. 이어 3월 9일에는 서울 시내 주요 상점이 〈경성시상민일동공약서〉에 따라 일제히 철시했다. 그리고 철시와 때를 같이하여 노동자들이 동맹파업에 들어갔다. 용산인쇄국, 철도국, 동아연초회사, 경성전기회사 등의 노동자들도 동참했다. 10일 아침에는 전차 승무원이 동조파업에 들어가면서 전차 운행이 중단되었다. 조선총독부는 시위보다 20여 일 동안 지속된 철시에 더 곤혹스러워했다.

무엇보다 낯선 풍경은 여학생들이 만세를 부르며 거리를 행진하는 모습이었다. 개성에서는 여학생들이 첫 만세 시위를 주도했다. 3월 3일, 호수돈여자고등보통학교 학생들이 거리로 나와 독립가와 찬송가를 부르며 행진한 것이다. 이렇게 만세 시위에 참가한 여학생들이 검거되어 투옥되고 재판받는 모습은 더욱 낯선 풍경이었다. 여성이 봉건적 인습이 굴레를 벗어나고자 학교에 다니는 일도 드물던 상황에서 여학생이 시위에 참여하고 체포되어 모진 수모를 겪는 것을 보면서 인민들은 더욱 분노했다.[61]

분노와 증오로 응집된 반일의식은 전차발전소에 돌을 던지거나 헌병주재소를 공격하는 행동으로 표출되었다. 하지만 도시에서 폭력 투쟁이 조직적으로 발생하는 일은 드물었다. 〈경성시상민일동공약서〉 역시 〈기미독립선언서〉의 공약 3장과 마찬가지로 비폭력 평화 시위를 주장했다.

3·1운동 직후 베이징대학 학생인 푸쓰녠(傅斯年)은 《신차오(新潮)》 1919년 4월 1일자에 한국인의 독립정신을 본받아 중국 청년들도 각성하자는 내용의 논설인 '조선 독립운동 중의 새로운 교훈'을 발표했다. 그는 한 달 뒤인 5월 4일에 톈안먼(天安門) 시위를 이끈 지도자 중 하나다. 5·4운동이라는 말도 그가 처음 만들었다. 푸쓰녠은 논설에서 3·1운동이 혁명계의 신기원을 열었다고 평가하면서, 비폭력 평화 시위를 극찬했다.

첫째, 비폭력 혁명이라는 점이다. 일본인은 조선을 통치함에 있어서 조선인의 무기 소지를 허락하지 않았다. 무기가 될 수 있는 금속성 물건의 사용을 허락하지 않았다. 나는 일찍이 한 조선 친구가 이렇게 말하는 것을 들은 적이 있다. 그가 사는 고향에서는 다섯 집이 하나의 식칼을 함께 사용해야 한다고 하니, 그 이상의 쇠붙이에 대해서는 더 말할 필요도 없을 것이다. 그러므로 이번 조선인의 독립운동은 단지 선언문을 발표하는 대회를 개최했을 뿐이고, 일본 경찰에게 그 죄악을 힐책하면서도 호미를 피로 바꾸는 무기로 사용하지 않았고, 무기를 자유를 얻는 도구로 사용하지 않았던 것이다. 이러한 거사는 오늘날 비록 성공할 수 없었지만, 이처럼 무기를 사용하지 않는 독립운동은 그 가치로 보자면 무기를 사용하는 독립운동보다 훨씬 숭고한 것이다. 무력을 사용하는 독립운동은 효과는 클 수 있지만 수단이 떳떳하지 않기에 이로 인해 결과의 성공이 모든 사람들에게 예상치 못한 나쁜 결과를 가져올 수 있다. 그러므로 무기를 사용하지 않는 조선의 독립운동은 정의의 결정체이다.[62]

이 같은 비폭력 무저항주의를 무력화한 것은 조선총독부의 폭력 진압이었다. 서울에서 시위가 한 달 넘게 지속되자 헌병과 경찰, 그리고 군인으로도 모자라 갈고리와 곤봉, 칼 등으로 무장한 일본인 날품팔이까지 시위 진압에 동원되었다. 날이 저문 후에는 거리에 나가는 것 자체가 위험했다. 자칫하면 사전경고 없이 경찰, 헌병, 일본인 날품팔이들이 휘두르는 칼에 찔리거나 곤봉에 맞아 죽을 수 있었다.[63]

이처럼 3·1운동은 도시라는 공간에서 촉발되었다. 도시에서는 인민들이 공원과 거리를 해방의 광장으로 만들며 시위했다. 농촌에서는 도시로부터 독립선언서와 시위 방식을 전수받아 읍내에서 장날을 기해 시위를 벌였다. 농촌에서 장날이라는 시간에 장터라는 공간을 이용하고 농악대를 동원한 것은 전통적인 삶의 양식에 따른 익숙한 광경이었다. 태극기가 등장하고 주동자를 따라 만세를 부르며 행진하는 집회와 시위 방식이야말로 농촌에서는 낯선 풍경이었다. 그런데 아이러니하게도 오늘날 대중의 기억 속에 각인된 3·1운동의 전형적인 이미지는 농촌 시위 풍경이다. 그것은 분명 사라져가던 광경이었다. 이제 시위와 집회 공간의 중심에는 도시가 있었다.

❶ 서울은 깨끗하고 넓은 도로로 정비되고 1899년부터 전차가 다니는 등 급격히 변모해갔고,

1901년의 〈한성지도〉 중 정동 ❷ 대한제국 정부는 고종이 머문 경운궁(덕수궁)을 중심으로 한 개조사업을 추진했다.

❸ 정동에는 외국 공사관이 들어섰고, 중명전 같은 서양식 건물로 가득했다.

신식 군인(좌)과 구식 군인(우) ❹ 무장한 직업군인들이 서울에서 시위하는 일이 잦아지면서

❺ 1882년에는 임오군란이 일어났는데, 이때 일본 공사관도 공격의 표적이 되었다.

❻ 서재필이 주도한 독립협회를 필두로 자발적 결사체의 시대가 도래하면서,

❼ 나라가 망할 위기에 처하자 신민회와 같은 비밀결사들도 속속 생겨났다. 신민회는 1911년의 '105인 사건'으로 조직이 탄로 나고 말았다.

독립관 앞에 모인 독립협회 회원들 ❽ 자발적 결사체들은 민주적인 운영을 꾀하며 공론장인 토론회를 마련했으며,

《황성신문》 1907년 11월 8일 ❾ 전국적인 조직을 갖추고 연대하면서 국채보상운동 같은 모금운동을 전개하기도 했다.

만민공동회에 모인 인민 ❿ 1898년 수십 일에 걸쳐 평화로운 집회와 시위가 전개된 이래, 서울은 집회와 결사의 자유를 향유하는 민주주의적 공간으로 변모했다.

⓫ 식민 치하에서 그 공간을 빼앗겼던 인민은 다시 서울을 비롯한 도시에서 3·1운동을 전개했다.

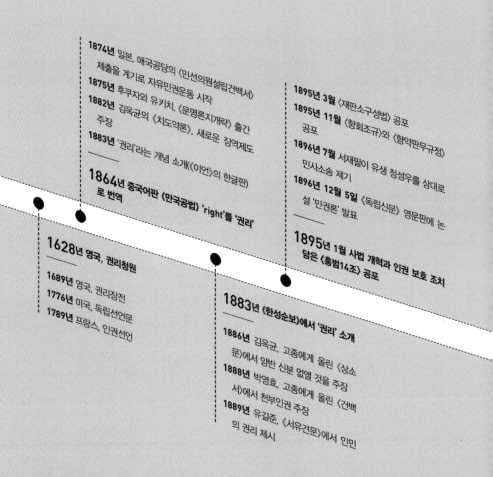

1874년 일본, 애국공당의 《민선의원설립건백서》 제출을 계기로 자유민권운동 시작

1875년 후쿠자와 유키치, 《문명론지개략》 출간

1882년 김옥균의 《치도약론》, 새로운 징역제도 주장

1883년 '권리'라는 개념 소개(《이언》의 한글판)

1864년 중국어판 《만국공법》 'right'를 '권리'로 번역

1895년 3월 《재판소구성법》 공포

1895년 11월 《향회조규》와 《향약판무규정》 공포

1896년 7월 서재필이 유생 정성우를 상대로 민사소송 제기

1896년 12월 5일 《독립신문》 영문판에 논설 '민권론' 발표

1895년 1월 사법 개혁과 인권 보호 조치 담은 《홍범14조》 공포

1628년 영국, 권리청원

1689년 영국, 권리장전
1776년 미국, 독립선언문
1789년 프랑스, 인권선언

1883년 《한성순보》에서 '권리' 소개

1886년 김옥균, 고종에게 올린 《상소문》에서 양반 신분 없앨 것을 주장

1888년 박영효, 고종에게 올린 《건백서》에서 천부인권 주장

1889년 유길준, 《서유견문》에서 인민의 권리 제시

6장

권리:
인권과 민권의 자각

1899년 대한제국 정부, 〈재판소구성법〉 개정
1904년 9월 〈일진회 취의서〉, 민권론 제기

1898년 10월 12일 독립협회의 7대신 퇴진 운동 관철, 개혁파 정부 수립

1908년 신해영, 《윤리학 교과서》, 유근, 《초등소학수신서》 발간
1909년 박정동, 《초등수신서》 발간
1910년 휘문의숙, 《보통교과수신서》 발간

1908년 한성부민회 설립, 지방 자치 운동 전개

1898년 9월 1일 김홍륙 사건 발생
1898년 9월 17일 유생의 결사체인 도약소 노륙법과 연좌제 부활 주장하는 상소 운동 시작
1898년 10월 6일 《제국신문》, 민권이 곧 국권이라는 주장의 논설 게재
1898년 10월 7일 독립협회, 도약소 주장을 반박하는 상소 제출

1905년 11월 을사조약
1905년 11월 〈변호사법〉 제정
1906년 대한자강회, 의회 설립 예비단계로서의 지방자치제 실시 주장
1906년 11월 《대한매일신보》에 청국의 지방자치론자인 쑨쑹링 연설 소개
1906년 휘문의숙, 《중등소학수신서》 발간
1907년 휘문의숙, 《고등소학수신서》 발간
1907년 6월 최초의 변호사 시험 실시

19세기의 인민은 신분제 사회에서 빠져나와 개인으로 거듭나고 있었다. 개인임을 자각한 인민에게 우선시되는 윤리 덕목은 스스로 판단하고 스스로 일하고 스스로 결정하는 자주성이었다. 그리고 하늘이 인간에게 부여한 자유롭고 평등한 권리, 즉 천부인권을 자각해야 했다. 인민은 인권 의식과 함께 모든 인민이 누려야 하는 민권에 대한 의식도 갖추어야 했다. 인민이 민권을 자각하고 나아가 전파하는 데는 신문의 역할이 절대적이었다. 학교에서 배우는 수신 교과서도 자주노동, 근면, 공공성은 물론 인권과 민권 의식을 계몽하는 데 기여했다. 이들 신문과 교과서에 등장하는 권리 의식은 오늘날의 그것과 크게 다르지 않다.

이들 권리 의식은 시민권을 공민적, 정치적, 사회적인 세 부분으로 나눌 때 공민권에 해당한다. 시민권 중 가장 먼저 발달한 공민권은 신체의 자유, 언론·사상·신앙의 자유, 재산을 소유하고 유효한 계약을 맺을 권리, 일할 권리와 직업 선택의 권리, 공정한 대우를 받을 권리 등을 포괄한다. 이중 공정한 대우를 받을 권리가 다른 권리보다 앞선다. 그것이 정당한 법적 절차를 통해 다른 사람들과 평등한 상태에서 자신의 권리를 옹호하고 주장할 수 있도록 하는 권리이기 때문이다. 공민권과 가장 관련 있는 제도는 사법제도였다.[

갑오개혁을 통해 사법권이 확립되면서 인권 보호를 위한 제도적 기반이 마련되었지만, 인권 보호에 관한 법은 제대로 시행되지 않았다. 독립협회를 비롯한 자발적 결사체들은 인권운동에 나서거나 민권론을 설파하는 데 앞장섰다. 1898년에 일어난 김홍륙 사건과 이에 대한 독립협회의 원칙적 대응은 당시 인권 의식의 수준을 여실히 보여주었다. 고문에 반대하고 피의자도 감옥에서 보호받아야 마땅하며, 역모 죄인이라도 공개 재판을 받아야 한다는 것이 독립협회의 주장이었다. 결국 김홍륙과 사건 관련자들이 재판 절차를 거치지 않고 처형되자, 독립협회는 이에 대한 책임을 물어 정권 퇴진 운동을 벌였고, 결국 승리했다.

1905년 을사조약 이후 나라가 존망의 위기에 처했음에도 신문·잡지 등의 미디어와 자발적 결사체들은 민권 담론을 적극적으로 설파했다. 민권의 신장이 곧 독립과 부강의 길이라고 주장했다. 민권이 살아야 국권도 산다고 절박하게 호소했다. 하지만 국권이 있어야 민권도 있다는 주장을 넘어서기가 쉽지 않았다. 국권론이 갖는 현실적 무게감 때문이었다.

민권론자들은 또 하나의 대안으로 지방자치의 실현을 모색했다. 지방자치를 통해 인민이 민권을 누릴 기회를 갖게 하자는 것이었다. 이 역시 국망을 넘어서지 못하고 좌절되고 말았다. 하지만 밀알은 썩지 않았다. 인권과 민권에 대한 자각과 실천의 도도한 흐름은 민족이란 집단의 생존과 권리를 확보하기 위한 민주주의 투쟁, 즉 독립운동으로 이어졌다.

1

개인의 탄생

나는 생각한다, 고로 존재한다

가문과 신분의 틀을 벗어난 개인의 탄생이 근대로 들어가는 첫 번째 조건이라는 것은 동서양에 통용되는 보편 명제다.[2] 여기서 개인이란 스스로 생각하고 스스로 교육하고 스스로 결정하는, 즉 자기 자신에 대해 온전한 소유권을 가진 개체로서의 인간을 말한다. 이렇게 봉건시대의 끝자락에 등장한 개인을 국가는 거부하지 않고 받아들였다. 국가는 공적 문제에 전념하고 사적 문제는 자기 조절이 가능한 개인, 즉 시민에게 넘기고자 했기 때문이다. 이러한 역사적 흐름 속에 데카르트의 '나는 생각한다, 고로 존재한다'라는 철학 원리가 등장했다. 이 원리는 자유와 권리 의식을 내면화하면서 사회와 국가에서 자신의 세계관과 행동 양식을 확산하는 주체인 개인의 탄생을 상징한다. 이렇게 개인은 자기 사유, 자기 교육, 자기 실현의 주체로서 봉건체제를 타고 넘어 근대의 주인공으로 등장했다.[3]

서양에서 개인의 발견 및 발전을 추동한 것은 계몽주의였다. 이때 개인은 시민사회 형성에 적극적으로 참여하고 보편의 이익을 위해 자신의 권리를 주장할 줄 아는 '시민'을 의미했다. 자발적 개인이라는 담론은 급속히 전파되었다. 국가와 교회의 규범을 곧이곧대로 따르지 않는 개인화도 확산되어갔다. 개인주의를 보장하기 위한 자유권의 범위도 넓어져갔다.[4]

개인을 개인이라 부르는 데는 일본도, 조선도 시간이 필요했다. 미국에서 자유를 누리는 개인을 직접 목격한 후쿠자와 유키치도 1871년《서양사정》을 출판할 당시에는 개인이라는 개념을 사용하지 않았다. 사람(man, human being)을 지칭하는 보통명사는 인간으로 번역했다. 개별 인간을 지칭할 때는 '一身(일신)', '一人(일인)', '一人の民(일인의 민)'이라 표현했다. 4년 뒤에 출판한《문명론지개략》에서는 '인(人)', '인각각(人各各)'을 주로 썼다. 일본에서는 1870년대에 자유민권운동이 시작되면서 인민이 비로소 개인으로 주목을 받았다. 그런데도 1880년대 초 영일사전을 만들 때 영어의 Individual을 '一個人(일개인)', '獨一個人(독일개인)'이라 번역했다.[5] 일본에서 개인이라는 개념은 1880년대 중반에 본격적으로 쓰이기 시작했다.

조선에서도 신분제가 사라지면서 인민화와 함께 개인화가 진행되었다. 100년 농민봉기를 갈무리한 동학농민전쟁은 인민이 나서서 생명과 재산을 보호할 권리를 직접 행사하고자 한 인권혁명이기도 했다. 무장포고문은 "인민은 나라의 근본이다"라고 선언했다. 동학농민전쟁이 인민이 개인을 자각하는 관문을 연 사건이었다면,[6] 갑오개혁을 통한 신분제도의 철폐는 이러한 개인화의 제도적 승인이었다. 그러나 개인이라는 개념은 아직 등장하지 않았다. 《독립신문》은 사적 영역을 의미하는 용어로 '자기'를 즐겨 썼다. '자기의 재산', '자기의 권리' 등으로 표현했다. 개인에 가까운 말로는 '자기 몸'을 썼다.[7]

1900년대에 들어와서야 개인은 인민, 국민, 동포 등 집단과 구별되는 개념으로 자리 잡았다. 나진과 김상연이 번역하고 해설한 《국가학》은 개인을 국가를 구성하는 주체로 설명했다. "국가는 개인 혼자의 힘과 또 사회적 통합력에 의지하여 경영하고 존립하는 하나의 커다란 공공체"라고 했다.[8] 《대한매일신보》에도 '일개인' 혹은 '개인'이라는 단어가 등장했다. "국가는 국가의 사업에 정진하고 개인은 개인의 사업에 정진하라."[9] 지금은 당연한 주장 같지만, 당시만 해도 개인과 국가를 대등한 위상의 개념으로 이해하는 관점은 새로운 변화였다. 개인의 활동과 영역이 이미 하나의 권리로 인정되고 있었음을 알 수 있다. 하지만 《대한매일신보》는 나라가 썩고 망해가는 이유로 개인주의의 유행을 들면서 개인주의를 경계했다.[10] 개인주의가 애국심을 약하게 만든다는 것이었다.

개인을 자각하던 계몽의 시대에 나라가 기울었다는 것은, 개인주의를 추구하던 '개인'들에게는 말할 수 없는 비극이었다. 개인과 개인주의가 민족주의의 물살에 휩쓸려 존재와 위상을 부정당할 처지에 놓이게 되었기 때문이다.

특권 해체와 자주노동

특권의 해체는 권위의 평준화를 의미한다. 인민이 신분제 사회에서 벗어나서 개인화하는 데 특권의 해체는 필수적인 전제 조건이다. 신분제 사회에는 공적 영역은 물론 일상에서도 특권이 존재한다. 그 수직적 위계질서가 무너져야 새로운 사회로 신입할 수 있다.

조선에서 특권 해체의 표적이 된 것은 양반이었다. 18세기 이래 신분제 해체가 본격화되는 가운데 실학자 박지원은 양반 신분제를 도둑이나 다름없는 착취 제도라고 비판했다. 《연암집》에 실린 박지원의 양반 비판은 갑신정변의 주역인 박영효가 평등사상을 갖는 데 영향을 미쳤다.[11]

역시 갑신정변을 이끈 김옥균은 일본으로 망명하여 고종에게 올린 〈상소문〉에서 '단칼에'라는 과격한 수식어를 덧붙여 양반 신분을 없앨 것을 주장했다. 그는 양반이 인민을 억압하는 문화 때문에 국력이 약해졌다고 보았다. 인민이 스스로의 힘으로 살아가려 해도 양반 관리가 인민이 창출한 이익을 빼앗아가니 감히 인민들은 농업, 상업, 공업, 그 어느 것의 발달에도 나서지 않게 되어 국력이 날로 쇠하고 있다는 것이었다.[12] 양반 신분 폐지가 곧 국력 신장의 길이라는 논리다. 갑신정변 때 발표한 〈혁신정강〉 제2조 "문벌을 폐지하여 인민 평등권을 제정하고 사람으로써 관을 택하게 하지 관으로써 사람을 택하게 하지 않는다"라는 강령에 그의 이러한 생각이 담겨 있다.

김옥균이 문벌 폐지를 강조한 것은 유능한 인재라도 문벌이 없으면 벼슬길에 오르지 못하고 문벌의 일원이면 무능하고 부패해도 높은 벼슬까지 하는 폐단이 여전히 심각했음을 의미한다. 갑신정변 직전에는 민비의 측근인 민씨 척족과 몇몇 문벌이 고위직을 차지하고 있었다. 김옥균은 민씨 성을 가진 사람이면 현명하지 않더라도 벼슬아치가 되는 것을 개탄했다.

갑오개혁으로 양반 신분이 없어진 후에도 여전히 잔재가 남아 사회 문제가 되곤 했다. 《독립신문》은 일부 양반들이 특권을 고수하려는 경향이 남아 있다며, 그들의 마음 안에 평등 권리를 새로 넣어야 한다고 주장했다. 평등은 하늘이 준 권리인데 아직도 양반과 상놈을 구별하려는 사람들은 개명진보를 방해하는 무리라고 비판했다. 분명한 사실은 《독립신문》이 '잔재'라는 단어를 쓸 만큼 양반 신분이 갖고 있던 특권은 제도뿐만 아니라 문화적으로도 해체되기 시작했다는 것이다. 특권을 상징하던 양반이라는 말은 "이 양반이 왜 이래?"라며 상대를 힐난할 때 쓰일 만큼 힘을 잃어갔다.

특권 신분의 해체를 정당화하는 윤리적 근거는, 사람은 누구나 노동을 해야 하는 존재인데 양반은 놀고먹는 자라는 것이었다. 유형원, 이익, 정약용 등은 양반도 농사를 지어야 한다고 주장했다. 박지원, 박제가, 유수원 등은 양반도 장사를 할 수 있어야 한다고 설파했다. 갑오개혁 정권은 상업을 발전시키기 위해 상회사에 관리를 포함한 유능한 인사들이 참여해야 한다고 주장했다. 이는 당시 양반, 특히 관리들이 상업 활동을 하는 것이 전혀 낯설지 않은 풍토가 되었음을 의미한다. 다만 갑오개혁 정권은 현직 관리가 직접 상업에 뛰어들 경우 특권이나 비리가 발생할 가능성을 우려했다. 결국 현직 관리는 영업회사의 사장이나 사무원을 할 수 없으나, 관직을 그만둔 후에는 상업 활동에 종사할 수 있도록 허용했다.[13]

빈부귀천 따로 없이 누구든 스스로 일해서 먹고살아야 한다. 이를 '자주노동'이라 한다. 자주노동은 자신을 위해 일하는 것이다. 자신의 노동을 시장에 내놓기 위해서는 자유로운 이동이 보장되어야 하는데, 이는 곧 억압으로부터의 해방을 의미한다. 조선 정부는 그것을 '유랑'이라 표현하며 위험시했지만 권력도 막을 수 없는 도도한 흐름이었다. 19세기 초가 되면 서울에도 상인, 수공업자, 일용노동자, 잡역부, 부랑자 등이 인구의 절반 이상을 차지했다. 이들은 도시의 문명화와 함께 새로운 직업군을 형성하고 있었다.

여기에서 잠깐 '자주노동'이라는 용어를 살펴보자. 요즘 말로 하면 '자유노동'이다. 왜 '자유노동'을 당시에는 '자주노동'이라 불렀을까? '자유'라는 말보다 '자주'라는 말이 더 익숙하기 때문이었다. 일찍이 정약용이 자주의 권리를 인간의 자기 결정권이라는 측면에서 논한 적이 있었다. 동아시아에서 신중하게 받아들인 서양의 개념 중 하나가 'freedom'과 'liberty', 즉 '자유'였다. 오래전부터 한자로 '자유'라는 말이 있었는데 '멋대로'라는 부정적인 의미로 사용되어왔기 때문이다. 그래서 청에 들어온 선교사들은 'freedom', 'liberty'를 '자유'가 아닌 '자주'로 번역했다.[14] 후쿠자와 유키치는 'liberty'를 '자유'로 번역하면서도 결코 마음대로 방탕하다는 의미는 아니라고 덧붙였다. 청의 장즈둥(張之洞)은 'freedom'을 '떳떳하고 당당한 이치'라는 뜻의 '공도(公道)'로 번역할 것을 제안했다. 옌푸(嚴復)는 'liberty'를 스스로 따름이란 뜻의 '자요(自繇)'로 번역했다. 한국에서도 '자유'보다 '자주'가 더 많이 쓰였다. 《독립신문》에는 '자주'가 287회 등장하는 데 비해 '자유'는 78회 쓰였다.

《독립신문》에는 "양반 상놈 가리지 않고 자기 밥벌이는 스스로 해야 한다"라며 자주노동을 강조하는 논설이 종종 실렸다. 모든 직무는 신분이 아닌 실력과 능력에 따라 맡겨야 한다는 것이다. 양반도 각성하지 않고 능력과 실력이 없으면 무용지물이 될 것임을 경고했다. 앞으로 지체와 문벌을 의식하는 문화는 사라지고 학문 있는 사람이 벼슬을 하고 큰 장사도 하고 큰 농부도 되는 세상이 온다는 것이다. 개인의 자주노동은 개인적 자주독립의 뿌리였다. 자주독립한 사람이란 남에게 의지하지 않고 자신의 힘으로 벌어먹는 사람, 즉 자주노동하는 사람을 가리켰다. 《독립신문》은 조선에서 인민은 남에게 빌어먹고 세력 있는 자에게 꼬리치며 청탁하는 데 익숙한데, 특히 양반들이 문제라고 비판했다. 어느덧 양반은 아무 일도 안 하고 아무런 쓸모도 없는 무리로, 도덕적 비난의 대상으로 전락하고 있었다.[15]

무릇 자신의 노동으로 생산한 것을 자신이 소유해야 개인인 것이다. 이 때문에 근면과 정직한 노동은 개인에게 요구되는 필수적 가치가 되었다. 19세기 서양 부르주아에게 근면이 노동의 계명이었듯이, 조선에서도 근면은 개인이 갖추어야 할 필수 덕목으로 강조되었다.

수신 교과서 속 개인 윤리

문명화를 이루려면 문명 윤리도 받아들여야 한다. 문명화한 개인이 갖추어야 할 시민 윤리는 오늘날 도덕·윤리 교과서와 같은 수신 교과서를 통해 미래의 동량인 학생들에게 전수되었다. 수신 교과서는 1905년 이후 본격적으로 배포되었다.

문명화의 필수 요소인 문명 윤리, 즉 시민 윤리 덕목을 온건개화파라 불리는 동도서기파(東道西器派)와 급진개화파라 불리는 서도서기파(西道西器派)의 주장 속에서 뽑아보자. 동도서기파는 물질문명의 진보를 가져온 서양적 가치에 주목했다. 서양인은 개인의 사사로움을 타파하고 상공업을 발전시키며 사람들로 하여금 각자 자기의 힘으로 먹고살며 자기의 능력을 발휘하고 자기의 권리를 보호하도록 하여, 국가를 부강하게 만든다고 보았다.

반면 서도서기론자에게 서양의 정신문명은 자유평등의 인권사상에 입각해 있지만, 동양의 정신문명은 천부적 인권을 억압하는 것이었다. 또한 서양의 물질문명을 좇으면 개인적 차원의 풍요와 국가적 차원의 부국강병을 효과적으로 달성할 수 있지만, 동양의 물질문명은 비효율적이라고 보았다.[16]

이러한 양자의 평가를 종합하여 정리하면 서양의 시민 윤리는 자주노동, 권리 보호, 자유와 정의(평등), 공공성, 효율성 등이다. 이들 덕목은 민주주의 윤리의 기초 소양에 해당한다.[17] 이중 수신 교과서에서 주목한 시민 윤리로는 자주노동과 그와 관련된 자립과 근면, 그리고 공공성 등이 있었다.

수신 교과서에서 잊지 않고 가르치는 내용이 스스로 부지런히 일하여 홀로 서는 사람이 되라는 것이었다. 개인마다 스스로의 힘으로 부지런히 일을 하는 것이 문명화의 첩경이라 보았기 때문이다. 여기서 말하는 자주노동의 전제는, 인간은 자유로운 존재임을 자각하는 것이다.

새들이 밭에서 먹을 것을 찾아 돌아다니는 것을 보고 망을 놓아 그중 한 마리를 잡아 새장 속에 넣어두었는데, 먹을 것을 먹지 않고 죽어버렸다. 새는 본래 하늘을 날아다니며 높이 솟았다가 내려오는 일을 자유롭게 하였는데, 사람에게 잡혀 자유롭지 못하게 되니 차라리 죽는 것만 못했을 것이다.

〔질문〕 새도 새장 속에 갇히자 억지로 먹지 않아 죽었는데, 사람이 자유롭지 못하면 어떻게 될까?[18]

소와 말이 수레를 메고 쉬지도 못하고 일만 하는데 잠시라도 지체하면 주인은 사정없이 채찍으로 때린다. 힘든 일을 하면서도 매를 맞으며 큰 고통을 당하고 있는 것이다. 사람의 경우에도 자주권을 잃으면 이 소나 말 같은 신세가 된다.

〔질문〕 왜 소나 말은 그렇게 힘든 일을 하면서도 매를 맞는 고통을 당하는 것일까? 자주권이 없는 사람은 어떤 방식으로 당하게 되는 걸까?[19]

첫 번째 인용문의 제목은 '자유'다. 두 번째 인용문의 제목은 '자주권이 없음'이다. 동물의 형편에 빗대어 인간이 자각해야 할 자유와 자주의 가치를 쉽게 전달하고 있다. 오늘날로 치면 토론이 필요한 탐구형 질문을 던지고 있어 흥미롭다. 자유롭게 사는 것, 자주적으로 사는 것은 곧 독립적인 삶을 의미한다. 수신 교과서는 독립한 사람만이 진정한 사람이라고 가르쳤다.

독립이란 자기의 힘으로써 세상을 살면서 도를 행하고 조금도 다른 사람을 의지하지 아니함을 말하는 것이다. 사람이 자기의 다리로 서는 것이 아니면 안 되는 것과 같이, 자기의 마음으로서 생각하며 헤아리고 자기의 의지로서

행하며 자기 자신의 힘으로서 생활해야 하기 때문에 이런 사람을 독립한 사람이라고 말하니, 독립한 사람이라야 비로소 진정한 사람이라 칭하는 것이다. (……) 독립은 스스로 살아가는 것, 스스로 믿는 것, 스스로 결정하는 것을 의미한다.[20]

이렇게 독립한 사람은 스스로 생계를 꾸려나가는, 즉 자영하는 힘을 길러야 한다.

사람이 자신의 생활을 자신의 힘으로 영위함은 자연 그대로의 공리이다. 하늘이 사람을 태어나게 하여 팔다리와 온몸을 다 갖추어준 것은 각기 생활을 경영하게 함이다. 만일 나의 팔다리와 온몸을 버려두어서 못쓰게 되어 헛되이 타인에게 의뢰한다면 다만 사업만 이루지 못할 뿐만 아니다. 하늘이 부여한 본분을 잃을 것이다.[21]

스스로 생계를 경영하는 정신을 기르는 방법은 자기의 본분을 다하며 곤경을 참아내는 데에 달려 있으니, 각 사람이 그 맡은 바의 직업에 부지런히 종사하여 스스로의 힘을 발달시켜 믿을 만한 수준에 이를 수 있다면 스스로 생계를 경영하는 생활이 진척될 수 있을 것이다.[22]

수신 교과서는 이처럼 독립자영을 하려면 어릴 때부터 부지런히 일하는 습관을 길러야 한다고 가르쳤다. 근면을 상징하는 인물로 미국의 벤저민 프랭클린(Benjamin Franklin)이 등장한다. 그가 한 "오늘 얻고자 하는 일을 결코 내일로 미루지 마라"는 격언도 가르쳤다.[23] 근면의 반대인 나태, 즉 게으름은 인성을 해치고 모든 잘못을 만들어내는 악의 근본으로 가르쳤다. 근면은 가장 좋은 습관이고, 근면한 행동은 언제나 자신이 맡은 일에 최선을 다하는 것이라고 강조하기도 했다. 성공과 행복은 노동으로 살 수 있는 것이라고 가르치기도 했다.

> 하늘은 원래 치우침이 없어 부지런히 노력하는 자에게 하려던 보답을 빼앗아서 노력하지 않는 자에게 주지 않는다. 무릇 물건을 얻고 싶으면 반드시 그 값을 치른 후에 가질 수 있는 것처럼 성공과 행복은 실로 우리들의 근로를 통해서 사는 것이라고 말할 수 있다.[24]

> 일을 하는 것, 즉 노동은 신성하고 또 사람은 노동을 위해 태어난 것이라는 가르침도 잊지 않았다.[25] 노동을 한다는 것은 곧 직업을 가진다는 것인데, 직업의식에 대한 교육도 잊지 않았다.

> 직업은 한 사람의 생활을 도모하고 사회의 공익을 진척시키는 근본이다. 사람이 세상에 태어나 이 책임이 이미 무거우니 선비와 농사꾼, 공장과 상인이 각기 업무에 전념하여 그 진보를 기약하여야 한다. 그러나 사람은 재능에 장점과 단점이 있고 사업의 우열이 있으니 그 적당한 바를 따라서 복무해야 하며, 함부로 자신의 힘이 감당하지 못할 일을 해서는 안 된다.[26]

이처럼 수신 교과서에서 개인은 부지런히 일하여 자립에 성공한 사람을 의미한다.

개인이 사회 및 국가와 맺는 관계에 대해서는 공익 혹은 공공성이라는 말로 압축하여 가르쳤다. 공익이란 "어떤 사람이든 각기 자신에게 알맞은 힘을 내서 사회를 행복하게 하는 일"로 정의되었다. 사람이 자기 직업에 충실하여 이익을 낸 후 그 결과를 다른 사람에게 널리 베풀면 공익이 된다는 것이었다.[27] 규칙이라는 것도 여러 사람의 공익을 보전하기 위하여 정한 것이었다. 공중을 대하는 공적 도리를 잊지 않으려면 타인의 권리와 행복을 돌보는 태도가 필요하다고 가르쳤다.

개인은 항상 자기의 행동이 공중에게 영향을 끼친다는 것을 생각해서, 혼자 이익을 차지하지 않으며 사욕을 부리지 말고 자기의 이익과 행복을 구하는 마음을 다른 사람에게 미루기 위해 마음을 써야 한다. 그렇게 하면 공중을 대하는 도리가 절로 명백해질 것이다.[28]

만일 우리가 다른 사람이 자기 권리를 침해하는 것을 부정한 행위로 간주한다면 동시에 자기가 다른 사람의 권리를 훼손함과 같은 것도 불의의 행위로 미루어 생각하여 이것을 매우 경계해야 하니, 각각 그 다른 사람의 권리를 존중히 하여 그 한도를 서로 넘지 아니하면 이것이 곧 사회의 공정한 도리가 발생하는 원인인 것이다.[29]

그렇다면 공익을 훼손한다는 것은 무엇일까? 다음은 수신 교과서에서 제시한 사례다.

학교 동산에 꽃이 만발했는데, 어떤 아이가 하굣길에 가지 하나를 꺾는 것을 보고 교사가 꾸짖으며 다음과 같이 말했다. "학교는 모든 학생들의 집과 같고 학교 동산의 꽃은 모든 학생들의 눈을 즐겁게 하는 것인데, 어째서 너는 이렇게 꽃을 훼손하는 것이냐? 이는 공익을 훼손하는 것이다. 공익을 제대로 지키지 않으면 너는 사회에 나가서도 제대로 살아갈 수 없을 것이니, 다음부터는 그러지 않도록 해라.

〔질문〕 학교 동산의 꽃을 어떤 이유에서 공익이라고 하는 것일까? 공익을 손상시키는 사람은 사회에 대해 어떤 말을 할 수 있을까?[30]

이처럼 나라가 기울어가고 있을 때, 수신 교과서는 문명화의 시대에 걸맞은 개인의 윤리를 가르쳤다. 당시 수신 교과서에서 가르치는 윤리 덕목은 통상 교과서들이 그러하듯이 인민들이 거부감 없이 받아들일 수 있는 상식이었을 것이다. 그런데 그 내용이 100년이 지난 오늘날의 도덕 교과서나 윤리 교과서와 별로 달라 보이지 않는다.

하지만 당시 수신 교과서는 유교 윤리 덕목도 가르쳤다. 수신 교과서에는 '언뜻 보기에 서로 어긋나는 뜻이나 주장을 해석하여 조화롭게 함'이란 뜻을 지닌 '회통(會通)'이 존재했다. 서양에서 들어온 시민 윤리적 가치와 함께 유교 규범, 즉 충의, 신의, 효도, 우애 등도 인륜이라는 이름으로 문명 개인이 갖추어야 할 덕목으로 가르쳤다.

일본 유학에서 돌아온 뒤 학부 관리로 있던 신해영은 《윤리학 교과서》에서 "자기의 원하지 않는 바를 다른 사람에게 베풀지 마라"는 공자의 격언과 "자기의 원하는 바를 베풀라"는 예수의 격언을 함께 인용하면서 전자는 공정한 도리를, 후자는 공적인 덕을 이야기한 것이니, 두 가지를 모두 실천하여 사회에 대한 의무를 다해야 한다고 강조했다.[31]

수신 교과서에 등장하는 대표적인 유교 규범은 '충'과 '효'였다. 예전에는 군신관계라는 명분에 의해 임금에게 충성하는 것은 정부 관리의 책임이었지만, 이제는 인민의 의무임을 자각해야 한다고 가르쳤다. 청년에게는 "훗날 국가에 유용한 인물이 되어 임금을 섬기는 큰 뜻을 다하려 결심하고, 자신을 수양하고 배움에 힘써서 단결 혹은 분발하는 힘을 기르는 일"[32]이 곧 충성하는 길이라고 강조했다. 군신관계가 아니라 군민(君民)간계 속에서 '충'을 상조한 것이다. 여기에 인민의 도덕적 의무라는 애국이 덧붙는다. 이렇게 완성된 '충군애국'은 대한제국에서 가장 흔히 들을 수 있는 윤리적 계명이었다. 또한 부모를 잘 따르고 친애하고 존경하고 은혜에 보답하는 '효'는 한 집안 행복의 핵심이고 모든 행동의 근원이라 가르쳤다.

사람의 도는 효도보다 큰 것이 없을 것이며 또 효도보다 앞설 것이 없으니, 효도의 마음으로써 임금을 섬기면 충성이요, 효도의 마음으로써 사람을 사귀면 곧 신뢰이다. 따라서 무릇 효도의 마음으로써 미루어 하면 도덕의 완전함을 거의 기대할 수 있을 것이다.[33]

하지만 일방적으로 '효'만을 내세우지는 않았다. 부모와 자식이라는 명분에 집착하여 자식에게만 효를 강요하는 것은 문제이며, 부모에게도 마땅히 의무가 있다는 점을 제시했다. 부모와 자식은 일방의 수직적 관계가 아니라, 쌍방의 수평적 관계여야 함을 분명히 하고자 한 것이다. 여기에서 부모의 의무란 자식을 건강하게 기르고 선을 사랑하고 악을 미워하는 사람으로 키우는 것을 말한다.[34]

2
인권의 시대가 오다

권리와 천부인권의 자각

1864년에 나온 중국어판《만국공법》〔원저자 헨리 휘튼(Henry Wheaton), 한역자 윌리엄 마틴(William Martin)〕은 영어 'right'를 '권리'로 번역했다. 이 책은 국제법상 국가의 권리에 대해서 다루었다. 그런데 '권리'라는 개념이 '개인의 권리'까지 포괄하게 되면서 혼선이 생겨났다. 유학에서 권리는 자유가 그랬듯이 결코 긍정적인 뜻이 아니었기 때문이다. 자유가 '이기적'이라는 뜻을 내포했듯이, 권리는 '이기적인 이익 추구'를 가리키는 개념이었다. 일본에서는 번역어를 달리하는 시도가 있었다. '권리(權理)'가 그것이다. 후쿠자와 유키치는 '권리(權理)' 외에도 '권리통의(權理通

義)' 혹은 '권의(權義)'라고 번역하기도 했다.

조선에는 청의 사상가 정관잉(鄭觀應)이 1871년에 쓴《이언(易言)》의 한글판이 나올 무렵인 1883년에 '권리'라는 개념이 소개된 것으로 알려졌다. 1896년 학부에서는 독일의 법학자 블룬츨리(T. C. Bluntschli)가 쓴《공법회통(公法會通)》(1880)을 번역 출판했다. 이 책의 일러두기를 쓴《만국공법》의 한역자인 마틴은 권리 개념을 이렇게 설명하고 있다.

'권(權)'이라는 글자는 책 속에서 다만 관리가 쥐고 있는 권력을 가리킬 뿐만 아니라, 널리 사람이 이치적으로 마땅히 얻어야 할 몫을 가리키기도 한다. 그래서 때로는 '이(利)'라는 한 글자를 더하기도 하였다. 예를 들면 '사람들이 본래 갖고 있는 권리'라고 한 것이 그것이다. 이러한 글자들은 처음 볼 때에는 눈에 들어오지 않겠지만, 여러 번 보면 어쩔 수 없었기 때문에 그것을 사용했음을 알 수 있을 것이다.[35]

1883년에는《이언》한글판과 함께《한성순보》에도 권리를 소개하는 글이 실렸다. "유럽은 인민들이 하는 행동이 사회에 해를 끼치지 않으면 금지하지 않으며 옆 사람도 비방하지 않고 각자의 취향에 맡겨 마음대로 하게 하니, 이 제도를 자주의 권리라 부른다. 그래서 상하가 협력하여 크게는 나라가 부강하고 작게는 자신의 권리를 보존한다"[36]라며 자주권, 즉 자유권의 개념을 쉽게 설명했다. 서양에서 자주·자율·자유와 평등의 이념을 인권과 결부하여 당연시하게 된 것은 미국의〈독립선언서〉(1776)와 프랑스의〈인권선언〉(1789)이 발표된 18세기에 들어서였다.[37]《한성순보》는 미국〈독립선언서〉에 있는 '천부인권'도 소개했다.

모든 인간은 태어나면서 움직일 수 없는 권리를 가진다.

　모든 인간은 평등하고 누구도 속박하거나 빼앗을 수 없는 자유와 생명의 권리를 가진다.[38]

　서양에서 등장한 천부인권론에 따르면 모든 인간은 평등하게 창조되었으며, 자신의 자유와 생명과 재산에 대해 하느님이 준 권리, 즉 '자연권'을 가진다. 자기 보존의 권리는 가장 기본적인 권리이며, 이를 위해 인간은 누구나 생명, 자유, 재산에 대한 권리를 천부적으로 갖고 있다.[39]

　갑신정변 때 발표된 〈혁신정강〉 제2조에는 인민평등지권, 즉 인민 평등의 권리라는 개념이 등장한다. 조선 정부는 나라를 뒤집는 반역의 주장이라 배척했지만, 인민들에게는 세상의 변화를 실감하게 하는 의미심장한 징후였다. 비록 소수에 불과하지만 권력 안에서 인민 평등을 천명한 세력이 등장했기 때문이다. 갑신정변의 주모자로서 일본으로 망명한 박영효는 고종에게 올린 〈건백서〉에서 '통의(通義)'라는 개념을 써서 인민의 자유는 하늘이 내려준 권리, 즉 천부인권이라 주장했다.

　하늘이 인민을 내려주셨으니 모든 인민은 다 하나이며 타고난 성품에 있어서는 움직일 수 없는 바의 통의를 갖고 있습니다. 통의란 사람이 스스로의 생명을 보존하고 자유를 구하여 행복을 바라는 것을 말합니다.[40]

　유길준은 《서유견문》에서 '권리'라는 개념을 직접 사용하며, 자유와 통의는 인민의 권리라는 주장을 펼쳤다.

무릇 인민의 권리란 자유와 통의를 말한다. (……) 통의란 한마디로 말하자면 당연한 정리(正理)이다. 자유와 통의의 권리는 온 천하의 모든 인류가 모두 갖고 있으며 또 누리고 있는 것이다. 사람마다 각기 갖고 있는 권리는 출생과 더불어 갖춘 것이니 얽매이지 않고 독립하는 정신이며 무리한 속박을 받지 않고 불공평한 눌림을 당하지 않는 것을 의미한다. 사람이 이 세상에 태어난 뒤에 차지한 지위는 사림이 만든 구별일 뿐이고, 본래 갖고 있는 권리는 하늘로부터 받은 공도(公道)이다. 사람이 사람다워지는 이치는 임금에서 평범한 인민에 이르기까지 본래 털끝만 한 차이도 없는 것이다.[41]

유길준은 박영효와 달리 통의를 권리의 하위 개념으로 사용했다. 유길준도 권리라는 말을 분명한 개념으로 썼지만, 권리 개념이 정착하는 데는 시간이 걸렸다. 일본과 마찬가지로 '권(權)', '권리(權理)', '권리통의(權理通義)', '권의(權義)' 등이 혼재되어 사용되다가 차츰 '권리(權利)'로 정착되었다. 《독립신문》에 권리 개념이 쓰인 횟수는, 1896년에 33회, 1897년에 162회, 1898년에 122회였다.[42]

권리 개념의 대중화는 곧 권리의 자각과 통한다. 권리의 자각은 '나의 마땅한 권리를 권력이 억지로 빼앗는 것은 있을 수 없는 일'이라는 정치적 자각으로 이어진다. 권리라는 단어를 사용하지 않았지만, 이미 조선에는 동학처럼 천부인권을 주장하는 흐름과 세력이 있었다. 사람이 곧 하늘이고 하늘이 곧 사람이라는 동학의 교리는 원형적 형태의 천부인권론이라 할 수 있다. 인민 스스로 체득한 천부인권이지만, 그것을 계몽하고 대중화하는 역할을 담당한 것은 역시 인민과 인민, 인민과 권력을 이어주는 신문이었다. 《독립신문》도 일찍부터 천부인권의 사상을 강조했다.

　백성마다 얼마큼 하느님이 주신 권리가 있는데, 그 권리는 아무라도 빼앗지 못하는 권리요, 그 권리를 가지고 백성이 백성 노릇을 잘하여야 그 나라 임금의 권리가 높아지고 전국 지체가 높아지는 법이다.[43]

　누구나 하느님께 받은 사람의 권리는 같은 것이다.[44]

　이 주장을 집약해서 《독립신문》은 1896년 12월 5일자 영문판에서 "만인은 전능하신 하나님 앞에 평등하게 태어났다"라고 명확하게 밝히고 있다. 《독립신문》에서 권리는 다양하게 표현되었다. '목숨과 재산', '목숨과 재산과 자유권', '날 때 하느님께 타 가지고 온 권리', '천생권리와 사람마다 가진 자유권', '하느님의 주신 권리'라고 쓰며 천부인권을 강조했다.

　1902년 《제국신문》에는 흥미로운 논설이 실렸다. 자유와 자주가 인민의 권리임에도 인민의 권리 주장을 하늘의 뜻을 어기는 것으로 받아들이고 있음을 안타까워했다. 그러므로 하늘이 준 마땅한 권리를 누려야 하며, 하늘을 거스른 것으로 오해하지 말자는 것이었다.[45] 《제국신문》의 우려는 곧 불식되었다. 자유는 부나 권력이나 신분에서 나오는 것이 아니라 하늘이 준 것이며, 사람은 누구나 천부의 권리를 가진다는 주장을 신문이나 잡지에서 흔히 볼 수 있는 때가 온 것이다.

　상식이 된 천부인권론을 법적으로 뒷받침하려는 논의가 활발해졌다. 권리를 보호하려면 법이 필요하기 때문이다. 일찍이 유길준도 《서유견문》에서 권리와 법의 관계를 논한 적이 있었다. 자유와 통의라는 권리는 법률로 제한하기 전에는 임금이라도 건드릴 수 없다는 점을 분명히 했다.[46] 사람의 권리를 수호하기 위해 국가가 만들어졌다는 주장도 펼쳤다. 《독립신문》도 같은 주장을 내놓았다. 법에 의해서만 자유와 권리가 제한될 수 있으며 자유와 권리를 보호하는 것이 국가 존립의 목적이라는 것이다.

이러한 선구적 주장을 이어받아 1900년대에 들어오면 "비록 천부권이 있어도 편안히 누리지 못하면 어찌 권리라 부를 수 있겠는가. 그러므로 법률이 있은 후에야 비로소 그 권리를 보전할 수 있을 것이다"[47]라는 대한자강회 평의원 설태희의 주장처럼 권리의 법제화, 즉 법치주의를 요구하는 목소리가 높아졌다. 인권 보호에는 법적·제도적 뒷받침이 따라야 하고, 권리의 진정한 가치는 그것이 위협받거나 부정될 때도 권리를 요구할 수 있을 때 실현된다는 인식에 도달했던 것이다.

사법권의 제도화와 인권 보호

법에 의한 권리의 보호, 즉 법치주의는 사법권이 확립될 때 가능한 일이기도 하다. 일찍이 《한성순보》는 삼권분립을 논하면서 사법권에 대해 다음과 같이 소개했다.

입법관이 제정한 법률에 의거하여 형법을 시행하고 송사를 처결하는 일을 사법부가 관장한다. 사법관은 입법과 행정 양관의 지시를 받지 않고 오직 법에 의해 형벌을 시행하고 법에 의거하여 일을 처리하기 때문에 무고한 사람을 벌주려 하는 자는 감히 그 독을 부리지 못한다.[48]

《한성순보》는 이에 앞서 서양 법률의 종류와 동양 법률과의 차이, 영국의 배심원 제도, 프랑스의 상고제도, 일본의 재판제도 등을 소개한 바 있었다.[49] 김옥균은 1882년에 지은 《치도약론(治道略論)》에서 형벌이 지나치게 가혹하고 인명을 경시한다는 점을 지적하고 징역제도가 필요하다는 주장을 펼쳤다.[50] 재판제도의 개혁론은 박영효의 〈건백서〉에 구체적으로 제시되었다. 박영효는 먼저 법률은 죄인의 귀천이나 노소에 관계없이 공평하게 적용되어야 한다는 원칙을 제시했다. 법관은 재판권을 독립적으로 행사해야 하며, 국왕도 재판에 임의로 개입해서는 안 된다고 주장했다. 그리고 혹형과 고문 폐지, 증거 위주의 재판, 연좌제의 폐지, 재판의 공개 원칙, 징역형의 도입을 주장했다.[51]

사법권의 제도화는 갑오개혁으로부터 출발했다. 갑오개혁 정권은 사법권의 소재를 명확히 밝히고, 종래 의금사를 법무아문권설재판소로 개칭하여 행정권으로부터 사법권을 분리했다. 또한 중죄인의 심문은 대신 혹은 협판이 주관하도록 했다. 동학농민군 지도부의 재판에도 이 원칙이 적용되었다.[52]

1895년에는 재판소구성법을 공포하여 재판소 제도를 실시했다. 재판소에는 지방재판소, 한성 및 인천 기타 개항장재판소, 순회재판소, 고등재판소, 특별법원의 5개를 두었다. 지방재판소와 개항장재판소가 1심 재판소였고, 순회재판소와 고등재판소가 2심 재판소였다. 지방재판소는 원칙적으로 단독판사가 민사와 형사 사건을 담당하도록 했다. 개항장재판소는 서울, 인천, 부산, 원산, 네 곳에 설치하여 개항장의 민사와 형사 사건을 담당하도록 했다. 외국인의 조선인에 대한 민사와 형사 사건도 재판하도록 했다. 순회재판소는 부산, 원산 및 지방재판소의 판결에 불복하는 민사·형사 사건의 상소를 재판하되, 매년 3월부터 9월까지 순회 재판하도록 했다. 고등재판소는 한성재판소 및 인천재판소에서 내린 판결에 불복하는 상소를 다루되, 판사 2인의 합의재판으로 운영하도록 했다. 특별법원은 왕족의 범죄에 관한 형사재판을 담당하는 재판소로, 5인의 합의재판으로 운영하도록 했다.[53]

재판소구성법을 공포하면서 법관 양성소도 함께 설립했다. 그런데 재판소구성법에 따라 곧바로 설치된 것은 고등재판소와 한성재판소뿐이었다. 1899년에 재판소구성법이 개정되면서 고등재판소를 평리원으로 개칭하고 상설재판소로 삼았다. 역시 법에 규정된 재판소 중 실제 문을 연 것은 평리원과 한성재판소뿐이었다. 지방에서는 예전처럼 지방관리가 판사를 겸임했다.

변호사 제도는 1905년 변호사법을 공포하면서 도입되었다. 그전에 변호사는 송사(訟師), 대언인(代言人) 등의 이름으로 소개되었다. 변호사 제도가 도입된다는 소식이 전해지자 여론은 환영했다. 변호사 시험을 준비하는 강습회가 열리자 《대한매일신보》는 "일반 동포에게 법률을 가르쳐 전날 우둔한 상태를 변혁하여 간활한 관리의 침학을 막아 국가 문명의 기초를 공고하게 함이 실로 대단히 훌륭한 일"이라며 칭송했다.[54] 1907년 6월에 최초의 변호사 시험에 20여 명이 응시하여 6명이 합격했다. 이때 3·1운동 재판부터 독립운동가를 변호하는 인권 변호사로 이름을 날린 허헌도 합격했다.

사법권이 제도로 정착하면서 신체형도 폐지되었다. 갑오개혁 정권은 태형(笞刑, 볼기를 작은 형장으로 치던 형벌)과 장형(杖刑, 볼기를 큰 형장으로 치던 형벌)을 폐지하고, 그 대신 징역과 벌금 제도를 도입했다. 유배, 정배, 도배, 즉 귀양도 없애고 이 또한 징역과 벌금형으로 대체하도록 했다. 대역죄인의 참형과 능형을 폐지하고, 일반인은 교수형으로, 군인은 총살형으로 대신하도록 했다. 종래 사용하던 형벌 도구를 없애고 도주할 우려가 있을 경우에만 목과 손발을 채우는 가쇄를 사용하도록 했다. 또한 관리들이 죄를 지으면 선조의 공적을 감안하여 감형하던 관행을 없애 법 앞에 만민이 평등하도록 했다. 반역 죄인에게 성을 떼어내고 이름만 사용하게 하던 제도도 폐지했다. 정치범에게 가혹하게 적용되던 연좌제도 폐지하여 죄인의 자손도 재주가 있으면 관리에 임용되는 길을 열었다.

이러한 갑오개혁 정권의 사법 개혁과 인권 보호 조치는 〈홍범14조〉의 제2조로 널리 공표되었다. "민법과 형법을 엄명하게 제정하고 감금과 징벌을 남용치 못하게 하여 인민의 생명과 재산을 보전한다." 갑오개혁의 의의를 따질 때, 인권과 관련하여 가장 중요한 변화는 바로 인권을 보장하는 제도화의 첫 걸음을 떼었다는 것이다.

하지만 사법제도가 마련되었다고 해서 곧바로 법치주의가 정착한 것은 아니었다. 《독립신문》에는 법치주의에 기반한 인권 보호를 강조하는 논설이 자주 등장했다. "나라의 법률과 규칙과 장정을 만든 본래의 뜻은 사람의 권리를 정하여 사람마다 가진 권리를 남에게 뺏기지 않게 하고 또 남의 권리를 아무나 빼앗지 못하게 하는 데 있다"[55]라고 했다. 또한 사법제도 운영과 관련하여 인권 보호를 위해 피고인을 재판 없이 처벌하지 말 것, 불법 구금을 막기 위해 영장 제도를 실시할 것, 피고인의 진술권을 보장하고 고문하지 말 것, 재판은 공개적으로 할 것, 죄형법정주의를 엄격히 지킬 것 등을 주장했다. 특히 《독립신문》은 인민을 죄를 지었다고 끌고 가서 여러 해 동안 감옥에 가두어놓기만 하고 재판도 하지 않는 폐해를 강도 높게 비판했다.

나아가 《독립신문》은 직접 민사소송을 제기하여 스스로 권리를 어떻게 지켜나가야 하는지를 만천하에 보여주었다. 1896년 유생 정성우는 고종에게 개혁적인 정부 대신과 함께 《독립신문》의 사장 서재필은 역적이요 탐관오리라고 주장하는 상소를 올렸다. 그는 "법망을 피해 권세를 손에 쥐고 마음대로 희롱하여 의리도 의로움도 없는 《독립신문》은 나라를 위한 것도 아니고 백성을 위한 것도 아니다"라고 주장했다. 그러자 다음 날 서재필이 명예훼손으로 민사소송을 걸었다. 《독립신문》은 이 사실을 다음과 같이 보도했다.

얼마 전 정성우라는 사람이 내부대신 박정양, 농상공부대신 조병직, 군부대신 이윤용, 외부대신 이완용, 중추원 의관 안경수와 김가진, 독립신문 사장 서재필을 험담하는 상소를 올렸다. 예전에는 이런 일로 재판할 생각을 하지 않았으나, 이번에는 재판을 통해 증거가 있으면 높은 대신이라도 형벌을 받게될 것이고 증거가 없다면 옛 풍속대로 그저 얽어서 상소를 한 것이니 정성우가 죄를 받게 될 것이다. 이번 재판은 조선 500년 역사에 제일가는 경사다. 대신들이 일개 평민의 말을 어렵게 여겨 재판소에 와서 재판을 청하고 그 평민이나 대신이 모두 법관 앞에 앉아 이치와 도리와 법률로 옳고 그른 것을 따져야 하니, 이제 조선도 법률이 중요하고 두렵다는 것을 알게 된 것이다. 이번 재판에서 원고와 피고의 재판 과정은 세상 사람들이 다 알게 되므로 편벽되어 공평하지 못한 것은 없을 것이다.[56]

이 초유의 재판에는 수백 명의 방청객이 몰려들었다. 서재필은 피고가 음해하는 말과 거짓말로 자신의 명예를 훼손했다면서 손해배상 2000원을 청구했다. 정성우는 자신의 상소가 재판으로 이어진 것에 놀라 자신의 죄를 스스로 인정했다. 그는 상소에서 말한 바를 이렇게 자세히 물을 줄 생각도 못했고, 재판을 할 줄 알았다면 상소를 그렇게 쓰지 않았을 것이라고 진술했다. 정성우는 결국 형사재판까지 받았다.

이 사건에 대해 《독립신문》은 "상소를 금지하는 것은 부당하나, 상소를 짓는 자나 권하는 자는 다른 사람의 죄를 지목할 때 증거가 있어야 하며, 이로 인해 손해를 입은 자가 민사로 소송하여 손해를 인정받으면 피고는 원고에게 손해금을 내어주어야 한다"[57]라는 입장을 밝혔다. 인민들은 이 재판 덕에 '권리'라는 두 글자의 의미를 확실히 깨닫게 되었다.

김홍륙 사건을 통해 본 인권 의식

김홍륙은 함경도 출신으로 일찍이 두만강을 넘어 러시아로 귀화했다. 러시아 공사 베베르가 부임할 때 통역으로 왔다가 고종의 요청으로 궁궐에 남았다. 1896년 고종이 러시아 공사관으로 피신할 때, 그러니까 아관파천 당시 김홍륙이 이를 주선했다. 고종 주변에 러시아어 통역자는 오직 김홍륙뿐이던 시절, 그는 고종의 총애를 받으며 승승장구하여 수령을 추천하는 권력까지 누렸다. 결국 김홍륙은 공공의 적이 되었다. 유생들은 김홍륙을 물리치라는 상소를 올렸다. 김홍륙이 정적이 보낸 자객에게 목숨을 잃을 뻔한 일도 있었다. 《독립신문》도 그의 행실을 비판했다. 결국 고종은 그토록 끼고 돌던 김홍륙을 내쳤다. 1898년에 고종은 외국과 교섭할 때 제멋대로 통역하고 공적 업무를 사사롭게 처리한 김홍륙을 종신형에 처한다며 흑산도로 유배 보낼 것을 결정했다. 이때 《독립신문》이 문제를 제기하고 나섰다. 갑오개혁 당시 누구든지 재판을 통해 벌을 주기로 했으므로 김홍륙도 재판을 받아야 하는데 재판 없이 귀양을 보내는 것은 인민권에 대한 압제라는 주장이었다.[58]

한편 김홍륙은 고종의 처사에 분을 삭이지 못했다. 그는 친한 관리인 공홍식에게 아편 한 봉지를 주면서 고종의 음식에 넣을 것을 지시했다. 공홍식은 고종의 서양 요리사인 김종화를 1000원에 매수했다. 김종화는 고종의 생일날 커피에 아편을 넣었다. 고종은 한 모금 마시다 토했고, 평소 커피를 좋아하던 황태자는 마시고 기절했다. 이 사건은 순식간에 역모 사건으로 비화되었다.

독립협회는 김홍륙에 대한 심문과 재판 과정을 지켜보기 위해 대표 세 사람을 뽑아 경무청에 파견했다. 유배지에서 끌려온 김홍륙은 고등재판소로 넘겨졌으나 독립협회가 요청한 재판 방청은 허락되지 않았다.

그런데 김홍륙 사건이 발생하자, 1898년에 향약의 전국화를 표방하며 만든 유생의 결사체인 도약소(都約所)에서 노륙법과 연좌제 부활을 주장하는 상소를 올렸다. 핵심 논리는 김홍륙이 갑오개혁의 '주모자'들과 직접 연결되지는 않지만 모두 똑같은 난신적자이자 역적으로 노륙과 연좌의 대상자이며, 이번 사건의 근본 원인은 그 '역적'들이 주도한 갑오개혁의 엄격하지 못한 형벌 제도 때문이라는 것이었다.[59] 유생들의 상소를 바탕으로 내각의 자문기관인 중추원 의관들은 김홍륙을 참수, 즉 노륙하고 연좌하라는 상소를 올렸다.[60] 중추원 의관 중 유일하게 독립협회 회장 윤치호만이 이 상소에 연명하지 않고 반대했다. 독립협회는 연좌제와 노륙제의 부활을 반대하며 중추원에 이를 질타하는 질의서를 보냈다.

《독립신문》은 갑오개혁 때 역적이라도 노륙과 연좌를 적용하지 말아야 하며 무슨 죄를 짓더라도 함부로 가두거나 벌주지 말 것을 널리 선포했는데, 갑자기 노륙과 연좌를 쓰자고 주장하는 것은 법을 어기는 것이라고 강력하게 비판했다. 인민의 생명과 재산을 보호하는 것이 정부의 의무라는 점도 분명히 했다.[61] 게다가 심문 과정에서 고문이 있었다는 소식에 이를 강력히 비판했다.

대궐에 큰 변이 있은 후에 백성의 충분(忠憤)한 마음이 분발하여 그 일에 조금이라도 관련되는 사람은 법정에 잡아다 심문했는데, 비밀스러운 일이라 자세히 듣지는 못하였으나 풍설에 들으니 죄인들을 악형으로 취조하여 사지를 상한 사람이 있다 하니 개화하려는 나라에서 어찌 이러한 야만의 법률을 쓸 수 있는가. 설혹 악형에 못 이겨 횡설수설로 거짓말을 한다면 애매한 사람만 상하고 임금의 호생(好生)하시는 성의를 어기는 것이요, 설혹 진실을 말하더라도 잔혹한 형벌에 못 이겨서 하는 말을 개화한 사람은 믿지 않을 것이다. 만일 풍설과 같이 악형으로 취조했으면 각국 사람들이 대한 정부를 야만 정부라 할 터이니, 이처럼 국체를 손상할 일을 우리 정부에서 행하지 않았을 것으로 믿는다.[62]

그러자 이번에는 도약소가 독립협회를 비판하는 상소를 올렸다. 이들은 독립협회를 역적 집단으로 몰며 해산시킬 것을 주장했다. "독립협회를 해산하지 않으면 조정이 편안할 수가 없을 것입니다. 이는 군주의 권한을 잃느냐 얻느냐, 나라가 망하느냐 존속하느냐 하는 기회입니다."[63] 또나시 독립협회기 이룰 반박하는 상소를 올리면서 김홍륙 사건은 유생 대 독립협회의 싸움으로 번졌다.

그런데 고등재판소에 김홍륙과 함께 갇혀 있던 공홍식이 칼에 찔려 상처를 입는 사건이 발생했다. 외교관들이 초미의 관심을 보이는 가운데 독립협회는 공홍식을 제대로 보호하지 못한 책임을 물어 법부대신 신기선과 협판 이인우를 고발했다. 하지만 검사가 고발장을 받지 않았다. 이번에는 의정대신 심순택과 참정 윤용선에게 두 사람의 면직과 처벌을 요구했으나, 그들은 모호한 태도로 일관했다. 결국 독립협회는 고종에게 직접 호소하기로 하고 7명의 대신의 퇴진을 요구하는 상소를 올렸다. 그리고 고종이 사는 경운궁 앞에서 만민공동회를 개최하고 철야 시위를 했다. 매일 그 자리에서 만민공동회를 열어 김홍륙 사건을 사전에 탐지하지 못하고, 또한 피고인들을 고문한 책임을 물어 신기선과 이인우는 물론 심순택, 윤용선, 궁내부대신 이재순, 탁지부대신 민영기, 군부대신 심상훈 등 7명을 파면시킬 것을 요구했다. 김홍륙 사건이 정권 퇴진 운동으로까지 나아갔던 것이다.

며칠 후 법부대신 신기선이 김홍륙, 공홍식, 김종화에 대한 즉각적인 교수형 선고를 요구하자, 고등재판소 판사들이 심문도 하지 않고 바로 사형을 집행하는 것은 법에 위반된다며 수긍하지 않았다. 결국 신기선은 옛법인 《대명률》의 "무릇 반역 음모를 꾀한 자에 대해서는 주모자와 공범자를 분간하지 않는다"는 법조문을 적용하여 세 사람을 사형시켰다.[64] 갑자기 셋을 죽인 데다 김홍륙의 경우 체포된 지 3일 만에 심문도 없이 처형한 사실이 알려지자 비난 여론이 비등했다.[65] 김홍륙의 시체는 종로에 버려져 시민들이 끌고 다니면서 돌을 던지고 칼로 난자했다. 독립협회는 다시 정부에 항의했다. 경무사인 이종건이 시민들에 의한 시체유기를 막지 못한 것은 인민의 생명을 보호할 임무를 제대로 수행할 능력이 없음을 보여준 것이므로 마땅히 사직시켜야 한다고 주장했다.[66]

고종은 김홍륙 등을 죽이는 동시에 신기선을 파면시켜 민심을 달래려 했다. 예상은 빗나갔다. 다음 날 곧바로 독립협회는 고종에게 7명의 대신은 물론 노륙과 연좌의 부활을 주장한 중추원 의원들을 파면하라는 상소를 올렸다.[67] 시간이 가도 시위는 잦아들지 않았다. 소학교 학생들까지 시위에 참여했다. 결국 고종은 7명의 대신을 모두 해임했다. 대신 개화파 박정양이 이끄는 내각이 들어섰다. 미국 공사는 이렇게 내각이 교체된 것을 '평화적 혁명(a Peaceful Revolution)'이라 평가했다. 이로써 10월 12일 독립협회에 우호적인 박정양 내각이 출범했다. 연좌법과 고문 의혹에 대한 각국 공사의 항의가 거세지자, 고종은 10월 25일 도약소의 활동을 금지시켜 이를 무마하려 했다.

김홍륙 사건을 둘러싼 담론과 실천 운동에서 드러난 독립협회의 인권의식은 오늘날에 견주어보아도 손색이 없다. 또한 인권을 실질적으로 보장하기 위해서는 국가 권력을 법의 통제 아래 두어 부당한 권력의 남용을 막아야 한다는 법치주의에 대한 확고한 신념도 주목해야 할 것이다.

3

민권의 등장과 갈등

민권의 전파

'민권'은 프랑스어 'droit civil'의 번역어다. 1870년에 일본의 미쓰쿠리 린쇼(箕作麟祥)가 처음 번역했다. 오늘날에는 'droit civil'을 '민법'으로 번역한다. 당시 일본에서는 '민'에게 '권'이 있다는 것이 무슨 의미인가를 둘러싸고 혼란이 일어났다고 한다.[68] 권리가 중국식 표현에 가깝다면, 민권은 일본식 표현이라 할 수 있다. 일본에서는 1870년대에 자유민권 운동이 시작되었다.

후쿠자와 유키치는 이렇게 해석했다. "민권에는 인권과 참정권이 포함된다. 인권은 개인의 권리이고 인민의 권리는 아니다. 서양에서는 인권이 있어 누구나 자유롭고 평등하다고 정의했지만, 일본에서 인권은 자유를, 민권은 평등과 참정권을 의미한다." 즉 일본에서 민권은 자유로부터 분리된 평등, 인권으로부터 분리된 참정권을 의미했다. 이 같은 일본의 민권론이 1890년대를 전후하여 조선에 전파되었다.

《독립신문》은 선거를 실시하는 외국의 예를 소개하면서 민권이라는 용어를 썼다. 특히 미국의 정당인 민주당(Democratic Party)을 민권당이라 불렀다. 민권당 대통령 후보 선출이나 뉴욕 시장에 민권당 후보가 당선된 소식 등을 전했다. 미국 상하 의원이 쿠바 정부를 자주독립한 민권당 정부로 승인했으며, 앞으로 쿠바 일에 상관하지 않고 쿠바 정부를 쿠바 인민에게 맡겨 다스리도록 했다는 소식도 알렸다. 《독립신문》에서 민권은 개인의 자유권이나 천부인권이 아니라 인민의 정치 참여권, 즉 '참정권=정치적 인권'을 강조하는 개념으로 쓰였음을 알 수 있다. 참정권을 민권으로 개념화하려는 《독립신문》의 시각은, 독립협회를 일본, 영국, 미국의 정당과 같이 나랏일을 논의하는 '정당'이라고 주장하는 논설에서도 엿볼 수 있다.[69]

19세기 100년간 농민항쟁이 이어졌고, 《독립신문》이 펼치는 공론장에서 민권의 이름으로 참정권이 거론되자, 세간에는 프랑스 혁명과 같은 일이 일어나지 않을까 하는 우려의 목소리가 나왔다. 《독립신문》은 단호하게 그런 일은 없을 것이라고 주장했다. 프랑스는 본래 민회가 있었기에 압제가 심할 때에도 인민들이 민권을 알고 있었지만, 한국은 민권이라는 말을 전혀 모르다가 최근에야 겨우 그 의미를 깨우쳤기 때문이라고 했다.[70]

민권에 관한 《독립신문》의 대표적인 논설은 1898년 12월 5일에 실린 '민권론'이다. 독자 편지 형식의 이 논설은 이후 민권의 확대를 주장하는 사람들이 선언문, 상소, 편지 등에 인용할 만큼 큰 영향을 미쳤다. 일진회는 이 논설의 앞부분을 수정하여 1904년 〈일진회 취의서〉에 인용했다. 동학이 만든 자발적 결사체인 진보회가 돌린 통문에서도 이 논설의 영향을 발견할 수 있다.《황성신문》은 1905년에 이 논설의 뒷부분을 일부 수정하여 출처 없이 그대로 신기도 했다.[72] 이 논설에 따르면, 국가는 왕과 정부와 인민이 한마음으로 힘을 합쳐 만든 것이다. 그리고 인간의 생존과 국가의 운영에 필요한 재정과 물품을 생산하는 존재는 임금이나 정부가 아니다. 아무리 어리석다 해도 인민이 힘을 합쳐 만들어낸 것이다. 그러므로 인민의 '권리'로 국가가 성립한다고 할 수 있다. 인민이 자신에게 이러한 권리가 있다는 것을 자각하면 국가가 안녕할 것이라는 점이 '민권론'의 핵심 주장이었다.[72]

민권이 보장되어야 인민이 나라의 위기에 관심을 갖게 되며 나라의 부강을 도모할 수 있다는 주장은 상당한 파급력을 가졌다. 이는 참정권이 나라를 살리는 동시에 부강하게 만드는 권리라는 인식이 널리 확산되었음을 의미한다. 하지만 황제 권력과 보수파들이 볼 때 이것은 매우 위험한 주장이었다.

독립협회는 연이어 만민공동회가 열리던 1898년에 고종 황제에게 올린 상소문에서 "외국에는 다양한 민회가 있고 정부 관리가 행정상 잘못을 저지르면 많은 인민이 모여 질문하고 탄핵하는데 인민이 설득되지 않으면 감히 그냥 넘어가지 못한다"라며,[73] 참정권으로 상징되는 민권의 정당성을 거듭 강조했다. 결국 독립협회는 민권이 커지면 황제 권력, 즉 군주권이 약해진다는 보수파의 압박으로 강제 해산되었다. "미국 초대 대통령 워싱턴의 업적이 왕과 같이 높은 권리를 혼자 차지한 것이 아니라 전국 인민에게 그 권리를 나누어준 데 있다"라는 반역적인 주장을 지속한 대가였다.

민권이냐, 국권이냐

《독립신문》과 독립협회의 민권론만 있었던 것이 아니었다. 김홍륙 사건을 둘러싸고 정부와 독립협회의 갈등이 고조되면서 만민공동회가 매일 열리던 1898년 10월 6일 《제국신문》은 민권이 곧 국권이라는 주장의 논설을 실었다. 권력이 인민의 천부인권을 빼앗으면 인민은 할 말을 못하고 마땅히 해야 할 일을 못하게 되어 나라가 법대로 돌아가지 않으니 반드시 약해진다는 것이었다. 인민이 권리를 가져야 나라에도 힘이 생긴다고 했다.[74]

　《황성신문》에서 민권은 주로 외국 관련 기사에 등장했다. 전제군주제에 대응하는 흐름과 연결 지어 민권이라는 개념을 썼다. 공화주의를 지지하는 프랑스 인민이 바스티유 감옥을 공격한 기념일에 프랑스 공사관이 연회를 베풀었다는 소식을 전한 기사의 제목은 '민권 기념'이었다. 청나라 서태후가 유학생이 민권론에 물들 것을 두려워하여 유학을 금지시키려 했다는 소식도 전했다. 청나라에 주재하는 러시아 공사가 일본은 입헌국가라 유학생이 일본의 민권사상에 물들 우려가 있으니 청 정부에 러시아 유학을 권했다는 소식도 알렸다.[75] 이때는 민권이 천부인권 혹은 개인의 권리로 이해되기도 했고, 정치적 권리, 즉 참정권의 의미로 받아들이는 경우도 있었음을 알 수 있다.

민권 의식이 확산되어갈 무렵 대한제국은 을사조약에 의해 보호국 처지로 전락했다. 이는 하나의 국가로서 누려야 할 권리, 즉 국권이 위기에 처했음을 의미한다. 민권이 기지개를 펴려 할 때 찾아온 국권의 위기는 민권마저 위태롭게 할 수 있었다. 민권론자들은 그래도 국권보다 민권이 중요하고 나아가 민권이 흥해야 나라가 독립한다고 주장했다. 참정권을 의미하는 민권이 아니라 천부인권, 개인의 권리조차 위기에 놓였다고 생각한 민권론자들은 "민권이여, 네가 만일 영영 돌아오지 않으면 가련한 단군 자손들은 다 죽고 말 것이다"라고 걱정하며, "하늘이 인민에게 준 권리를 보호하여 인민의 국가와 인민의 정부와 인민의 정치와 인민의 법률을 찾아오라. 민권이여, 돌아올지어다"[76]라고 절규했다.

민권론을 전면에 내세운 자발적 결사체는 일진회였다. 일진회 지도자 송병준은 "인민이 잘 살아야 나라가 잘 살고 인민이 강해야 나라가 강해진다. 인민의 생명과 재산을 보호해야 나라가 부강해진다"라며 민권론을 강하게 주장했다. 1904년에 발표한 〈일진회 취의서〉는 일진회가 독립협회 계승을 표방한 만큼 《독립신문》 및 독립협회의 민권론과 같은 논조를 유지했다. 〈일진회 취의서〉 앞머리에는 국가와 인민의 권리에 대해 입헌군주론의 입장에서 민주주의 이론을 펼쳤다. 인민의 권리와 함께 인민의 의무를 다음과 같이 제시했다. "정부는 행정과 사법에 대한 책임을 다하고 인민의 생명과 재산을 보호해야 하며, 인민은 병역과 납세의 의무를 성실하게 지켜야 하며 정치의 안정과 위기, 이익과 실패를 감시해야 한다." 인민이 국정 감시를 위해 의회를 설립하는 문제도 제기했다.[77] 일진회는 자신들이 인민의 권리와 이해를 대변하는 인민 대표임을 자임하기도 했다. 일진회의 인민 대표 주장은 거센 반발을 불러일으켰다. 유생들까지 나서서 인민 대표는 선거를 통해 선출하는 것인데 일진회는 그와 같은 공공성을 결여했다고 비판했다.

일진회는 자신들을 민권의 보루로 자처하면서 민권 신장을 통한 국권의 회복을 주장했고, 이를 곧 문명화라 여겼다. 일진회의 성립으로 잃었던 민권을 만회할 수 있게 되었으며 문명의 날을 기약할 수 있게 되었다고 선전했다.[78]

한편 《황성신문》 1908년 4월 18일자에는 대한협회에서 김명준이 한 연설이 실렸다. 김명준은 일진회 간부로 활동하다가 반일진회를 표방하는 대한협회로 전향했다. 그는 일단 민권을 인권과 동일시했다. 민권이란 언론권, 거주권, 소유권, 생활권, 영업권, 자유권 등의 여러 권리를 포함하며, 이는 하늘이 인민에게 부여하여 누구라도 이를 압제하거나 침해하지 못하는 권리라고 정의했다. 그는 대표적인 민권론자답게 한 나라의 운명이 민권에 달렸다고 주장했다. 문명이란 인민의 권리가 튼튼한가의 여부에 달려 있으니, 나폴레옹이나 워싱턴보다 루소가 위대하다고 주장했다. 그는 인민이 문명한 시대에 문명한 행동을 하지 못하는 것은 재산권, 언론 자유권 같은 자유권이 없기 때문이라고 했다. 또한 국권에 대해서는 국가가 건전 국가일 때만 정당성을 가진다고 주장했다.[79] 이는 곧 대한제국이 아직은 건전 국가가 아니라는 우회적인 표현이었다. 결국 민권은 국권에 의존해서는 어렵고 인민 스스로 배우고 일을 하면서 획득해야 하는 것이었다.

《대한매일신보》에는 "국민 개개인의 권리가 완전해야 국가의 권리도 완전해진다", "국민 개개인이 자신의 권리를 수호하려는 사상을 가져야 국가가 멸망하지 않고 강하게 된다"라는 등의 민권 신장을 촉구하는 논설이 잇달아 실렸다. "민권이 흥하면 국권이 서고 민권이 없어지면 국권이 떨어진다"라는 다음 논설이 대표적인 주장이다.

나라라는 것은 인민이 모여서 이룬 것이요, 정치란 것은 인민을 위하여 설시(設施)한 바이다. 그러므로 인민이 나라를 사랑하는 것은 곧 그 몸을 사랑함이다. 민권이 흥하면 국권이 서고 민권이 없어지면 국권이 떨어지니, 정부에서 압제 정치를 행하면 그 나라를 스스로 멸망함이요, 인민이 그 권리 찾기를 힘쓰지 아니하고 그 몸을 스스로 버림이다.[80]

당시 민권을 대하는 지식인의 태도를 엿볼 수 있는 사례의 하나로,《독립신문》에 등장하는 '신민'이나 '백성'과 같은 개념이 《대한매일신보》에는 나오지 않는다는 것을 들 수 있다.

민권을 제약하는 국권이라는 개념도 일본이 먼저 썼다. 일본에서 국권은 다른 나라와의 불평등 조약을 개정하여 국가로서의 독립된 권리를 회복하자는 의미에서 자주 사용되었다. 나아가 국권을 확장한다는 적극적인 의미를 부여하기도 했다. 후쿠자와 유키치는 1878년에 《통속민권론》과 《통속국권론》을 출간했다. 그는 《통속민권론》에서 정부는 인민의 권리 신장 요구를 경계할 것이 아니라 민권 신장에 적극적으로 나서야 한다고 주장했다. 《통속국권론》에서는 민권과 국권은 서로 통하나 무엇보다 국권을 존중해야 한다고 주장했다.[81] 1880년대부터는 국권론과 민권론이 갈등했다. 메이지 정부는 국권론을 주장하면서 민권의 신장은 국권확립과 국가 부강에 필요한 수단에 지나지 않는다고 여겼다. 국권론이 확실하게 우세를 점한 것은 청일전쟁 때였다.[82]

한국에서는 을사조약 체결 이후 국권론자들의 목소리가 높아졌다. "자기 자신만의 행복을 구하는 개인적 삶을 포기하고 개인을 희생하더라도 국가를 위해야 할"[83] 시기라고 보았기 때문이다. 이 엄중한 시기에 민권론자들은 어리석은 무리라는 비판을 감수해야 했다.

국권이 없고서 민권을 구하니, 민권을 어디서 얻으리오. 요즘 한국 안에 어떤 어리석은 무리는 생각하기를, 국가가 망하여 강토가 다른 사람의 물건이 되어도 민권을 얻으면 이를 환영하겠다고 하며, 민족이 다른 사람의 손바닥에 들어갈지라도 민권만 얻으면 이를 환영하겠다고 하며, 민족이 다른 사람의 손바닥에 들어갈지라도 민권만 얻으면 이를 노래하며 받겠다고 하니, 슬프다, 저 어리석은 무리들이요. 무릇 국권은 민권의 근원이다. 국권이 있어야 민권이 나며, 민권은 국권의 자식이다. 국권을 의지해야 민권이 서니, 국권이 없고서야 어디서 민권을 얻으리오.[84]

이러한 논리는 무조건적으로 국권에 복종해야 한다는 주장으로 나아갔다. 정부 관리 신해영은 "신하와 백성의 첫 번째 의무는 국권에 복종함에 있으며, 권리의 향유는 복종의 결과이다"라고 주장했다.[85]

이처럼 민권론이 전파되는 와중에 국망의 위기 앞에서 국권론이 부상하면서 양자 간의 관계를 설정하려는 시도가 활발했다. 민권론자가 적지 않았지만, 국권론이 주는 현실적 무게감을 넘어서기는 쉽지 않았다. 실제로 민권론에 앞장선 일진회가 친일로 기울면서 국권을 부정하는 듯한 자세를 취했기 때문에 민권론자에 대한 국권론자의 공격은 더욱 매서울 수밖에 없었다.

민권 신장의 디딤돌, 지방자치

전제군주제가 꿈쩍도 하지 않는 상황에서 민권을 신장할 수 있는 묘안은 없을까. 이에 대한 답으로 제시된 것이 지방자치였다. 100년 동안 지속된 농민항쟁에서 드러나듯이 지방에서 관리와 인민의 뿌리 깊은 갈등은 반드시 해소해야 할 과제였다. 또한 도소나 집강소를 통한 민권 신장 경험이 있었던 만큼 지방자치 실시를 통한 지방 사회의 개혁은 호소력이 컸다. 박영효는 〈건백서〉에서 인민이 지역에서 직접 정치에 참여하는 현회(縣會)제도를 도입할 것을 주장했다. 현회란 인민이 법률을 만들고 지역의 관심사를 의논할 수 있는 지방 의회를 말한다.[86] 왕의 통치권을 제한하고 인민의 권리를 점진적으로 확대하고자 하는 지방자치론은 이러한 배경에서 등장했다.

갑오개혁 정권은 그전부터 있던 향회를 개조하여 지방자치를 실시하고자 했다. 이를 주도한 사람은 유길준이었다. 당시 내부대신이었던 유길준은 군국기무처가 제시한 〈향회설치안〉에 맞추어 〈향회조규〉와 〈향약판무규정〉을 내놓았다. 향회에는 군회(郡會), 면회(面會), 리회(里會)가 상정되었다. 리회는 존위(尊位)와 가구당 1인으로 구성되었으며, 면회는 집강과 각 리의 존위와 각 리에서 임시로 선출한 2인으로 구성되었다. 이들 향회에서는 교육과 호적, 지적, 위생, 사창(社倉), 도로·교량, 식산흥업, 공공산림 및 제방, 제반 세목 및 납세에 관한 사항 등 지방과 관련된 업무를 논의하고 다수결에 따라 결정하도록 했다. 이는 대의제를 제한적이나마 향촌 단위에서 실시한다는 의미가 있었다.[87] 향회의 회원 자격은 가구당 1인으로 하되, 징역이나 조세를 체납한 적이 없는 자로 규

정했다. 존위나 집강이 될 수 있는 자격 요건에서는 신분적 차별을 없앴다.[88]

이와 같은 지방자치제도를 마련한 유길준은 지방자치의 모범으로 영국을 꼽았다. 영국에서는 다른 유럽의 여러 나라와 달리 중앙 집권과 지방 분권 어느 쪽에도 치우침이 없이 균형을 이루고 있다고 보았다. 유럽 여러 나라는 봉건제가 무너지면서 중앙에서 지방관을 파견하여 중앙 집권적인 정치체제를 추구했으나, 영국은 지방 귀족에게 다스리도록 했다는 것이다. 유길준은 지방자치가 지방민에게 정치 실습의 현장이 될 수 있다고 보았다. 영국의 귀족들이 정치적 자질이나 능력이 뛰어난 것은 그들이 젊었을 때부터 지방자치단체를 통해서 정치 훈련을 쌓았기 때문이라는 것이다.[89] 하지만 유길준 등이 주도한 지방자치제도는 아관파천으로 제대로 실시되지 못했다.

일본으로 망명한 동학 교주 손병희도 향자치, 즉 지방자치를 제안한 적이 있었다. 여기에서 향은 '대정부–지방정부(도–군)–면'의 행정체계에서 최말단인 면을 가리킨다. 손병희는, 향에 향회는 물론 향장을 우두머리로 하는 향무소를 설치하여 일체의 사무를 담당하도록 하고 운영을 위해 향세를 거둘 것을 제안했다. 그리고 향회는 소국회, 향무소는 소정부, 향장은 소총리대신이니 향자치가 국가 정치의 기초가 될 수 있다고 주장했다.[90]

향회를 활용한 지방자치론은 을사조약 이후 통감부의 통치를 받던 시절에도 이어졌다. 서구의 민회가 사림의 공론과 유사하다며 전통적인 향회를 개조하여 지방자치를 실시하자는 주장도 등장했다. 예전부터 전해온 향회의 본래 목적이 지방 여론을 수용하고 민권을 펼치는 제도였으니, 이제라도 활용하자는 것이었다.[91] 반면 당시 통감부는 중앙 집권을 위해 지방의 관료 조직을 강화하고 있었다. 지방민에게 이것은 민권을 짓밟는 행위로 받아들여졌다. 지방자치를 주장하는 것은 이에 대한 저항이기도 했다.

《대한매일신보》는 1906년부터 지방자치에 대한 관심을 표명했다. 국가의 흥망성쇠는 국민의 자치 능력의 수준이 좌우한다며 지방자치의 필요성을 역설했다. 또한 주현 이하의 행정구역에서 자치를 실시하자는 청국의 지방자치론자인 손송링(孫松齡)의 연설을 소개했다.[92] 손송링은 인민이 선거를 통해 의원을 구성하는 의회 및 의회의 의결 사항을 집행하는 행정기구의 장인 향장(鄉長)을 기반으로 하는 지방자치를 주장했다. 지방자치야말로 국가가 공화정, 군주입헌, 개명전제 등의 정치체제로 나아가는 데 중요한 디딤돌이라는 것이 그의 논리였다.

흥미로운 점은 《대한매일신보》가 고대사에 등장하는 부족연합의 존재를 지방자치의 기원으로 주장한 사실이다. 이는 고대 그리스나 고대 로마의 공화제에 뒤지지 않는 자랑스러운 정치제도라며 찬양했다.[93] 《대한매일신보》는 정부가 자치제 실시로 민권을 확립한 후 공론을 존중하여 군수를 군에 사는 인민이 선출하고, 관찰사는 도에 사는 인민이 선출할 것을 제안했다. 본격적인 지방자치제를 실시하자는 주장이다.[94]

지방자치 운동을 추진하는 자발적 결사체도 등장했다. 대한자강회는 의회 설립의 예비단계로서 지방자치제 실시를 주장했다.[95] 중추원은 이를 수용하여 '인민의 자치제도'를 서울에서부터 실시할 것을 결의했으나 성과를 거두지 못했다. 갑오개혁 당시 지방자치의 꿈이 좌절되었던 유길준도 다시 나섰다.

유길준은 1908년에 한성부민회를 설립하고 지방자치 운동을 추진했다. 한성부민회는 1907년에 한성부윤 장헌식 등이 조직한 임시단체인 대일본황태자전하봉영한성부민회(大日本皇太子殿下奉迎漢城府民會)에 뿌리를 두고 있었다. 이 임시단체는 1912년에 다이쇼 천황의 자리에 올랐던 당시 일본 황태자가 대한제국을 방문하게 되자, 그 환영 준비를 위해 급조되었다. 통감인 이토 히로부미의 주도 하에 대대적인 환영이 준비되었는데, 주로 서울 지역의 자산가를 중심으로 구성되었다. 이러한 친일적 색채를 털어내고 한성부민회를 자치 운동 조직으로 재조직한 이가 유길준이었다.

〈한성부민회 설립 이유서〉를 보면 "자치제는 나라를 다스리는 근본이며 자치단체는 빈부귀천을 논하지 않고 사무 인원을 공공으로 선출하며 경비도 공공으로 부담하게 한다"라고 쓰여 있다. 통감부 치하에서 법률을 제정하는 자치는 당연히 불가능했다. 한성부민회는 임의 단체로 활약하다 법정 단체로 승격한다는 계획이었다. 〈한성부민회 규약〉에 따르면 독립 생계를 유지하는 가족의 20세 이상의 남자, 한성부 내에 1년 이상 거주한 자, 국세 1원 이상을 납부한 자 등 세 가지 조건을 충족하면 선거권과 피선거권을 가질 수 있었다. 한성부민회의 모든 사업은 의회격인 의원회의 의결에 따라 추진하도록 했다.[96] 또한 한성부민회는 하부 조직으로 20여 개의 방회(坊會)를 조직하고 초등학교 의무교육, 위생사업 등의 자치 사업을 실시했다. 특히 초등학교 의무교육 실시에 매진했다. 각 방회에서 각각 1개의 소학교를 운영한다는 원칙을 세우고 기존의 학교를 인수하거나 혹은 설립하도록 했다. 학교 운영은 방회 거주민의 의무금으로 충당하도록 했다. 목표는 방 내의 모든 취학아동에게 의무교육을 실시하여 지식 개발에 앞장선다는 것이었다.

유길준의 포부는 전국적으로 자치제도를 확립하는 것이었다. 그는 한성부민회를 설립하여 지방자치 운동을 벌이는 동시에 전국을 돌며 지역마다 민회를 설치할 것을 독려하는 강연회를 열었다.[27] 하지만 국망의 현실에 부딪혀 더 이상 앞으로 나갈 수 없었다. 민권 신장을 위한 지방자치도 국권이 살아 있어야 가능했던 것이다.

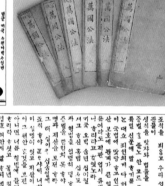

❶ 학생들은 수신 교과서를 통해 문명화한 개인이 갖추어야 할 윤리 덕목을 배웠는데,

❷ 신분제 사회에서 벗어난 개인에게는 무엇보다 자주성이 요구되었다.

《대한매일신보》 1908년 1월 1일 **❸** 사회적으로는 국가는 국가이고 개인은 개인일 뿐이라는 인식까지 생겨났다.

'right'를 권리로 번역한 《만국공법》 **❹** 개인의 탄생은 권리의 자각과 요구로 이어졌고,

《황성신문》 1907년 8월 27일 **❺** 사법권이 제도화하면서 변호사 제도가 생겨났는데, 독립운동가 변론으로 유명한 허헌도 이때부터 변호사로 활동했다.

고종 황제 **❻** 김홍륙이 고종과 황태자의 커피에 아편을 넣는 사건이 일어났을 때,

《독립신문》 1898년 8월 29일 **❼** 독립협회는 피의자도 인권을 보호받을 권리가 있다고 주장했다.

《독립신문》 1898년 12월 15일 **❽** 인민의 권리인 민권이 신장되어야 한다는 인식이 확산되는 가운데,

《대한매일신보》 1909년 10월 26일 **❾** 나라가 존망의 위기에 처했으니 민권보다 국권이 중요하다는 주장도 세를 얻어갔다.

❿ 갑오개혁 정권에 참여하여 지방자치제도의 도입을 추진한 유길준은,

⓫ 지방자치를 통해 민권 신장을 꾀하고자 1908년에 한성부민회를 결성했다.

1885년 일본, 태정관제 폐지하고 내각제 실시, 초대 총리대신에 이토 히로부미

1885년 유길준, 《중립론》 집필하여 조선중립화론 주장

1889년 일본, 〈대일본제국헌법〉 공포

1890년 일본, 제국의회 개설

1894년 12월 전봉준, 합의제에 의한 정국 운영 구상 밝힘

1884년 12월 갑신정변, 〈혁신정강〉

1898년 10월 24일 독립협회, 〈중추원관제개편안〉 정부에 제출

1898년 11월 5일 독립협회 지도자 체포, 독립협회 해산 명령

1899년 8월 고종, 〈대한국국제〉 반포

1898년 청, 입헌파의 변법자강운동

1898년 일본, 최초의 정당 내각 결성

1857년 최한기, 《지구전요》에서 입헌군주제와 공화제 소개

1868년 일본, 메이지 유신

1874년 일본, 애국공당이 국회 개설을 요구하는 〈민선의원설립건백서〉 제출

1876년 강화도 조약

1884년 1월 30일 《한성순보》, '구미입헌정체' 논설 게재

1895년 1월 〈홍범14조〉 선포

1895년 4월 시모노세키 조약

1896년 4월 7일 《독립신문》 창간

1896년 7월 독립협회 창립

1896년 11월 21일 독립문 기공식 (1897년 11월 20일 완공)

1897년 5월 23일 독립관 현판식

7장

독립 :
민주공화정으로의 길

1911년 중국, 신해혁명
1917년 러시아, 10월 혁명
1917년 7월 상하이에서 〈대동단결선언〉 발표
1919년 1월 파리강화회의 시작
1919년 2월 8일 일본 유학생, 〈2·8독립선언
　　　서〉 발표

1910년 9월 21일 《신한민보》, 임시정부
　　　수립 주장

1919년 9월 6일 통합 대한민국
　　　임시정부 출범

1899년 9월 한청통상조약

1904년 이승만, 《독립정신》 집필,
　　　입헌정체 주장
1905년 5월 헌정연구회 결성
1908년 청, 〈흠정헌법대강〉 반포
1908년 미국 한인 결사체인 공립
　　　협회, 국민주의 제창

1919년 5월 중국, 5·4운동
　　　발발

1919년 3월 1일 3·1운동 발발

1919년 3월 17일 러시아 연해주에서
　　　대한국민의회 결성
1919년 4월 7일 독일, 바이마르소비
　　　에트공화국 수립
1919년 4월 13일 상하이 대한민국
　　　임시정부 수립
1919년 4월 23일 한성정부 수립을
　　　알리는 전단 배포

1876년 일본과 맺은 강화도 조약의 첫 번째 조항은 이렇다. "조선국은 자주국으로 일본국과 더불어 평등한 권리를 보유한다." 이는 종래의 수직적인 책봉조공 체제에서 벗어나서 독립국 상호 간의 조약을 매개로 하는 근대적 국제 질서로 편입하는 것을 의미했다. 개항은 동아시아를 벗어나 세계로 향하는 문호 개방의 신호탄이기도 했지만, 세계 속에서 다른 나라와 어깨를 나란히 하며 평등한 권리를 누리는 자주독립국의 지위를 얻게 됨을 뜻하는 것이기도 했다. 이제 조선 스스로 독립을 자각하고 이를 유지할 수 있는 능력을 갖춰야 하는 시대가 도래한 것이다.

불행하게도 조선에게 독립은 버거운 짐이었다. 밖으로는 조선과 청의 전통적 관계가 깔끔하게 정리되지 않은 상태에서 서양 열강과 수교를 맺기란 쉽지 않은 일이었다. 안으로는 독립을 유지할 능력을 갖추기 위해 집권 세력이 스스로 일본의 메이지 유신처럼 전면적 개혁에 나설 가능성이 거의 없었다. 인민들이 곳곳에서 개혁을 요구하는 반정부 투쟁을 벌였지만, 그조차 제대로 수습하지 못하고 있었다.

꺼져가는 개혁의 불씨를 살린 것은 개화파였다. 그들은 교육과 언론을 통해 독립의 중요성을 알리고, 갑신정변 같은 급진적 쿠데타 혹은 갑오개혁 같은 점진적인 정치 개혁을 통해 독립 유지의 근간인 자강을 추진하고자 했다. 아쉽게도 그들도 권력 안의 소수자로서 외세에 기대었다. 《독립신문》과 독립협회, 그리고 독립문의 존재는 모든 나라와 함께 평등한 권리를 누리는 독립국으로 살아가는 것이 20세기를 맞는 한국인에게는 얼마나 절실한 일이었는지를 상징한다.

독립이라는 절체절명의 화두가 19세기 조선에 던진 또 하나의 절박한 과제는 어떤 정치체제를 선택하느냐였다. 대한제국 황제와 권력은 전제군주정의 강화를 택했다. 지식인과 인민 중에는 의회를 갖춘 입헌군주제를 꿈꾸는 사람들이 나타났다. 자발적 결사체와 시위·집회를 통해 의회 개설 운동을 추진했으나 좌절되었다. 러일전쟁에서 전제군주국인 러시아가 입헌군주국인 일본에 패하자, 입헌군주제만이 주권을 수호하고 자강을 이뤄낼 수 있다는 목소리가 더욱 높아졌다. 차츰 황제가 없는 나라, 공화제에 찬성하는 사람들도 나타나기 시작했다. 때마침 중국에서는 신해혁명으로 공화정이 등장했다. 결국 나라를 잃은 후 국민이 아닌 민족은 대한민국 임시정부를 세워 민주공화제를 채택했다. 민주공화제로 가는 길목에는 인민의 독립 의지를 온 세상에 알린 3·1운동이 자리하고 있었다.

1
독립의 자각

조약과 함께한 독립의 운명

1876년 조선이 일본과 강화도 조약을 맺은 것에 대해 육영공원 교사였던 미국인 길모어는 1894년에 쓴 회고록에서 "왕이 조선에 대한 중국의 종주권을 인정하면서도 어떻게 이러한 행동을 하는지 나로선 이해하기 어렵다"[1]라고 평했다. 강화도 조약에 이어 1882년 서양 열강과 조약을 맺은 지 10여 년이 흐른 뒤였지만, 서양인들은 청의 '속방'인 조선이 독립국의 지위로 일본과 조약을 맺은 것을 여전히 이해하지 못하고 있다. 속방이란 전통적 책봉조공 질서에 따라 청에 조공을 바치던 조공국을 의미한다.

청 정부는 서양 열강이 조선과의 통상 여부를 타진해오면, 으레 자신들은 조공국인 조선의 정치에는 간섭하지 않는다는 대답을 반복했다. 1845년 영국 측량선인 사마랑호가 조선과 무역을 하겠다고 했을 때는 "조공국은 청의 일부가 아니므로 청이 조선에게 통상을 강요할 수 없다. 그러나 조공국은 독립국이 아니므로 스스로 통상할 수 없다"라는 오묘한 답을 내놓았다. 서양 열강을 더 놀라게 한 것은, 조선 정부 역시 청 정부의 입장에 동의한다는 사실이었다. 한 영국 외교관은 이렇게 개탄했다. "세계에서 조선처럼 스스로 독립국이자 속방이라고 주장하는 나라는 없다." 서양 열강은 군함과 함포를 내세워 청과 일본의 닫힌 문을 열었다. 하지만 조선은 매번 조선이 속방이라는 청의 주장에 주저했다.[2]

일본은 달랐다. 조선이 중국의 속방임을 부정했다. 조선과 교섭할 때 청의 간섭을 차단하기 위해서였다. 조선 정부는 청의 속방임을 부정하지 않았지만, 독립국으로서 일본과 조약을 체결했다. 양국의 입장이 강화도 조약 제1조에 녹아 있다. 하지만 조선과 일본이 평등한 권리를 가진다는 선언과 달리 나머지 조항은 일본에 유리하고 조선에 불리한 내용으로 가득했다.

조선은 1882년 미국을 시작으로 영국, 독일 등과 잇달아 수교했다. 이때도 조선과 청의 입장이 딱히 달라진 것은 아니었다. 조선 정부는 조선은 자주국으로서 다른 나라들과 평등한 권리를 누리는 동시에 청을 섬기는 사대의 의리도 저버리지 않을 것임을 천명했다. 청 역시 이에 동의하면서 조선 정부에 러시아와 일본의 위협을 막아야 한다며 서양 열강과 수교하라고 압박했다. 흥미롭게도 조선이 서양 열강과 맺은 조약에는 조선의 독립을 운운하는 조항이 아예 없다. 서양 열강과 체결한 조약의 선례가 된 조미수호통상조약의 제1조는 이렇게 시작한다. "앞으로 대조선 국 군주와 대아메리카 대통령과 더불어 그 인민은 각각 모두 영원히 화평하고 우호를 다진다." 왠지 우호라는 단어가 강화도 조약에 나오는 자주와 평등보다 국가 간 수평적 관계를 더 잘 표현하는 듯하다.

같은 해 청은 조선과 조청상민수륙무역장정을 맺었다. 조선을 바라보는 청의 입장은 일관된다. 서두에 "이번에 체결한 수륙무역장정은 중국이 속방을 우대한 것"이라고 써넣어 조선이 속방이라 조약이 아닌 장정을 맺었음을 분명히 했다.

일본은 강화도 조약에서 조선이 중국의 속방임을 부정했다. 중국은 조청상민수륙무역장정에 조선이 '속방'이라 써놓았다. 1894년에 일어난 청일전쟁에서 일본이 이겼다. 그 결과로 맺은 시모노세키 조약(1895) 제1조는 이렇게 시작한다. "청국은 조선국이 완전무결한 자주독립국임을 확인한다." 그로부터 4년 후인 1899년에 대한제국과 청은 "앞으로 대한국과 대청국은 영원히 우호를 다지며"로 시작하는 한청통상조약을 맺었다. 얼핏 보면 조선이 속방 신세를 면하고 명실상부한 독립국이 된 데는 일본의 역할이 결정적인 것 같다. 하지만 일본이 말하는 조선의 독립은 청으로부터의 독립, 딱 그뿐이었다. 그렇게 청으로부터 독립한 조선을 일본의 지배 아래 두기 위해서는 다른 명분이 필요했다. 일본은 이제 '조선=자주독립국'이라는 틀을 '일본=문명, 조선=미개'라는 문명의 틀로 교체했다. 그리고 1910년 조선의 주권을 빼앗았다. "한국 황제 폐하는 한국 전체에 관한 일체의 통치권을 완전하고 영구히 일본국 황제 폐하에게 양여한다"라는 한일병합조약 제1조는 일본이 독립국으로서의 한국의 지위를 영원히 박탈하겠다는 야욕을 노골적으로 드러낸 것이다.

독립을 위한 차선, 중립화론

조선이 서양 열강과 조약을 체결하면서도 여전히 전통적 국제 질서에서 빠져나오지 못하자, 개화파의 우려는 날로 커져갔다. 그들이 보기에 세상이 춘추전국시대에 버금가는 약육강식의 전쟁터가 된 상황에서 힘없는 나라는 강대국에 주권을 빼앗기고 지배받는 처지가 되기 십상이었다.[3] 조약이니 만국공법이니 하는 것도 약육강식의 국제 질서를 포장한 것에 불과했다.

> 서구인들이 동쪽으로 온 뒤 비록 조약을 맺고 공법을 따른다고 했으나, 그 행위를 따져보면 우리를 능멸하고 압박하지 않음이 없다. 이러면서도 조약을 맺어 천하에 신의를 세우고 공법을 신봉하여 천하의 공평을 이루었다고 할 수 있겠는가? (……) 만국의 통상에는 다만 빈부와 강약의 힘만이 있을 뿐이지 조약이나 공법은 없다.[4]

홀로서기라는 말 그대로 다른 누구도 아닌 스스로 독립을 지켜내기 위해서는 우선 속방의 굴레에서 벗어나야 했다. 그 절박감은 급진개화파가 갑신정변 당시 발표한 〈혁신정강〉 제1조 "대원군을 조속히 귀국시키고 청국에 대한 조공·허례를 폐지한다"에 잘 드러나 있다.[5] 갑신정변 관련자의 심문 진술 기록에 따르면 김옥균은 평소에도 "서양 각국은 모두 독립국이다. 어느 나라를 막론하고 독립한 연후에야 화친할 수 있는데, 조선은 홀로 중국의 속국이 되어 있으니, 심히 부끄럽다. 조선은 어느 때에 독립하여 서양 여러 나라와 나란히 설 수 있을 것인가"라며 개탄했다고 한다.⁶ 김옥균은 청을 추종하는 세력을 내쫓고 완전한 독립국가를 수립하는 것을 정치 개혁의 최우선 과제로 삼았다. 그는 임오군란 당시 청이 흥선대원군을 끌고 간 사건을 매우 치욕스럽게 생각했다. 이 굴욕에서 벗어나 조선이 평등하고 자유로운 나라가 되기를 희망했다. 이 꿈을 〈혁신정강〉 제1조에 담았으나, 3일 만에 무너졌다.

김옥균의 꿈이 부활한 것은 1894년 12월에 갑오개혁 정권이 마련한 개혁 강령인 〈홍범14조〉에서였다. 여기에는 개화파의 의지만 반영된 것이 아니었다. 〈내정개혁강목〉을 들이대며 본격적으로 내정에 간섭하려는 일본과의 합작품이기도 했다. 〈홍범14조〉 제1조, "청국에 의존하는 생각을 끊어버리고 자주독립하는 터전의 기초를 굳건히 한다"는 바로 이런 배경에서 나왔다. 고종은 다음 해 1월 종묘에 나가 〈홍범14조〉를 선포했다. 〈홍범14조〉의 취지문 역시 거듭 독립을 강조했다.

우리 조상들이 우리 왕조를 세우고 우리 후손들에게 물려준 지도 503년이 되는데, 짐(고종)의 대에 와서 시운이 크게 변하고 문화가 개화했으니 우방이 진심으로 도와주고 조정의 의견이 일치되어 오직 자주독립을 해야 우리나라를 튼튼히 할 수 있을 것입니다. (⋯⋯) 이제부터는 다른 나라에 의지하지 말고 국운을 융성하게 하여 백성의 복리를 증진함으로써 자주독립의 터전을 튼튼히 할 것입니다.⁷

〈홍범14조〉와 함께 관리와 인민에게 자주독립 의식을 고취하는 〈독립서고문〉이 선포되었다.

지금 각국과 외교 관계를 맺고 조약을 지켜나가면서 오직 실질적인 독립을 위하여 힘쓰고 있는데 실질적인 독립은 내정을 바로잡은 데서 시작된다. 우리나라의 독립을 공고히 하려면 그것은 사실 오랜 폐단을 바로잡고 실속 있는 정사를 잘하여 나라를 부강하게 하는 데 있다. (……) 아! 너희들 일반 백성은 실로 나라의 근본이다. 자주(自主)도 백성에게 달렸고 독립도 백성에게 달렸다. 임금이 아무리 자주를 하려고 해도 백성이 없으면 무엇에 의거하며, 나라가 아무리 독립을 하려 하여도 백성이 없으면 누구나 더불어 하겠는가?[8]

또 〈홍범14조〉를 선포한 날은 독립경축일로 기념하도록 했다. 청과의 종속 관계는 청일전쟁에서 일본이 승리하고 청이 패하면서 사실상 청산되었다. 하지만 일본의 내정 간섭 속에 이루어진 '청산'이므로 조선이 당당한 자주독립국의 반열에 올랐다고는 볼 수 없었다.

완전한 독립국이란 무엇일까. 일찍이 유길준은 《서유견문》에서 독립국을 "자주적으로 정치와 외교를 결정하며 외국의 지휘를 받지 않는 국가"라 정의했다. 그는, 모든 국가가 독립과 평등의 원리로 외국과 교섭하는 권리인 주권을 가지며 각국의 주권을 스스로 행사하고 다른 나라의 주권을 침범하지 않는 세계를 꿈꾸었다. "오늘날의 세계를 마을에 비유한다면 국가는 울타리로 서로 이웃하는 집과 같다. 이웃끼리 믿음을 바탕으로 서로 돕는 아름다운 세상을 만들어가듯 국가끼리는 만국공법이라는 공평한 이치에 따라 서로 도와간다면 도의가 넘치는 세계를 만들어갈 수 있을 것"이라 기대했다.[9] 유길준을 비롯한 개화파가 바라는 완전한 독립국의 길은 "청에 대한 사대 관계를 끊고 서양 열강과 수교하여 어느 강대국도 쉽게 넘보지 못하도록 세력 균형을 달성하고, 문명화에 적극 나서 부국강병을 이루는 것"이었다.

현실은 녹록하지 않았다. 그들은 조선의 왕과 정부가 스스로 개혁할, 그러니까 부국강병에 나서 독립을 지켜낼 가능성을 그리 높게 보지 않았던 듯하다. 독립의 내부 동력이 약하다고 판단한 개화파는 외교적으로 독립 유지를 위한 안전판을 만드는 방안을 모색했다. 바로 조선중립화론이었다. 김옥균은 1886년 리훙장에게 보낸 편지에서 청과 조선은 입술과 이의 관계라며 청국을 맹주로 한 조선의 중립국화를 주장했다.

청국 황제 폐하께서 천하의 맹주가 되시어 공론을 구미의 각 대국에 제기하고, 그와 연속하여 조선을 중립국으로 삼아 위험이 전무한 지역으로 만들도록 해주십시오.[10]

유길준은 1885년에 조선 중립화론을 담은 《중립론》을 집필했다.

대저 한 나라가 자강하지 못하고 여러 나라와의 조약에 의지해 간신히 스스로를 유지하고자 하는 계책도 매우 구차한 것이니, 어찌 즐거워할 바이겠는가. 그러나 국가는 자국의 형편을 아는 것이 가장 중요하니 억지로 큰소리만 치면 끝내 이로울 것이 없다. (……) 오직 중립 한 가지만이 진실로 우리나라를 지키는 방책이다.[11]

조선이 스스로를 변화시키고 나라를 지킬 동력이 약한 상황이므로 구차하지만 여러 나라의 합의를 얻어내서 중립국이 되는 것만이 독립을 지키는 방안이라는 것이다.

유길준의 전략은 이랬다. 그가 생각하기에 조선을 넘볼 가능성이 가장 높은 나라는 러시아와 일본이었다. 러시아가 얼지 않는 항구를 찾아 남쪽으로 내려올 것을 경계한 것은 조선만이 아니었다. 청과 일본은 물론 미국, 영국을 비롯한 서양 열강도 촉각을 곤두세우고 있었다.

유길준은 일본도 경계했다. 일본은 조선을 침략하려는 뜻을 항상 품고 있으며 언제든 기회가 오면 침략할 것이라고 보았다. 그나마 조선이 독립을 지키는 것은 청의 덕이지만, 앞으로는 청의 군사력으로 러시아와 일본의 군대를 막아낼 수 없을 것이라고 생각했다. 그러니 조선은 중립국이 되어 나라를 지킬 수밖에 없는 형편이라는 얘기다. 또한 청 역시 스스로를 지키기 위해 조선의 중립화에 적극 나설 수밖에 없을 것이라고 판단했다.

유길준은 중립화의 절차로 청이 주도하여 러시아, 일본, 미국, 영국, 프랑스 등 조선과 아시아에 관심이 있는 나라들이 모여 조약을 맺는 방식을 제안했다. 이렇듯 유길준은 청국의 심기를 건드리지 않으면서 탈중국 자주독립의 길을 추진하고자 했다.[12] 하지만 조선인 스스로 독립을 유지할 힘이 부족하니 조선을 둘러싼 주변 국가와 서양 열강의 양해를 얻어 중립국으로 살아가자고 주장한다는 것 자체가 이미 독립국으로서 체면이 깎이는 일이었다.

독립의 시대

1896년 '독립'이라는 이름을 앞세운 신문이 탄생했다. 최초의 한글 신문 《독립신문》이었다. 《독립신문》은 논설과 기사를 통해 자주독립 의식을 고취했다. 자주독립이란 국가가 외부의 간섭이나 억압으로부터 벗어나서 자립한 상태를 의미하는데, 조선이 세계 각국과 어깨를 나란히 하기 위해서는 문명개화와 함께 자주독립을 이루어야 한다는 것이다.[13] 이를 위해 《독립신문》은 무엇보다 인민에게도 자신의 독립을 위한 자각과 분발이 필요함을 역설했다. 개인부터 남에게 의지하지 않고 자기 재주로 벌어먹고 살 줄 아는, 즉 자주독립하는 사람이 되어야 한다는 것이었다.[14]

수삼 년 이래로 우리가 듣고 말하는 것이 항상 자주독립이라 하되 실상은 나라가 그전보다 더 자주 독립된 일이 없으니, 이는 다름 아니라 우리가 다만 나라가 독립자주하여야 좋은 줄만 알고 우리가 독립하여야 좋은 줄을 모르며, 또 나라라 하는 것은 그 속에 있는 백성들을 모아 된 것이니 만일 그 백성들이 낱낱이 자주독립하는 마음과 행위가 없으면 어찌 그 나라만 독립되기를 바라리오.[15]

이처럼 인민이 자신과 나라를 위해 자주독립의 의지를 가지고 살아야 하는 시대를 맞아 '독립'은 가장 큰 화두였다. 이를 반영하듯 《독립신문》에는 독립이라는 개념이 자주 등장하는데 1896년에 131회, 1897년에 199회, 1898년에 358회, 1899년에 85회나 쓰였다.[16]

《독립신문》에 이어 독립이라는 이름을 앞세운 자발적 결사체도 결성되었다. 1896년에 창립한 독립협회였다. 독립협회의 최초 목표는 독립문과 독립공원 건설이었다. 독립문은 청의 사신을 맞이하던 의례 공간인 영은문이 있던 자리에 들어서기 때문에 역사적 상징성이 컸다. 영은

문은 1895년 2월에 철거되었다. 독립문을 건립하자고 제안한 사람은 서재필이었다. 세계 만국에 조선이 자주독립국임을 알리기 위해 독립문을 세우자는 것이었다.

하느님이 조선을 불쌍히 여기셔서 일본과 청국이 싸움이 된 까닭에 조선이 독립국이 되어 지금은 조선 대군주 폐하께서 세계 각국 제왕들과 동등하게 되셨다. 그런 까닭에 조선 인민들도 세계 각국 인민들과 동등이 된 것인데, 이 일을 비교하여 볼진대 남의 종이 되었다가 종문서를 물린 셈이니, 이것을 생각하게 되면 개국한 지 500여 년에 제일가는 경사이다.[17]

자주독립의 상징물인 독립문은 자발적인 모금으로 건립되었다. 독립협회는 인민의 힘으로 건설비를 마련하고자 했다. 조선이 자주독립하는 것은 정부만의 경사가 아니라 인민의 경사이니 돈을 내자는 것이었다. 독립문 건립을 위한 모금이 시작되었고 《대조선독립협회보》와 《독립신문》에 기부자 명단이 공개되었다.

독립협회는 1896년 9월 6일에 서재필을 독립문 건립 책임자로 삼아 예산 3825원을 책정했다. 서재필은 프랑스 파리의 개선문을 본떠 직접 축소 모형을 설계한 뒤, 독일 공사관의 스위스인 건축기사에게 세부 설계도를 만들도록 했다. 공사는 심의석이 담당했다. 심의석은 서울의 개조사업에 참여한 서양식 건물의 건축기사로서 독립협회의 발기인이기도 했다. 석공은 한국인 기술자들이 담당했으나, 중국인 노동자도 공사에 참여했다. 독립문 기공식은 1896년 11월 21일에 거행되었다. 기공식에는 회원만이 아니라 정부 대신, 외교관, 인민 등 수천 명이 참석했다.

이 자리에서 배재학당 학생들이 〈독립가〉를 불렀다. 배재학당 최영구가 만든 〈독립가〉의 가사는 다음과 같다.

대조선국 학도들아, 독립가를 들어보오
일심으로 독립 위해 합심 두 자 잊지 마오
어서 바삐 독립하세, 이때를 잃지 말고
동포형제 꿈을 깨어 자주독립하여보세
정부를 보호한 후 전국 인민 교육시켜
잊지 말세, 잊지 말세, 합심 두 자 잊지 말세
합심 두 자 잊으면은 세계상에 쓸데없네
독립문을 세운 후에 팔괘 기호 기운 나라
깊이 든 잠 어서 깨여 일심합력하여보세
사랑 사랑 나라 사랑, 나라 위해 사랑하세
나라 위해 죽거드면 죽더라도 영광일세
밤낮으로 공부하여 충군애민하여보세
남의 나라 인민들은 밤낮으로 교육하네
대조선국 인민들도 어서 바삐 교육하세
사농공상 힘을 써서 부국강병 되어보세
만세 만세 만만세, 대군주폐하 만만세[18]

독립문은 1년 뒤인 1897년 11월 20일에 완공되었다.

또한 독립협회는 모화관을 개조하여 독립관을 지었다. 현판은 한글로 독립관이라 쓰고, 1897년 5월 23일에 현판식을 개최했다. 독립관은 독립협회 사무실과 강연장 등으로 사용되었다. 독립관 수리에는 약 2000원이 소요되었다. 독립협회는 독립관 주변에 나무를 심고 조경을 하여 1897년 7월에 독립공원으로 개장했다. 망국 이후 독립문은 인민들에게 독립을 기원하는 상징물로 각인되었다. 가장 잘 알려진 독립운동가 〈독립군가〉의 후렴에는 "나가 나가 싸우러 나가, 나가 나가 싸우러 나가, 독립문에 자유종이 울릴 때까지 싸우러 나가세"라는 가사가 나온다.

한성감옥에 갇혀 있던 이승만은 1904년 인민에게 독립의 마음을 불어넣는다는 결의를 담은 《독립정신》을 집필했다. 그도 대한제국의 장래가 인민의 독립정신에 달렸다고 보았다.

모두가 나라의 독립을 보전하기 위해 나서야 한다. 그것은 자신의 목숨보다 소중히 여겨 언제 어디서든 독립을 위해 죽는 것을 영광으로 여길 수 있어야 한다. 지금 우리나라에 독립이 있느니 없느니 하고 논란을 벌이고 있는 것은 외국이 침범할까 두려워함도 아니요, 정부가 보호할 능력이 없음을 염려해서도 아니다. 다만 인민의 마음속에 독립이라는 두 글자가 들어 있지 않기 때문에 걱정하는 것이다.[19]

이승만은 중립국화에는 반대했다. "중립국은 속국이나 식민지보다는 훨씬 나아서 자주독립을 보전하고 평화를 유지할 수 있다. 그러나 자유롭게 행동할 수 없으므로 다른 나라들과 군사적, 경제적으로 경쟁하기 어렵다"라는 것이 이유였다.[20] 그러므로 중립은 아예 생각도 말고 독립국가를 영원히 보전할 결의를 다져야 한다고 했다.

이승만은 《독립정신》에서 독립을 유지하기 위해 요구되는 인식과 태도를 여섯 가지로 정리했다. 첫째, 세계에 대해 개방적인 태도를 가질 것을 제안했다. 특히 통상에 대한 적극적인 발상 전환을 강조했다. 통상은 나라를 부강하게 하는 근본으로 다른 나라는 물론 우리나라에도 이익이 된다는 점을 분명하게 인식하자고 했다. 둘째, 새로운 문물을 익혀 자신과 집안과 나라를 보전하는 터전으로 삼을 것을 제안했다. 무엇보다 새로운 학문을 열심히 배워 외국인에게 경제적 이익을 뺏기지 않도록 하자고 했다. 셋째, 외교에 좀 더 힘쓸 것을 제안했다. 독립을 유지하는 데 외교의 역할이 중요하다는 자각과 함께 다른 나라들을 공평하게 대하여 우호를 다지려는 노력이 필요하다고 했다. 넷째, 나라의 주권을 소중히 여길 것을 제안했다. 외국인에게 허용했던 수치스러운 치외법권을 반드시 없앨 것, 외채를 빌리지 말 것 등을 제안하면서, "모든 사람은 무슨 일을 하든지 부지런히 배우고 일해야 한다"라며 성실의 덕목을 강조했다. 다섯째, 도덕적 의무를 소중히 여길 것을 제안했다. 공적인 의무를 소중히 여기고 용기를 갖고 나라에 충성해야 한다는 것이다. 여섯째, 자유를 강조했다. 자유를 자기 목숨처럼 여기며 남에게 의지하지 말아야 하는 동시에 다른 사람의 권리를 존중해야 한다고 주장했다.[21]

이처럼 이승만이 독립 유지를 위한 덕목으로 제시한 개방적 태도, 주권 의식, 공동체 의식, 성실, 자유 등은 민주적 시민성을 배양하는 데 필요한 시민적 가치이자 19세기에 개화파가 강조했던 문명화의 덕목이었다. 개화파가 선창한 문명화의 길이 20세기를 넘어 독립의 길로 이어지고 있었던 것이다.

민족 앞에 선 독립

독립에 대한 갈망이 높아진다는 것은 그만큼 국가가 위태로움에 처했음을 의미했다. 여느 나라들에게는 진보의 세기로 기대되는 20세기가 시작되었지만, 한국은 국망의 위기 속에 20세기를 맞았다. 나라가 풍전등화의 위기에 처하자 독립은 곧 생존의 문제가 되었다. 국가가 독립을 보존하고 완전한 주권을 가져야 국민을 보호할 수 있다는 주장은 시간이 갈수록 절박하게 다가왔다.[22]

을사조약으로 대한제국은 보호국이 되었다. 보호국이라면 과연 독립을 잃은 것인가? 이에 대해서는 인식의 차이가 있었다. 보호국은 식민지와 다른 국제법적 지위를 갖고 있으며 내정 독립은 가능하다고 본 세력은, 대한협회처럼 정당 정치에 주목하거나 일진회처럼 일본과 친하게 지내는 것이 독립과 자주에 도움이 된다는 내정독립론을 주장했다.[23] 반면 나라가 망했다고 보는 세력은 신민회처럼 독립전쟁을 준비하는 절대독립 노선을 추구했다. 독립전쟁 준비론이란 독립의 가장 확실한 길은 때를 노려 독립전쟁을 하는 것이므로 국외에 독립운동 기지를 건설하고 독립군을 양성하여 일본과의 혈전을 준비해야 한다는 논리였다.[24]

《대한매일신보》는 후자의 입장에서 논설을 게재했다. 나라가 무너져 가는 상황에서 독립은 국민의 부모요, 생명이요, 수족이요, 자본이며, 절대 잃어서는 안 되는 근본이라며 절규했다.

슬프다, 대한제국이여, 세계상에 제일 귀중한 것은 독립이 아닌가? 나라에 독립이 있으면 인민의 권리가 있고 독립이 완전하면 인민의 생애가 완전하지만, 독립이 없어지면 인민의 권리가 없어지고 독립이 완전치 못하면 인민의 생애도 완전치 못하노니, 독립이란 것은 국민의 부모요, 국민의 생명이요, 국민의 수족이요, 국민의 자본이다.[25]

독립이 없으면 인민의 권리도 없다. 이는 곧 국가가 사라지면 국민도 사라진다는 의미다. 그렇다면 대체 누가 독립심을 일깨우는 주체가 될 것인가? 민족이었다. 국가의 맥은 끊어졌으나, 국가의 얼인 민족이 국민을 대신하여 독립정신을 이어나가고 독립을 위한 운동을 일으켜야 한다는 것이다. 이를 선창한 사람은 신채호였다. 그는 "세계 어떤 나라를 막론하고 먼저 정신상 국가가 있은 뒤에야 형식상 국가가 있다"라고 주장했다.

오호라 국가의 정신이 망하면 국가의 형식은 망하지 아니하였을지라도 그 나라는 이미 망한 나라이며, 정신상 국가만 망하지 않으면 형식상 국가는 망했을지라도 그 나라는 망하지 않은 나라이다.[26]

'정신상 국가'를 이끄는 주체가 민족이었다.[27] 《독립신문》에는 등장하지 않았던 민족이라는 개념은, 현존하는 국가의 구성원 혹은 국가가 없더라도 존재하는 국가의 원형적 집단을 의미했다. 나라를 잃으면서 후자, 즉 국가의 원형적 집단으로서의 의미가 더욱 부각되었다. 그 결과 오늘날까지 통용되는 초역사적인 '한민족'이라는 개념이 등장했다. 1908년부터는 '국가와 민족을 위해'라는 말이 관습적 표현이 되었다.[28]

민족 개념을 발판으로 민족주의와 민족국가론이 등장했다. 민족주의는 대한제국을 집어삼키려는 제국주의 침략에 맞서는 저항 논리로 제시되었다. 《대한매일신보》는 '제국주의와 민족주의'라는 논설에서 "제국주의에 저항할 수 있는 방법은 민족주의, 즉 다른 민족의 간섭을 받지 아니하는 주의를 분발하는 길밖에 없다. 금수 같고 꽃 같은 한반도가 오늘날에 이르러 캄캄하고 침침한 마귀굴 속에 떨어진 것은 한국 사람의 민족주의가 어두운 까닭이다"라고 개탄했다.[29] 맹렬하고 포악한 제국주의에 맞서기 위해 민족주의로 무장해야 한다는 것이다.[30]

1908년 무렵부터 《대한매일신보》는 국토와 국가의 역사를 왕실이 아닌 민족의 역사로 인식했다. 신채호는 《독사신론(讀史新論)》에서 국가를 민족 집단의 소유물이라 주장했다. 그리고 한국사를 부여족이라는 종족적 특성을 가진 민족에 바탕을 둔 민족 집단의 국가 발전사, 즉 민족국가의 역사로 해석했다.[31]

민족국가를 이끌어가는 정신적 가치로는 여러 가지가 제시되었다. 공립협회는 국혼(國魂)을 강조했다. 《대한매일신보》에는 국수론이 등장했다. 충군애국을 강조하는 동시에 단군을 강조했다. 단군 의식이 전면화한 것이다. 이는 한국 고유 문명, 즉 고대사에 대한 재인식으로 이어졌다. 《황성신문》은 국성(國性)을 강조했다. 유교가 고유의 국성이라는 것이다. 이처럼 나라를 잃어가는 민족으로서 정신상의 국가, 즉 민족국가를 붙들기 위해 너도나도 제시한 정신문명적 가치들은 민족주의를 이끌어가는 동력으로 작동했다. 이제 독립의 희망도 국가가 아니라 민족에 걸게 되었다.

2
입헌군주제의 꿈

입헌군주제의 전파

조선에 입헌군주제가 알려진 것은 19세기 중엽이었다. 실학자 최한기는 1857년에 완성한 지리서 《지구전요(地球典要)》에서 영국의 입헌군주제를 미국의 공화제와 함께 소개했다.[32] 1881년에 일본에 다녀온 조사시찰단의 보고에서도 입헌군주제에 대한 언급을 찾을 수 있다. 박정양은 일본의 삼권분립 제도를 소개했다. 민종묵은, 일본이 입헌군주제를 지향하고 있으며 정치의 최강국은 군민공치의 입헌군주제를 실시하는 영국이라고 보고했다. 당시 개화파는 물론 민씨 척족까지 영국의 입헌군주제에 관심을 갖고 있었음을 알 수 있다.[33]

《한성순보》는 입헌정체를 구체적으로 소개했다. 1884년 1월 30일자에 '구미 입헌정체'라는 논설이 실렸다. 입헌정체에는 입법, 행정, 사법의 삼권분립이 존재하며, 입법부는 상원과 하원으로 나뉘고, 하원은 민선의원으로서 투표를 통해 선출된다는 것이다. 대의제도 설명했다. 입헌정체는 전국 인민이 모두 함께 나랏일을 의논하고자 하나, 모두 모이기가 어려우므로 학식이 뛰어난 여러 명을 택하여 정치를 하도록 하는 대의제를 채택하고 있다고 했다.

입헌군주제가 소개되는 데는 청에서 들어온 두 권의 책이 적지 않은 영향을 미쳤다. 웨이위안(魏源)의 《해국도지(海國圖志)》와 정관잉의 《이언》이 그것이다. 《해국도지》에서는 정체(政體)를 군주전권(君主專權), 군민동권(君民同權), 만민동권(萬民同權)으로 구분하고 서양의 정체를 군주, 민주, 군민공주(君民共主)의 세 유형으로 분류했다. 이중 군민공주 정체를 바람직한 것으로 제시했다.

《이언》도 서양 정체를 군주국, 민주국, 군민공주국으로 나누고, 이중 위로부터의 권력인 군주권과 아래로부터의 권력인 민권이 조화와 균형을 이룬 군민공주 정체가 가장 적절한 제도라고 주장했다. 또한 군주권이 전횡하여 학정으로 흐를 여지가 있는 러시아의 군주정체와 민권이 난무하는 미국의 민주정체에 반대하면서, 양자가 조화를 이루는 영국의 군민공주 정체를 본받아야 한다고 주장했다.

청의 정치가 캉유웨이도 1888년부터 광서제에게 일곱 차례에 걸쳐 개혁안을 올려 군주, 군민공주, 민주의 정체 중 중국에는 군민공주가 가장 잘 어울린다고 주장했다.[56]

후쿠자와 유키치는 《서양사정》에서 나라의 문명에 편리한 것이라면 정부의 형태는 입헌군주제든 공화제든 그 이름을 묻지 않고 '실(實)'을 취해야 하는데 일본에는 군민동치(君民同治)의 입헌국이 가장 적합하다고 주장했다. 일본에 독일학의 뿌리를 내린 가토 히로유키(加藤弘之)는 1868년에 출판한 《입헌정체략(立憲政體略)》에서 입헌정체는 문명개화의 척도이고 문명개화 사회의 정체(政體)라고 주장했다.[35] 또한 이타가키 다이스케(板垣退助) 등은 자유민권운동의 출발점이 된 〈민선의원설립건백서〉(1874)에서 국민의 총력을 집중하여 국가를 구하기 위해서는 국민에게 참정권을 부여하여 민선의회를 설립해야 한다고 주장하면서, 신문을 매개로 열띤 논쟁을 벌였다.[36]

급진개화파가 갑신정변 때 공포한 〈혁신정강〉에는 입헌군주제적 요소를 가진 내각제의 실시를 주장하는 조항이 들어 있었다. 제13조 "대신과 참찬은 합문 내의 의정소에서 회의 결정하고 정령(政令)을 공포해서 시행한다"와 제14조 "정부 6조 이외의 불필요한 관청은 모두 없애고 대신과 참찬이 협의하여 처리하게 한다"[37]에 입법권과 행정권을 가진 내각제를 창설하려는 의지가 담겨 있다. 이는 곧 전제군주의 권한을 제한하는 것을 의미한다. 박영효는 〈건백서〉에서 무한한 군주권이 백성을 어리석게 하고 국가를 약하게 만든다며 전제군주제를 비판했다. 또한 "한 나라의 부강을 기약하고 모든 나라와 대치하려 한다면, 군주권을 축소하여 인민으로 하여금 정당한 만큼의 자유를 갖게 하고 각자 나라에 보답하는 책무를 지게 한 연후에 점차 개명한 상태로 나아가게 하는 것이 최상책"이라며 군민공치의 정치 개혁을 주장했다.[38]

유길준은 입헌군주제가 인민의 권리와 국가의 독립을 보장하는 가장 현실적인 대안이라고 보았다. 나라마다 정체는 그 나라 인민의 습관과 국가 상황에 맞추어 선택하는 것이 바람직한데, 조선에는 군민공치가 가장 알맞은 제도라는 것이다. 대통령을 국민이 직접 뽑는 공화제는 아직 인민의 지식이 부족하므로 적합하지 못하다고 보았다. 그는 입헌군주제의 장점으로, 내각이 중심이 되어 정책을 결정하고 군주는 다만 이를 시행하도록 명령한다는 점, 즉 군주권을 제한한다는 사실을 꼽았다. 유길준은 영국의 입헌군주제를 모범으로 삼았다. 영국이 입헌군주제하에서 군주, 귀족, 인민, 세 계급이 서로 견제하며 권력 균형을 유지함으로써 안정 속에 큰 발전을 이룩할 수 있었다고 주장했다.[39] 반면 폴란드는 인민이 정치에 참여하지 않아 나랏일에 관심이 없게 되어 타국의 침략을 받았을 때도 민첩하고 통합된 모습을 보이지 못하고 망하게 되었다고 말했다.[40]

김홍집, 박영효, 유길준을 비롯한 개화파가 참여한 갑오개혁에서는 궁내부를 설치하여 왕실을 공적인 정치에서 배제하는 개혁이 추진되었다. 갑오개혁 정권은 일본의 궁내부 제도를 참조하여 왕실과 정부를 명확히 분별하고자 했다. 의정부와 대신만이 정책을 발의하도록 했고, 그 정책들은 의정부 회의에서 검토하도록 했다. 실제 갑오개혁 정권은 의정부 회의를 중심으로 국정을 운영했다. 의정부 회의를 '의회'라 약칭하기도 했다.

이어 갑오개혁 정권은 일본 메이지 헌법의 규정을 참조한 〈내각관제〉를 반포했다. 당시 일본에서는 내각이 의회가 입법한 법률에 의거하여 나라를 운영하고 있었다. 갑오개혁 정권은 의회가 없는 조선을 관료 중심의 내각 회의를 통해 꾸려가고자 했다. 내각 회의가 법률 제정 및 세입·세출의 예산과 결산을 비롯하여 모든 국정 사무를 도맡도록 했다. 설령 왕이 직접 명령한 사안이라도 무조건 따르지 말고 반드시 내각 회의에 올려 의결하는 절차를 거치도록 했다. 이처럼 갑오개혁 정권은 민씨 척족을 정치에서 배제하고 고종을 개혁 정치의 상징으로 활용하면서 내각에 권력을 집중시키는 데 주력했다.[41] 갑오개혁으로 군주권이 제약받는 상황을 지켜본 비숍은 고종을 '월급 받는 자동인형'이라 표현했다.[42]

주목할 점은 동학농민군이 서울로 진격한 목적의 하나로 내세운 것도 합의제에 의한 정치 실시였다는 것이다. 전봉준은 1894년 12월에 체포된 후 "나랏일을 한 사람의 세력가에게 맡기는 것은 크게 폐해가 있는 것을 알기 때문에 몇 사람의 명망 있는 선비가 협력하여 합의제에 의해 정치를 담당하게 할 생각이었다"라며 합의제에 의한 정국 운영 구상을 밝혔다.[43] 이미 서양 의회의 존재를 알고 있던 전봉준이 말한 합의제가 정확히 입헌군주제인지 공화제인지는 명확하지 않다. 하지만 당시 개화파는 물론 인민도 정치의 독점, 즉 전제를 문제 삼고 있었음은 분명하다.

1898년 의회 개설 운동

1898년 청에서는 입헌파가 변법운동을 전개했다. 청일전쟁에서 패한 후 청에서는 입헌군주제 담론이 확산되었다. 캉유웨이, 량치차오 등 입헌파는 민권 확립을 위해 입헌군주제가 필요함을 널리 선전했다. 량치차오는 청이 전제군주정 때문에 인민의 인격과 정치 능력이 훼손되고 국가 역량이 손상되어 독립이 보장될 수 없는 상태에 이르렀다고 보았다. 그러니 독립을 유지하려면 입헌군주제로 개혁해야 한다고 주장했다.[44] 변법운동은 청 전역에 확산되었으나 서태후의 쿠데타로 좌절되었다. 캉유웨이와 량치차오는 일본으로 망명했으며, 변법자강운동은 100일 유신에 그쳤다.[45]

일본에서는 메이지 정부가 영주와 무사 계급을 관료로 등용하면서 바쿠한(幕藩) 체제의 신분 질서를 해체하고 인민 평등을 표방했다. 그런데도 여전히 신분 차별이 강하게 잔존했다. 이에 조세제도의 전면 개혁과 의회 개설을 주장하고 나선 개혁파는 인민의 지지에 힘입어 자유민권운동의 시대(1874~1889)를 열었다. 개혁파는 천황제를 반대하지 않았으나, 지배층 중심의 제한적 혁명을 거부하고 민주주의의 확대 실시를 주장했다. 마침내 1889년에 제국헌법이 공포되었고, 1890년에는 92퍼센트의 높은 투표율을 기록한 선거를 거쳐 중의원을 뽑고 의회를 열었다. 그리고 1898년에는 일본 최초의 정당내각이 들어섰다. 내각의 모든 관료가 헌정당의 당원으로 구성되었다.[46]

1898년 대한제국에서도 독립협회가 의회 개설 운동을 벌였다. 독립협회 간부들은 일본의 자유민권운동과 의회 개설에 대해 잘 알고 있었다. 그리고 청에서 입헌군주제 개혁 운동이 전개되는 것을 지켜보며 의회 개설 운동의 포문을 열었다. 물론 의회 설치 주장이 이때 처음 나온 것은 아니었다. 1894년 동학농민전쟁이 끝날 무렵, 유생 홍종연이 상소를 올려 "모든 것은 조정이 민심을 얻지 못한 데서 연유하고, 민심을 얻지 못한 것은 말길을 열어놓지 않은 데서 연유하며, 말길을 열지 못한 것은 인민의 의회를 설치하여 여론을 널리 받아들이지 못한 데서 연유합니다. 의회를 창시하라는 명령만 내리면 인민의 호응이 따라 일어날 것입니다"라고 주장한 바 있었다.[47]

독립협회는 1898년 의회 개설 운동을 통해 국정 자문기관인 중추원을 의회로 개편하고자 했다. 독립협회는 입헌제의 실현이 곧 독립을 보장하는 길이라고 주장했다. 의회가 설립되어 인민의 참정이 실현되고 인민의 의사가 국정에 반영되며, 개혁파 정부가 수립되어 직무를 충실히 수행하면 정부와 인민 사이에 소통이 가능해지고 상호 간의 불신을 씻고 단결하게 되므로, 안으로 자강을 실현하고 밖으로 외세의 침략을 막을 수 있다는 것이었다.

독립협회는 윤치호에게 헨리 로버트(Henry M. Robert)가 쓴 《의회통용규칙(Pocket Manual of Rules of Order for Deliberative Assemblies)》의 1부를 번역하도록 하여, 29쪽의 국한문 혼용 책자로 만들어 회원들에게 배포하고 판매했다. 《의회통용규칙》은 1876년에 미국에서 처음 출간된 이래 꾸준히 수정·증보되어, 지금도 대부분 국가의 의회와 사회단체에서 의사규칙의 근간으로 쓰이고 있다.[48]

이러한 독립협회의 움직임을 포착한 정부는 4월 14일에 법부고문인 찰스 리젠드르(Charles W. Legendre)를 보내어 정부의 입장을 전했다. 리젠드르는 윤치호에게 완전한 대의정치는 시기상조라며 행정을 감시하는 수준의 자문원을 설치하는 것이 적합하다고 말했다. 이에 대해 독립협회 지도부는 《독립신문》 4월 30일자에 의회 개설을 주장하는 장문의 논설을 실어 사실상 거부 의사를 밝혔다. 하지만 7월 3일에 독립협회 지도부는 고종에게 상소를 올려 의회를 따로 개설하지 않고 중추원을 의회로 개편하는 절충안을 제시했다. 공론을 존중하는 동양적 전통에 의회를 설립하여 언로를 열고 있는 서양의 흐름을 수용하여, 중추원을 의회로 개편하자는 것이었다. 하지만 고종은 이 절충안을 '분수를 벗어난 헛

된 주장'이라며 일축했다. 독립협회는 7월 12일에 다시 상소를 올려 의회 개설을 촉구했다. 고종과 달리 정부 관료 중에는 민영환처럼 의회 개설에 찬성하는 사람도 있었다.

독립협회는 상소라는 청원 운동이 통하지 않자, 집회와 시위에 나섰다. 비판의 대상은 고종이 아니라, 의회 개설에 반대하는 완고한 정부 관료들이었다. 독립협회는 서울 시민들과 함께 김홍륙 사건을 계기로 대신들의 퇴진을 주장하며, 10월 1일부터 12일 동안 고종이 거처하는 경운궁 앞에서 철야를 불사하는 시위를 감행했다. 마침내 독립협회에 의해 퇴진 대상으로 지목받은 보수파 대신들이 물러나고 의회 개설에 우호적인 박정양 등이 정권을 장악했다. 독립협회는 10월 14일 정부와 의회 설립에 합의한 뒤 초안 작성에 들어갔다.

10월 24일 독립협회는 중추원을 의회로 개편하는 내용의 〈중추원관제개편안〉을 정부에 제출했다. 이에 따르면 의회 성격을 지닌 중추원에는 법률안과 칙령안은 물론, 의정부가 제출한 안건과 중추원의 건의안, 인민의 공론을 수용한 안 등을 심사하고 의논하여 결정하는 권한이 주어졌다. 주목할 것은 중추원 의원 50명의 절반은 정부가 추천하고, 나머지 절반은 독립협회 회원이 투표를 통해 선출하자는 안이었다. 정부가 이에 동의하면서 의회 개설에 대한 인민의 관심은 뜨거워졌다.

의회 개설 가능성이 점점 높아지자, 외교가에서도 관심을 보이기 시작했다. 영국 공사는 독립협회가 중추원을 개편하여 반(半)국민의회를 설립하고 나아가 의원의 반수를 획득하는 데 성공했다고 본국에 보고했다. 미국 공사도 한국인이 대중적 선거에 의거하여 입법부를 수립하는 방향으로 나아가는 데 성공했다고 보았다.

독립협회는 정부로부터 의회 개설을 약속받자, 이를 대중적으로 확인하는 의미에서 관료와 인민이 함께 참여한 관민공동회를 개최했다. 이 자리에서 행여 정부 측 관료와 충돌하는 불상사를 막기 위해 독립협회는 관민공동회에서 하지 말아야 할 행동을 담은 금칙을 발표했다. '황제와 황실에 대해 불경한 언어를 사용하지 말 것', '민주주의와 공화주의를 옹호하지 말 것', '동포형제인 양반과 상민 간에 모욕적 언행을 하지 말 것', '퇴임 압박을 받은 전임 대신들에 대해 불손한 언행을 하지 말 것', '상투를 포함한 사회관습 개혁에 대한 논의는 하지 말 것' 등이었다. 이 다섯 가지 금칙은 당시 사회적으로 갈등을 야기하는 쟁점이었을 것이다. 이로써 1898년 당시 황제와 황실에 대한 존경심이 없고, 민주주의와 공화주의에 대한 관심이 높고, 양반과 상민 간에 여전히 문화적 벽이 존재하고, 고루한 정부 관료들을 혐오하며, 사회관습 개혁을 요구하는 목소리가 높았음을 알 수 있다. 독립협회는 관민공동회를 이런 갈등을 분출하는 행사가 아니라, 정부 관료와 인민이 함께 정치 개혁을 위해 화합의 의지를 다지는 공론장으로 만들고 싶었던 것이다.

관민공동회에서는 의회의 조약 비준권, 재정 일원화, 예결산제도 확립, 공개재판제도와 증거주의, 법률 준수 등 민주주의 정치로의 진전을 담은 〈헌의6조〉가 발표되었다. 〈헌의6조〉에는 인민의 의사를 존중하여 인민과 함께 협의하여 정치를 행해야 한다는 군민공치의 입헌군주제적 지향이 담겨 있다.[49]

곧이어 독립협회가 제출한 안을 기본으로 하는 〈중추원신관제〉가 11월 4일에 공포되었다. 독립협회가 제출안 개편안보다 구체화된 것은 의관, 즉 의원의 선출 방식과 피선거권을 규정한 조항이었다. 의관의 반수는 정부에서 국가 원로급에 해당하는 인물을 추천하고, 나머지 반수는 인민협회에서 정치·법률·학식에 통달한 27세 이상의 인물을 투표로 선출한다는 것이었다. 독립협회가 제출한 안에서, 독립협회 내로 한정한 민선의원 선출의 범위를 인민협회로 바꾸어 다른 자발적 결사체도 참여할 수 있는 길을 열어놓은 점이 눈에 띈다. 물론 "한시적으로는 독립협회가 인민협회를 대표한다"나는 단서 조항이 붙어 있다. 결국 정부의 〈중추원신관제〉를 통해 드러난 대의기구의 윤곽은 상하원제를 절충한 모양새였던 것이다. 반수인 관선의원은 상원의 예를 따른 것이고, 또한 독립협회 회원에게 투표권이 주어지는 제한 선거를 통해 민선의원을 선출하는 것은 하원의 예를 원용한 것이라 할 수 있다.

하지만 늘 혁명에는 반동의 공세가 따르듯이 평화적인 의회 개설 운동에도 거센 반동의 후폭풍이 몰아쳤다. 정부는 〈중추원신관제〉를 반포한 직후 독립협회에 다음 날까지 민선의원 25명의 명단을 제출할 것을 요구했다. 독립협회는 즉시 11월 5일 오전에 독립관에서 선거를 실시한다고 발표했다. 반동의 공세는 11월 4일 밤에 시작되었다. 서울 시내 곳곳에 익명서가 나붙었다. 독립협회는 군주제를 폐하고 공화제를 세우려는 계획을 꾸미고 있는데 대통령에 박정양, 부통령에 윤치호, 내무대신에 이상재, 외무대신에 정교가 내정되어 있다는 내용이었다. 고종은 11월 5일 새벽에 군대와 경찰을 동원하여 독립협회 지도자 17명을 체포하고 독립협회의 해산을 명령하는 동시에 박정양 내각을 보수파인 조병식 내각으로 교체했다.

이번에는 인민, 즉 서울 시민들이 나서서 의회 개설을 위한 시위를 벌이기 시작했다. 서울 시민들은 자발적으로 만민공동회를 조직하고 철야 시위를 벌였다. 10여 일이 넘는 만민공동회의 강력한 저항에 정부도 다소 주춤거리지 않을 수 없었다. 결국 독립협회는 재건되었고, 고종은 〈헌의6조〉의 실시를 약속했다.

하지만 정부는 〈중추원신관제〉를 또다시 고쳐 인민협회에 의한 민선 의원 선출권을 삭제했다. 비록 민선의원은 없었지만, 정부 관료로만 의 관을 선임할 수 없는 사회 분위기를 반영한 듯, 정부 관료 16명, 독립협 회 회원 17명, 황국협회 회원 17명으로 중추원이 구성되었다. 독립협회 지도자 윤치호는 부의장으로 선출되었다. 12월 16일에 개원한 중추원은 고종이 꺼리는 서재필과 박영효를 정부 관료로 추천했다. 다시 거리가 들끓기 시작했다. 만민공동회가 열렸고 인민들이 중추원에서 추천한 두 사람을 내각에 임용하라고 압박했다. 이에 대한 고종의 대응은 전에 없 이 단호했다. 독립협회는 불법단체로 규정되었고 만민공동회는 군대에 의해 강제 해산되었다. 서울 시내에는 군인과 경찰이 깔렸다.

한편 황국협회는 하원 설립 운동을 전개했다. 황국협회는 독립협회를 견제하기 위해 1898년에 결성된 자발적 결사체였다. 황실 측근 세력이 주도하고 정부 고위 관리들이 후원했으며, 보부상 조직이 참여했다. 보 수적인 황국협회가 군주권 강화에 찬성하면서도 다양한 계층의 의견을 수렴할 수 있는 하원의 개설을 주장한 것은 그만큼 인민 사이에 대의제 도인 의회에 대한 관심이 높았다는 것을 의미한다. 1899년 2월 중추원 의관 김병훈도 하원 설치를 건의했다. 《황성신문》은 이 건의에 "만국이 모두 상하의원을 갖고 있으니 우리나라도 중추원이 상원에 해당할 것이 요, 새로이 하의원을 설치하면 만국의 규제에 따라 백성을 나라의 근본 이 되게 하는 요무를 이룰 수 있을 것"이라며 지지했다.[50]

반면 위정척사 운동에도 참여하고 민비가 시해되는 을미사변(1895)이 일어난 후 의병을 일으켰던 유인석은 인민에게 물어 정책을 결정하는 방향은 옳으나, 군주가 단순한 심부름꾼에 불과하게 된다는 이유로 입헌군주제에 반대했다.

입헌하여 정치를 하는 것은 임금으로부터 하는 것이 아니라 상하의원으로부터 먼저 의논하여 정한 후에 임금에게 이르는 것이니 임금은 가부 취사를 정하는 것이 아니라 단지 허락만 할 뿐이다. 이는 아래로부터 위로 미칠 뿐이며 위로부터 아래에 미치지는 못한다. 이렇게 되면 임금의 자리란 이름은 높지만 명령을 내리지 못하고 시킴을 받을 뿐이니 실은 백성의 심부름꾼밖에 안된다.[51]

1899년 8월에 고종은 〈대한국국제(大韓國國制)〉를 반포했다. 대한제국이 자주독립의 황제국이고 전제국으로서 황제는 무한한 군주권을 가진다는 것을 만천하에 천명했다.

제1조 대한국은 세계 만국에 공인을 받아 자주독립한 제국이다.
제2조 대한제국의 정치는 500년 전부터 전해 내려오면서 따라왔으니 만세토록 변함이 없을 전제정이다.
제3조 대한제국 황제께서는 무한한 군권을 향유하시니 공법에서 말하는바 자립정체이다.[52]

일본 정부가 1889년에 공포한 〈대일본제국헌법〉을 원용했으나, 그것과 달리 인권이나 권력 분립에 대한 명시는 없었다. 가령 〈대일본제국헌법〉 제37조의 "모든 법률은 제국의회의 협찬(동의)을 거쳐야 한다"와 같은 입헌정체를 명시하는 조항이 없었다.[53] 이는 〈헌의6조〉에서 제기한 군민공치의 파기를 의미했다.[54] 또한 대외적으로 나라의 생존, 그러니까 독립이 오직 한 사람 황제의 손에 달리게 되었음을 의미했다.

입헌군주제 담론과 운동

고종의 〈대한국국제〉 반포 이후에도 입헌군주제의 꿈이 사라진 것은 아니었다. 이승만은 1904년에 쓴 《독립정신》에서 입헌정체를 가장 현실적인 정치체제라고 주장했다. 이승만은 정치를 전제정치, 입헌군주정치, 민주정치로 나누고, 우리나라는 청이나 러시아처럼 군주가 마음대로 하는 전제정치를 행하고 있다고 보았다. 입헌군주정치는 군주가 있다는 점에서 전제정치와 같으나 군주의 권력 행사를 제한한다는 점이 다른데, 의회를 설치하고 인민들이 투표로 명망 있는 사람을 대표로 선출하여 나라의 중요한 문제를 토론하고 결정한다는 것이었다.

영국, 독일을 위시하여 유럽 몇몇 나라와 일본이 이 같은 입헌군주국으로, 나라와 왕실이 평안하며 국민들은 무궁한 혜택을 입고 있다. 이러한 나라일수록 내란이 없으며, 임금을 해치려는 사람이 없어 임금이 아무런 걱정 없이 나라 안을 이곳저곳 돌아다니며 국민들이 사는 것을 살피기도 한다. 이러한 정치가 오늘날 가장 합당한 것이다.[55]

이승만은 인민이 추천하고 지지한 사람이 최고 권력자인 대통령이 되는, 즉 인민의 인민에 의한 인민을 위한 정부가 수립되는 민주정이 가장 좋은 정치라고 보았다. 하지만 인민이 자각하지 못한 동양에서는 매우 위험한 정치라고 생각했다.

러일전쟁이 발발하자, 이 전쟁이 대한제국의 존망과 관계있다고 믿는 지식인은 물론 관리들까지 고종에게 의회를 설립하여 인민의 힘을 모아 주권을 수호할 것을 호소했다. 이러한 흐름을 끊은 사람은 이토 히로부미였다. 그는 러일전쟁 발발 직후인 1904년 3월에 고종을 만난 자리에서 "이러한 난국에 처하여 더욱 군주권을 지탱하는 데 힘쓰는 것이 마땅하며 다른 사람의 말을 가볍게 들어 군주권을 잃지 말 것"을 독려했다. 이에 고종은 "일본의 원로 정치인인 이토조차 군주권을 잃지 말라 하는데, 오히려 신하와 백성들이 의회 설치를 요구하며 군권을 약화시키려 한다"라며 의회 개설 논의를 금지시켰다. 박은식은 이로 인해 일본이 을사조약을 더욱 손쉽게 강제할 수 있게 되었다고 개탄했다.[56] 실제 이토 히로부미는 을사조약 체결 당시 "대한제국은 전제국이므로 황제의 승인만 있으면 조약 체결 요건이 충족된다"라는 취지로 고종과 대신들을 압박했다.[57]

러일전쟁에서 일본이 거둔 승리는 청은 물론 대한제국에서도 전제군주국에 대한 입헌군주국의 승리로 받아들여졌다.[58] 이제 입헌군주제를 주권 수호를 위한 관건으로 여기는 풍토가 대세가 되었다. 황제 혼자가 아니라 인민의 힘을 한데 모아 주권을 수호하려면 입헌정치를 실시해야 한다는 것이었다.[59] 고종의 전제군주권 수호 의지는 더 이상 설득력이 없었다. 입헌군주제 실현이 목표임을 표방한 단체도 등장했다. 일본이 쓰시마 해전에서 러시아의 발틱함대와 싸워 승리를 거둔 1905년 5월에 결성된 헌정연구회가 그것이다.

헌정연구회가 발표한 〈취지서〉를 요약하면, '서양 문명부강의 근원은 입헌에서 나왔다. 입헌정치는 세계적인 추세다. 영국과 일본은 입헌정치를 행하여 흥했다. 청국과 러시아는 전제군주제를 고집하다 일본과의 전쟁에서 패하여 쇠퇴하고 있다. 그러므로 문명부강을 실현하려면 입헌정치의 도입이 급무다. 입헌정치의 요체는 바로 헌법 제정과 의회 개설이다. 이 입헌정체 연구를 위해 헌정연구회를 창립한다'라는 것이었다.[60] 헌정연구회의 입헌정체 실현을 위한 활동은 대한자강회와 대한협회로 이어졌다. 일본의 보호국으로 전락했지만, 입헌군주제를 지속적으로 추진하는 일군의 정치 세력이 존재했던 것이다. 대한자강회 총무였던 윤효정은 "입헌정체의 채택은 세계의 대세이며, 문명의 정신으로 문명과 대세에 따르는 자는 번영하고, 역행하는 자는 쇠퇴 멸망할 것"이라고 단언했다.[61]

이 무렵 학회지를 중심으로 서양의 각종 정체가 활발하게 소개되었다. 입헌군주제가 공론화되면서 국가체제 개혁이 지식인 담론으로 부상했다. 국체는 군주국과 민주국으로 나뉘고 정체는 입헌국과 전제국으로 나뉜다는 주장, 통치권을 1인이 가지면 군주정체, 여러 명이 가지면 과인정체, 인민 전체에 있으면 공화정체라는 주장, 국체가 군주정치국·귀족정치국·민주정치국으로 나뉜다는 주장, 혹은 군주제·귀족공화제·민주공화제로 나뉜다는 주장[62] 등이 등장했다. 많은 지식인들은 전제정을 망국의 정치 형태라며 비판하고, 입헌정을 문명부강의 동인이라며 지지했다. 국가가 억만년을 누릴 수 있는 정체라는 것이다. 신해영은 《윤리학

교과서》에서 '군주제와 공화를 절충한' 입헌군주정을 가장 완전한 정체로 소개했다.

이런 정치체제는 군주 아래에 국민을 대표하는 기관이 있어서 백성이 선출한 대표가 국가 정치에 참여하여 입법과 재정 등 제반 사항에 관하여 협조하는 책임이 있기 때문에 군주정 체제의 효과를 거두고 폐해를 버리는 것이 된다. 이것은 군주정 체제와 공화정 체제의 양쪽 국가체제를 절충한 것으로서 오늘날 비교적 가장 완전한 정치체제라 이르니, 영국과 일본 등이 곧 이것이다.[63]

천도교는 기관지인 《만세보》 지면을 활용하여 입헌군주제의 실현을 주장하면서도 시기상조론을 내세웠다. 10년간의 인민 계몽이 선행되어야 한다는 것이다. 인민 지식이 발달하여 정부 권한과 인민 자유가 상호 대등해지면 정부도 악정을 하기 어려우므로 부득이 대의제를 실시하지 않을 수 없을 것이라고 주장했다.[64] 차선책으로는 독립협회가 주장한 중추원의 개혁을 요구했다. 중추원은 정부와 인민이 함께 대의를 결의하며 여론을 수렴해야 하는 기구인데, 개설된 이래 의관직을 파는 데만 골몰하고 있다고 비판했다. 실제로 통감부는 중추원을 형식적으로 개편했다. 하지만 이는 입헌군주론이 확산되자 여론을 회유하려는 속셈이었다. 이때 중추원 의관에는 관료가 아닌 정치운동가, 사회 유지, 지방 유지, 외국 유학생 등이 임명되었다.[65]

입헌군주제 담론의 확산은 정당정치를 모색하는 단계로까지 나아갔다. 대한협회는 대한제국이 보호국이 된 가장 큰 이유가 전제군주제에 있다고 판단했다. 그래서 정당 있는 전제국가가 없고 정당 없는 입헌국가가 없다는 논리를 내세우며 스스로를 민권당 혹은 민정당이라 불렀다.[66] '스스로 여론을 대표한다는 책임감을 가진 순수 정당'이라는 것이었다. 일진회도 자신들을 정당이라 여겼다. 《대한매일신보》는 정당을 조직하더라도 정략이 없으면 무용지물이 될 것이니 정략을 만들어낼 실력을 양성하길 희망한다는 논평으로 정당에 대한 관심을 표명했다.[67] 대한협회와 일진회의 정당 인식은 보호국 처지인 대한제국에서 내정 독립이 가능할 것이라고 보는 정세관에서 나온 것이었다. 물론 이들의 예상은 명백히 틀렸다.

이처럼 러일전쟁, 정확히는 을사조약 이래의 입헌군주제 운동의 흐름을 1924년에 사회운동가였던 나경석은 이렇게 회고했다.

조선 정치 보호조약이 성립되었을 때에 우리의 선배는 은근히 월남 망국사를 가리키며 폴란드 망국기를 밀담케 했고, 또 조선의 전제정치가 멸망을 가져왔다고 하여 군주입헌정체를 목표 삼은 근왕 애국주의를 고조했음은 지금 생각해보면 우스운 일이나 그 당시에는 은연히 세력 있던 정치사상이었다.[68]

청 정부는 1900년 의화단의 참혹한 패배 이후 대내외적 위기를 극복하기 위해 '신축신정(辛丑新政)'이라는 이름의 개혁을 단행했다. 서태후는 교육, 재정, 군사 개혁을 추진했으나 입헌정체로의 개혁은 추진하지 않았다. 마침내 지방 유지 세력인 신사층(紳士層)이 입헌론을 주장하기 시작했다. 이들은 러일전쟁 이후 활발히 움직였다. 그제야 청 정부는 입헌제로의 변화를 도모하기 시작했다. 먼저 헌법 반포 및 의회 개설에 앞서 황제권과 중앙 집권을 강화하려 했다. 이를 위해 1908년에 〈흠정헌법대강〉을 반포했다. 청 정부의 입헌 개혁은 입헌파의 호응을 얻었다. 하지만 청 정부가 의회 개설을 촉구하는 운동을 탄압하자 입헌파는 신해혁명을 일으킨 혁명파에 가담했다.[69]

대한제국에서도 입헌군주제는 결국 실시되지 않았다. 입헌군주제는 문명부상한 미래를 약속하는 데 그치지 않고 오늘의 망국과 쇠락을 탈피하기 위한 절박한 수단으로 제시되었지만, 전제군주 권력이 이를 외면했다. 그 결과 나라를 빼앗겼고, 전제군주도 권력을 잃었다.

3
민주공화정의 탄생

공화정 담론의 등장

공화정도 입헌군주제와 함께 19세기 중엽에 소개되었다. 최한기는 앞에
서 언급했듯이 《지구전요》에서 영국의 입헌군주제와 함께 미국의 공화
제를 소개했다. 그는 영국보다 미국의 정치제도를 높이 평가했다. 미국
의 정치는 왕위와 왕호를 쓰지 않고 세습 군주가 아닌 대통령을 선거로
뽑아 국정을 맡긴다고 소개하고, 다음과 같이 긍정적으로 평가했다.

비록 국왕을 세우지 아니함에도 일이 간단하고, 정사가 신속하고 명령이 행
해지고 법이 지켜지니, 어진 국왕이 다스리는 바와 다름이 없다. 이것은 정치

를 변화시켜서 독자적인 하나의 세계를 이룬 것이다.[70]

이후 서양의 정치제도에 관심을 가진 정치가나 지식인들이 미국의 공화제보다 영국의 입헌군주제에 더 호감을 가졌던 것과 달리, 일찍이 두 정치제도를 접한 최한기가 공화제에 더 호의적이었던 점은 흥미롭다.

공화라는 개념은 1881년에 조사시찰단으로 일본에 다녀온 민종묵의 보고서에도 등장한다. 민종묵은 세계 각국의 정체로 국민공치, 입군(立君)독재, 귀족정치와 함께 공화정치를 소개했다.[71] 1883년에는 홍영식이 보빙사의 일원으로 미국을 시찰하고 돌아왔다. 고종은 홍영식에게 미국의 정치제도를 물었다. 홍영식은 미국이 삼권분립을 실시하고 있으며 대통령을 선거로 뽑는 공화제를 채택하고 있다고 보고했다. 고종은 미국처럼 공화정을 실시하는 나라가 어디냐고 되물었다. 홍영식은 스위스, 프랑스, 멕시코, 페루, 칠레 등이라고 대답했다.[72]

《한성순보》는 1883년 11월 20일자와 1884년 2월 17일자에 미국의 공화제를, 1884년 3월 18일자에 프랑스의 공화제를 소개했다. 이를 통해 공화정이 국민 또는 의회가 선출하는 임기제 통치권자를 가진 제도라는 것이 널리 알려졌다. 1888년에 박정양은 《미속습유》에서 미국의 공화제를 소개했다. 그는 삼권분립의 정치구조와 대통령과 의원 선거 방식 등을 열거하며 참정권에 남다른 관심을 보였다.[73]

대통령제를 왜 공화제라고 불렀을까? 당시 민주는 불온한 개념이었다. 민이 주인이라는 '민주(民主)'는 곧 임금이 주인이라는 '군주'를 부정하는 것으로 간주되었기 때문이다. 그래서 일본에서는 'democracy'를 '공화정치'로 번역했다. 당시 동아시아에서 공화제와 민주제는 사실상

동의어였다. 청에서도 민주와 공화는 혼용되다가 신해혁명 이후 민주라는 말이 더 많이 쓰이게 되었다.[74]

조선에서도 한참 동안 공화정이 미국의 정치제도로 소개되는 데 그쳤다. '민주'라는 말이 갖는 불온성 시비를 공화정이라고 피해갈 수 없었다. 독립협회는 관민공동회를 개최할 때 몰려든 인민에게 민주주의와 공화주의를 옹호하는 연설을 하지 말아달라고 요청했다. 독립협회가 유생을 비롯한 보수파로부터 프랑스 혁명을 꿈꾸는 세력이라는 모함을 받고 있던 터였기 때문이다. 중추원 의관 선거 직전에 서울 시내에 뿌려진, '독립협회가 공화정을 꿈꾼다'라는 내용의 익명서가 고종에게 독립협회 탄압의 빌미를 제공한 사건은, 공화정이 정치 갈등을 유발하고 정국을 바꿀 만큼 무게 있는 담론이 되었음을 보여주는 사례다.

한편 지식인 중에는 공화정이 더 좋은 제도이긴 하나, 대한제국의 현실에서는 아직 인민 계몽, 즉 문명화가 충분히 이루어지지 않아 입헌군주정이 더 적합하다고 여기는 사람이 적지 않았다. 이러한 분위기도 공화정의 공론화를 막는 요인이었다. 대한자강회 평의원인 설태희는 '공화 〉 입헌 〉 전제'라는 등급을 매겨 공화를 가장 진보한 정체로 간주했다. 전제에 대해서는 군주 한 명이 마음대로 부리는 무법의 나라라고 비판했다.[75] 대한협회 회보 편찬원인 원영의는 정체를 크게 군주정과 공화정으로 나누고 군주정에는 전제정과 입헌, 공화정에는 귀족정과 민주정이 있는데, 그중 민주공화정이 가장 진화한 통치 형태라고 주장했다. 하지만 동양인에게는 입헌군주정이 좋다고 했다.[76]

흔히 신민회가 공화제를 주장했다고 말한다. 일본 헌병대가 작성한 기밀 보고문서에도 신민회는 공화정체를 추구한다고 기록되어 있다.[77]

하지만 신민회가 직접 공화제를 천명한 적은 없었다. 신민회가 자신들은 자유문명국의 수립을 지향한다고 밝힌 것을 그렇게 해석한 것이었다. 신민회 기관지 역할을 한《대한매일신보》의 "국민적 국가가 아닌 나라와 세계 대세를 거스르는 나라는 반드시 망한다"[78]라는 주장에 보이는 국민적 국가, 즉 국민국가를 공화주의라 해석하기도 한다. 이처럼 입헌군주론의 정치 개혁을 공공연하게 주장하던 시절이었건만, 공화제를 감히 입에 올리지 못한 것은 군주가 없는 정치를 상상하는 게 허용되지 않았기 때문이다. 하지만 사석에서는 왕은 이제 없어도 되는 존재로 전락하고 있었다. 고종이 퇴위할 무렵 게일은 친구 김씨로부터 전해 들은 내용을 이렇게 썼다.

그(고종)가 통치한 기간 동안 떨어져 나간 주요 관리들의 머릿수는 놀랄 만하다. 그는 자신의 뜻대로 한다거나 백성들을 복종시키는 데는 강력했다. 그는 "시끄럽게 굴지 마라. 서로 싸우지 말고, 왕궁에 탄원서를 보내지 마라. 너희는 쌀만 먹고 일만 해라. 그리고 선하게 지내라"라고 말하곤 했다. 백성들이 독립협회를 운영하려 시도했을 때 고종은 종각에 "거리에서 집회를 갖거나 어떠한 종류의 얘기도 하지 말라. 그대들 모두는 집에 머물러 자신의 일에만 전념할 것을 명하노라"라는 공고문을 붙여놓았다. 그는 우리들을 수갑 채우고 약탈하고 몽둥이질하고 교수형에 처하고 사지를 찢어 죽였으며 자기 자신만을 위해 그리고 진부한 미신 행위를 위해 존재해왔다. 그러니 왕이 없는 것이 차라리 더 좋았다.[79]

나라 밖에 사는 한국인들도 공화정에 관해 논의를 했다. 1905년에 미국에 거주하던 한인들이 만든 공립협회에서는, 나라는 인민의 나라이지 임금과 정부의 나라가 아니라며 국민주의를 제창했다. "국가 일에 몸을 바쳐 국가의 독립과 자유를 회복하고 인민이 국가의 주인이 되어 헌법을 정하고 대의정체를 실행한 연후에야 가히 참 국민이 될 터이니, 오늘 우리가 목적할 바는 국민주의"라고 주장했다.[80] 여기에서도 공화정이라는 말을 직접 언급하진 않았으나, 국민주의가 곧 공화주의를 지향한 것으로 해석된다.[81]

중국에서 공화정의 꿈은 1911년 신해혁명을 통해 꿈이 아닌 현실이 되었다. 동아시아 최초의 공화혁명인 신해혁명은, 공화국 건설을 통한 민주주의 실현이라는 목표를 제시하는 동시에 민족 간 평등과 호혜에 입각한 새로운 동아시아 국제 질서의 수립이라는 목표를 제시했다.[82] 중국의 공화제 혁명 소식은 한국인들에게도 신선한 충격과 흥분을 안겼다.

이러한 일련의 흐름 속에서 공화정은 곧 '비군주국'의 의미를 갖는 개념으로 정착되어갔다. 서구에서도 공동선의 지향이라는 통치의 에토스를 표현하던 '공화국(res publica)'이 19세기에는 비군주국을 의미하는 개념으로 굳어졌다고 한다.[83]

1917년 상하이의 독립운동가들이 발표한 〈대동단결선언〉은 1910년 8월 29일을 군주권이 소멸하고 민권이 탄생한 날이자 구한국 최후의 날이며 신한국 최초의 날이라고 선언했다. 그날 고종은 주권을 포기했으니, 이는 곧 인민에게 왕의 자리를 물려준 것이라고 했다. 이제 정체에 관한 한 '민주적 공화대의제'를 최고의 이상으로 자부하는 흐름은 굳건했다. 이렇게 한국인 스스로 '민주주의 혁명'을 만들어냈음에도 조선총독부는 미국 선교사들이 교회와 학교에서 한국 학생들에게 가르친 것에서 비롯되었다고 판단했다. 이러한 진단에 따라 조선총독부는 일본 기독교 조합교회를 조선 땅에 들여오는 것으로 대응했다.[88]

임시정부 수립 운동

3·1운동과 동시에 국내외에서 공화정을 표방하는 임시정부 수립 운동이 일어났다. 공화정은 이제 돌이킬 수 없는 대세였다. 1911년 중국의 신해혁명에 이어 1917년에는 러시아에서 혁명이 일어나서 제정이 무너졌다. 독일에서도 1918년 제정이 무너지고 이듬해 바이마르 공화국이 수립되었다.

임시정부 수립 운동 역시 돌발적으로 나온 것이 결코 아니었다. 나라가 망한 후 곳곳에서 일어난 임시정부 수립 운동의 산물이었다. 미국에서 대한인국민회가 발행한 신문인《신한민보》가 제일 먼저 임시정부 수립을 주장했다. 한일병합조약 체결 직후인 1910년 9월 21일자에서 "우리 손으로 자치하는 법률을 제정하며, 공법에 상당하는 임시정부를 설치하는 것이 급선무"라는 주장을 내놓았다. 10월 5일자에는 '대한인의 자치기관'이라는 논설을 실어 대한인국민회가 자치 능력을 길러 장차 임시정부의 역할을 하고자 한다는 구상을 밝혔다. 대한인국민회가 국민을 대표하여 입법, 행정, 사법의 3대 기관을 두어 완전한 자치기구의 역할을 하자는 것이었다.

1911년에《신한민보》주필 박용만은 무형국가론을 주장했다. 외국에 거주하는 한국 민족을 무형한 국가와 무형한 정부 산하로 통합하여 헌법을 마련하고 정치적 구역을 나누어 행정기관을 마련하고 개개인에게 의무와 권리를 부여하자는 것이었다. 또한 무형국가를 이끄는 무형 정부, 즉 임시정부의 역할은 대한인국민회 중앙총부에 맡겨야 한다고 주장했다.[85] 박용만의 무형국가론을 지지하는 여론이 확산되었고, 이는 1912년 11월에 미국은 물론 만주와 시베리아의 한인을 포괄하는 대한인국민회 중앙총회의 결성식으로 이어졌다. 이 자리에서 대한인국민회 중앙총회는 자신들을 해외 한인을 대표하는 무형의 정부임을 천명하면서, 형식상 대한제국은 이미 망했으나 정신상 민주주의 국가는 이제부터 일어나는 것이라고 주장했다.

대한인국민회는 중앙총회, 지방총회, 지방회로 구성되었다. 중앙총회는 지방총회에서 선출한 대표원과 중앙총회의 임원으로 조직되었다. 당시 지방총회는 미국, 하와이, 만주, 시베리아 등에 있었다. 대한인국민회는 미국 정부로부터 한인 자치기관으로 공인받았다. 이는 미국에 사는 한인들이 일본 정부가 아닌 대한인국민회의 보증으로 여권을 받을 수 있게 되었다는 것을 의미했다. 하지만 대한인국민회는 해외 한인을 포괄하는 임시정부로까지 발전하지는 못했다.[86]

1917년에 상하이에서 신규식, 박은식, 신채호, 조소앙 등 14명의 명의로 발표된 〈대동단결선언〉에는 해외 각지에 있는 크고 작은 단체의 대표자 회의인 민족대동대회를 열어 독립운동의 최고 기관으로 임시정부를 설립하자는 주장이 담겨 있다. 또한 대헌(大憲), 즉 헌법을 제정하여 민정(民政)에 부합하는 법치를 실행할 것을 주장했다.[87] 즉 왕이 없는 공화정에 기반한 임시정부 수립을 촉구했다.

3·1운동 직전 러시아 연해주에서는 임시정부 성격의 대한국민의회

의 설립이 준비되고 있었다. 1919년 2월 25일에 니콜리스크(지금의 우수리스크)에서 러시아, 간도, 조선 등에서 온 한인 약 130명이 독립운동단체 대표회의를 열었다. 이들은 이 대회에서 임시정부 성격의 대한국민의회 건설을 결의했다. 대한국민의회는 1차 세계대전 직후 체코슬로바키아가 세운 국민의회를 모델로 삼아 만들어졌다고 한다.[88] 대한국민의회는 3·1운동이 한창이던 3월 17일에 독립선언서를 발표하면서 공식 출범했다. 3·1운동을 전후한 시기에 생겨난 최초의 임시정부였다.

3·1운동 당시 국내에는 임시정부 수립을 촉구하거나 임시정부안을 담은 전단들이 뿌려졌다. 실제로 임시정부를 수립하려는 움직임도 일었다. 3·1운동을 실질적으로 주도한 천도교가 1919년 3월 3일에 발행한 《조선독립신문》은 임시정부가 조직되고 임시 대통령을 선출할 것이라는 소식을 전했다. 3·1운동을 준비하는 단계에서 이미 임시정부 수립을 고려했음을 알 수 있다. 4월 9일에는 〈조선민국임시정부안〉을 담은 전단이 서울에 뿌려졌다. 천도교 교주 손병희를 임시정부의 수석인 정도령에, 미국에서 활동하는 이승만을 부도령에 지명했다. 4월 17일경에는 평안북도에서 〈신한민국정부 선언서〉라는 전단이 뿌려졌다. 집정관으로 러시아에서 활동하던 이동휘를 내세운 것으로 보아 간도와 연해주 지역의 독립운동가들과 연락을 취하면서 만든 임시정부 수립안으로 보인다. 이밖에도 임시대한공화정부안, 대한민간정부안, 고려임시정부안 등이 국내에서 발표되었다.[89] 이들은 한결같이 공화제 정부를 지향한다는 공통점이 있었다.

서울에서 임시정부 수립을 준비하는 움직임이 나타난 것은 3월 중순이후부터였다. 4월 2일에는 20여 명이 인천 만국공원에서 회의를 열었다. 천도교계, 기독교계, 유교계, 불교계 인사들이 결집했다. 이들은 서울에서 국민대회를 열어 임시정부를 선포할 것을 결의했다. 이때 만든 헌법인 〈약법(約法)〉에 따르면 민주제와 대의제에 기반한 임시정부 수립을 지향했다. 4월 16일경에는 다시 13도 대표자들이 서울에서 회의를 열어 임시정부 각료를 선출했다. 집정관 총재에 이승만, 국무총리에 이동휘가 선출되었다. 하지만 4월 23일의 13도 대표자 회의는 대표들이 참석하지 않아 무산되었다. 학생 조직에 맡겨졌던 국민대회는 예정대로 열렸다. 학생들은 자동차에 '국민대회', '공화만세' 등의 깃발을 달고 임시정부 수립을 알리는 전단을 뿌렸다.

이처럼 3·1운동이 두 달이 넘게 전국으로 퍼지는 과정에서 임시정부 수립을 선언하거나 추진하려는 움직임이 활발하게 나타났다. 이런 의미에서 3·1운동은 곧 임시정부 수립 운동에 다름 아니었다.

민주공화국의 선포

상하이에서도 임시정부 수립이 준비되었다. 상하이는 대한제국이 망한 후 중국으로 망명한 독립운동가들이 많이 거주하던 곳이었다. 3·1운동을 준비하던 천도교와 기독교 인사들은 상하이에 현순을 파견했다. 서양 열강에 독립을 청원하는 문서를 발송하기 위해서였다. 현순이 상하이에 도착한 날이 바로 3월 1일이었다. 현순은 프랑스 조계 내에 독립임시사무소를 열었다. 3·1운동 소식이 알려지면서 더 많은 독립운동가들이 상하이를 찾았다. 상하이 독립임시사무소에 모인 독립운동가들은 논의 끝에 독립운동의 최고기관인 임시정부를 수립하기로 결의했다.

4월 11일에 각 지방 대표들이 모여 임시의정원을 구성했다. 임시의정원 의장으로 이동녕이 선출되었다. 이날 회의에서 '대한민국'이라는 국호와 '민국'이라는 연호를 제정했다. '대한'은 일본에 빼앗긴 나라를 되찾는다는 뜻을, '민국'은 공화제 국가임을 선포한다는 결의를 담고 있었다. 이날 대한민국 임시정부의 관제와 국무원을 구성했는데, 국무총리에 이승만이 선출되었다. 민주공화정을 지향하는 〈임시헌장〉도 반포했다.

제1조 대한민국은 민주공화제로 한다.

제2조 대한민국은 임시정부가 임시의정원의 결의에 의하여 이를 통치한다.

제3조 대한민국 인민은 남녀 귀천 및 빈부의 계급이 없고 일체 평등하다.

제4조 대한민국 인민은 종교, 언론, 저작, 출판, 결사, 집회, 통신, 주소이전, 신체 및 소유의 자유 등을 향유한다.

제5조 대한민국 인민으로 공민 자격이 있는 자는 선거권 및 피선거권을 가진다.

제6조 대한민국 인민은 교육, 납세 및 병역의 의무를 가진다.

제7조 대한민국은 신(神)의 의사에 의하여 건국한 정신을 세계에 발휘하며, 인류의 문화 및 평화에 공헌하기 위하여 국제연맹에 가입한다.

제8조 대한민국은 구황실을 우대한다.

제9조 생명형, 신체형 및 공창제를 전부 폐지한다.

제10조 임시정부는 국토 회복 후 만 1년 내에 국회를 소집한다.[20]

제1조에 등장하는 민주공화제는 당시 일본만이 아니라 신해혁명 이

후 중국에서 나온 수많은 헌법안 가운데서도 유례를 찾아볼 수 없는 개념이다.[91] 1905년 청의 혁명파가 만든 중국동맹회도 공화제 혹은 입헌공화제라는 용어를 썼을 뿐 민주공화제라는 말을 쓰지 않았다. 중국에서는 1925년에 만든 〈중화민국헌법〉 초안에 처음으로 민주공화제가 등장한다. 다만 여기에서 공화국은 미국처럼 '연방'의 의미였다.[92]

하지만 민주공화제는 대한제국기 이래 지식인들이 써왔기에 〈임시헌장〉을 만든 조소앙에게는 낯선 개념이 아니었다. 일본 유학생들이 1907년에 만든 《대한유학생회보》는 미국을 '민주공화국의 개조'라 표현했다.[93] 앞에서 살펴보았지만, 원영의도 민주공화정을 가장 진화한 통치 형태라고 썼다.[94] 선우순은 귀족공화제에 대비하여 "전 인민의 의지가 직접 또는 간접으로 독립 고유의 최고권이 되는 경우"를 민주공화제라 불렀다.[95] 1914년 하와이 대한국민회 지방총회가 발간한 《국민보》에는 국민회가 장차 "대조선 민주공화국 정부를 세울 기초"가 되어야 한다는 주장이 실려 있다. 미국의 정치제도를 민주공화제도로 표현한 경우도 보인다.[96]

일본 메이지대학에서 법학을 전공한 조소앙은 민주공화제야말로 인민의 이익을 기초로 하여 정치적 권리를 균등화하고 국민을 균등하게 정치에 참여시키는 가장 좋은 제도라고 생각했다.[97] 1941년에 발표된 〈대한민국건국강령〉은 이 〈임시헌장〉에 대해 "다른 민족(일본)의 전제를 뒤집고 군주정치의 낡은 관습을 파괴하고 새로운 민주제도를 건립하여 사회계급을 소멸하는 첫 걸음을 내딛었다"라고 높이 평가했다.[98] 이 〈임시헌장〉의 요체는 해방 이후 헌법에 반영되어 오늘날까지 영향을 미치고 있다. 이렇게 임시정부가 민주공화정을 선포하자, 인민들은 "미친 듯 취한 듯 기뻐했다."[99]

임시의정원은 4월 25일에 총 13장 57조로 된 〈임시의정원법〉을 제정했다. 이에 따르면 임시의정원은 각 지방 인민의 대표위원으로 조직하고, 위원의 자격은 대한 인민으로서 중등교육을 받은 만 23세 이상의 남녀로 정했다. 의원 수는 인구 30만 명에 각 1인을 선출하기로 했다. 우선 인구조사 전까지는 경기·충청·경상·함경·평안도에서는 각 6인, 전라·강원·황해도와 중국령·러시아령·미국령에서는 각 3인을 선출하도록 했다. 이에 따르면 의원 정수는 48인이며, 임기는 2년이었다. 임시의정원에는 법률 제정과 예산·결산안 의결 및 조약 체결 동의 등의 권한이 주어졌다.

대한민국 임시정부의 탄생과 함께 러시아령의 대한국민의회라는 실체적 조직과 국내에서 나온 한성정부안을 수용한 임시정부 통합이 추진되었다. 주역은 안창호였다. 그는 대통령제를 채택하고 이승만을 대통령으로, 이동휘를 국무총리로 선출한다는 내용의 통합 방안을 내놓았다. 대한민국 임시정부는 상하이에 두기로 했다. 임시의정원은 9월 6일에 〈임시헌법〉을 제정하고 한성정부안 명단에 따라 대통령 이승만, 국무총리 이동휘를 비롯한 내각을 선출했다. 3·1운동의 격동 속에서 탄생한 임시정부들이 그해 9월 상하이에서 하나의 대한민국 임시정부로 본격적인 출발을 한 것이다. 안창호는 1920년 임시정부 신년 연설에서 그 감격을 이렇게 전했다.

오늘날 우리나라에는 황제가 없나요? 있소. 대한 나라의 과거에는 황제는 1인밖에 없었지마는 금일은 2000만 국민이 모두 황제요, 제군 모두가 황제요. 황제란 무엇이오. 주권자를 이름이니 과거의 주권자는 오직 한 사람이었

지만, 지금은 제군이 다 주권자외다.[100]

안창호를 비롯하여 3·1운동을 거치면서 탄생한 여러 임시정부 명단에 오른 인물 대부분은 갑신정변-갑오개혁-독립협회 운동을 펼친 개화파 계열이거나 1905년 이후 신민회를 비롯하여 대한자강회, 대한협회 등의 자발적 결사체를 꾸려온 계몽운동가였다.[101] 입헌군주제를 주장하던 사람들까지 이제는 모두 공화정의 나라를 세우는 데 나선 것이다.

독립운동은 민주주의 운동이다

1910년에 전제군주의 나라 대한제국이 망했다. 량치차오는 이렇게 개탄했다.

조선 멸망의 최대 원인은 사실 궁정에 있다. 오늘날 세상의 입헌국들에서 군주는 정치적 책임이 없고 약정도 할 수 없다. 그러므로 어질고 어질지 못함은 한 나라의 정치와 큰 관계가 없다. 전제국가의 경우는 이와 다르다. 국가의 명운이 전부 궁정에 달려 있다.[102]

일본은 식민지 조선에 일본 헌법을 적용하지 않았다. 일본 군부는 식민지 조선의 통치권을 장악하고 전형적인 군사독재형 통치를 실시했다. 민권 역시 국권 상실과 함께 사라졌다. 이는 개인의 자유와 평등과 권리를 확보하기 위해서는 민족의 자유와 평등과 생존권의 확보가 선결되어야 한다는 것을 의미했다.

마침내 1919년 3월 1일에 한국인이 민족의 독립, 즉 민족의 자유와 생존권을 요구하며 거리로 나섰다. 그날 도쿄에서도 민주주의적 정치권, 즉 보통선거를 요구하며 만여 명이 참가한 대규모 시위가 벌어졌다.[103] 두 달 넘게 계속된 3·1운동은 전 민족적 항쟁이라고 할 만큼 계급과 계층을 망라했으며 도시와 농촌을 가리지 않고 전국적으로 전개되었다. 신분은 물론 빈부·귀천·남녀를 불문하고 인민 모두가 독립을 요구했다. 종교·학생 조직이나 마을 단위로, 혹은 자발적으로 모인 인민들이 태극기를 만들고 독립선언서를 인쇄하고 거리 시위, 봉화 시위 등을 조직하면서 전국은 인민 자치의 해방구가 되었다.

3·1운동은 민족이라는 식민 권력 밖의 공간에서 전개되었으나, 인민이 주권 담지자로서 역사의 전면에 모습을 드러내며 독립의 정당성을 환기시킨 혁명적 사건이었다. 또한 3·1운동은 정치 공간에도 파장을 몰고 와서 일본이 제한적이나마 언론과 집회의 자유를 허용하는 등 군사독재적 식민 통치 시스템을 일부 완화시켰다. 정치적·사회적 차이를 뛰어넘어 참가자들에게 수평적인 일체감을 부여한 3·1운동을 통해 인민은 민족이라는 공동체를 발견했다.

민족 안에서 인민을 독립의 연대의식으로 묶어준 것은 "구한국 전제와 일본제국 전제 아래서 오래도록 사모해온" 민주주의였다.[104] 3·1운동의 도화선이 되었던 〈2·8독립선언서〉는 일본이 무단전제(武斷專制)의 통치를 실시하며 참정권, 집회·결사의 자유, 언론·출판의 자유를 박탈하고 종교의 자유, 기업의 자유까지 구속하고 행정·사법·경찰 기구를 내세워 인권을 침해하고 있다고 비판했다. 〈기미독립선언서〉는 다음과 같이 시작한다.

우리는 이에 우리 조선이 독립국임과 조선인이 자주민임을 선언한다. 이로 써 세계 만국에 알려 인류 평등의 큰 도의를 분명히 하는 바이며, 이로써 자손 만대에 깨우쳐 일러 민족의 독자적 생존의 정당한 권리를 영원히 누려 가지게 하는 바이다.[105]

독립, 자주, 평등의 가치를 내세우며 민족 생존의 권리, 즉 독립을 주 장하고 있다. 또한 〈기미독립선언서〉는 "영원히 한결같은 민족의 자유 발전"과 "전 인류의 공존동생권"을 내세우며 민족마다의 자유 발전과 인류로서 차별 없는 대우를 강조하고 있다. "민족적 양심과 국가적 체모 와 도리를 떨치고 뻗치는 방법이자, 각자 인격을 정당하게 발전시키기 위해" 독립이 필요하다고 주장하는 대목에서 개인 민주주의, 즉 민권의 확보는 집단 민주주의의 실현, 즉 자주독립을 통해 가능하다는 입론을 확인할 수 있다.

이처럼 3·1운동에서 민족 독립의 정당성을 주장하는 내적 논리는 민 주주의였다. 민족의 자유와 평등을 구현하는 것은 민족의 정당한 권리이 므로 독립해야 한다는 주장은, 민족의 독립이 곧 민주주의의 원리에 따 라 구현되어야 함을 의미한다.[106] 또한 이에 전 민족 구성원, 즉 인민들이 동조했다는 것은 민주주의 가치에 대한 이해와 동의가 있었음을 의미한 다.[107]

이제 민주주의는 대세가 되었다. 나라를 잃은 민족으로서 독립을 염원 하는 인민에게 민주주의는 독립 후 건설한 새로운 국가가 추구해야 할 가치였다. 독립운동이 민족주의와 사회주의라는 이념과 좌우라는 세력으로 갈라졌지만, 민주주의는 그들을 하나로 엮는 교집합이었다. 중국에서 활약한 독립운동가 김산은 당시 분위기를 이렇게 회고했다.

비록 달성하려는 방법은 달랐지만, 모든 조선인들은 오로지 두 가지를 열망하고 있었다. 독립과 민주주의. 실제로 그것은 오직 한 가지만을 원하는 것이었다. 자유. 자유라는 말은 자유를 알지 못하는 사람들한테는 금덩이처럼 생각되는 것이다. 어떤 종류의 자유든 조선인들에게는 신성한 것으로 보였던 것이다. 그들은 일제의 압제로부터의 자유, 결혼과 연애의 자유, 정상적이고 행복한 삶을 살아갈 자유, 자기 삶을 스스로 규정할 자유를 원했다. 무정부주의가 그토록 호소력을 가질 수 있었던 것은 이 때문이다. 광범위한 민주주의를 향한 충동은 조선에서는 그야말로 강렬한 것이었다. (······) 우리들 사이에는 민주주의가 남아돌 정도로 많았다.[108]

식민 상태를 벗어나고자 하는 독립의 희망 속에 민주주의의 미래가 함께했던 것이다. 이런 점에서 1919년 3·1운동과 민주공화정의 탄생은 근대와 현대를 가르는 역사적 분기점이라 할 수 있다.

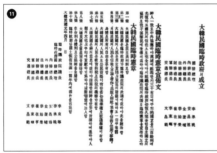

1884년에 발표된 〈혁신정강〉	**❶**	갑신정변을 일으킨 급진 개화파는 청으로부터의 독립을 외쳤다.
	❷	청일전쟁의 결과로 1895년에 체결된 시모노세키 조약은 조선의 독립을 명문화했다.
1897년에 완공된 독립문	**❸**	독립을 지켜내는 길을 반드시 찾아야만 하는 위기의 시대를 맞아
	❹	신채호는 스러져가는 국가를 대신하여 민족이 독립의 주체가 되어야 한다고 주장했다.
	❺	일본은 1889년에 〈대일본제국헌법〉을 공포함으로써 입헌군주제의 나라로 바뀌었고,
	❻	청은 1908년에 〈흠정헌법대강〉을 내놓으며 입헌군주제로의 개혁을 약속했다.
《의회통용규칙》 광고	**❼**	한국에서는 독립협회가 1898년 의회 개설 운동을 전개했으나 좌절했다.
《공립신보》 1908년 12월 9일	**❽**	을사조약 이후 국내외에서 공화정을 지향하는 주장들이 서서히 등장했고,
《신한민보》 1910년 9월 21일	**❾**	나라를 잃자마자 임시정부를 수립하자는 논의가 일어났다.
상하이 임시정부 청사	**❿**	1919년 3·1운동을 전후하여 국내외에서 임시정부 수립 운동이 활발히 일어났고,
	⓫	4월 11일 상하이 대한민국 임시정부는 민주공화정을 표방한 〈임시헌장〉을 발표했다.
	⓬	3·1운동은 식민지 군사통치가 빼앗아간 민주주의를 되찾기 위해 민족의 자주와 독립을 요구했고
	⓭	독립운동가들은 김산의 말처럼 독립과 민주주의를 열망하며 투쟁했다.

1장_인민 : 만민평등을 향한 해방의 길

1 정석종,《조선 후기 사회변동 연구》, 일조각, 1983, 216쪽.

2 이영훈,〈한국사에 있어 노비제의 추이와 성격〉,《노비·농노·노예》, 일조각, 1998, 405~407쪽.

3 전형택,《조선 후기 노비신분 연구》, 일조각, 1989, 233쪽.

4 전형택,〈노비의 저항과 해방〉,《역사비평》36, 1996, 334쪽.

5 전형택, 앞의 책, 235쪽.

6 왕현종,《한국 근대 국가 형성과 갑오개혁》, 역사비평사, 2003, 290~291쪽.

7 오지영,《동학사》, 영창서관, 1940, 126쪽.

8 왕현종, 앞의 책, 290쪽.

9 신용하,《갑오개혁과 독립협회 운동의 사회사》, 서울대학교출판부, 2001, 137~138쪽.

10《독립신문》, 1897년 10월 16일.

11《독립신문》, 1897년 10월 12일.

12《독립신문》, 1897년 10월 16일.

13 강영심,〈독립협회의 신분제 잔재 철폐운동에 관한 고찰〉,《이대사원》26, 1992, 165쪽.

14《독립신문》, 1898년 2월 19일.

15 정현백·김정안,《처음 읽는 여성의 역사》, 동녘, 2011, 172~174쪽.

16 김정인,〈동학·동학농민전쟁과 여성〉,《동학연구》11, 194~195쪽.

17 동학종단협의회 편,《해월선생법설주해》, 1978, 131쪽.

18〈최시형의 내칙·내수도문·유훈〉,《한국학보》12, 1978.

19 오지영, 앞의 책, 126쪽.

20 김선경, 〈조선 후기 여성의 성, 감시와 처벌〉, 《역사연구》 8, 2000 참조.

21 에른스트 폰 헤세-바르텍, 정현규 옮김, 《조선, 1894년 여름》, 책과함께, 2012, 209쪽.

22 노길명, 《가톨릭과 조선 후기 사회변동》, 고려대학교민족문화연구소, 1988, 102쪽.

23 김갑천, 〈박영효의 건백서-내정개혁에 관한 1888년의 상소문〉, 《한국정치연구》 2, 1990, 290쪽.

24 왕현종, 앞의 책, 290쪽.

25 위의 책, 294쪽.

26 김갑천, 앞의 글, 290쪽.

27 김현철, 〈박영효의 '1888년 상소문'에 나타난 민권론의 연구〉, 《한국정치학회보》 33-4, 2000, 16~17쪽.

28 후쿠자와 유키치, 남상영·사사가와 고이치 옮김, 《학문의 권장》, 소화, 2003, 112쪽.

29 김갑천, 앞의 글, 283쪽.

30 유길준, 허경진 옮김, 《서유견문》, 서해문집, 2004, 424쪽.

31 박용옥, 《한국 여성 근대화의 역사적 맥락》, 지식산업사, 2001, 260~261쪽.

32 위의 책, 258쪽.

33 문일평, 이기백 옮김, 《호암사론선》, 탐구당, 1975, 150~151쪽.

34 《독립신문》, 1898년 1월 4일.

35 《독립신문》, 1896년 4월 21일.

36 《독립신문》, 1896년 5월 12일, 1896년 9월 5일.

37 《제국신문》, 1903년 4월 16일.

38 박용옥, 앞의 책, 303쪽.

39 김정인, 앞의 글, 203쪽.

40 《독립신문》, 1898년 9월 9일.

41 한국여성연구소여성사연구실, 《우리 여성의 역사》, 청년사, 1999, 260쪽.

42 정현백·김정안, 앞의 책, 195~196쪽.

43 《대한매일신보》, 1907년 3월 8일.

44 한국여성연구소여성사연구실, 앞의 책, 270~273쪽.

45 《대한매일신보》, 1907년 4월 23일.

46 박용옥, 앞의 책, 418~420쪽.

47 이송희, 〈한국 근대사 속의 여성 리더십〉, 《여성과 역사》 15, 2011 참조.

48 용산교구 어떤 부인, 〈우리의 가정〉, 《천도교회월보》, 1917년 10월호.

49 〈지방교사〉, 《천도교회월보》, 1913년 4월호.

50 김정인, 《천도교 근대 민족운동 연구》, 한울, 2009, 102~104쪽.

51 국회도서관, 《대한민국임시정부 의정원문서》, 1974, 3쪽.

52 김정인, 〈근대 한국 민주주의 문화의 전통 수립과 특질〉, 《역사와 현실》 87, 2013, 228쪽.

53 미하일 알렉산드로비치 포지오, 이재훈 옮김, 《러시아 외교관이 바라본 근대 한국》, 동북아역사재단, 2010, 191쪽.

54 고숙화, 《형평운동》, 한국독립운동사연구소, 2008, 12쪽.

55 오지영, 앞의 책, 126쪽.

56 신용하, 앞의 책, 40쪽.

57 왕현종, 앞의 책, 290쪽.

58 김인규, 〈백정들의 가슴 저린 애환, 드디어 빛을 보다!〉, 《개화기 서울 사람들》 1, 어진이, 2004, 248쪽.

59 김인규, 앞의 글, 244~245쪽.

60 오환일, 〈한말 백정에 대한 수탈과 백정층의 동향〉, 《역사와 향촌사회 연구》, 경인문화사, 2000, 531~532쪽.

61 신용하, 《신판 독립운동 연구(상)》, 일조각, 2006, 164쪽.

62 고숙화, 앞의 책, 11쪽.

63 위의 책, 45~46쪽.

64 일본부락해방연구소, 최종길 옮김, 《일본 부락의 역사》, 어문학사, 2010, 233쪽.

65 김영대, 《형평》, 송산출판사, 1978, 4쪽.

66 《동아일보》, 1923년 4월 30일.

67 〈형평운동을 위하여〉, 《개벽》, 1923년 6월호, 59~60쪽.

68 《조선일보》, 1925년 5월 16일.

69 《동아일보》, 1925년 8월 14일(고숙화, 앞의 책, 212~213쪽에서 재인용).

70 《조선일보》, 1925년 8월 19일.

71 《동아일보》, 1926년 11월 26일.

2장_ 자치 : 종교가 꾸린 대안 공동체

1 로버트 위브, 이영옥 외 옮김, 《미국 민주주의의 문화사》, 한울, 1999, 25쪽.

2 노길명, 《가톨릭과 조선 후기 사회변동》, 고려대학교민족문화연구소, 1988, 109~110쪽.

3 샤를 달레, 《한국천주교회사(중)》, 한국교회사연구소, 1987, 34~35쪽.

4 조광, 《조선 후기 사회와 천주교》, 2010, 경인문화사, 299쪽.

5 조광, 《조선 후기 천주교사 연구》, 고려대학교민족문화연구소, 1988, 151쪽.

6 노길명, 앞의 책, 101쪽.

7 조광, 앞의 책, 2010, 456~458쪽.

8 샤를 달레, 앞의 책(상), 577쪽.

9 이원순, 〈천주교의 수용과 전파〉, 《한국사》 35, 국사편찬위원회, 1998, 89쪽.

10 위의 글, 91쪽.

11 샤를 달레, 앞의 책(상), 345~346쪽.

12 노길명, 앞의 책, 78쪽.

13 조광, 앞의 책, 2010, 248~249쪽.

14 위의 책, 359~363쪽.

15 위의 책, 373쪽.

16 위의 책, 417~418쪽.

17 샤를 달레, 앞의 책(상), 365쪽.

18 조광, 앞의 책, 1988, 179~185쪽.

19 조광, 앞의 책, 2010, 272~273쪽.

20 위의 책, 250~251쪽.

21 위의 책, 252~253쪽.

22 김옥희, 《박해시대 교우촌》, 한국가톨릭문화연구소, 1984, 26쪽.

23 조광, 앞의 책, 2010, 178쪽.

24 김혜숙, 〈19세기 '옹기 교우촌'의 신앙생활과 옹기 문양〉, 《교회사연구》 30, 2008, 80~81쪽.

25 《순조실록》, 순조 1년 2월 21일.

26 《고종실록》, 고종 1년 3월 2일.

27 장동하, 《개항기 한국 사회와 천주교》, 가톨릭출판사, 2005, 43~44쪽.

28 이원순, 앞의 글, 120쪽.

29 최정간, 《해월 최시형가의 사람들》, 웅진출판, 1994, 18쪽.

30 표영삼, 《동학》 1, 통나무, 2004, 82~89쪽.

31 이세권, 《동학경전》, 정민사, 1986, 13~14쪽.

32 김영태, 《신비주의와 퀘이커 공동체》, 인간사랑, 2002, 94쪽.

33 조병한 편저, 《태평천국과 중국의 농민운동》, 인간사, 1981, 11~27쪽.

34 최동희, 〈동경대전의 종교철학적인 이해〉, 《동학과 동학경전의 재인식》, 신서원, 2001, 44쪽.

35 천도교중앙총부, 〈대인접물〉, 《해월신사법설》, 1986.

36 천도교중앙총부, 《천도교경전》, 1993, 389쪽(오문환, 《해월 최시형의 정치사상》, 모시는사

람들, 2003, 132쪽에서 재인용).

37 〈천도교서〉제2편 해월신사, 10쪽(《아세아연구》5-1, 1962, 220쪽).

38 오문환, 〈동학에 나타난 민주주의: 인권, 공공성, 국민주권〉, 《한국학논집》 32, 2005, 194~195쪽.

39 동학학회, 《동학과 전통사상》, 모시는사람들, 2004, 92쪽.

40 천도교사편찬위원회, 《천도교백년약사》, 미래문화사, 1981, 135쪽.

41 김기승, 〈용담유사의 역사적 이해〉, 《동학과 동학 경전의 재인식》, 신서원, 2001, 105쪽.

42 위의 글, 107쪽.

43 천도교사편찬위원회, 앞의 책, 145쪽.

44 동학종단협의회중앙총부, 《해월선생법설주해》, 1978, 306~307쪽.

45 표영삼, 앞의 책, 221~224쪽.

46 오문환, 앞의 글, 194쪽.

47 오문환, 앞의 글, 198쪽.

48 송호근, 《시민의 탄생》, 민음사, 2013, 148~149쪽.

49 조경달, 박맹수 옮김, 《이단의 민중반란》, 역사비평사, 2008, 205~216쪽.

50 박양식, 《종교개혁 시대의 천년왕국 운동》, 한국학술정보, 2011, 269~272쪽.

51 위의 책, 161쪽.

52 존 위티 주니어, 정두메 옮김, 《권리와 자유의 역사》, 2015, 20~21쪽.

53 배항섭, 〈19세기 후반 민중운동과 공론〉, 《한국사연구》 61, 2013, 336쪽.

54 최린, 〈자서전〉, 《여암문집(상)》, 1971, 176쪽.

55 박은식, 《한국독립운동지혈사(상)》, 1920(서문당, 1973), 126쪽.

56 명호, 〈압박의 속에서 일어나〉, 《천도교회월보》, 1922년 9월호.

57 박은식, 앞의 책, 126쪽.

58 최종성, 《동학의 테오프락시: 초기 동학 및 후기 동학의 사상과 의례》, 민속원, 2009, 193~195쪽.

59 《매일신보》, 1911년 10월 11일.

60 박사직, 〈천도교 의정회의 제일회 개회에 제하여〉, 《천도교회월보》, 1921년 9월호.

61 〈천도교의정회 제1회 회록〉, 《천도교회월보》, 1922년 1월호, 121~122쪽.

62 《동아일보》, 1922년 1월 17일.

63 《신한민보》, 1922년 2월 16일.

64 김정인, 《천도교 근대 민족운동 연구》, 한울, 2009, 48~51쪽.

65 김정인, 〈1920년대 천도교 소년운동의 이론과 실천〉, 《한국민족운동사연구》 73, 160~164쪽.

3장_ 정의 : 공정하고 공평한 세상을 향한 100년의 항쟁

1 로제 샤르띠에, 백인호 옮김, 《프랑스 혁명의 문화적 기원》, 일월서각, 1998, 209~210쪽, 215~216쪽.

2 김민제, 《러시아 혁명의 환상과 현실》, 역민사, 1998, 67~69쪽.

3 《승정원일기》, 헌종 4년 1월 10일.

4 한우근, 《동학과 농민봉기》, 일조각, 1983, 49쪽.

5 황현, 김종익 옮김, 《번역 오하기문》, 역사비평사, 1994, 44쪽.

6 이세영 〈18 · 19세기 곡물시장의 형성과 유통구조의 변동〉, 《한국사론》 9, 1983.

7 정석종, 〈홍경래의 난〉, 《전통시대의 민중운동(하)》, 풀빛, 1981, 299쪽.

8 배항섭, 《조선 후기 민중운동과 동학농민전쟁의 발발》, 경인문화사, 2002, 51쪽.

9 조광, 《조선 후기 사회의 이해》, 경인문화사, 2010, 121쪽.

10 로제 샤르띠에, 앞의 책, 245쪽.

11 황현, 김준 옮김, 《매천야록》, 교문사, 1994, 209쪽.

12 오지영, 《동학사》, 영창서관, 1940, 100쪽.

13 위의 책, 115쪽.

14 조광, 앞의 책, 123쪽.

15 고혜령, 〈서북지방 최대의 민중항쟁-홍경래의 난과 여러 민란들〉, 《민란의 시대》, 가람기획, 2000, 135쪽.

16 정석종, 앞의 글, 303쪽.

17 고혜령, 앞의 글, 148쪽.

18 정석종, 앞의 글, 309쪽.

19 오수창, 《조선 후기 평안도 사회발전 연구》, 일조각, 2002, 262쪽.

20 고혜령, 앞의 글, 151~152쪽.

21 강위, 〈논삼정구폐책〉, 《강위전집(상)》, 아세아문화사, 600~601쪽.

22 이영호, 《동학과 농민전쟁》, 혜안, 2004, 134쪽.

23 망원한국사연구실 19세기 농민항쟁분과, 《1862년 농민항쟁》, 동녘, 1988, 71쪽.

24 이영호, 앞의 책, 92쪽.

25 오영교, 《조선 후기 사회사 연구》, 혜안, 2005, 281쪽.

26 《승정원일기》, 철종 13년 4월 22일.

27 고석규, 〈19세기 농민항쟁의 전개와 변혁주체의 성장〉, 《1894년 농민전쟁연구》 1, 역사비평사, 1991, 331쪽.

28 배항섭, 〈1890년대 초반 민중의 동향과 고부민란〉, 《1894년 농민전쟁 연구》 4, 역사비평사,

1995, 19쪽.

29 황현, 앞의 책, 257쪽.

30 배항섭, 앞의 글, 23쪽.

31 위의 글.

32 에른스트 폰 헤세-바르텍, 정현규 옮김, 《조선, 1894년 여름》, 책과함께, 2012, 154쪽.

33 위의 책, 159쪽.

34 이사벨라 버드 비숍, 이인화 옮김, 《한국과 그 이웃나라들》, 살림, 1994, 209쪽.

35 이이화, 《녹두장군 전봉준》, 중심, 2006, 250~251쪽.

36 박찬승, 〈1894년 농민전쟁의 주체와 농민군의 지향〉, 《1894년 농민전쟁 연구》 5, 역사비평
사, 1997, 111~118쪽.

37 이이화, 앞의 책, 225쪽.

38 위의 책, 235쪽.

39 쑨테, 이화진 옮김, 《중국사산책》, 일빛, 2011, 541쪽.

40 이윤상, 〈대한제국기 농민운동의 성격〉, 《1894년 농민전쟁연구》 2, 1992, 366~367쪽.

41 에밀 부르다레, 정진국 옮김, 《대한제국 최후의 숨결》, 글항아리, 2009, 187~189쪽.

42 이윤상, 앞의 글, 354~357쪽.

4장_문명 : 신문과 학교에서 익히는 시민성

1 김용섭, 《동아시아 역사 속의 한국 문명의 전환》, 지식산업사, 2008, 181~192쪽.

2 노대환, 《문명》, 소화, 2010, 57쪽.

3 국사편찬위원회, 《한국문화사 31 : 서구 문명과의 만남》, 경인문화사, 2010, 35쪽.

4 후쿠자와 유키치, 엄창준·김경신 옮김, 《학문을 권함》, 지안사, 1993, 106쪽.

5 전홍석, 《문명담론을 말하다》, 푸른역사, 2012, 66~68쪽.

6 노대환, 앞의 책, 98~100쪽.

7 길진숙, 〈《독립신문》·《매일신문》에 수용된 '문명/야만' 담론의 의미 층위〉, 《근대계몽기 지식
개념의 수용과 그 변용》, 소명출판, 2004, 65~66쪽.

8 위의 글, 78~81쪽.

9 이혜경, 〈조선 지식인들의 문명화 기획〉, 《문명 안으로》, 한길사, 2011, 201쪽.

10 《황성신문》, 1908년 9월 27일.

11 《대한매일신보》, 1907년 11월 9일.

12 길진숙, 〈문명의 재구성 그리고 동양 전통 담론의 재해석〉, 《근대계몽기 지식의 발견과 사유

지평의 확대》, 소명출판, 2006, 49쪽.

13 길진숙, 〈1905~1910, 국가적 대의와 문명화〉, 《근대계몽기 지식의 굴절과 현실적 심화》, 소명출판, 2007, 41쪽.

14 함동주, 〈러일전쟁 직후 일본의 한국식민론과 문명〉, 《근대계몽기 지식의 발견과 사유 지평의 확대》, 소명출판, 2006, 288쪽.

15 권태억, 《일제의 한국 식민지화와 문명화(1904~1919)》, 서울대학교출판문화원, 2014, 38쪽.

16 에른스트 폰 헤세-바르텍, 정현규 옮김, 《조선, 1894년 여름》, 책과함께, 2012, 77쪽.

17 위의 책, 190쪽.

18 바츨라프 세로셰프스키, 김진영 외 옮김, 《코레야 1903 가을》, 개마고원, 2006, 310쪽.

19 위의 책, 420쪽.

20 미하일 알렉산드로비치 포지오, 이재훈 옮김, 《러시아 외교관이 바라본 근대 한국》, 동북아역사재단, 2010, 447쪽.

21 바츨라프 세로셰프스키, 앞의 책, 165쪽.

22 릴리어스 호톤 언더우드, 김철 옮김, 《언더우드 부인의 조선 견문록》, 이숲, 2008, 295쪽.

23 지그프리트 겐테, 권영경 옮김, 《독일인 겐테가 본 신선한 나라 조선, 1901》, 책과함께, 2007, 229쪽.

24 바츨라프 세로셰프스키, 앞의 책, 73쪽.

25 릴리어스 호톤 언더우드, 앞의 책, 305~306쪽.

26 J. S. 게일, 신복룡 외 옮김, 《전환기의 조선》, 평민사, 1986, 94쪽.

27 위의 책, 147쪽.

28 릴리어스 호톤 언더우드, 앞의 책, 280~281쪽.

29 위의 책, 282쪽.

30 제이콥 로버트 무스, 문무홍 외 옮김, 《1900, 조선에 살다》, 푸른역사, 2008, 319쪽.

31 쑨톄, 이화진 옮김, 《중국사산책》, 일빛, 2011, 550쪽.

32 한철호, 《친미개화파연구》, 국학자료원, 1998, 10~11쪽.

33 이광린, 〈한국에 있어서의 민주주의 수용〉, 《동아연구》 12, 1987, 16쪽.

34 박충석, 〈박영효의 부국강병론〉, 《'문명' '개화' '평화'》, 아연출판부, 2008, 34쪽.

35 김옥균, 〈거문도사건에 대한 상소〉, 《근대한국명논설집》, 동아일보사, 1979, 10~11쪽.

36 김갑천, 〈박영효의 건백서-내정개혁에 관한 1888년의 상소문〉, 《한국정치연구》 2, 1990, 279~280쪽.

37 이광린, 〈유길준의 개화사상〉, 《한국개화사상연구》, 일조각, 1979 참조.

38 三谷博, 《愛国·革命·民主》, 筑摩書房, 2013, 328쪽.

39 박정양, 《미속습유》(《박정양전집》6), 아세아문화사, 1984, 634쪽(한철호, 앞의 책, 65~66 쪽에서 재인용).

40 유길준, 허경진 옮김, 《서유견문》, 서해문집, 2004, 476~481쪽.

41 김도태, 《서재필 박사 자서전》, 을유문화사, 1972, 241쪽.

42 이광린, 앞의 글, 168쪽.

43 이황직, 《독립협회, 토론공화국을 꿈꾸다》, 프로네시스, 2007, 48쪽.

44 《독립신문》, 1896년 4월 7일.

45 김도태, 앞의 책, 245쪽.

46 《독립신문》, 1898년 11월 9일.

47 전인권 외, 《1898, 문명의 전환》, 이학사, 2011, 70쪽.

48 이황직, 앞의 책, 50쪽.

49 이사벨라 버드 비숍, 이인화 옮김, 《한국과 그 이웃나라들》, 살림, 1994, 503쪽.

50 《독립신문》, 1896년 4월 25일.

51 《독립신문》, 1896년 11월 10일.

52 길진숙, 앞의 글, 76쪽.

53 《독립신문》, 1899년 2월 23일.

54 《독립신문》, 1898년 11월 11일.

55 《독립신문》, 1898.년 2월 3일.

56 《독립신문》, 1896년 5월 12일.

57 《독립신문》, 1899년 4월 3일.

58 《독립신문》, 1899년 1월 21일.

59 《독립신문》, 1896년 11월 14일.

60 《독립신문》, 1899년 6월 21일.

61 제프리 C. 알렉산더, 박선웅 옮김, 《사회적 삶의 의미》, 한울, 2007, 271~272쪽.

62 《독립신문》, 1899년 6월 15일.

63 《독립신문》, 1897년 6월 10일.

64 《독립신문》, 1896년 6월 27일.

65 《독립신문》, 1896년 6월 30일.

66 《독립신문》, 1899년 7월 26일.

67 《독립신문》, 1898년 4월 28일.

68 《독립신문》, 1896년 7월 14일.

69 《독립신문》, 1896년 9월 29일.

70 R. F. Butts, 김해성 옮김, 《민주시민의 도덕》, 나남, 2007, 241쪽.

71 《독립신문》, 1896년 4월 11일.

72 《독립신문》, 1896년 9월 1일.

73 《독립신문》, 1896년 9월 15일.

74 《독립신문》, 1896년 9월 10일.

75 신용하, 《초기 개화사상과 갑신정변 연구》, 지식산업사, 2000, 159쪽.

76 신복룡, 《이방인이 본 조선 다시 읽기》, 풀빛, 2002, 104쪽.

77 김갑천, 앞의 글, 283쪽.

78 윤병희, 《유길준 연구》, 국학자료원, 1998, 112~115쪽.

79 《일본》, 메이지 27년 11월 5일(김경미, 《한국 근대교육의 형성》, 혜안, 2009, 123쪽에서 재
인용).

80 바츨라프 세로셰프스키, 앞의 책, 155쪽.

81 《독립신문》, 1897년 8월 31일.

82 안창선, 〈교육의 급무〉, 《대조선독립협회보》 7, 1897.

83 《독립신문》, 1898년 7월 6일.

84 신용하, 〈박은식의 교육구국사상에 대하여〉, 《한국학보》 1, 1975, 75~76쪽.

85 구희진, 〈대한제국기 국민교육의 추진과 굴절〉, 《역사교육》 209, 2009, 205~208쪽.

86 《황성신문》, 1909년 5월 8일.

87 유영렬, 《애국계몽운동Ⅰ-정치사회운동》, 한국독립운동사연구소, 2007, 205쪽.

88 박성흠, 〈보통교육은 국민의 의무〉, 《서우》 9, 1907.

89 《대한민국임시정부》 1919년 9월 11일.

90 지그프리트 겐테, 앞의 책, 236쪽.

91 류방란, 〈개화기 기독교계 학교의 발달〉, 《한국문화》 28, 2001, 255~261쪽.

92 고려대 아세아문제연구소, 《구한국외교문서》 10, 1968, 353쪽.

93 이사벨라 버드 비숍, 앞의 책, 441쪽.

94 정영희, 《개화기 종교계의 교육운동 연구》, 혜안, 1999, 167쪽.

95 이해명, 《개화기 교육개혁 연구》, 을유문화사, 1991, 133쪽.

96 김기석·유방란, 《한국 근대교육의 태동》, 교육과학사, 1999, 105쪽.

97 한용진, 《근대 한국 고등교육 연구》, 고려대학교 민족문화연구원, 2012, 236~237쪽.

98 이사벨라 버드 비숍, 앞의 책, 441쪽.

99 지그프리트 겐테, 앞의 책, 232쪽.

100 이사벨라 버드 비숍, 앞의 책, 443쪽.

101 《독립신문》, 1898년 7월 8일.

102 이계형, 〈한말 공립소학교의 설립과 운영(1895~1905)〉, 《한국근현대사연구》 11, 1999.

205~208쪽.

103 이승원, 《학교의 탄생》, 휴머니스트, 2005, 336~337쪽.

104 박정동, 《초등수신서》, 동문사, 1909(《근대 수신 교과서》 1, 소명출판, 2011, 163쪽).

105 고유경, 〈한독 관계 초기 독일인의 한국 인식에 나타난 근대의 시선〉, 《근대 계몽기 지식의 발견과 사유 지평의 확대》, 소명출판, 2006, 350쪽.

106 조연순 외, 《한국 근대 초등교육의 발전》, 교육과학사, 2005, 127~133쪽.

107 김태웅, 《우리 학생들이 나아가누나》, 서해문집, 2006, 83~88쪽.

108 안종화, 《초등윤리학교과서》, 광학서포, 1907(《근대 수신 교과서》 1, 소명출판, 2011, 73~76쪽).

5장_ 도시 : 자발적 결사체와 시위·집회 공간의 탄생

1 김윤경, 〈시민과 국가〉, 《사상가들 도시와 문명을 말하다》, 2014, 65쪽.

2 고동환, 《조선 후기 서울상업발달사 연구》, 지식산업사, 1998, 435~436쪽.

3 위의 책, 73쪽.

4 위의 책, 77쪽.

5 이사벨라 버드 비숍, 이인화 옮김, 《한국과 그 이웃나라들》, 살림, 1994, 79쪽.

6 로제 샤르띠에, 《프랑스 혁명의 문화적 기원》, 일월서각, 1998, 261쪽.

7 박윤덕, 〈혁명의 수도 파리와 '거리의 정치'〉, 《역사가 만든 도시》, 경북대학교출판부, 2012, 70쪽.

8 유길준, 허경진 옮김, 《서유견문》, 서해문집, 2004, 553쪽.

9 에른스트 폰 헤세-바르텍, 정현규 옮김, 《조선, 1894년 여름》, 책과함께, 2012, 77쪽.

10 위의 책, 83~84쪽.

11 이사벨라 버드 비숍, 앞의 책, 497쪽.

12 위의 책, 500쪽.

13 박경룡, 《개화기 한성부 연구》, 일지사, 1995, 242쪽.

14 에밀 부르다레, 정진국 옮김, 《대한제국 최후의 숨결》, 글항아리, 2009, 117쪽.

15 에른스트 폰 헤세-바르텍, 앞의 책, 199쪽.

16 김백영, 《지배와 공간》, 문학과지성사, 2009, 286~295쪽.

17 배항섭, 〈19세기 후반 민중운동과 공론〉, 《한국사연구》 61, 2013, 336쪽.

18 고석규, 〈19세기 농민항쟁의 전개와 변혁주체의 성장〉, 《1894년 농민전쟁 연구》 1, 역사비평사, 1991, 346~347쪽.

19 《일성록》, 고종 28년 9월 21일.

20 박경룡, 앞의 책, 1995, 149쪽.

21 백승철, 〈개항 이후(1876~1893) 농민항쟁의 전개와 지향〉, 《1894년 농민전쟁 연구》 2, 역사비평사, 1992, 332~334쪽.

22 G. W. 길모어, 《서울풍물지》, 집문당, 1999, 23쪽.

23 송호근, 《인민의 탄생》, 민음사, 2011, 102쪽.

24 송호근, 《시민의 탄생》, 민음사, 2013, 365~366쪽.

25 송호근, 앞의 책, 2011, 106쪽.

26 《독립신문》, 1898년 8월 4일.

27 《황성신문》, 1898년 10월 24일.

28 신용하, 《갑오개혁과 독립협회운동의 사회사》, 서울대학교출판부, 2001, 414~417쪽.

29 《독립신문》, 1898년 10월 27일.

30 신용하, 앞의 책, 418쪽.

31 유영렬, 《대한제국기의 민족운동》, 일조각, 1997, 197~199쪽.

32 유영렬, 《애국계몽운동 I−정치사회운동》, 한국독립운동사연구소, 2007, 219~221쪽.

33 김상기, 〈한말 국채보상운동의 전개와 이념〉, 《충청문화연구》 10, 2013 24~30쪽.

34 이황직, 《독립협회, 토론공화국을 꿈꾸다》, 프로네시스, 2007, 77~78쪽.

35 이정식, 《구한말 개혁 독립투사 서재필》, 서울대학교출판부, 2003, 221~222쪽.

36 《독립신문》, 1896년 12월 1일; 12월 3일.

37 김도태, 《서재필 박사 자서전》, 을유문화사, 1972, 248쪽.

38 전인권 외, 《1898, 문명의 전환》, 이학사, 2011, 190쪽.

39 정선태, 〈근대적 정치운동 또는 국민 발견의 시공간〉, 《근대계몽기 지식의 발견과 사유지평의 확대》, 소명출판, 2006, 85쪽.

40 《독립신문》, 1898년 2월 24일.

41 신용하, 《독립협회연구(상)》, 일조각, 2006, 143~145쪽.

42 한철호, 〈독립협회 지회와 《독립신문》 지사, 열렬히 활약하다!〉, 《대한제국기 지방 사람들》, 어진이, 16~24쪽.

43 김종준, 《일진회의 문명화론과 친일활동》, 신구문화사, 2010, 69~71쪽.

44 유영렬, 앞의 책, 2007, 52쪽.

45 유영렬, 앞의 책, 1997, 110쪽.

46 유영렬, 앞의 책, 2007, 65쪽.

47 전인권 외, 앞의 책, 170쪽.

48 《독립신문》, 1898년 12월 5일.

49 정선태, 앞의 글, 91~92쪽.

50 한철호, 〈만민공동회, 자주와 민권을 외친 최초의 근대적 민중 집회〉, 《내일을 여는 역사》 33, 2008, 44~46쪽.

51 정선태, 앞의 글, 103~104쪽.

52 정선태, 앞의 책, 111쪽.

53 《독립신문》, 1897년 8월 12일.

54 《독립신문》, 1898년 3월 30일.

55 김승순, 《한국 근대 민권운동과 지역민》, 유니스토리, 2015, 33~36쪽.

56 《황성신문》, 1904년 7월 25일.

57 최창희, 〈황무지개척권반대운동〉, 《한국사》 43, 국사편찬위원회, 1999 참조.

58 유영렬, 앞의 책, 2007, 177~198쪽.

59 김상태 편역, 《윤치호 일기(1916~1943)》, 역사비평사, 2001, 78쪽.

60 김정인·이정은, 《국내 3·1운동-중부·북부》, 한국독립운동사연구소, 2009, 219~223쪽.

61 위의 책, 86쪽; 94쪽.

62 《新潮》, 1919년 4월 1일.

63 김상태 편역, 앞의 책, 93~95쪽.

6장_ 권리: 인권과 민권의 자각

1 T. H. 마셜·T. 보토모어, 조성은 옮김, 『시민권』, 나눔의집, 2014, 30쪽.

2 송호근, 《시민의 탄생》, 민음사, 2014, 72쪽.

3 리하르트 반 뒐멘, 최윤영 옮김, 《개인의 발견》, 현실문화연구, 2005, 255쪽.

4 위의 책, 250~251쪽.

5 김석근, 〈근대 한국의 '개인' 개념 수용〉, 《근대 한국의 사회과학 개념 형성사》, 창비, 2009, 349쪽.

6 송호근, 앞의 책, 456쪽.

7 류준필, 〈19세기 말 '독립'의 개념과 정치적 동원의 용법〉, 《근대계몽기 지식 개념의 수용과 그 변용》, 소명출판, 2004, 42쪽.

8 김효전, 〈나진·김상연 역술 '국가학' 연구〉, 《성균관법학》 10, 1999, 38쪽.

9 《대한매일신보》, 1908년 1월 1일.

10 박주원, 〈《대한매일신보》에 나타난 '개인' 개념의 특성과 의미〉, 《근대 계몽기 지식의 굴절과 현실적 심화》, 소명출판, 2007, 112~113쪽.

11 신용하, 《갑오개혁과 독립협회 운동의 사회사》, 서울대학교출판부, 2001, 107쪽.

12 위의 책, 108쪽.

13 왕현종, 《한국 근대국가의 형성과 갑오개혁》, 역사비평사, 2003, 317쪽.

14 류준필, 앞의 글, 29쪽.

15 정용화, 《문명의 정치사상: 유길준과 근대 한국》, 문학과지성사, 2004, 338~345쪽.

16 이상익, 《유교전통과 자유민주주의》, 심산, 2004, 50쪽; 57쪽.

17 로버트 위브, 《미국 민주주의의 문화사》, 한울, 1999 서론 참조.

18 유근, 《초등 소학 수신서》, 광학서포, 1908(《근대 수신 교과서》1, 소명출판, 2011, 105쪽).

19 위의 책, 110쪽.

20 신해영, 《윤리학 교과서》, 보성관, 1908(《근대 수신 교과서》3, 소명출판, 2011, 95쪽).

21 박정동, 《초등 수신서》, 동문사, 1909(《근대 수신 교과서》1, 소명출판, 2011, 161쪽).

22 휘문의숙, 《고등 소학 수신서》, 휘문관, 1907(《근대 수신 교과서》2, 소명출판, 2011, 271
쪽).

23 위의 책, 283쪽.

24 휘문의숙, 《중등 수신 교과서》, 휘문관, 1906(《근대 수신 교과서》2, 소명출판, 2011,
89~90쪽).

25 휘문의숙, 《보통 교과 수신서》, 휘문관, 1910(《근대 수신 교과서》2, 소명출판, 2011, 363
쪽).

26 휘문의숙, 《고등 소학 수신서》, 269쪽.

27 위의 책, 239~240쪽.

28 휘문의숙, 《중등 수신 교과서》, 100~101쪽.

29 신해영, 앞의 책, 206쪽.

30 유근, 앞의 책, 118쪽.

31 신해영, 앞의 책, 204~205쪽.

32 휘문의숙, 《중등 수신 교과서》, 105~106쪽.

33 신해영, 앞의 책, 138쪽.

34 위의 책, 155~156쪽.

35 김효전, 《근대 한국의 국가사상》, 철학과현실사, 2000, 316쪽.

36 《한성순보》, 1883년 11월 10일.

37 린 헌트, 전진성 옮김, 《인권의 발명》, 돌베개, 2009, 34쪽.

38 《한성순보》, 1884년 2월 11일.

39 문중섭, 《한말의 서양 정치사상 수용》, 경성대학교출판부, 1998, 88쪽.

40 김갑천 옮김, 〈박영효의 건백서-내정개혁에 대한 1888년의 상소문〉, 《한국정치연구(서울

대)》 2호, 1990, 288쪽.

41 송호근, 앞의 책, 81~82쪽.

42 박주원, 《독립신문》과 근대적 '개인', '사회' 개념의 탄생〉, 《근대 계몽기 지식 개념의 수용과 그 변용》, 소명출판, 2004, 152쪽.

43 《독립신문》, 1897년 3월 9일.

44 《독립신문》, 1897년 10월 16일.

45 《제국신문》, 1902년 10월 30일.

46 정용화, 앞의 책, 337쪽.

47 설태희, 〈법률상 인의 권의〉, 《대한자강회월보》 8, 1907, 17쪽.

48 《한성순보》, 1884년 1월 30일.

49 《한성순보》, 1883년 12월 1일.

50 도면회, 《한국근대형사재판제도사》, 푸른역사, 2014, 108~109쪽.

51 위의 책, 112~114쪽.

52 신용하, 앞의 책, 87쪽.

53 도면회, 앞의 책, 169쪽.

54 《대한매일신보》, 1905년 12월 22일(도면회, 앞의 책, 347쪽에서 재인용).

55 《독립신문》, 1897년 3월 18일.

56 《독립신문》, 1896년 7월 14일.

57 《독립신문》, 1896년 7월 23일.

58 《독립신문》, 1898년 8월 29일.

59 《승정원일기》, 1898년 9월 17일; 9월 18일; 9월 19일; 9월 21일.

60 《승정원일기》, 1898년 9월 21일; 9월 24일.

61 《독립신문》, 1898년 9월 27일.

62 《독립신문》, 1898년 9월 26일.

63 《승정원일기》, 1898년 10월 6일.

64 《고종실록》, 고종 35년 10월 10일.

65 《매일신문》, 1898년 10월 13일.

66 《독립신문》, 1898년 10월 16일.

67 《승정원일기》, 1898년 10월 11일; 《독립신문》, 1898년 10월 12일.

68 이예안·권철, 〈일본 메이지 초기의 '민법'과 '민권' 개념-'droit civil'을 둘러싼 두 개의 시좌〉, 《성균관법학》, 24-1, 2012, 185쪽.

69 《독립신문》, 1899년 3월 31일.

70 《독립신문》, 1898년 7월 9일.

71 문유미, 〈민권과 제국: 국권상실기 민권 개념의 용법과 변화, 1898~1910〉, 《근대 한국의 사회과학 개념 형성사》 2, 창비, 2012, 279~280쪽.

72 《독립신문》, 1898년 12월 15일.

73 《황성신문》, 1898년 10월 25일.

74 《제국신문》, 1898년 10월 6일.

75 문유미, 앞의 글, 283쪽.

76 《대한매일신보》, 1909년 3월 17일.

77 《황성신문》, 1904년 9월 2일.

78 김종준, 《일진회의 문명화론과 친일활동》, 신구문화사, 2010, 76~79쪽.

79 《황성신문》, 1908년 4월 18일.

80 《대한매일신보》, 1910년 6월 28일.

81 문중섭, 앞의 책, 78쪽.

82 차기벽, 〈일본 근대화 과정의 명암〉, 《국권론과 민권론》, 한길사, 1981, 16쪽.

83 《대한매일신보》, 1908년 5월 24일.

84 《대한매일신보》, 1909년 10월 26일.

85 신해영, 앞의 책, 266쪽.

86 왕현종, 앞의 책, 87쪽.

87 왕현종, 앞의 책, 286쪽.

88 정용화, 앞의 책, 302~303쪽.

89 윤병희, 《유길준 연구》, 국학자료원, 1998, 101~105쪽.

90 김정인, 《천도교 근대 민족운동 연구》, 한울, 2009, 43~44쪽.

91 《황성신문》, 1906년 11월 1일.

92 《대한매일신보》, 1906년 11월 14일; 15일; 16일.

93 《대한매일신보》, 1909년 7월 3일.

94 《대한매일신보》, 1910년 7월 9일.

95 윤효정, 〈지방자치제도론〉, 《대한자강회월보》 4, 1906.

96 쓰키아시 다쓰히코, 최덕수 옮김, 《조선의 개화사상과 내셔널리즘》, 열린책들, 2014, 152~153쪽.

97 《대한매일신보》, 1909년 2월 2일.

7장 _ 독립 : 민주공화정으로의 길

1 윌리엄 길모어, 이복기 옮김, 《서양인 교사 윌리엄 길모어, 서울을 걷다 1894》, 살림, 2009, 117~118쪽.

2 김현철, 〈근대한국의 '자주'와 '독립' 개념의 전개: '속방자주'에서 '자주독립'으로〉, 《근대한국의 사회과학 개념 형성사》 2, 창비, 2012, 175~177쪽.

3 《한성순보》, 1884년 1월 3일.

4 《한성주보》, 1886년 5월 25일.

5 〈갑신일록〉(12월 5일), 《김옥균전집》, 아세아문화사, 1979, 96쪽.

6 박은숙 옮김, 《갑신정변 관련자 심문·진술 기록》, 아세아문화사, 2009, 57쪽.

7 《고종실록》, 고종 31년 12월 12일.

8 《고종실록》, 고종 31년 12월 13일.

9 유길준, 허경진 옮김, 《서유견문》, 서해문집, 2004, 107쪽.

10 《김옥균전집》, 152쪽(쓰키아시 다쓰히코, 최덕수 옮김, 《조선의 개화사상과 내셔널리즘》, 열린책들, 2014, 67쪽에서 재인용).

11 윤병희, 〈유길준이 〈중립론〉을 작성할 때 무슨 생각이었을까?〉, 《개화기 서울 사람들》 2, 어진이, 2004, 134쪽.

12 정용화, 《문명의 정치사상: 유길준과 근대한국》, 문학과지성사, 2004, 184쪽.

13 《독립신문》, 1897년 2월 27일.

14 《독립신문》, 1896년 8월 13일; 1896년 9월 15일.

15 《독립신문》, 1898년 7월 15일.

16 김동택, 〈《독립신문》의 근대국가 건설론〉, 《근대 계몽기 지식의 발견과 사유 지평의 확대》, 소명출판, 2006, 223쪽.

17 《독립신문》, 1896년 6월 20일.

18 《독립신문》, 1896년 9월 8일.

19 이승만, 《독립정신》, 동서문화사, 2010, 46쪽.

20 위의 책, 53쪽.

21 위의 책, 240~275쪽.

22 문중섭, 《한말 서양 정치사상의 수용》, 경성대학교출판부, 1998, 224~233쪽.

23 김종준, 《일진회의 문명화론과 친일활동》, 신구문화사, 2010, 79쪽.

24 윤병석, 《국외항일운동 I-만주·러시아》, 한국독립운동사연구소, 2009, 30~31쪽.

25 《대한매일신보》, 1907년 10월 3일.

26 《대한매일신보》, 1909년 4월 29일.

27 이혜경, 〈조선 지식인들의 문명화 기획〉, 《문명 안으로》, 한길사, 2011, 206~208쪽.

28 권보드래, 〈근대 초기 '민족' 개념의 변화〉, 《근대 계몽기 지식의 굴절과 현실적 심화》, 소명출판, 2007, 67~69쪽.

29 《대한매일신보》, 1909년 5월 28일.

30 정선태, 〈근대 계몽기 민족·국민 서사의 정치적 시학〉, 《근대 계몽기 지식의 굴절과 현실적 심화》, 소명출판, 2007, 84~85쪽.

31 《대한매일신보》, 1909년 4월 29일.

32 안외순, 〈유가적 군주정과 서구 민주정에 대한 조선 실학자의 인식-혜강 최한기를 중심으로〉, 《한국정치학회보》, 35-4, 2002, 74쪽.

33 정용화, 앞의 책, 276쪽.

34 위의 책, 265~269쪽.

35 위의 책, 269~272쪽.

36 稲田雅洋, 《自由民権の文化史》, 筑摩書房, 2000, 239쪽.

37 〈갑신일록〉(12월 5일), 《김옥균전집》, 아세아문화사, 1979, 96쪽.

38 김갑천, 〈박영효의 건백서-내정개혁에 관한 1888년의 상소문〉, 《한국정치연구》 2, 1990 279~289쪽.

39 윤병희, 《유길준 연구》, 국학자료원, 1998, 98쪽.

40 정용화, 앞의 책, 259쪽.

41 위의 책, 296~301쪽.

42 이사벨라 버드 비숍, 이인화 옮김, 《한국과 그 이웃나라들》, 살림, 1994, 261쪽.

43 배항섭, 〈19세기 지배질서의 변화와 정치문화 변용〉, 《한국사학보》 39, 2010, 149쪽.

44 조성환, 〈중국 근대의 민의와 민권론의 전개〉, 《민의와 의론》, 이학사, 2012, 192~194쪽.

45 쑨톄, 이하진 옮김, 《중국사 산책》, 일빛, 2011, 576쪽.

46 강동진, 《일본근대사》, 한길사, 1985, 179쪽.

47 조재곤, 《한국 근대 사회와 보부상》, 혜안, 2001, 181쪽.

48 헨리 M. 로버트, 한국회의법학회 옮김, 《로버트 회의진행법》, 한국회의법학회, 2001.

49 서희경, 《대한민국 헌법의 탄생》, 창비, 2012, 44쪽.

50 《황성신문》, 1899년 2월 22일.

51 유한철, 《유인석의 사상과 의병 활동》, 한국독립운동사연구소, 1992, 164~165쪽.

52 《독립신문》, 1899년 8월 23일.

53 스즈키 마사유키, 류교일 옮김, 《근대 일본의 천황제》, 이산, 1998, 48쪽.

54 서희경, 앞의 책, 48쪽.

55 이승만, 앞의 책, 70쪽.

56 박은식, 김승일 옮김,《한국통사》, 범우사, 1999, 243~244쪽.

57 신용하, 〈19세기 한국의 근대국가 형성 문제와 입헌공화국 수립 운동〉,《한국의 근대국가 형성과 민족문제》, 문학과지성사, 1986, 93~94쪽.

58 진관타오·류칭펑, 양일모·송인재 외 옮김,《관념사란 무엇인가 2-관념의 변천과 용어》, 푸른역사, 2010, 292쪽.

59 신우철, 〈근대 입헌주의 성립사 연구-청말 입헌운동을 중심으로〉,《법사학연구》35, 2007, 280쪽.

60 백동현,《대한제국기 민족 담론과 국가 구상》, 고려대학교민족문화연구원, 2009, 125~131쪽.

61 윤효정, 〈전제국민은 무애국사상론〉,《대한자강회월보》5, 1906, 19~20쪽.

62 선우순, 〈국가론의 개요(속)〉,《서북학회월보》12, 1909, 10쪽.

63 신해영,《윤리학 교과서》, 보성관, 1908(《근대 수신 교과서》3, 소명출판, 2011, 259쪽).

64 《만세보》, 1906년 8월 12일.

65 《만세보》, 1906년 12월 25일.

66 정병준, 〈한말·대한제국기 '민(民)' 개념의 변화와 정당정치론〉,《한국 사회의 근대적 전환과 서구 '사회과학'의 수용》, 1909, 선인, 2013, 427쪽.

67 《대한매일신보》, 1910년 6월 1일.

68 나공민, 〈사상의 귀추와 운동의 방향〉,《개벽》1924년 3월호, 41쪽(박찬승,《대한민국은 민주공화국이다》, 2013, 돌베개, 156~157쪽에서 재인용).

69 서울대학교동양사학연구실,《강좌 중국사Ⅵ-개혁과 혁명》, 지식산업사, 1989, 146~150쪽.

70 정용화, 앞의 책, 275쪽.

71 정옥자, 〈신사유람단고〉,《역사학보》27, 1965, 135쪽.

72 정용화, 앞의 책, 277~278쪽.

73 한철호,《친미 개화파 연구》, 국학자료원, 1998, 55~56쪽.

74 진관타오·류칭펑, 앞의 책, 298~299쪽.

75 설태희, 〈법률상 인의 권의〉,《대한자강회월보》9, 1907, 12~13쪽.

76 원영의, 〈정체개론〉,《대한협회회보》3, 1908, 26~28쪽.

77 김육훈,《민주공화국 대한민국의 탄생》, 휴머니스트, 2012, 94쪽.

78 《대한매일신보》, 1910년 3월 3일.

79 J. S. 게일, 신복룡 외 옮김,《전환기의 조선》, 평민사, 1986, 37쪽.

80 《공립신보》, 1908년 12월 9일.

81 박찬승,《대한민국은 민주공화국이다》, 2013, 돌베개, 109쪽.

82 배경한, 〈동아시아 역사 속의 신해혁명-공화혁명의 확산과 동아시아 국제질서의 재편〉, 《동양사학연구》 117, 2011 참조.

83 이영록, 〈한국에서의 '민주공화국'의 개념사〉, 《법사학연구》 42, 2010, 56~57쪽.

84 나공민, 앞의 글, 42쪽.

85 박찬승, 앞의 책, 114쪽.

86 위의 책, 117~118쪽.

87 윤대원, 《상해시기 대한민국 임시정부 연구》, 서울대학교출판부, 2006, 25~26쪽.

88 김희곤, 《대한민국임시정부 I-상해시기》, 한국독립운동사연구소, 2008, 40쪽.

89 박찬승, 앞의 책, 130~131쪽.

90 국회도서관, 《대한민국 임시정부 의정원문서》, 1974, 3쪽.

91 신우철, 《비교헌법사-대한민국 입헌주의의 연원》, 법문사, 2008, 300쪽.

92 여치헌, 《인디언마을공화국》, 휴머니스트, 2012, 271~272쪽.

93 〈국가의 주동력〉, 《대한유학생회보》 2, 1907, 5쪽.

94 원영의, 앞의 글, 27쪽.

95 선우순, 앞의 글, 10쪽.

96 《국민보》, 1914년 2월 7일; 《국민보》 6월 13일; 박찬승, 앞의 책, 140~141쪽.

97 신용하, 〈조소앙의 사회사상과 삼균주의〉, 《한국학보》 104, 2001, 26쪽.

98 국회도서관, 앞의 책, 21쪽.

99 《신한민보》, 1919년 10월 30일.

100 《독립신문》, 1920년 1월 8일.

101 유영렬, 〈한국에 있어서 근대적 정체론의 변화과정〉, 《국사관논총》 103, 2003, 25~26쪽.

102 최형욱 편역, 《량치차오, 조선의 망국을 기록하다》, 글항아리, 2014, 87쪽.

103 마쓰오 다카요시, 〈다이쇼 데모크라시와 3·1독립운동〉, 《3·1운동과 1919년의 세계사적 의의》, 동북아역사재단, 2010, 126쪽.

104 《신한민보》, 1919년 10월 30일.

105 김삼웅 편저, 《사료로 보는 20세기 한국사》, 가람기획, 1997, 70쪽.

106 박찬승, 《민족주의의 시대》, 경인문화사, 2007, 34~52쪽.

107 김정인, 〈근대 한국 민주주의 문화의 전통과 특질〉, 《역사와 현실》 87, 한국역사연구회, 2013, 222쪽.

108 님 웨일즈·김산, 송영인 옮김, 《아리랑》, 동녘, 2005, 190쪽.

민주주의를 향한 역사

1판 1쇄 2015년 8월 15일
1판 2쇄 2018년 5월 14일

지은이 | 김정인

펴낸이 | 류종필
편집 | 이정우, 최형욱
마케팅 | 김연일, 김유리
디자인 | 이석운, 김미연

펴낸곳 | (주)도서출판 **책과함께**
　　　　주소 (04022) 서울시 마포구 동교로 70 소와소빌딩 2층
　　　　전화 (02) 335-1982
　　　　팩스 (02) 335-1316
　　　　전자우편 prpub@hanmail.net
　　　　블로그 blog.naver.com/prpub
　　　　등록 2003년 4월 3일 제25100-2003-392호

ISBN 979-11-86293-28-7　　93910

이 도서의 국립중앙도서관 출판예정도서목록(CIP)은 서지정보유통지원시스템 홈페이지(http://seoji.nl.go.kr)와
국가자료공동목록시스템(http://www.nl.go.kr/kolisnet)에서 이용하실 수 있습니다.
(CIP제어번호: CIP2015021012)

- 이 책에 실은 도판은 저작권자의 허락을 받아 게재한 것입니다. 허가를 받지 못한 일부 도판은 저작권자가 확인
  되는 대로 허가 절차를 따르겠습니다.